Dispositivo de racialidade

Sueli Carneiro

Dispositivo de racialidade

A construção do outro como não ser
como fundamento do ser

2ª reimpressão

Copyright © 2023 by Sueli Carneiro

Grafia atualizada segundo o Acordo Ortográfico da Língua Portuguesa de 1990, que entrou em vigor no Brasil em 2009.

Capa
Elisa von Randow

Imagem de capa
Estandarte, 1988, de Abdias Nascimento. Acrílico sobre tela, 60 × 100 cm.
Acervo Ipeafro/ Museu de Arte Negra.

Todos os esforços foram feitos para reconhecer os direitos autorais das imagens.
A editora agradece qualquer informação relativa à autoria, titularidade e/ou
outros dados, se comprometendo a incluí-los em edições futuras.

Edição e revisão técnica
Yara Frateschi

Preparação
Beatriz Antunes

Índice remissivo
Luciano Marchiori

Revisão
Angela das Neves
Julian F. Guimarães

Dados Internacionais de Catalogação na Publicação (CIP)
(Câmara Brasileira do Livro, SP, Brasil)

Carneiro, Sueli
   Dispositivo de racialidade : A construção do outro como não ser como fundamento do ser / Sueli Carneiro. — 1ª ed. — Rio de Janeiro : Zahar, 2023.

   Bibliografia.
   ISBN 978-65-5979-096-8

   1. Biopolítica 2. Epistemicídio 3. Foucault, Michel, 1926-1984 4. Negros 5. Racismo
6. Relações raciais 7. Subjetividade I. Título.

22-137276   CDD: 305.8

Índice para catálogo sistemático:
1. Dispositivo de racialidade : Relações raciais : Sociologia   305.8

Inajara Pires de Souza — Bibliotecária — CRB PR-001652/O

Todos os direitos desta edição reservados à
EDITORA SCHWARCZ S.A.
Praça Floriano, 19, sala 3001 — Cinelândia
20031-050 — Rio de Janeiro — RJ
Telefone: (21) 3993-7510
www.companhiadasletras.com.br
www.blogdacompanhia.com.br
facebook.com/editorazahar
instagram.com/editorazahar
twitter.com/editorazahar

Para minha mãe Eva Alves Carneiro que me obrigou a ser livre

Para minha filha Luanda, pura beleza, art nouveau da natureza, a herdeira dos meus sonhos de liberdade

Para minhas irmãs e irmãos que carregam alma quilombola e insurgente

Para Roseli Fischmann, com a minha gratidão

In memoriam

Para meu pai José Horácio Carneiro com quem aprendi o sentido de comunidade

Para Arnaldo Xavier que me espera para novas tertúlias

Sumário

Introdução: Emancipação para todos 9

Apresentação: O Ser e o Outro 13

PARTE I Poder, saber e subjetivação 25

1. Do dispositivo 27

O conceito de dispositivo de Foucault 27

Dispositivo de racialidade, branquitude e poder 33

O dispositivo de racialidade no Brasil 38

O negro como objeto de ciência 45

A grande narrativa 49

2. O biopoder: Negritude sob o signo da morte 61

Mulheres negras: Das mortes preveníveis e evitáveis 68

Homem negro: A violência como modo de subjetivação 78

3. Epistemicídio 87

A instalação do epistemicídio no Brasil:
(Des)humanismo e educação 95

Desqualificação de saberes e sujeitos 99

Os mecanismos de hierarquização:
(Não) tinha uma escola no meio do caminho 105

Os mecanismos de normalização da inferioridade
e da superioridade 110

Aporias do intelectual negro: Sequestros e resgates 113

4. Interdições 121

   As interdições ao sujeito: O negro não é 121

   O monstro 122

   O indivíduo a ser corrigido 124

   Assassinato moral 131

PARTE II **Resistências** 135

Prólogo 137

1. **Edson Cardoso** 149

2. **Sônia Maria Pereira Nascimento** 193

3. **Fátima Oliveira** 241

4. **Arnaldo Xavier, o poeta (in memoriam)** 299

PARTE III **Educação e o cuidado de si** 305

Prólogo 307

1. **Educação: Negação e afirmação** 309

   Educação e negação 309

   Educação e afirmação 325

2. **Educação e o cuidado de si** 337

Fluxograma: Articulações funcionais entre saber, resistência e raça 362
Posfácio: A filosofia prática de Sueli Carneiro — Yara Frateschi 373

Agradecimentos 389
Notas 390
Referências bibliográficas 410
Créditos das imagens 419
Índice remissivo 420

Introdução

Emancipação para todos

FALAREI DO LUGAR DA ESCRAVA. Do lugar dos excluídos da res(pública). Daqueles que na condição de não cidadãos estavam destituídos do direito à educação.

Dirijo-me a ti, Eu hegemônico, falando do lugar do "paradigma do Outro", consciente de que é nele que estou inscrita por ti e que, "graças" a ele, expectativas se criaram em relação a mim. Estou ciente de que mesmo tentando negá-las, elas podem se realizar, já que me encontro condicionada por uma "unidade histórica e pedagogicamente anterior" da qual eu seria uma aplicação.

Uma aplicação histórica cuja consciência se renova permanentemente pela memória d'alma da escravidão herdada de minha ancestralidade e, antes dela, das representações negativas que estiveram desde longe associadas ao meu corpo negro. Uma aplicação histórica também da modernidade ocidental que dissecou cientificamente minha inferioridade natural que constitui hoje o espetáculo de indigência humana que exibo ao mundo.

Subjugada que sou pela síndrome DPE (Discriminação, Preconceito, Estigma, invenção de Roseli Fischmann, tu a conheces, mas não creio que gostes) te busco, Eu hegemônico, não para receber de ti o ensino verdadeiro, que assim como a verdade, conforme falou um filósofo africano (desculpa a heresia) resume-se a três — a minha, a sua, e ela, a Verdade inatingível para nós dois. Aspiro ao ensino que decorrerá do encontro dos nossos aprendizados. No que me diz respeito são aqueles que aprendi desde o primeiro instante em que te encontrei. Talvez do nosso diálogo possa emergir um ensino capaz de nos reconciliar a ambos no interior daquela indivisibilidade humana, onde nada que seja humano nos será estranho.

Sou também uma aplicação pedagógica, porque as representações associadas ao meu corpo têm sido reiteradas pelos séculos por meio dos aparelhos escolares e muitos outros processos educativos, que além de as reforçarem e repercutirem em todos os cantos do mundo, foram explicando o meu martírio religiosamente — como uma forma de expiação de meus pecados, sendo o maior deles a pele escura, herdada, me ensinaram, de Caim, o fratricida, e também pelo meu paganismo, palavra que vim a aprender contigo — e me valeram a escravização, *única* maneira encontrada para que eu fosse conduzida ao patamar próximo da civilização e alcançar a salvação de minha alma.

Posteriormente, as ciências, benditas sejam, encontrariam a explicação científica para os meus males, decretando a minha inferioridade natural em relação a outros humanos, constatada pela medição de meu cérebro certificadamente incapaz para a atividade intelectual; pela avaliação de minhas produções culturais perceberam a minha insuficiente capacidade de autogoverno e autodeterminação; notaram a ausência, nas sociedades das quais sou originária, de formas de organização social reconhecíveis como tal; identificaram minha ignorância cujo atestado é a inexistência de escrita para registrar os meus feitos (hoje desconhecidos tanto para mim como para ti) e revelaram meu estágio primitivo pelos fetiches que adoro e que não alcançam o sentido da verdadeira religião.

Para convencer-te a aceitar esse encontro busquei conceitos (que tu tanto aprecias) para demonstrar o deslocamento do humano que praticastes em relação a mim, expulsando-me para longe, muito longe, na morada de uma alteridade situada nos confins do não ser, para além dos Outros que foram admitidos, ainda que com reservas, na sua privacidade. Não falo por despeito ou inveja. Posso viver perfeitamente bem sem ti. Incomoda-me

Introdução 11

apenas o desconforto das condições de vida que me destinastes e que, aliás, só conheci ao te encontrar.

Embora desterrada para o domínio das particularidades, das contingências, ou exterioridades do ser no qual me confinastes, pulsa em mim, em repulsa a esse *ôntico* ao qual me reduzistes, um resto ontológico que busca um diálogo restaurador dessa dupla mutilação que empreendestes em relação a ambos. Tu te encontras encastelado na contemplação da Ideia que tens do mundo e eu, anjo caído residente nesse mundo, te convido a olhá-lo com olhos que te permitam ver nele a tua face refletida. Só eu posso te ofertar esse olhar no qual a plenitude do teu ser se manifesta.

Para que essa operação ocular seja o mais indolor possível colecionei um pouco do repertório de empulhações que os deuses te obrigam a praticar, como um erro a que estás condenado, por sua inveja do criador. Outra providência necessária é dizer que, provisoriamente, assumo a definição que me ofertastes, demarcando-lhe o sentido exato que ela tem para mim, uma abertura, para que possas também reabilitar a tua onticidade, como premissa inicial de um diálogo entre iguais que, se bem-sucedido, nos alçará, ambos, à realização e contemplação celebratória de nosso ser-aí.

Além disso, é preciso explicitar a identidade de quem te fala, sem tergiversações. Não são definições minhas, mas as adoto por estar com elas de acordo e pela certeza de vão facilitar tua compreensão. Como já te adiantei, sou negra, uma juntada de pretos e pardos. Ora, não me peça explicações sobre coisas que tu inventaste, como esse "pardo". Só sei que a cada dia que passa, ele fica mais negro.

Trago-lhe noções com as quais tu deves estar familiarizado (apartheid social, luta de classes), e as contesto, sob certas circunstâncias, para não te deixar dúvidas a respeito dos meus pontos de vista. São formas de tratar certas questões nas quais tenho a impressão que fico subsumida, subentendida; ou seja, nelas eu e os meus nos tornamos invisíveis.

É preciso, antes de iniciar esse diálogo, extirpar tudo o que possa fazer ruído em nossa comunicação. Por isso busco, preliminarmente ainda, assinalar as estratégias que nos conduziram a esse profundo engano de estarmos atados um ao outro naquilo que alguém chamou de dialética do senhor e do escravo, na esperança de que possamos cooperar para a nossa mútua libertação. Falo sobretudo de um tal racialismo no qual em determinado momento apostastes todas as tuas fichas.

Para que possamos nos libertar um do outro, te asseguro que terás que fazer concessões, e a principal delas será abdicar de teu prazer em fabricar replicantes, ou seja, desistir de me reproduzir infinitamente. Isso te obriga a pecar diante de Deus e dos homens também infinitamente praticando e ensinando a outros essa bruxaria. E eu é que sou feiticeira! Cansei de tuas profecias autorrealizadoras! Ah, me esqueci de te avisar dos afrodescendentes, é a nova maneira de chamar os negros, ou seja, os pretos e pardos.

Para esse árduo trabalho para o qual te convido precisamos de ajuda. Então, convoquei Michel Foucault, sim, o francês. Sei que ele é um sujeito da tua confiança e goza também de minha simpatia. É um mediador razoavelmente confiável para as nossas possíveis contendas. Por ser um elemento de fronteira, ele conversa bem com todo mundo.

Uma advertência: o domínio a que me referirei a seguir não diz respeito a nenhum território que te pertença do qual eu esteja querendo me apropriar. Ainda é coisa do francês. Refere-se ao cenário social no qual representamos papéis — desculpe a franqueza — cujo roteiro tu produziste.

Há um assunto espinhoso. Talvez possamos vir a acordar, um dia, que houve um crime de proporções e consequências radicais, porém estamos aqui e, ainda, apenas no plano das conjecturas, por isso não temas pelas testemunhas que arrolei. Elas poderiam, sim, compor um júri simulado por meio do qual expiaríamos, com a segurança da virtualidade, as nossas culpas. É um princípio elementar para a reconciliação, sobre o qual espero a tua consideração.

De espírito aberto, te convido a esse diálogo, confiante de que é possível conquistar corações e mentes, mesmo entre os que, como tu, rejeitam o som de vozes subalternas, para construir outros cenários e roteiros que representem a emancipação para todos.

Apresentação

O Ser e o Outro

DE CUNHO REFLEXIVO E ESPECULATIVO, este estudo pretende tornar evidente a potencialidade do conceito de dispositivo, elaborado por Michel Foucault, para a compreensão da dinâmica das relações raciais no Brasil. Inspirada pelo filósofo francês, procuro mostrar a existência de um dispositivo de racialidade operando na sociedade brasileira de tal modo que, pela articulação de múltiplos elementos, configura a racialidade como um domínio que produz poderes, saberes e subjetividades pela negação e interdição de poderes, saberes e subjetividades. Pode-se dizer que o dispositivo de racialidade instaura, no limite, uma divisão ontológica, uma vez que a afirmação do ser das pessoas brancas se dá pela negação do ser das pessoas negras. Ou, dito de outro modo, a superioridade do Eu hegemônico, branco, é conquistada pela contraposição com o Outro, negro.

O dispositivo de racialidade ganha uma dimensão específica ao operar em conjunto com o biopoder e ser por ele instrumentalizado. Combinado ao racismo, o biopoder promove a vida da raça considerada mais sadia e mais pura e promove a morte da raça considerada inferior, afinal, como diz Foucault, "a função assassina do Estado só pode ser assegurada desde que o Estado funcione, no modo do biopoder, pelo racismo".[1] Contudo, para aqueles que sobrevivem, o dispositivo de racialidade reserva outras estratégias de assujeitamento. Dentre os seus elementos constitutivos destaco o epistemicídio, conceito que empresto de Boaventura de Sousa Santos para evidenciar o papel da educação na reprodução e permanência de poderes, saberes e subjetividades que o próprio dispositivo produz. Através do epistemicídio — que é uma forma de sequestro, rebaixamento ou assassinato da razão — as pessoas negras são anuladas enquanto sujeitos do conhecimento e inferiorizadas intelectualmente. Destaco também, dentre os elementos do dispositivo de racialidade, as múltiplas interdições das pessoas negras que, além de serem assassinadas intelectualmente, são interditadas enquanto seres humanos e sujeitos morais, políticos e de direito. Com a função de produzir exclusão, as interdições — presentes tanto na produção discursiva quanto nas práticas sociais — promovem a inscrição de indivíduos e grupos no âmbito da anormalidade, na esfera do não ser, da natureza e da desrazão, contribuindo para a formação de um imaginário social que naturaliza a subalternização dos negros e a superioridade dos brancos.

Entretanto, este livro não se restringe a investigar as múltiplas estratégias do dispositivo de racialidade, pois procura tratar também das resistências negras, apreendidas pela voz e pelo testemunho de pessoas insurgentes contra a subordinação, o epistemicídio e demais "cídios" aos quais se acha submetida a negritude no Brasil. As suas falas revelam que é da força da autoestima, do reconhecimento da própria autonomia, dos exemplos, da conquista da memória e da ação coletivas que se extrai a seiva da resistência. A saída se dá pelo coletivo, onde o cuidado de si e o cuidado do outro se fundem na busca da emancipação.

No diálogo entre Foucault e Gilles Deleuze em *Os intelectuais e o poder*, Deleuze afirma que a "prática é um conjunto de revezamentos de uma teoria a outra e a teoria um revezamento de uma prática a outra. Nenhuma teoria pode se desenvolver sem encontrar uma espécie de muro e é preciso a prática para atravessar o muro".[2] Nesse sentido, este livro é resultado de uma reflexão que integra a ação teórica e a ação prática de tipo militante sobre a questão racial no Brasil. É produto de lutas, reflexões, conquistas, de problemas antigos e emerge, antes de tudo, de um conjunto de perplexidades com as quais venho me defrontando, ao longo da vida, seja como

Apresentação

individualidade submetida ao assujeitamento pela racialidade, seja como sujeito político constituído pela resistência a esse modo de subjetivação. Essas perplexidades situam-se no âmbito das relações raciais no Brasil, no qual um dinamismo específico se instaurou com tal grau de contradições que, em certos casos, assume a forma de paradoxos ou desrazão.

São perplexidades que decorrem de inquietações acerca da permanência de ideias e práticas de discriminação de base racial num contexto em que diferentes campos do conhecimento as desautorizam, em que as condições históricas que constituíram seu lócus de legitimação foram superadas e o próprio status dos sujeitos a que elas eram endereçadas foi modificado. Se, como afirma o senso comum, racismo e preconceito são fruto da ignorância, não faltariam saberes suficientemente disseminados para desautorizar as práticas discriminatórias de natureza racial.

Inquietam-me ainda a recusa das evidências empíricas do tratamento desigual a que os negros estão submetidos na sociedade brasileira, reveladas por levantamentos estatísticos e estudos acadêmicos que proliferam no Brasil em diferentes áreas, e também aquelas que, apesar do reconhecimento das práticas discriminatórias de cunho racial, impõem barreiras à adoção de medidas capazes de estancar o processo de exclusão social dos negros, sobretudo no que tange a acesso, permanência e sucesso no sistema educacional do país.

Da negação do problema à admissão completa, passando por sua aceitação relativa, descortina-se um cenário de disputas em torno do problema da racialidade no plano teórico e no da ação política que encontra o seu grau mais elevado de explicitação nas polarizações que atravessaram e continuam a atravessar as iniciativas de implementação de políticas públicas que possam atuar positivamente na reversão das condições desfavoráveis de vida em que se encontram imersas as populações negras no Brasil.

Tendo por pano de fundo essas questões, este livro é dividido em três partes. A primeira é composta de quatro capítulos. O capítulo 1 apresenta o conceito de dispositivo em Foucault a partir de sua aplicação ao campo da sexualidade, no qual me baseio para propor o conceito de dispositivo de racialidade. O capítulo 2 descreve o conceito de biopoder para evidenciar a sua capacidade explicativa dos processos diferenciados de viver e morrer segundo a racialidade tal como se manifestam na sociedade brasileira. O capítulo 3 mostra que é através do epistemicídio que o dispositivo realiza as estratégias de inferiorização intelectual do negro e sua anulação enquanto sujeito de conhecimento, que são formas de sequestro, rebaixamento ou assassinato da razão. Ao mesmo tempo, e por outro lado, o faz enquanto consolida a supremacia intelectual da racialidade branca. O capítulo 4 empreende uma análise de como o dispositivo de racialidade, ao operar sobre a racialidade negra, desencadeia uma série de interdições que funcionam como procedimentos de exclusão.

A segunda parte traz testemunhos que correspondem, no contexto dos dispositivos de poder para Foucault, ao campo das resistências que qualquer dispositivo de poder produz. As testemunhas são Edson Cardoso, Sônia Maria Pereira Nascimento, Fátima Oliveira e Arnaldo Xavier (in memoriam).

A parte III, "Educação e o cuidado de si", analisa os testemunhos apresentados na parte II a partir do referencial teórico proposto na primeira, privilegiando desdobramentos da dinâmica instaurada pelo dispositivo de racialidade sobre a educação formal e o papel que a resistência negra cumpre como educadora nesse contexto.

Não me proponho a apresentar o estado da arte dos estudos raciais no Brasil ou dos estudos sobre o negro e a educação, tampouco a retomar sistematicamente o debate acerca da construção do mito da democracia racial, o que tem sido feito de forma diversa e relevante por diferentes autores. Entendo, como Thomas Kuhn,[3] que é no acúmulo histórico de conhecimentos propostos, questionados e reconstruídos, que se insere o fazer acadêmico, tornando temerário transformar cada trabalho na retomada da trajetória histórica do tema, sob o risco de serem muitas as escolhas arbitrárias e as omissões involuntárias. O que aqui apresento contempla a

Apresentação

minha intenção principal: de que este livro seja um exercício de aplicação dos conceitos de dispositivo e biopoder de Michel Foucault ao domínio da racialidade no Brasil.

A intuição que deu origem a essa investigação surgiu em 1984 durante a escrita de um trabalho de conclusão de curso para uma disciplina de mestrado ministrada pelo professor José Augusto Guilhon Albuquerque na Faculdade de Filosofia, Letras e Ciências Humanas da Universidade de São Paulo (FFLCH-USP), quando pela primeira vez entrei em contato com o pensamento de Michel Foucault. Naquele momento, o conceito de dispositivo se apresentou para mim como uma revelação, tal era a sua potencialidade para a compreensão do dinamismo que impulsionava e configurava as relações raciais no Brasil. O trabalho então apresentado como exercício de conclusão daquela disciplina consistiu na elaboração de um fluxograma, reproduzido ao final deste livro, que traz uma síntese esquemática das articulações funcionais entre saber, resistência e raça como efeitos de poder do racismo e da discriminação racial. Diferentes questões de ordem pessoal me impediram de concluir o mestrado naquela época, postergando a retomada e o aprofundamento daquela intuição inicial para quase duas décadas, que permaneceu se sustentando na observação empírica e na ação militante de combate ao racismo e à discriminação racial.

No retorno à pós-graduação, na Faculdade de Educação, em 1999, pude enfrentar o desafio em uma pesquisa de doutorado, concluída em 2005, com o título *A construção do outro como não ser como fundamento do ser*, cujo resultado é agora transformado em livro, quase quarenta anos depois da intuição inicial e vinte anos depois da defesa da tese de doutorado.

COMO DEFENDE ROSELI FISCHMANN, baseada em Emmanuel Levinas, o verdadeiro ensino é o contato com o Outro e a busca do Absolutamente Outro. Que melhor tema haveria para uma intervenção educacional, pergunta ela, "do que a busca da compreensão objetiva de como se dá a nega-

ção do Outro pelo preconceito, pela discriminação, pela estigmatização?".[4]
Isso nos remete a uma "unidade histórica e pedagogicamente anterior",
ou seja, ao contexto da escravidão africana e aos discursos que foram
sobre ela produzidos com a intenção de legitimá-la. Produção discursiva
tributária de longa tradição teórica sobre a escravidão humana, que foi
reapropriada e reelaborada no contexto das expedições de conquista que
se deram a partir do final do século XV e que resultaram no conjunto de
valores que justificaram a permanência da escravidão africana pelo Ocidente por quase quatro séculos.

David B. Davis demarca uma questão essencial: o fato de estar o tema
da escravidão, desde a Antiguidade, atravessado por conceitos religiosos
derivados do judaísmo ou da filosofia grega. Dessa perspectiva, o escravo é
visto como "um cananeu, um homem destituído de Logos, ou um pecador
que desdenhava a verdade".[5] Em segundo lugar, David Davis ressalta que a
escravidão é concebida na tradição filosófica como parte integrante de um
modelo de hierarquia social. Nesse sentido, segundo ele, em Platão, Aristóteles e Santo Agostinho, a escravidão "era parte de um mundo que requeria
ordem moral e disciplina; era a base que sustentava um padrão de autoridade
complexo e hierárquico".[6] Em terceiro lugar, a escravidão era pensada como
condição necessária para a realização de uma missão redentora:

> Foi a partir da escravidão que os hebreus se libertaram e desenvolveram
> sua missão singular. Foi a escravidão do desejo e da convenção social que
> os cínicos e os estoicos buscaram superar por meio da autodisciplina e da
> indiferença em relação ao mundo. E foi da escravidão do corpo corrompido
> de Adão que Cristo redimiu a humanidade. Por uns dois milênios, os homens
> pensaram no pecado como uma espécie de escravidão. Um dia chegariam a
> pensar na escravidão como pecado.[7]

A busca da compreensão histórica dos modos como se dá a negação
do Outro não pode esquecer também o contexto da modernidade ociden-

Apresentação

tal, no qual contraditoriamente se articularam ideais de autonomia, de secularização da vida e de afirmação do indivíduo com a escravização de africanos e indígenas e, posteriormente, com os movimentos abolicionistas e os processos de libertação dos escravos, assim como com a emergência do racismo científico, inaugurando novas formas de assujeitamento racial.

Na filosofia de Martin Heidegger há uma definição ontológica do Ser que se mostra fértil para os objetivos deste livro. Heidegger distingue entre as categorias do ôntico e do ontológico: o ôntico se refere aos entes particulares, ou às determinações do ser, ao passo que o ontológico diz respeito ao ser enquanto tal.[8] Então, raça, cor, cultura, religião e etnia seriam da ordem do ôntico, das particularidades do ser. O ser humano, especificamente, inscreve-se na dimensão ontológica. O que nos permite supor que o racismo reduz o ser à sua dimensão ôntica, negando-lhe a condição ontológica e deixando incompleta a sua humanidade.

Assim, para Heidegger, o homem é ele mesmo um ente (Heidegger designa com a categoria de *Dasein*, ser-aí) que convive em meio a outros entes. Contudo, esse ente particular, que é o homem, possui um estatuto único entre todos os entes, na medida em que nele coincidem o ôntico e o ontológico. Na minha interpretação é a ideia de universalidade que emancipa o indivíduo e permite-lhe expressar a sua especificidade. Em contrapartida, é a ideia de particularidade que o aprisiona, reduzindo o seu ser a essa particularidade que aprisiona o indivíduo negro ao seu grupo específico. Ao fazer do ôntico o ontológico do Outro, o Eu hegemônico rebaixa o estatuto do ser desse Outro.

Raça e racismo

Cabe esclarecer os conceitos de raça e racismo com os quais este estudo opera. Nos anos 1970, iniciam-se os estudos sobre as desigualdades raciais a partir das quais se redefinem os conceitos de raça e racismo e o peso que essas variáveis têm na estratificação social. É nesse contexto que aparece o agrupamento de pretos e pardos na categoria negros, justificado pela similitude dos indicadores sociais encontrados para ambos nos levantamentos censitários oficiais e significativamente diferentes aos dos autodeclarados brancos. É esse entendimento do negro enquanto categoria analítica que este trabalho assume, seguindo a maioria dos estudos contemporâneos sobre o tema.

Em concordância com Antonio Sérgio Guimarães, consideramos que raça é

> um conceito que não corresponde a nenhuma realidade natural. Trata-se, ao contrário, de um conceito que denota tão-somente uma forma de classificação social, baseada numa atitude negativa frente a certos grupos sociais, e informada por uma noção específica de natureza, como algo endodeterminado. Mas por mais que nos repugne a empulhação que o conceito de "raça" permite — ou seja, fazer passar por realidade natural preconceitos, interesses e valores sociais negativos e nefastos —, tal conceito tem uma realidade social plena, e o combate ao comportamento social que ele enseja é impossível de ser travado sem que se lhe reconheça a realidade social que só o ato de nomear permite.[9]

Nessa perspectiva, a cor — enquanto conceito racialmente definido — só pode ser critério explicativo das diferenças sociais existentes entre negros e brancos na medida da existência de uma concepção racial preexistente, da qual a cor é tributária, e na medida em que foi possível, a partir dela, estabelecer as diferenciações de raça. Assim sendo, Guimarães define racismo como "uma forma bastante específica de 'naturalizar' a vida social, isto é, de explicar diferenças pessoais, sociais e culturais a partir de diferenças tomadas como naturais".[10]

É meu pressuposto que raça é um dos elementos estruturais de sociedades multirraciais de origem colonial. A noção de *apartheid* social e a supremacia do conceito de classe social defendidos pelos pensadores de

esquerda, herdeiros do materialismo histórico dialético, não alcançam —
ao contrário, invisibilizam ou mascaram — a contradição racial presente
nas sociedades multirraciais, visto que nelas raça/cor/etnia (em especial
no Brasil) são variáveis que impactam a própria estrutura de classes. O racismo, enquanto pseudociência, busca legitimar a produção de privilégios
simbólicos e materiais para a supremacia branca que o engendrou. São esses privilégios que determinam a permanência e a reprodução do racismo
enquanto instrumento de dominação, exploração e, mais contemporaneamente, de exclusão social em detrimento de toda evidência científica que
invalida qualquer sustentação para o conceito de raça.

A sustentação do ideário racista depende de sua capacidade de naturalizar a sua concepção sobre o Outro. É imprescindível que esse Outro
dominado, vencido, expresse em sua condição concreta aquilo que o ideário racista lhe atribui. É preciso que as palavras e as coisas, a forma e o
conteúdo, coincidam para que a ideia possa ser naturalizada. A profecia
autorrealizadora — que confirma as expectativas negativas em relação
aos negros — é imprescindível para a justificação da desigualdade. Nesse
sentido, a pobreza a que estão condenados os negros no Brasil é parte da
estratégia racista de naturalização da inferioridade social dos grupos dominados — negros ou afrodescendentes e povos indígenas. Disso decorre
a necessidade de investir numa perspectiva teórica voltada para os não
brancos. Como diz Carlos Hasenbalg, se os processos de competição social operam em detrimento do grupo racialmente subordinado, "então o
enfoque da análise deve se orientar para as formas de mobilização política
dos não-brancos e para o conflito inter-racial".[11]

Racialidade: Poderes, saberes e modos de subjetivação

Foucault adverte, na *História da sexualidade I: A vontade de saber*, que as suas
investigações sobre a sexualidade se dirigem mais para uma analítica do

poder e menos uma teoria do poder.[12] Entendo que, ao assim definir sua abordagem do poder, Foucault procura compreender não o que o poder é, mas o modo pelo qual se realiza e se manifesta. Não é propriamente a natureza do poder que o interessa, mas o modo como ele opera. Uma analítica do poder remete às relações de força ou, ao gosto de Foucault, às correlações de força que o poder engendra. Destina-se, portanto, a revelar a rede de saberes e poderes, mas sobretudo aos objetivos estratégicos que um determinado campo de poder busca realizar. Trata-se, enfim, de iluminar o jogo que a sociedade joga em relação a um campo de poder.

Essa opção analítica permitiria empreender uma arqueologia dos saberes e uma genealogia dos poderes que o dispositivo produz e reproduz. Evidentemente, a modesta intenção deste estudo passa muito ao largo de qualquer pretensão de realizar uma arqueologia dos saberes e de uma genealogia dos poderes sobre as relações raciais no Brasil. Limita-se à apresentação de alguns discursos e práticas que configuram a racialidade. O domínio a ser analisado é composto pelas relações raciais engendradas no Brasil pelo dispositivo de racialidade e encerra também os saberes sobre ele produzidos. Note-se que o termo "domínio" já pressupõe um campo de poder ou de dominação. Não gratuitamente diz-se que "alguém domina um determinado assunto".

De uma perspectiva foucaultiana, entendo as relações raciais no Brasil como um domínio que produz e articula poderes, saberes e modos de subjetivação. Tal como ele afirma para o caso da sexualidade, se a racialidade se coloca como um domínio a conhecer é porque relações de poder a "instituíram como objeto possível; em troca, se o poder pode tomá-la como alvo, foi porque se tornou possível investir sobre ela através de técnicas de saber e de procedimentos discursivos".[13] Preliminarmente a racialidade é aqui compreendida como uma noção relacional que corresponde a uma dimensão social, que emerge da interação de grupos racialmente demarcados sob os quais pesam concepções histórica e culturalmente construídas acerca da diversidade humana. Disso decorre que ser branco e ser negro

Apresentação

são consideradas polaridades que encerram, respectivamente, valores culturais, privilégios e prejuízos decorrentes do pertencimento a cada um dos polos das racialidades.

O meu objetivo, assim, é investigar discursos e práticas produzidos no Brasil em torno da racialidade, que operam em especial detrimento do polo negro. Para tanto, além da bibliografia primária pertinente, serão tomados como fonte discursos e ações políticas de ativistas e militantes negros; fatos cotidianos registrados pela grande imprensa sobre a problemática racial e registros de histórias de vida de personagens negros.[14] Por fim e não menos importante, a terceira parte deste livro adota o recurso da presença testemunhal por concordar com Foucault a respeito da "indignidade de falar pelo outro".[15]

PARTE I

Poder, saber e subjetivação

1. Do dispositivo

O conceito de dispositivo de Foucault

Para Foucault, um dispositivo é sempre um dispositivo de poder, que opera em um determinado campo e se desvela pela articulação que se engendra a partir de uma multiplicidade de elementos e pela relação de poder que entre eles se estabelece. O dispositivo expressa, ainda, um objetivo estratégico que atende a uma urgência histórica. Diz Foucault a propósito de sua noção de dispositivo:

> Através deste termo tento demarcar, em primeiro lugar, um conjunto decididamente heterogêneo que engloba discursos, instituições, organizações arquitetônicas, decisões regulamentares, leis, medidas administrativas, enunciados científicos, proposições filosóficas, morais, filantrópicas. Em suma, o dito e o não-dito são os elementos do dispositivo. O dispositivo é a rede que se pode estabelecer entre estes elementos.[1]

Ao se constituir, um dispositivo fica disponível para ser operacionalizado em diferentes circunstâncias e momentos, se autorreproduzindo mediante seu preenchimento estratégico. Se, na composição de um dispositivo, o primeiro passo é demarcar seus componentes heterogêneos, o segundo é "demarcar a natureza da relação que pode existir entre estes elementos heterogêneos".[2] Um discurso, continua Foucault, "pode aparecer como programa de uma instituição ou, ao contrário, como elemento que permite justificar e mascarar uma prática que permanece muda; pode ainda funcionar como reinterpretação desta prática, dando-lhe acesso a um novo campo de racionalidade".[3] O ponto é que entre esses elementos, discursivos ou não, "existe um tipo de jogo, ou seja, mudanças de posição, modificações de funções, que também podem ser muito diferentes."[4]

Com a função principal de responder a uma urgência em determinado momento histórico, "o dispositivo tem uma função estratégica dominante".[5] A minha proposta é a de que essa noção de dispositivo oferece recursos teóricos capazes de apreender a heterogeneidade de práticas que o racismo e a discriminação racial engendram na sociedade brasileira, a natureza dessas práticas, a maneira como elas se articulam e se realimentam ou se realinham para cumprir um determinado objetivo estratégico, pois, em síntese, o dispositivo, para Foucault, consiste em "estratégias de relações de força, sustentando tipos de saberes e sendo por eles sustentadas".[6]

Para os meus objetivos aqui, interessa sobretudo sublinhar que ao instituir um novo campo de racionalidade em que relações de poder, práticas e saberes se articulam, um dispositivo instaura uma divisão que tem efeitos ontológicos, constituindo sujeitos através da enunciação sobre o Outro.

Tendo como um dos exemplos a produção da loucura, Foucault mostra que o dispositivo instaura uma divisão ao separar normal e patológico. Para demonstrá-lo, o autor empreende uma arqueologia minuciosa do estatuto da loucura em diferentes momentos históricos, anteriores ao da modernidade ocidental, nos quais o louco tinha um valor sagrado. É na época de Descartes que a loucura vai passar a ser considerada como uma experiência de "desrazoabilidade"; em seguida, o conceito evolui para a insensatez; e, por fim, para a doença mental. No caso do dispositivo da saúde mental, emergem dois sujeitos: o normal e o patológico.

Esta é a prática divisora que um dispositivo institui no campo ontológico: a constituição de uma nova unidade em cujo núcleo se aloja uma nova identidade padronizada, e, fora dele, uma exterioridade oposta, mas essencial para a afirmação daquela identidade nuclear. O doente mental

Do dispositivo 29

viabiliza o homem normal. Assim, se o homem normal tiver que vir a público para dizer o que ele é, irá se afirmar pela negatividade: "não sou doente mental". Ele se define pela diferença em relação ao Outro, aquele construído negativamente para afirmar a dinâmica positiva do Ser. Ou seja, o Outro fundado pelo dispositivo apresenta-se de forma estática, que se opõe à variação que é assegurada ao Ser. A dinâmica instituída pelo dispositivo de poder é definida pelo dinamismo do Ser em contraposição ao imobilismo do Outro.

Ao aplicar a noção de dispositivo ao domínio da sexualidade, Foucault buscava compreender por que foi possível, a partir de certo momento histórico, que a sexualidade tenha sido considerada como lugar privilegiado da "nossa verdade". Fato é que "a partir do cristianismo, o Ocidente não parou de dizer 'Para saber quem és, conhece teu sexo'. O sexo sempre foi o núcleo onde se aloja, juntamente com o devir de nossa espécie, nossa 'verdade de sujeito humano'".[7] Para a análise de determinado domínio impõe-se o estudo de sua formação e seu desenvolvimento através das estratégias que a ele corresponderam, e Foucault localiza na formação do dispositivo de sexualidade uma motivação, uma estratégia de classe. O controle da sexualidade está relacionado, na Modernidade, à demarcação de uma identidade para a classe burguesa e o seu projeto político. Estratégia essa que engendrou um investimento específico sobre o corpo feminino e sobre a mulher na família burguesa. Segundo Foucault:

A personagem investida em primeiro lugar pelo dispositivo de sexualidade, uma das primeiras a ser "sexualizada" foi, não devemos nos esquecer, a mulher "ociosa", nos limites do "mundo" — onde sempre deveria figurar como valor — e da família, onde lhe atribuíam novo rol de obrigações conjugais e parentais: assim apareceu a mulher "nervosa", sofrendo de "vapores"; foi aí que a histerização da mulher encontrou seu ponto de fixação. [...] Em face de tudo isso, as camadas populares escaparam, por muito tempo, ao dispositivo de "sexualidade". Estavam, decerto, submetidas, conforme modalidades específicas, ao dispositivo das "alianças": valorização do casamento legítimo e da fecundidade, exclusão das uniões consanguíneas, prescrição de endogamia social e local.[8]

De acordo com o autor de *História da sexualidade*, antes mesmo da repressão do sexo das classes exploradas, deu-se a conformação da sexualidade da classe burguesa, na qual o dispositivo de sexualidade se estabeleceu primeiro, "como nova distribuição dos prazeres, dos discursos, das verdades e dos poderes".[9] Ou seja, Foucault suspeita que antes de servir à sujeição de uma classe por outra, o dispositivo de sexualidade serviu para a autoafirmação da burguesia, como "uma defesa, uma proteção, um reforço, uma exaltação, que mais tarde foram estendidos — à custa de diferentes transformações — aos outros, como meio de controle econômico e de sujeição política".[10] Afirma, ainda, o autor:

> Nesse investimento sobre o próprio sexo, por meio de uma tecnologia de poder e de saber inventada por ela própria, a burguesia fazia valer o alto preço político de seu próprio corpo, de suas sensações, seus prazeres, sua saúde, sua sobrevivência.[11]

Essa concepção sobre a construção do corpo burguês sinaliza para as repercussões que o dispositivo de sexualidade irá produzir no campo ontológico. O investimento sobre o próprio sexo estará talvez implicado num investimento maior sobre o próprio corpo que encerrará um novo conjunto de significações culturais que, por sua vez, fazem com que o corpo burguês se torne paradigma da humanidade e ideal de Ser para as outras classes.

Perseguindo essa trilha aberta por Foucault sobre a estratégia de afirmação da burguesia enquanto classe hegemônica, proponho pensar que o processo de autoafirmação de classe foi acompanhado, para além da constituição do dispositivo de sexualidade, pela emergência ou operação do dispositivo de racialidade, no qual a cor da pele irá adquirir um novo estatuto.

Do dispositivo

Haveria um *não dito* na formulação de Foucault: a imbricação do dispositivo de sexualidade com o de racialidade, abrangendo o segundo um território mais vasto que o de sexualidade, pelo estatuto que tem nele a cor da pele.

Interessa demarcar aqui que a abordagem de Foucault abre a possibilidade de uma análise que, focando no domínio da racialidade, investiga os atributos supostamente essenciais do Eu hegemônico — branco, portanto — e do Outro. Lembrando que o Eu é dotado de razoabilidade porque produziu o louco; é dotado de normalidade porque produziu o anormal; e de vitalidade porque inscreveu o Outro no signo da morte.

A minha proposta é complementar a visão de Foucault, afirmando que esse Eu, no seu encontro com a racialidade ou etnicidade, adquiriu superioridade pela produção do inferior, pelo agenciamento que esta superioridade produz sobre a razoabilidade, a normalidade e a vitalidade. O dispositivo de racialidade também produz uma dualidade entre positivo e negativo, tendo na cor da pele o fator de identificação do normal, e a brancura será a sua representação. Constitui-se assim uma ontologia do ser e uma ontologia da diferença. Como afirma Isildinha Baptista Nogueira:

> A "brancura" passa a ser parâmetro de pureza artística, nobreza estética, majestade moral, sabedoria científica etc. Assim, o branco encarna todas as virtudes, a manifestação da razão, do espírito e das ideias: "eles são a cultura, a civilização, em uma palavra, a humanidade".[12]

Mas a operacionalidade dessa construção depende da possibilidade de engendrar o seu contraponto, o negativo, o que é recusado "para poder instaurar, positivamente, o desejável". É esse processo que "inscreve os negros num paradigma de inferioridade em relação aos brancos".[13]

O dispositivo de racialidade, ao demarcar a humanidade como sinônimo de brancura, irá redefinir as demais dimensões humanas e hierarquizá-las de acordo com a proximidade ou o distanciamento desse padrão.[14] Desse modo, branco torna-se ideal de Ser para os Outros, e a mulher branca, uma mística para os não brancos. Essa forma de afirmação da burguesia instituiu para todos o padrão estético desejável, a forma de amor e de sexualidade, a moral correspondente, sendo o corpo a expressão da autoafirmação, afinal, "o corpo funciona como marca dos valores sociais, nele a sociedade fixa seus sentidos e valores. Socialmente, o corpo é um signo".[15]

Para Foucault, a moral ditada pela burguesia é "um agenciamento político da vida, que se constituiu não através da submissão de outrem, mas numa afirmação de si".[16] Ocorre que para essa afirmação de si tornar-se consistente, ela precisa demarcar a diferença entre a nova subjetividade e as demais. Deriva daí o senso comum segundo o qual a vida dos brancos vale mais do que a de outros seres humanos, o que se pode constatar na diferença com que a sociedade reage a casos de violência contra brancos das classes hegemônicas, em que se mostra consternada, e quando assiste indiferente ao genocídio dos negros e dos outros não brancos. Aqui está o princípio da autoestima e a referência do que é bom e desejável no mundo, estabelecendo o branco burguês como paradigma estético para todos. Daí derivam também teses racialistas da biologia, que tratam a mistura como um problema e a mestiçagem como fator corruptor de povos e nações, tema ao qual voltarei no capítulo 2 da parte III.

Ao se apropriar do sexo e da sexualidade, constituindo para si um "corpo de classe, com saúde, uma higiene, uma descendência, uma raça",[17] a burguesia demarca a sua distinção e proclama superioridade em relação à monarquia, identificada à época como degenerescente, ao mesmo tempo que afirma a legitimidade da sua hegemonia justamente no momento da expansão imperialista para a conquista dos povos não brancos.

Com os temas da progenitura e descendência, se anunciam as articulações que serão empreendidas entre racismo e sexualidade. Nota-se que, seja para o tema da loucura, da sexualidade ou do racismo, Foucault reconhece a trajetória histórica desses temas, mas o que lhe interessa fundamental-

Do dispositivo

mente é determinar as novas reelaborações e funções táticas que adquirem no âmbito dos objetivos estratégicos perseguidos pelas sociedades disciplinares e posteriormente pelas sociedades de regulamentação, instituídas pela modernidade ocidental.[18] De diferentes modos, desenrola-se um processo de "expurgo" do mal do corpo branco ao depositá-lo nos "outros corpos". No Brasil e em outros lugares do mundo, diversas experiências e pesquisas tiveram negros e índios como cobaias para o desenvolvimento de tecnologias para o bem-estar dos corpos brancos. Como veremos no depoimento de Fátima Oliveira no capítulo 3 da parte II, isso não acabou, permanecendo atual na contemporaneidade.

Foucault localiza no século XVIII o momento a partir do qual se forja uma situação favorável ao surgimento dos dispositivos que operam, no campo ontológico, pela construção do Outro como não ser.[19] Para ele, localiza-se aí a situação que produz e põe em circulação novas tecnologias de poder que, informadas por determinada visão da etnicidade ou racialidade, emergirão como exigências da sociedade de regulamentação. Entendo, porém, que a constituição do dispositivo de racialidade remonta a momentos anteriores ao do surgimento da sociedade disciplinar, na qual adquirirá novos sentidos. É o que mostro a seguir, amparada pela teoria do contrato racial, de Charles Mills.

Dispositivo de racialidade, branquitude e poder

A teoria do contrato racial elaborada pelo filósofo afro-americano Charles Mills estabelece as condições para o estabelecimento de um diálogo entre a perspectiva genealógica de Foucault e a construção da racialidade como dispositivo de poder. Mills situa o ponto de emergência do contrato racial no final do século XV — primeiro com as expedições de conquistas, e depois com o imperialismo europeu. A meu ver, o contrato racial é o que estrutura o dispositivo de racialidade.

Em seu livro de 1997, *The Racial Contract* [O contrato racial], Mills sustenta que as comemorações de efemérides ligadas à viagem de Colombo e as avaliações críticas e revisões historiográficas desses eventos colocaram a descoberto o mal-estar civilizatório segundo o qual o mundo em que vivemos foi "moldado fundamentalmente nos últimos quinhentos anos pelas realidades da dominação europeia e pela consolidação gradual da supremacia branca global".[20] Em linguagem foucaultiana, podemos dizer que o processo do que se convencionou chamar de "Descobrimento" fez emergir uma nova tríade de poder, saber e subjetividades informadas pela racialidade conformando novos sujeitos: homens, nativos, brancos, não brancos.

O autor desvela, ainda, a existência de um sistema político, não nomeado pelos teóricos políticos voltados para a análise das noções de democracia, liberalismo, governo representativo, "que tornou o mundo moderno o que ele é hoje",[21] a saber: a supremacia branca. Essa omissão não é acidental, reflete o fato de que os teóricos políticos são majoritariamente brancos que não veem que o seu privilégio racial é político, e portanto "uma forma de dominação".[22] Assim, torna-se urgente uma abordagem teórica que desafie a filosofia política tradicional e incorpore as questões raça e racismo. Em outras palavras, é preciso reconhecer que o racismo — ou como quer Mills, a supremacia branca global — é, ele mesmo, "um sistema político, um poder particular que estrutura a regra formal e a informal, o privilégio socioeconômico, as normas de distribuição da riqueza e das oportunidades, dos benefícios e das penas, dos direitos e dos deveres".[23]

O discurso do contrato social é "a língua franca de nosso tempo"[24] e sustenta que a legitimidade do governo é afiançada pelo consentimento de indivíduos considerados iguais. Para questionar essa ideia e revelar o quanto ela esconde a realidade do mundo moderno, o filósofo lança mão de um contrato peculiar, o contrato racial. Este não é realizado entre todos os indivíduos, mas "entre as pessoas que contam", isto é, entre as brancas.[25]

A especificidade do contrato racial consistiria no fato de ser um contrato restrito aos racialmente homogêneos, no qual a violência racial em relação aos racialmente diferentes é um elemento de sustentação do próprio contrato, que desloca os diferentes para o estado de natureza. Ou seja, o contrato racial é um contrato firmado entre iguais "que contam", no qual os instituídos como desiguais se inserem como objetos de subjugação, daí ser a violência o seu elemento de sustentação. Sob a égide de um contrato social ideal e supostamente neutro, o contrato racial estabelece:

> uma sociedade organizada racialmente, um Estado racial e um sistema jurídico racial, onde o *status* de brancos e não-brancos é claramente demarcado, quer pela lei, quer pelo costume. E o objetivo desse Estado, em contraste com o estado neutro do contratualismo clássico, é, *inter alia*, especificamente o de manter e reproduzir essa ordem racial, assegurando os privilégios e as vantagens de todos os cidadãos integrais brancos e mantendo a subordinação dos não-brancos.[26]

Ao contrário do contratualismo clássico de Thomas Hobbes, John Locke, Jean-Jacques Rousseau e Immanuel Kant, voltado para questões normativas e fatuais a respeito das origens da sociedade e do governo, o contratualismo contemporâneo, encampado principalmente por John Rawls, foi reduzido ao campo normativo e à justificação da estrutura básica da sociedade.[27] Para Mills, a versão rawlsiana do contrato social abdica da abordagem histórica e descritiva do contratualismo clássico, dimensões que ele pretende resgatar em sua teoria. Vai então recorrer aos clássicos para os quais o contrato social é, além de instrumento normativo, aquilo que explica a "gênese real da sociedade e do Estado, o modo pelo qual a sociedade está estruturada, o modo pelo qual o governo funciona e a psicologia moral do povo".[28] A exemplo de Rousseau, no *Discurso sobre a origem e os fundamentos da desigualdade entre os homens* — o mais emblemático caso no qual a teoria do contrato explica o surgimento de uma sociedade não ideal —, Mills propõe uma abordagem não apenas ideal que determine como uma sociedade justa deveria ser formada, mas que seja capaz de também explicar como vem a existir, na realidade, uma sociedade injusta. Ao situar o contrato racial nessa dimensão não ideal, o autor não nega a sua função normativa, mas essa função passa a consistir na sua capacidade de nos fazer compreender a realidade da política e o modo pelo qual as próprias teorias funcionam para racionalizar a opressão. Nesse sentido, diz Mills, essa abordagem do contrato racial deveria ser saudada com entusiasmo por todos aqueles empenhados no refinamento dos instrumentos teóricos e de ação política capazes de relacionar o contrato social ideal com o contrato social real. Portanto, para ele,

> o "Contrato Racial" pretende ser uma ponte conceitual entre duas áreas agora muito segregadas uma da outra: de um lado, o mundo da filosofia ética e política da corrente dominante [isto é, branca], preocupada com discussões de justiça e direitos no abstrato; do outro lado, o mundo dos nativos americanos, dos afro-americanos e do pensamento político do Terceiro e do Quarto Mundos, historicamente concentrados nas questões de conquista, imperialismo, colonialismo, colonização branca, direitos sobre a terra, raça e racismo, escravidão, negritude nos Estados Unidos, reparações, *apartheid*, autenticidade cultural, identidade nacional, *indigenismo*, Afrocentrismo etc. Essas questões mal aparecem na filosofia política dominante, mas têm sido cruciais para as lutas políticas da maioria das populações do mundo. Sua ausência daquilo que é considerado filosofia séria é um reflexo não de sua falta de seriedade, mas da cor da vasta maioria dos filósofos acadêmicos ocidentais (e, talvez, da falta de seriedade *deles*).[29]

Mills sustenta ainda que, ao contrário do contrato social ideal, que estabelece uma sociedade civil e um governo para proteger seus signatários, construído por meio de metáforas como o estado de natureza, o contrato racial é historicamente datável e localizável nos eventos históricos, tais

Do dispositivo 37

como o colonialismo e as expedições de conquista do imperialismo europeu, resultando, segundo ele, num mundo "moldado fundamentalmente nos últimos quinhentos anos pelas realidades da dominação europeia e pela consolidação gradual da supremacia branca global".[30] Os desdobramentos desse sistema político não nomeado constituem-se na hegemonia branca em sociedades fundadas pelo colonialismo e pelo imperialismo branco ocidental.

Para Charles Mills, embora nenhum ato formal consubstancie essa realidade histórica de supremacia branca, ela pode ser detectada em inúmeros atos, que, como vimos, faz-se à maneira de Foucault.[31] Embora a esse respeito Foucault não seja referência para Mills, é possível detectar pontos de encontro entre as suas reflexões, sobretudo no que diz respeito à multiplicidade de elementos heterogêneos que constitui um dispositivo de poder e a rede que entre eles se estabelece, incluindo ditos, não ditos e a proliferação de discursos associados à racialidade, que Mills detecta em uma diversidade de atos:

> bulas papais e outros pronunciamentos teológicos, discussões europeias sobre colonialismo, descoberta, e direito internacional; pactos, tratados e decisões jurídicas; debates acadêmicos e populares sobre a humanidade dos não-brancos; a criação de estruturas legais formalizadas de tratamento diferenciado e a rotinização de práticas informais ilegais ou semi-ilegais efetivamente sancionadas pela cumplicidade do silêncio e pela incapacidade do governo de intervir e punir perpetradores — que podem ser vistos coletivamente, não apenas de forma metafórica, mas bem próxima da literal, como seu equivalente conceitual, jurídico e normativo.[32]

Nesse sentido, o dispositivo de racialidade, como o entendo, beneficia-se das representações construídas sobre o negro durante o período colonial no que tange aos discursos e às práticas que justificaram a constituição de senhores e escravos, articulando-os e ressignificando-os à luz do racialismo vigente no século XIX. É nessa época que tais representações vão se constituir como ideologia, segundo Hannah Arendt. Sendo a ideologia uma arma política do imperialismo europeu, que se consolida no período da "corrida para a África":

> Quando a ralé europeia descobriu a "linda virtude" que a pele branca podia ser na África, quando o conquistador inglês da Índia se tornou administrador que já não acreditava na validez universal da lei mas em sua própria capacidade inata de governar e dominar, quando os matadores-de-dragões se transformaram em "homens brancos" de "raças superiores" ou em burocratas e espiões, jogando o grande jogo de infindáveis motivos ulteriores num movimento sem fim; [...] o cenário parecia estar pronto para todos os horrores possíveis.[33]

Para os meus propósitos, interessa notar que, para Arendt, a "ideologia racial, e não a de classes, acompanhou o desenvolvimento da comunidade das nações europeias até se transformar em arma que destruiria essas nações".[34] O que aconteceu com repercussões sobre as sociedades multirraciais oriundas do colonialismo e do imperialismo europeu, que irão reproduzir padrões de hierarquia social que têm na racialidade seu diferenciador fundamental, como mostra, por sua vez, Charles Mills.

O dispositivo de racialidade no Brasil

Para discutir a temática do dispositivo de racialidade no Brasil, vale inicialmente demarcar que Foucault compreende o discurso como prática social que emana de todos os pontos de poder. O discurso encerraria em si mesmo o sentido das relações de poder que o engendram, não sendo lícito, do ponto de vista de Foucault, buscar nele um sentido oculto, na medida em que esse sentido se explicita nos saberes que os discursos produzem.[35] Assim,

Do dispositivo

as práticas sociais se constituiriam discursivamente e os discursos formariam sujeitos e objetos que se condicionam, se deslocam, se multiplicam ou invertem posições. O que impulsiona essa dinâmica, segundo Foucault, é a vontade de saber a verdade do sujeito, instituindo-o como o lugar da verdade.

Se o sexo, conforme Foucault mostra em *História da sexualidade*, é o demarcador de uma verdade sobre o sujeito que define a sua normalidade ou anormalidade, a raça é, em meu entendimento, outro demarcador para a apreensão dessa verdade; por meio dela se evidencia o valor de cada agrupamento humano, a medida de sua humanidade, a normalidade de cada qual. Assim, o saber sobre o negro é considerado como prática discursiva de diferenciação social segundo a racialidade, que permite a distinção social de cada indivíduo por discursos de raça produzidos no interior de relações de poder.

Como explica Daniella Georges Coulouris,[36]

A noção de poder elaborada por Foucault articula-se com a ideia de discursos. Os discursos são formados no interior de saberes que se caracterizam pelo domínio de determinados objetos e pela produção de enunciados que se pretendem mais válidos que outros. Não há saber sem poder, assim como não há saber sem conflito, sem embate de várias posições distintas. A ciência institucionaliza a produção da verdade por deter o poder de produzir e distribuir os enunciados verdadeiros. E também de excluir, marginalizar o que estiver fora desse mundo da razão e da ordem. Ou seja, a produção de uma verdade é sempre conflituosa.[37]

Ainda para Coulouris, o termo "gênero" possui tanto uma perspectiva teórica como uma política, na medida em que permite a compreensão de relações sociais desiguais e que pesquisas orientadas para o tema atuam para modificar relações de gênero indesejáveis.[38] Em meu entendimento, o termo "raça" tem essa dupla perspectiva. Enquanto instrumento metodológico, pretende compreender as relações desiguais entre os diferentes grupos humanos, mais especificamente as desigualdades de tratamento e de condições sociais percebidas entre negros e brancos no Brasil. Enquanto prática discursiva, os estudos nele inspirados visam a modificação das relações sociais que produzem as discriminações e assimetrias raciais. No entanto, há uma diferença fundamental entre gênero e raça no âmbito do saber acadêmico, uma vez que, como aponta Coulouris, "gênero" é um termo que "sempre esteve articulado, de forma direta ou indireta, com as questões reivindicadas pelas feministas. Portanto, este saber não poder ser compreendido de forma dissociada da militância política, mesmo porque ele surge a partir das "problemáticas postas pelo movimento feminista europeu e norte-americano".[39]

Essa identidade entre sujeito e objeto constrói, para as feministas, a autoridade da fala ou da prática discursiva feminista, diferente do que ocorre com o saber produzido sobre o negro, saber esse que se construiu a maior parte do tempo desconectado dos negros e de suas reivindicações, ainda que seja possível identificar em muitos dos estudos a intenção de transformação das condições sociais produtoras de sua desigualdade social.[40] Essa ausência dos negros nas práticas discursivas é fenômeno que vem se alterando, porém ainda timidamente. Áreas de conhecimento foram criadas tendo por especialidade "conhecer o Outro". A diferença é então tornada objeto de investigação, de produção de saber, de títulos, de reconhecimento — poder, enfim — e produz, ademais, os saberes insurgentes que emergem do campo da resistência, disputando a produção da verdade sobre a racialidade dominada.[41]

A primeira voz dissonante que emerge nessa arena discursiva é a de Guerreiro Ramos, que reivindica o lugar de sujeito na reflexão desse campo, a partir da situação de pertencimento à racialidade subalternizada. Antes dele, Luiz Gama expressa outro momento de autoafirmação como sujeito no debate e na reflexão abolicionista em que se acha implicado. Gama tem por seguidor, no século xx, a figura insurgente de Abdias Nascimento, cuja

Do dispositivo 41

vasta produção teórica nunca obteve, no Brasil, o devido reconhecimento, embora esteja internacionalmente situado entre as grandes referências do pan-africanismo. As reações a esses pensadores negros (todos com baixa visibilidade no campo dos estudos raciais) são exemplos que mostram que a posição de sujeito reflexivo pleno é historicamente negada, como a reivindicação negra é descartada, ao contrário do que ocorreu com o saber sobre gênero, segundo Coulouris, em que "a necessidade de preservar o campo de saber somou-se à defesa dos propósitos políticos do feminismo".[42] O saber sobre o negro ou o saber sobre a raça e a necessidade de preservar esse campo de saber se fez até há pouco sem o concurso dos interesses, propósitos e reivindicações dos movimentos sociais negros. Em muitos casos, mostra-se decisivamente em oposição a esses interesses. Ari Lima demarca os deslocamentos que a sujeição histórica dos negros provoca no âmbito da produção de conhecimento:

> Minha voz subalterna fala então não apenas de uma opressão econômica e racial, mas também de um passado histórico de inacessibilidade a campos de saber e poder legitimados, a da contenção de símbolos e valores negro-africanos, da restrição à palavra e da dificuldade do uso de categorias e conceitos que traduzam a minha experiência como intelectual negro na academia brasileira.[43]

Nesse sentido, tal como afirma Coulouris, "conceitos centrais para a reflexão teórica de gênero — como os conceitos de poder, dominação, ideologia e discurso..."[44] estão em grande parte ausentes como instrumentos de análise na maioria dos estudos.

Em relação aos estudos sobre o negro no Brasil, Kabengele Munanga, autor do estudo *100 anos de bibliografia sobre o negro*, aponta na apresentação desse trabalho que

> com efeito, apesar das crônicas de alguns viajantes ocidentais dos séculos XVII e XVIII sobre a presença do negro no Brasil, este foi considerado como

"objeto" de investigação científica somente no final do século xix graças aos apelos patéticos de Sílvio Romero. Precisou-se esperar quase meio século para que o médico psiquiatra Raimundo Nina Rodrigues reagisse aos pedidos de Sílvio Romero e inaugurasse os primeiros trabalhos de pesquisa sobre o negro na Bahia, coroados pela publicação em Paris da obra *L'animisme fétichiste des nègres de Bahia*, em 1900. Apesar da lentidão e da falta de interesse que caracterizou a primeira fase do processo de pesquisa sobre o negro no Brasil pois — após a morte de Nina Rodrigues veio também um outro momento de silêncio, que foi rompido por seu discípulo Artur Ramos —, os estudos sobre o negro diversificaram-se principalmente nos anos 50. Do negro visto historiograficamente através do tráfico, da escravatura e da abolição, ou apenas biologicamente através das diferenças físicas e como produtor de uma cultura diferenciada, passou-se a encará-lo como um problema social sujeito a uma análise sociológica dentro do discurso anti-racista da época. [...] A partir dos anos 70, com o crescimento da consciência negra através de seus movimentos sociais, viu-se nascer novas áreas de pesquisas, enriquecidas entre outros pela discussão sobre o resgate da identidade e sobre estratégias de inclusão e de participação na sociedade. Lenta e arduamente alguns raros negros começaram a penetrar no espaço conceitual das ciências humanas, fomentando novas linhas de pesquisa na problemática da educação, do multiculturalismo e das políticas públicas dentro do contexto de *affirmative actions* inspirado nos Estados Unidos e na África do Sul pós-apartheid.[45]

Ari Lima aponta os limites e as contradições em que se enreda o intelectual negro no espaço acadêmico: esse espaço seria uma possibilidade de negar a inferioridade intelectual atribuída ao negro, um espaço de confronto dessas ideias consagradas ou apenas uma estratégia de assimilação? Semelhante rol de questões apontadas por Ari Lima podem ser situadas — no mesmo âmbito da análise de Charles Mills com base na experiência dos afro-americanos — como outra expressão da dimensão epistemoló-

Do dispositivo

gica do contrato racial, no controle das categorias analíticas que seriam essenciais para os povos não brancos pelos racialmente hegemônicos. Para Mills, a questão acerca da objetividade científica da produção acadêmica negra insere-se no quadro geral de validação científica que sustenta os poderes no âmbito acadêmico e que decorre tanto de uma combinação conceitual, como de um "repertório-padrão de interesses cujo caráter abstrato tipicamente omite, em vez de incluir genuinamente, a experiência das minorias raciais".[46] A estratégia é dificultar a emergência de conceituações alternativas. Disso resulta, em sua visão, o fato de que, em particular no âmbito da filosofia política, os "filósofos afro-americanos que realmente trabalham com a teoria moral e política tendem a produzir uma obra genérica, indistinguível daquela feita por seus colegas brancos".[47]

Como já foi assinalado, a construção da teoria do contrato racial tem em Mills a perspectiva ou o objetivo de estabelecer uma ponte conceitual entre a filosofia política hegemônica, segundo ele sustentada em abstrações sobre justiça e direitos, com a agenda conceitual e política decorrente da história concreta dos povos não brancos. A nova geração de intelectuais negros que romperam as barreiras que vêm historicamente limitando, impedindo, cerceando o acesso dos negros às instâncias superiores de conhecimento, aportam, por força dessas mesmas condições, novas questões que essa tradição acadêmica não chegou a enfrentar em toda a sua extensão. Como dizem Osmundo de Araújo Pinho e Angela Figueiredo, no instigante artigo *Ideias fora de lugar e o lugar do negro*:

> O campo das Ciências Sociais brasileiras, notadamente no que se refere aos estudos de relações raciais, faz parte da história das relações de raça no Brasil. Tanto alimenta as interpretações que entram nas disputas efetivas, extrapolando o campo acadêmico propriamente dito, como, constituindo modelos de leitura legítimos para a realidade, ajuda a ocultar o que deveria esclarecer: as relações entre a produção do conhecimento e a estrutura desigual da sociedade brasileira, racialmente marcada. [...] O que parece fora do lugar

não são necessariamente as ideias, mas o negro quando não está imobilizado como uma categoria, subjugado como um objeto, ou representado como uma alegoria.[48]

Meu pressuposto é o de que, no contexto da modernidade ocidental, a racialidade vem se constituindo num dispositivo, tal como essa noção é concebida por Foucault. A racialidade é compreendida como noção produtora de um campo ontológico, um campo epistemológico e um campo de poder, conformando, portanto, saberes, poderes e modos de subjetivação cuja articulação institui um dispositivo de poder.[49] Para compreender como isso se dá no Brasil, é preciso lembrar que a escravidão corrompeu o valor do trabalho: compulsório para o escravo, não tinha como ser considerado positivo pelo senhor branco. Este, liberado de trabalhar pela existência do escravo, foi viciado no ócio. O trabalho manual foi estigmatizado pela tradição, igualmente estigmatizadora, da escravidão. A abolição seria, nesse contexto, o momento da emergência do negro na nova ordem disciplinar que se instaura no Brasil, na passagem de uma economia baseada no trabalho escravo para o livre. É esse novo status que o dispositivo de racialidade, enquanto dispositivo do poder disciplinar emergente, haverá de demarcar em ações teóricas de assujeitamento, semelhantes ao que é denominado por Muniz Sodré, em outra situação, de "uma espécie de símbolo ontológico das classes econômica e politicamente subalternas".[50]

É assim que o negro sai da história para entrar nas ciências, a passagem da escravidão para a libertação representou a passagem de objeto de trabalho para objeto de pesquisa. A invisibilidade da presença negra na cena brasileira, que gradualmente vai se processando, contrasta com a vasta produção acadêmica que irá se desenvolvendo em torno dessa nova condição de objeto de estudo. Um epistemicídio que constrói um campo de saber fundado num manifesto, numa convocatória, como se pode considerar a conclamação de Sílvio Romero. A contrapartida é o também crescente embranquecimento da representação social. Duas manobras que vão promovendo, ao nível da reconstrução do imaginário social sobre o país, o branqueamento em todas as dimensões da vida social.

O negro como objeto de ciência

Como antecipado pela evocação de Osmundo de Araújo Pinho e Angela Figueiredo — por meio dos quais se evidenciam os embates que envolvem contemporaneamente intelectuais brancos e negros no campo da produção acadêmica sobre as relações raciais —, mesmo após a intensificação da investigação sobre esses temas, os negros estiveram ausentes como sujeitos do conhecimento. Essa extraordinária produção sobre esse objeto se deu tomando-o como informante desse domínio, porém sem o seu acolhimento como sujeito político e de conhecimento e, em muitos momentos, desqualificando a resistência negra pelo apelo à racialidade enquanto fator de subordinação e exclusão social, passível de ser mobilizada para a superação das diferenças raciais socialmente construídas. Essa negação reitera o caráter reificado que o negro adquiriu na sociedade e as relações de poder que estão imbricadas nesse processo de objetivação, ajustando-se à visão de Foucault de que saber e poder se implicam, afinal "não há relação de poder sem constituição de um campo de saber, como também, reciprocamente, todo saber constitui novas relações de poder".[51]

Provém de Sílvio Romero, a meu ver, a melhor expressão do processo de objetivação do negro nas ciências nacionais.[52]

É uma vergonha para a ciência do Brasil que nada tenhamos consagrado de nossos trabalhos ao estudo das línguas e das religiões africanas. [...] Quando vemos homens, como Bleek, refugiarem-se dezenas e dezenas de anos nos centros da África somente para estudar uma língua e coligir uns *mitos*, nós que temos o material em casa, que temos a África em nossas *cozinhas*, como a América em nossas *selvas*, e a Europa em nossos *salões*, nada havemos produzido neste sentido! É uma desgraça. [...] Bem como os portugueses estanciaram dois séculos na Índia e nada ali descobriram de extraordinário para a ciência, deixando aos ingleses a glória da revelação do sânscrito e dos livros bramínicos, tal nós vamos levianamente deixando morrer os nossos negros da Costa como inúteis, e iremos deixar a outros o estudo de tantos dialetos africanos, que se falam em nossas *senzalas! O negro não é só uma máquina econômica; ele é antes de tudo, e malgrado sua ignorância, um objeto de ciência.*[53] [...] Apressem-se os especialistas, visto que os pobres moçambiques, benguelas, monjolos, congos, cabindas, caçangas... vão morrendo. O melhor ensejo, pode-se dizer, está passado com a benéfica extinção do tráfico. Apressem-se, porém, senão terão de perdê-los de todo.[54]

Sílvio Romero nos dá, nesse texto de 1888, elementos que explicitam os objetivos estratégicos que o dispositivo de racialidade abrigou até a sua época. O primeiro objetivo estratégico ao qual o dispositivo de racialidade se prestou foi o de justificar a transformação do africano em "máquina econômica". Articulado com a periodização proposta por Dante Moreira Leite,[55] teríamos a fase do nativismo. Vencida a etapa de exploração da mão de obra escrava para a acumulação primitiva de riqueza e capital, a constituição do campo de saber sobre a diversidade instituída pelo racialismo tornava o negro um objeto de ciência, possível fonte de compreensão da evolução humana e de experimentações científicas.

Romero manifesta também a admissão de um campo de poder no qual esse saber a ser construído sobre o negro deveria resultar, seja no que tange aos estudos da língua, seja nos da religião, a partir da matéria-prima ociosa em nossas senzalas e cozinhas. É o que ele compara à "glória da revelação do sânscrito e dos livros bramínicos". Contrapõe a disciplina acadêmica dos ingleses à indigente contribuição portuguesa para as ciências. E sobretudo expressa a convicção de que o negro está fadado à extinção, dada a

Do dispositivo 47

superação de sua condição de "máquina econômica", pelo esgotamento do modelo baseado na escravidão e pela criminalização do tráfico negreiro. O negro não tem lugar na ordem econômica emergente e, dada a sua ignorância, apresenta características limitadas enquanto objeto de ciência. Assim, os homens de ciência do Brasil deveriam ser diligentes em sua dissecação científica. Romero deixa claro que há um campo de saber que institui também um campo de disputa e de poder, em nível internacional, no qual os estudiosos brasileiros devem entrar. Portanto, sobre a eleição do negro como "objeto de ciência", estabelece-se um campo de saber, que institui um campo de poder, de prestígio e glórias; que, sobretudo, se constitui como um espaço de disputa de saber e poder para brancos e entre brancos, o que em contrapartida descarta o negro da condição de produtor de saber e detentor de poder.

A convocação de Sílvio Romero não será em vão, e a partir do final do século xix se verá um processo crescente de objetivação do negro nas ciências sociais no Brasil. No início os estudos sobre o negro foram impulsionados pela antropologia e, conforme seu escopo se ampliou para os estudos das relações raciais e, depois, das desigualdades raciais, outras disciplinas foram se envolvendo, o que tornou este um campo de disputa também para intelectuais e ativistas negros.

Com toda essa vasta produção teórica sobre o negro, chegamos em 1988 diante da seguinte situação: no ano do Centenário da Abolição da Escravidão, uma comissão de notáveis intelectuais e pesquisadores brasileiros especializados na temática racial foi formada sem a presença de nenhum negro. O coordenador da comissão explicou a flagrante ausência nos seguintes termos: "O problema é que até agora não conseguimos encontrar num país elitista como o nosso nenhum negro que seja doutor em história. Por mais que procurássemos".[56]

Ao longo do século xx houve uma intensa produção de saberes sobre o negro, com a proliferação de institutos de pesquisa, centros de estudos africanos e de relações raciais em todo o país, os quais titularam e tornaram célebres pesquisadores e intelectuais brancos "especialistas em negro", ratificando o vaticínio de Sílvio Romero. Tratava-se de saberes e instituições apropriadas por brancos, que conformavam interpretações e modos de subjetivação para o negro. É esse expediente que vai explicar por que, um século depois da Abolição, a "intelligentsia" nacional não fosse capaz de encontrar um historiador negro num cenário em que já havia farta produção historiográfica disponível de intelectuais como Joel Rufino, Clóvis Moura e Milton Santos.

Na sua versão mais contemporânea nas universidades brasileiras, o epistemicídio, cuja discussão aprofundaremos mais à frente, se manifesta também no antagonismo entre discurso militante e discurso acadêmico, através do qual o pensamento do ativismo negro é desqualificado como fonte de autoridade para o saber sobre o negro, enquanto o discurso do branco sobre o negro é legitimado. Via de regra, a produção branca e hegemônica sobre as relações raciais dialoga entre si, deslegitimando a produção dos pesquisadores e ativistas negros sobre o tema. Isso fica manifesto nas referências bibliográficas utilizadas nas produções acadêmicas, nas quais figuram autores negros não brasileiros, e também no fato de que poucos intelectuais negros brasileiros alcançaram prestígio nacional e internacional.

Os ativistas negros, com honrosas exceções, são tratados pelos especialistas da questão racial como *fontes de saber*, mas não autoridades sobre o tema. Os pesquisadores negros também sofrem essa redução à condição de fonte e não são considerados interlocutores no diálogo acadêmico. Isso, quando não são aprisionados ao tema exclusivo do negro. São os progressos do negro no interior das relações raciais que vêm promovendo uma parcela da militância negra da condição de mero objeto para o de fonte primária, com certo incipiente estatuto de manifestação primária de racionalização em torno de sua problemática.

Do dispositivo

Retomemos, agora, a análise de Foucault para o domínio da sexualidade:

> não existe certo domínio da sexualidade que pertence, de direito, a um co-
> nhecimento científico desinteressado e livre, mas sobre o qual exigências
> do poder — econômicas ou ideológicas — fizeram pesar mecanismos de
> sujeição/opressão e subordinação.[57]

Aqui vamos substituir o termo "sexualidade" por "racialidade". Na mesma direção, continuando o paralelo com o pensamento de Foucault, se a racialidade se constitui como domínio a conhecer, veio a sê-lo a partir das relações de poder que a instituíram como objeto possível. Em troca, se o poder pôde tomá-la como alvo, foi porque se tornou possível investir sobre a racialidade por meio de técnicas de saber e de procedimentos discursivos a serviço da colonização, domesticação, eugenia ou repressão, como outras disciplinas científicas fizeram (medicina legal psiquiátrica, antropologia, criminologia, craniologia etc.). Cada qual se constitui como um domínio em que a racialidade foi estudada em desfavor da racialidade negra e de não brancos em geral. O caso da racialidade negra no Brasil não foi exceção.

Em síntese, desde a convocação de Romero, a intelligentia brasileira não deixou, à maneira de Foucault, de interrogar esse "objeto" e, simultaneamente, de excluí-lo como sujeito de conhecimento. O não reconhecimento dos intelectuais negros e a objetivação de militantes negros como fontes primárias de pesquisas são fatos que antecipam o tema do epistemicídio e que opera em estreita consonância com o dispositivo de racialidade.

A grande narrativa

De acordo com Foucault, "o discurso não é simplesmente aquilo que traduz as lutas ou os sistemas de dominação, mas aquilo por que, pelo que se luta, o poder do qual nos queremos apoderar".[58] Sobre a ordem interna do discurso, Foucault assinala que é derivada do próprio discurso, visto que

> são os discursos eles mesmos que exercem seu próprio controle; procedimentos que funcionam, sobretudo, a título de princípios de classificação, de ordenação, de distribuição, como se se tratasse, desta vez, de submeter outra dimensão do discurso: a do acontecimento e do acaso.[59]

No exemplo brasileiro, o discurso que molda as relações raciais é o mito da democracia racial. Sua construção e permanência até os dias atuais evidencia, por si, sua função estratégica, sobretudo como apaziguador das tensões étnico-raciais.

Para Jessé de Souza, a democracia racial é o nosso mito fundador, que traz como ambição a perspectiva do "desenvolvimento de uma civilização superior em uma terra de mestiços". Esta no entanto, continua o autor, seria "uma contradição em termos, dado que as funções superiores intelectuais e morais que permitem a 'civilização' eram atributo da *raça* branca".[60] Baseado em pesquisas empíricas, o autor demonstra que o racismo é o único "preconceito cuja recusa explícita e amplamente majoritária foi compartilhada por todas as classes sem distinção".[61] Souza argumenta ainda que, se é inegável que não existe uma verdadeira democracia racial no Brasil, por outro lado se deve ter em conta a ampla rejeição ao preconceito racial, por indicar que "a democracia racial, é em alguma medida, um projeto acalentado por todos os estratos sociais".[62] O autor deixa de lado, infelizmente, os complexos mecanismos que vêm historicamente determinando o silêncio, a negação e a invisibilização da problemática racial.

Isto é o que faz, talvez, do mito da democracia racial a grande narrativa que desnuda a existência de um acordo de aceitação do discurso com todas as suas decorrências.[63] É ilustrativa a fala do ex-presidente Fernando Henrique Cardoso, na abertura do Seminário Internacional "Multiculturalismo e Racismo: O Papel da Ação Afirmativa nos Estados Democráticos

Do dispositivo

Contemporâneos", realizado pela Secretaria Nacional de Direitos Humanos em julho de 1996. Disse o ex-presidente:

> Eu sempre me lembro — já me referi em mais de uma ocasião a isso — de uma reunião realizada há muitos anos no Ministério das Relações Exteriores, que funcionava no Rio de Janeiro. Eu era assistente de sociologia e trabalhava com o professor Florestan Fernandes e com o professor Roger Bastide, dois dos eminentes sociólogos que se dedicavam ao problema das relações entre negros e brancos no Brasil. E, talvez com certa ingenuidade, referi-me ao fato de que efetivamente havia preconceito no país. Na época, dizer isso era como fazer uma afirmação contra o Brasil. A pessoa que presidia a mesa — alguém de grande respeitabilidade — incomodou-se com a afirmação e, ao final, confessou-me que quase havia pedido que me retirasse da reunião. Então, teceu alguns elogios pessoais a mim, para compensar a manifestação de profundo desagrado pelo fato de eu ter dito que havia preconceito de cor no Brasil.[64]

Em outro momento de seu discurso, FHC continua: "até a década de 1950 acreditava-se ser o Brasil um paraíso racial. Daquela época para cá, contudo, muita coisa mudou, pois fomos descobrindo que não temos tanta propensão à tolerância como pensávamos".[65] Então, adverte:

> Não devemos, entretanto, exagerar nessa crítica e nessa autocrítica, pois se é verdade que existe, de um lado, a hipocrisia, há, de outro, a abertura. Essa ambiguidade convive na nossa formação cultural, e é preciso tirar proveito disso. Talvez por temperamento, não sou muito cartesiano. Na minha concepção, uma certa dose de confusão e ambiguidade torna as coisas melhores e mais fáceis, pois o excesso de clareza, por vezes, é desagregador.[66]

Como já afirmamos em trabalho anterior,[67] importa-nos reter da fala do ex-presidente dois elementos: o caráter *desagregador* que a admissão do racismo ou do preconceito racial tem na nossa tradição cultural, chegando a ponto de ser considerada tal admissão "uma afirmação contra o Brasil" ou uma quase questão de segurança nacional. E o outro elemento é a *ingenuidade* em que certas pessoas podem incorrer ao ousar explicitar a existência do racismo no país, diante do pacto de silêncio no qual o problema está imerso.

O mito da democracia racial corresponde ao desejo de uma autorre-presentação da sociedade e de uma representação positiva do país frente ao "complexo de inferioridade interiorizado e legitimado cientificamente".[68] Presta-se à construção de uma identidade positiva para um país cuja realidade concreta impede a realização efetiva de uma ocidentalização, seja racial ou cultural. Como afirma Sílvio Romero em *História da literatura brasileira*, "Não adianta discutir; somos mestiços, isso é um fato e basta!... Se não somos mestiços no sangue, somos mestiços na alma".[69]

Em um artigo que publiquei no *Correio Braziliense*, em 2000, afirmei que a miscigenação racial presente em nossa sociedade vem se prestando a diferentes usos políticos e ideológicos. Em primeiro lugar, a miscigenação vem dando suporte ao mito da democracia racial, na medida em que o intercurso sexual entre brancos, indígenas e negros seria o principal indicativo de nossa "tolerância racial", argumento que omite o estupro colonial praticado pelo colonizador contra mulheres negras e indígenas e cuja extensão está sendo revelada por pesquisas genéticas que indicam que mais da metade daqueles que se supõem brancos na sociedade brasileira trazem alguma marca genética de uma ascendente negra ou indígena.[70]

Em segundo lugar, a miscigenação tem se constituído num instrumento eficaz de embranquecimento do país, por meio da instituição de uma hierarquia cromática e de fenótipos que têm na base o negro retinto e no topo o "branco da terra" oferecendo, aos intermediários, o benefício simbólico de estarem mais próximos do ideal humano, o branco. Isso tem impactado particularmente os negros brasileiros, em função desse imaginário social que indica uma suposta melhor aceitação social dos mais

Do dispositivo

claros em relação ao mais escuros, o que parece explicar a diversidade de expressões que pessoas negras e seus descendentes miscigenados adotam para se autodefinir racialmente, tais como: moreno escuro, moreno claro, moreno jambo, marrom bombom, mulato, mestiço, caboclo, mameluco, cafuzos, ou seja, *confusos*, de tal maneira, que acabam todos agregados na categoria oficial do IBGE, *pardo*! E pardo é algo que ninguém consegue definir nem como raça nem como cor. Talvez o termo se preste apenas a agregar aqueles que, por terem a sua identidade étnica e racial destroçada pelo racismo, pela discriminação e pelo ônus simbólico que a negritude carrega socialmente, não sabem mais o que são ou simplesmente não desejam ser o que são.

Diferenciações como essa vêm funcionando com eficácia como elemento de fragmentação da identidade negra e coibindo que esta se transforme em elemento aglutinador no campo político, para reivindicações coletivas por equidade racial posto que, ao contrário do que indica o imaginário social, pretos e pardos (conforme a nomenclatura do IBGE) compõem um agrupamento que, do ponto de vista dos indicadores sociais, apresentam condições de vida semelhantes e igualmente inferiores quando comparadas ao grupo branco, razão pela qual define-se hoje política e sociologicamente a categoria negro como a somatória daqueles que o Censo classifica como pretos e pardos.[71]

Porém, a larga miscigenação e o elogio à mestiçagem não têm sido capazes de alterar o desejo produzido historicamente na sociedade brasileira de branqueamento de todos. Como afirma Kabengele Munanga:

> Apesar de ter fracassado o processo de branqueamento físico da sociedade, seu ideal inculcado através de mecanismos psicológicos que não poderia explicar ficou intacto no inconsciente coletivo brasileiro, rodando sempre nas cabeças dos negros e mestiços. Esse ideal prejudica qualquer busca de identidade baseada na "negritude" e na "mestiçagem", já que todos sonham ingressar um dia na identidade branca, por julgarem superior.[72]

A incidência desse modo de subjetivação também sobre os que se supõem brancos,[73] bem como a consciência da precariedade de sua branquitude podem ser mensurados em artigo de Otávio Frias Filho no qual constata que a

presença maciça de loiras no imaginário da mídia e do showbiz não é fenômeno tão frívolo, nem tão gratuito. [...] Basta folhear as revistas de ostentação da riqueza e do ócio para verificar o avanço da "loirização" como etapa superior do "embranquecimento".[74]

"Loirização" essa que, ainda de acordo com Frias, é "impulsionada, talvez, pelos progressos da cosmética que facilita a mudança cromática".[75]

O ideal de branqueamento não está abandonado; é imposto ao imaginário social pela cultura dominante através da exibição permanente de seus símbolos, que expressam os seus sucessos materiais e simbólicos como demonstração de superioridade "natural", cotejados sistematicamente com os símbolos de estigmatização da negritude — seu contraponto necessário. Os meios de comunicação, "para retratar a pobreza, a miséria, a delinquência, o analfabetismo, a ignorância, a indigência humana, são pródigos em exibir pessoas negras".[76] E, para assegurar o mito, promove-se uma integração minoritária e subordinada de negros que não correspondem aos estereótipos consagrados nas imagens veiculadas pelos meios de comunicação de massa, em especial nas imagens publicitárias; o que pela excepcionalidade reitera a regra discricionária.[77]

A miscigenação vem sendo utilizada para barrar a implementação de políticas de promoção da igualdade social dos negros, como as ações afirmativas. Dentre os principais argumentos contrários, destaca-se a impossibilidade de determinar quem é negro no Brasil em função, outra vez, da miscigenação.

Os críticos da posição contestatória do Movimento Negro em relação ao mito da democracia racial e de sua contraposição ao modelo norte-

-americano de relações raciais — que, por ter sido frontal e explícito em sua institucionalidade, é considerado pelos ativistas menos nefastos que o nacional —, buscam de diferentes formas resgatar a positividade da ideia de democracia racial. Jessé de Souza parece validar o mito com o seguinte argumento: "como mito não tem a ver com mentira, mas com antecipações e desejos reais das comunidades humanas, não vemos como o mito da democracia racial brasileira não deva ser considerado como um projeto sócio-político interessante".[78]

A consequência dessa visão, para esse autor, é que "negá-lo como pura mentira é menos do que sábio, é perigoso. É escolher o isolamento do discurso do ressentido que se apoia na instável eficiência do aproveitamento político do complexo de culpa".[79] Portanto, a crítica política dos movimentos negros à falácia da democracia racial brasileira é desautorizada, primeiro como produto da ignorância ou da ausência de sabedoria manifesta na incapacidade de compreender as articulações dialéticas entre mito e realidade. Num segundo momento, por uma pretensa patologia no comportamento político dos que assim se posicionam, um tipo de desrazão, fundada no ressentimento. Além de trazer também implícita a ideia de que o desmascaramento do mito como inverdade histórica e social procura uma culpabilização, que, além de ineficaz, manifesta oportunismo político. Souza faz também uma advertência que pode soar como ameaça, pois o referido "isolamento do discurso" pode se traduzir em isolamento político, já que inviabilizaria alianças sem as quais as mudanças não seriam possíveis. Faz supor que na negociação de uma nova agenda para as relações raciais, o patrimônio cultural do mito deva ser preservado.

A grande pergunta que está posta é: por que tantos intelectuais, a maioria brancos, se empenham com tanta determinação em "salvar" o mito da democracia racial, na razão inversa em que os negros, mais que todos os ativistas da luta antirracista, se esforçam em condená-lo? Souza nos dá outras pistas: "neste contexto de complexo de inferioridade, interiorizado e legitimado 'cientificamente', o mito da democracia racial torna-se um elemento compensatório fundamental".[80] Ele está se referindo aos paradigmas racistas do século XIX, sobretudo àqueles relativos à mestiçagem, que viam com total pessimismo a possibilidade de "desenvolvimento de uma civilização superior em uma terra de mestiços",[81] conforme já citamos anteriormente.

O autor entende assim que essas determinações negativas atribuídas a uma sociedade mestiça como a nossa serão "compensadas" pela tolerância racial por nós alcançada, o que nos oferece uma reserva moral frente aos países civilizados; uma nova capacidade civilizatória imprevista, a oferta de um novo paradigma para o mundo, para o equacionamento do problema da diversidade humana. A valorização de nossa formação cultural engendrou uma visão civilizatória que faz com que "todas as noções que os brasileiros associam positivamente a si próprios são representadas nesse mito: sensualidade, afetividade, tolerância, cordialidade etc.".[82] E, principalmente, a nossa vocação para a paz, concebida, sobretudo, como ausência de conflitos raciais.

O mito da democracia racial abre um diálogo crítico do Brasil com os países dominantes, em que a tolerância e ausência de conflito racial são indicativos de outras potencialidades que o país apresentaria para credenciar-se como uma promessa de potência econômica e cultural no cenário mundial.

Uma segunda e recorrente crítica feita pelos intelectuais brancos ao esforço de desmascaramento do mito da democracia racial levado a cabo pelos ativistas negros consiste em considerar essa posição como "subserviência aos métodos e instrumentos adotados nos Estados Unidos, como se a situação fosse a mesma".[83] Esse argumento implica, por um lado, uma condenação que reivindica uma perspectiva nacionalista do negro, que deveria valorizar as "ambiguidades culturais" específicas de nossa formação. Por outro, recusa o reconhecimento de que a diáspora negra compartilha uma experiência histórica comum de escravização e de opressão

Do dispositivo

racial, além de um éthos cultural determinado pelas formas objetivas e subjetivas de resistência a essa opressão. A diáspora negra compartilha, sobretudo, o desafio da emancipação coletiva em todas as sociedades do mundo onde estão alocadas. Isso faz com que a cultura negra, onde quer que se manifeste, seja patrimônio dos negros de qualquer lugar.

FOUCAULT NÃO DEIXA DE CONSIDERAR elementos não discursivos em sua análise do poder por intermédio da noção de dispositivo. Sua análise também contempla componentes materiais, como as *organizações arquitetônicas* que o dispositivo engendra. E nada poderia ser mais paradigmático dessa construção no Brasil do que a imagem consagrada no imaginário social de *Casa-Grande & Senzala*. Para além de nomear uma obra célebre e clássica, constituiu uma arquitetura que vem se recriando historicamente em outros binômios e estruturas, tais como arranha-céus & favelas, mansões & cortiços, palafitas, quilombos, malocas etc...

Um binômio que também já se autonomizou de sua estrutura empírica para designar no plano simbólico as assimetrias raciais é o expresso na diferenciação do elevador de serviço & elevador social. Está também enraizado no imaginário brasileiro o ter o "pé na senzala" ou "na cozinha", que às vezes indica a classe de pertencimento, às vezes a raça — mas quase sempre significa as duas coisas.

A metáfora arquitetônica deriva de um processo mais amplo das intersecções entre negritude e territorialidade. Como explica Luis Mir,

> o território do país foi recortado para fins de colonização e, posteriormente, na Independência e Abolição, para impedir que índios, africanos e mestiços se aperfeiçoassem e formassem um novo mapa étnico e geográfico, do qual essas populações passassem a fazer parte. [...] [O] fomento oficial da emigração europeia foi o utensílio empregado para se tentar definitivamente, a destruição física e econômica dos ex-escravos antes da formal abolição da

escravatura em 1888, que deslancha o processo de extermínio e sufocamento social dos africanos. [...] Para os novos habitantes planejaram-se núcleos coloniais que dariam nascimento a novas cidades indo-europeias [...] e receberam estradas, urbanização, crédito farto, dentre outros benefícios. Nunca os ex-escravos receberam terras, créditos, educação e assistência nesse país.[84]

Esses são alicerces do contrato racial no Brasil e exemplos da lógica que promove a inscrição das racialidades numa esfera para além dos discursos, como é o biopoder de que trataremos a seguir.

Em sua análise do racismo, Foucault tinha em mente a experiência alemã do Holocausto. Não considerou, no entanto, o racismo enquanto dispositivo de poder de sociedades multirraciais de passado escravocrata, nas quais o racismo opera como um disciplinador, ordenador e estruturador das relações raciais e sociais e nas quais se amalgamam as contradições de classe e raça. A pobreza se instituiu como condição crônica da existência negra, na medida em que a mobilidade de classe torna-se controlada pela racialidade. Essa dinâmica tem efeito paralisante sobre o grupo dominado, produzindo seu confinamento aos patamares inferiores da sociedade e produzindo resistências que se constituem muitas vezes como mecanismos de inscrição da racialidade subjugada na dinâmica do dispositivo, e menos como estratégia de emancipação.

É o campo das resistências que vincula o negro ao dispositivo de racialidade como sua contrapartida necessária, entendendo que onde um campo de poder se institui são produzidas resistências. E as resistências criam condições para a reinserção no dispositivo, para a negociação com o poder e para as disputas sobre a verdade histórica. Tendo em vista que os negros são tidos, enquanto coletividade, como não portadores dos elementos civilizatórios e raciais desejáveis para o projeto de nação que se desenha a partir da República, a primeira possibilidade para sua inclusão na "nova" sociedade se dará de forma individualizada. Daí decorre uma mobilidade social individual consentida e que é a tônica do processo de

Do dispositivo

inclusão social dos negros. Ela se dará em reconhecimento a excepcionalidades inscritas exclusivamente no âmbito dessa individualidade. E será tão melhor aceita quanto mais puder se desassociar das marcas físicas e simbólicas da negritude. Nesse sentido, o desracializar-se — recusar ou camuflar a identidade racial no plano dos discursos e das práticas — é condição imperativa.

A outra possibilidade de reação ao dispositivo de racialidade advém da constituição do sujeito coletivo demandador de direitos, que busca o reconhecimento como sujeito político; será por meio desse reconhecimento que se promoverá a transformação dos pactos sociais pela inclusão dos negros enquanto coletividade.

No plano individual, é mais frequente que os negros sejam considerados incapazes de atender às exigências para a sua inclusão. No coletivo, as conquistas sociais foram escassas ao longo da nossa história. A articulação dos âmbitos individual e coletivo fez com que a maioria dos negros brasileiros ficasse entregue à lógica do biopoder. No entanto, não é necessário que as resistências levem à reinserção no dispositivo de racialidade, que a inclusão seja apenas dos indivíduos excepcionais e que a maioria dos negros esteja para sempre entregue à lógica racista do biopoder. É assim que tem sido, mas a emancipação pode e deve ser para todos. E isso se dará pela luta política.

2. O biopoder: Negritude sob o signo da morte

ESTE CAPÍTULO QUER MOSTRAR QUE o dispositivo de racialidade, que tem uma função subalternizadora dos seres humanos segundo a raça, ganha uma dimensão específica ao operar em conjunto com o biopoder e ser por ele instrumentalizado. Na biopolítica, gênero e raça se articulam produzindo efeitos específicos. No que diz respeito ao gênero feminino, evidencia-se, por exemplo, a ênfase em tecnologias de controle sobre a reprodução, as quais se apresentam de maneira diferenciada segundo a racialidade; quanto ao gênero masculino, evidencia-se a simples violência.

De acordo com Foucault, o biopoder surge quando, no século XIX, ocorre a assunção da vida pelo poder e a consequente inclinação para a "estatização do biológico".[1] Há uma diferença fundamental no modo pelo qual esse biopoder é exercido em comparação ao modo pelo qual se exercia, até então, o direito de soberania. Se o soberano — porque tinha como um de seus atributos fundamentais o direito sobre a vida e a morte — podia "fazer morrer e deixar viver", o biopoder se constitui como poder de "fazer viver e deixar morrer". O primeiro incidia sobre a morte, afinal é "porque o soberano pode matar que ele exerce o seu direito sobre a vida",[2] enquanto o segundo passa a incidir principalmente sobre a vida e a regulamentá-la em diversos aspectos e de modo cada vez mais abrangente:

> Aquém, portanto, do grande poder absoluto, dramático, sombrio, que era o poder da soberania, e que consistia em poder fazer morrer, eis que aparece agora, com essa tecnologia do biopoder, com essa tecnologia do poder sobre

a população enquanto tal, sobre o homem enquanto ser vivo, um poder contínuo, científico, que é o poder de fazer viver. A soberania fazia morrer e deixava viver. E eis que agora aparece um poder que eu chamaria de regulamentação e que consiste, ao contrário, em fazer viver e deixar morrer.[3]

A transformação a que Foucault se refere ocorre, antes de tudo, no âmbito da tecnologia do poder: nas sociedades disciplinares dos séculos XVII e XVIII as técnicas de poder eram centradas essencialmente na disciplina do corpo do indivíduo (no "homem corpo"), na biopolítica elas agem sobre a multiplicidade de homens (no "homem espécie"), ou seja, sobre as massas e as populações.[4] Não se trata, na verdade, da substituição da disciplina do indivíduo pela regulamentação da população, mas da sua complementação, pois a técnica disciplinar — que vigia, treina e pune os corpos — não se mostra mais suficiente para reger o corpo econômico e político de uma sociedade "em via a um só tempo de explosão demográfica e de industrialização":[5]

Mais precisamente eu diria isso: a disciplina tenta reger a multiplicidade dos homens na medida que essa multiplicidade pode e deve redundar em corpos individuais que devem ser vigiados, treinados, utilizados, eventualmente punidos. E, depois, a nova tecnologia que se dirige à multiplicidade dos homens não na medida em que eles se resumem em corpos, mas na medida em que ela forma, ao contrário, uma *massa global afetada por processos de conjunto que são próprios da vida, que são processos como o nascimento, a morte, a produção, a doença etc.* Logo, depois de uma primeira tomada de poder sobre o corpo que se fez consoante o modo da individualização, temos uma segunda tomada de poder que, por sua vez, não é individualizante, mas massificante, se vocês quiserem, se faz em direção não do homem corpo, mas do homem espécie.[6]

Essa tomada de poder "massificante" só pode acontecer por regulamentar os processos de vida — natalidade, mortalidade, longevidade —, os quais passam a ser medidos estatisticamente e programados. A própria noção de "população" com a qual a biopolítica lida surge nesse contexto enquanto problema científico e político, "como problema biológico e como problema de poder".[7] Trata-se agora menos do direito de fazer morrer e mais do direito de intervir para fazer viver a massa da população. Daí Foucault dizer que a tecnologia de poder passa a ser centrada na vida, não mais (ou não apenas) no corpo. E uma vez que o mecanismo disciplinar do corpo e o mecanismo regulador da vida são distintos, eles podem se articular, como acontece, por exemplo, na cidade, onde são exercidos uma série de mecanismos disciplinares do corpo — divisão espacial urbana, disposição das casas na cidade, dos cômodos dentro das casas — e mecanismos regulamentadores que incidem sobre a população — sistemas de seguro, regras de higiene para garantir longevidade, regras de sexualidade e procriação etc.[8,9] A sociedade que assim surge sob o efeito do jogo duplo da disciplina e da regulamentação é, nas palavras de Foucault, a sociedade normalizada.[10]

Há de se perguntar, no entanto, onde entra nesse esquema explicativo da biopolítica — que age principalmente sobre a vida — o exercício do direito de matar. Como é possível, pergunta o autor, que nessas condições o poder político venha a matar, a "reclamar a morte, pedir a morte, mandar matar, dar a ordem de matar, expor à morte não só seus inimigos, mas mesmo seus próprios cidadãos"?[11] É aí que intervém o racismo, que embora já existisse muito antes do século XIX, foi inserido nos mecanismos internos do Estado pela emergência do biopoder. O racismo cumpre o papel de fragmentar o campo biológico, do qual o poder tomou conta, para dividi-lo conforme "raças" e assim introduzir um corte entre quem deve viver e quem deve morrer.

Mas não é essa a única função do racismo na biopolítica. Além desse papel negativo de promover cisão, o racismo também cumpre a função em certo sentido positiva do tipo "quanto mais você deixar morrer, por isso mesmo você viverá".[12] É verdade que a lógica dessa relação — "se você quiser viver, é preciso que faça morrer" — é própria da guerra, anterior até mesmo ao Estado e ao racismo moderno. O racismo de Estado permite fazer funcionar essa relação de tipo guerreiro como uma relação biológica de maneira inteiramente nova e compatível com a biopolítica. Para Foucault, o cálculo do poder se dá assim:

> quanto mais as espécies inferiores tenderem a desaparecer, quanto mais os indivíduos anormais forem eliminados, menos degenerados haverá em relação à espécie, *mais eu — não enquanto indivíduo, mas enquanto espécie — viverei, mais forte serei, mais vigoroso serei, mais poderei proliferar.*[13]

Assim sendo, a morte do outro — que é Outro porque degenerado e de raça inferior — permite ao biopoder promover a vida da raça mais sadia e mais pura. Em outras palavras, o racismo é indispensável para que o poder, enquanto biopoder e com função primordial de promover a vida, venha a tirar a vida. "A função assassina do Estado só pode ser assegurada desde que o Estado funcione, no modo do biopoder, pelo racismo",[14] lembra Foucault. De acordo com o filósofo, o Estado tira a vida de dois modos: pelo assassinato direto e pelo assassinato indireto, neste caso quando expõe à morte, quando multiplica os riscos de morte, quando promove a morte política dos racialmente "inferiores".[15]

É nessa perspectiva que inscrevo a negritude sob o signo da morte, a partir da análise das distinções que se apresentam no processo nascer-adoecer-morrer ou simplesmente no processo viver-morrer de negros e de brancos na sociedade brasileira. Processos nos quais se aliam predisposições genéticas com a produção de condições de vida diferenciadas, promovendo, como afirma Foucault, cesuras no interior do campo biológico.[16] Essa é, para Foucault, a primeira função do racismo. A segunda consiste, como vimos, na eliminação dos inferiores, impuros, anormais ou diferentes e é condição da assepsia social: "é o que vai deixar a vida em geral mais sadia; mais sadia e mais pura".[17]

Este livro propõe que as sociedades multirraciais resultantes da colonização engendraram o dispositivo de racialidade como instrumento

O biopoder: Negritude sob o signo da morte

disciplinar e normalizador das relações raciais. É meu entendimento que esse dispositivo disciplinará e normalizará as relações raciais nas sociedades pós-coloniais e as relações de soberania com as nações racialmente inferiorizadas. Para tanto, o biopoder é fundamental, afinal foi "elemento indispensável ao desenvolvimento do capitalismo, que só pôde ser garantido à custa da inserção controlada dos corpos no aparelho de produção e por meio de um ajustamento dos fenômenos de população aos processos econômicos".[18]

A definição dos corpos e das parcelas da população adequados para suportar esse processo de desenvolvimento capitalista no momento de industrialização nascente irá determinar, no Brasil, os estoques raciais adequados para essa tarefa. As predisposições raciais definidas para cada grupo humano irão amparar essas escolhas. Os ajustamentos dos fenômenos de população se darão, de um lado, pela política imigratória, como já referido, e, de outro, pelo contrato racial, em que o embranquecimento é tanto um projeto estético e eugênico como uma estratégia de promoção dos grupos raciais considerados adequados para sustentar o processo de modernização econômica.[19]

Para realizar essa tarefa tornou-se necessária a produção dos corpos dóceis, o seu adestramento, a maximização de sua rentabilidade física. Mas o biopoder não para por aí. Para "fazer viver e deixar morrer" conta com a hostilidade e o desprezo socialmente consolidados em relação a um grupo social. Como uma espécie de automatismo associativo, esses sentimentos e representações tornam-se suficientes para orientar a distribuição das benesses sociais. Entendo que onde não há para o biopoder interesse de disciplinar, subordinar ou eleger o segmento subordinado da relação de poder construída pela racialidade, ele passa a atuar como estratégia de eliminação do Outro indesejável. O biopoder aciona o dispositivo de racialidade para determinar quem deve morrer e quem deve viver.

Nesse sentido, o Brasil também assistirá, a partir do século xix, à emergência de novos procedimentos de saúde pública, em que a racialidade intervirá introduzindo uma orientação eugenista corretora da presumida promiscuidade, sobretudo sexual, instaurada na escravidão. Articulam-se técnicas disciplinares a essa nova tecnologia de poder, com a originalidade de que elas exercem o poder de fazer viver e deixar morrer sem precisar institucionalizar a raça, mas dispondo de mecanismos capazes de alcançá-la onde quer que ela se esconda, para distribuir vida e morte.

Nesse contexto, nos dados que vêm sendo produzidos por diferentes agências de pesquisa sobre mortes violentas no Brasil, ecoa a afirmação de Foucault de que "o direito de vida e de morte só se exerce de uma forma desequilibrada, e sempre do lado da morte".[20] É esse desequilíbrio que vou descrever a seguir enquanto estratégia do biopoder.[21]

A racialidade no Brasil determina que o processo saúde-doença-morte apresente características distintas para cada um dos seus vetores. Assim, branquitude e negritude detêm condicionantes diferentes quanto ao viver e ao morrer. Foucault, ao inscrever o racismo no âmbito do biopoder, esclarece que este, enquanto tecnologia de poder voltada à preservação da vida de uns e ao abandono de outros para que morram, se presta à determinação sobre o deixar morrer e o deixar viver. Empregando a máxima do "deixar viver e deixar morrer" como expressão do biopoder, Foucault identifica o racismo como legitimador do direito de matar, que será exercido pelo Estado por ação ou omissão, de forma direta ou indireta.

Os estudos sobre as desigualdades raciais identificam a justaposição, e/ou articulação, de condições adversas de vida com sexismo e racismo como os condicionantes do quadro de desigualdades raciais que se manifestam em diferentes dimensões da realidade social, e em especial no campo da saúde da população negra. Alguns autores identificam que, no Brasil das últimas décadas, alteraram-se significativamente os índices de mortalidade, por exemplo a infantil, para os diferentes grupos sociais e agrupamentos étnicos/raciais, fazendo o país experimentar uma redução efetiva nas taxas de mortalidade de menores de um ano. Segundo Estela Maria Garcia de

Pinho da Cunha, no período de 1977 a 1993, essa redução foi de 57%. Porém, a autora traz duas advertências em relação a esse fato:

> quando se faz intervir a variável cor, constata-se que o índice de mortalidade infantil de brancos menores de um ano diminui 43% nesse período, enquanto a redução da mortalidade infantil negra aconteceu em nível significativamente menor, de apenas 25% [...]. Um segundo aspecto relevante é que as desigualdades raciais se acentuaram ao longo do tempo. Assim, enquanto a diferença relativa entre os níveis de mortalidade de negros e brancos menores de um ano, segundo os dados do Censo de 1980, era de 21%, quase 20 anos depois este valor havia aumentado para 40%. Estes achados sugerem que, comparativamente, os filhos de mães negras aumentaram sua exposição ao risco de adoecer e morrer.[22]

Assim, sob a égide do biopoder no polo subordinado da racialidade, as desvantagens se manifestam desde a infância, em que se acumulam fatores genéticos com condições desfavoráveis de vida para inscrever a negritude sob o signo da morte. Como contraponto, a branquitude se configura como signo que se consubstancia na maior expectativa de vida, nos menores índices de mortalidade e morbidade como consequência de seu acesso privilegiado aos bens socialmente construídos. Porém o que advogamos aqui é que o "deixar viver e deixar morrer" define as condições de vida e de morte a que a racialidade estará submetida em todos os seus vetores pelo poder de soberania que a informa e que decide sobre o valor de cada vida e de cada morte no âmbito da racialidade.

A seguir serão fornecidos exemplos de práticas recorrentes em nossa sociedade que inscrevem a racialidade na lógica do biopoder de "deixar viver ou deixar morrer" impregnada por processos de naturalização do valor da vida e da morte: a racialidade inscreve a branquitude no registro da vida e a negritude no signo da morte.

Mulheres negras: Das mortes preveníveis e evitáveis

> Neste lugar de maior solidão, examino cada decisão que tomo à luz do que tenho aprendido sobre mim mesma e sobre a autodestruição que me foi incutida pelo racismo e sexismo, pelas circunstâncias de minha vida enquanto uma mulher negra.[23]
>
> AUDRE LORDE

Na literatura médica, mortes evitáveis são aquelas que não deveriam ter ocorrido se as medidas preventivas adequadas tivessem sido tomadas. O movimento feminista brasileiro tem se utilizado desse conceito particularmente para se referir à morte de mulheres por doenças preveníveis, ou seja, passíveis de serem evitadas, e quando adoecem por tais causas deveriam ter tido acesso a tratamento curativo. Portanto, são mortes que não deveriam ter ocorrido.

Nos anos 1980, o movimento feminista cunhou uma imagem emblemática sobre a magnitude desse fenômeno no mundo. Dizia-se que, quando cai um avião, cria-se uma comoção mundial, porque em geral, da queda de um avião dificilmente alguém escapa. No entanto, o número de mulheres que morriam de parto todos os dias era equivalente ao número de mortos na queda de um Jumbo — que não cai com frequência. Mesmo assim, a opinião pública não se mobiliza da mesma forma.

A morte materna é, ainda hoje no Brasil, um exemplo clássico de mortes preveníveis e evitáveis. Para a Organização Mundial de Saúde (OMS) o conceito de morte materna abrange mortes que acontecem durante a gravidez em qualquer fase da gestação, no parto, no pós-parto e até 42 dias depois. A organização trabalha também com o conceito de mortalidade materna tardia, ou seja, a morte que acontece até um ano depois do parto. Na escala de morte materna aceitável da OMS, que é de zero a vinte óbitos por 100 mil nascidos vivos, o Brasil apresentava um índice ruim: em torno de 120 mortes maternas por 100 mil nascidos vivos. Em países desenvolvidos e, no caso particular de Cuba, que já tem índice de morte materna de países desenvolvidos, morrem no máximo dez mulheres por 100 mil nascidos vivos.

No início do século xxi, as capitais do Brasil apresentam a razão de morte materna de 74,5 por 100 mil nascidos vivos, sendo que a primeira causa de morte materna no Brasil é toxemia gravídica, ou seja, hipertensão arterial não tratada durante a gravidez. Isso é atribuído à qualidade do pré-natal oferecido às parturientes ou à ausência do acompanhamento durante a gestação; pode, ainda, se tratar de imperícia, já que mais de 90% dos partos são hospitalares. Ou seja, no Brasil, as mulheres têm filhos em hospitais com essa quantidade inaceitável de mortes pelos padrões da oms. Contudo, como afirma a médica feminista Fátima Oliveira, cujo testemunho conheceremos no capítulo 3 da parte ii, 96% das mortes maternas são preveníveis e evitáveis, uma vez que gravidez e parto não são doenças e sim condições fisiológicas.

Quando observamos o recorte racial nas taxas de mortalidade materna no Brasil defrontamos com alguns problemas relativos à coleta do quesito cor nas pesquisas relativas a esse tema, sobretudo nas de alcance nacional contratadas pelo Ministério da Saúde. Em primeiro lugar, tem-se estimativas baseadas em estudos de caso. No primeiro deles, de Alaerte Martins,[24] o recorte racial/étnico é investigado na morte materna no Paraná. Os dados de Alaerte são os primeiros de projeção nacional, embora não sejam efetivamente nacionais, e sim estudos de caso de projeção nacional que trabalham o quesito cor na morte materna.

As conclusões desse estudo são que as mulheres negras morrem 6,6 vezes mais que as brancas por morte materna num dos estados mais desenvolvidos do país. Adicionalmente essa pesquisa traz um novo achado: as mulheres autodeclaradas amarelas do Paraná morrem sete vezes mais que as outras.

A mortalidade superior de negras e de asiáticas coloca, segundo Oliveira, a necessidade de investigação aprofundada do recorte racial/étnico na mortalidade materna no Brasil. Em relação ao dado inusitado relativo às mulheres amarelas, Oliveira aponta que provavelmente elas estejam submetidas ao mesmo descaso que em outras pesquisas se identifica no atendimento a mulheres negras gestantes e à minimização ou não consideração da condição biológica do ser humano na atenção à saúde e especificamente ao parto. Ao assim proceder, deixamos, de acordo com Oliveira, de tomar o ser humano em sua concretude e o tratamos como uma abstração que tem por paradigma a racialidade branca.

Os resultados encontrados por Martins em relação às mulheres amarelas realçam essa problemática já que, teoricamente, as mulheres amarelas apresentam, do ponto de vista dos indicadores socioeconômicos, uma situação social superior à das negras e brancas, o que lhes permite o acesso a serviços de saúde de melhor qualidade. No entanto apresentam uma taxa de mortalidade superior ao de mulheres negras no estado do Paraná. Para Oliveira, a explicação desse fenômeno poder estar na ausência de atenção às possíveis singularidades das amarelas, desconhecidas por profissionais da saúde, pois, segundo ela, a condição biológica dos seres humanos pode conter maiores ou menores predisposições biológicas para determinadas prevalências do ponto de vista de morbidade e/ou da mortalidade. Portanto essas singularidades devem ser conhecidas para serem prevenidas quando o que está em questão é a proteção à saúde e à vida das mulheres.

Porém, a desqualificação da importância da vida segundo a racialidade imprime e determina o descaso e a desatenção, e não prioridade, da busca de reconhecimento e conhecimento dessas singularidades.

Os dados disponíveis permitem dizer que as mulheres negras portam maior predisposição biológica para a hipertensão arterial (a primeira causa de morte materna no Brasil) e que no período da gravidez essa predisposição biológica, em condições adversas, desfavorecem as mulheres negras. E que essas predisposições biológicas precisam ser conhecidas para diminuir o efeito das condições desfavoráveis. Condições biológicas aliadas a condições sociais desfavoráveis potencializam-se para inscrever as mulheres negras num círculo vicioso de incidência superior ao risco de morte materna.

O descaso em relação à proteção ao parto é parte de uma dinâmica negativa em relação à racialidade negra que enreda essas mulheres num círculo vicioso de violação sistemática de seus direitos reprodutivos. Pesquisa realizada pela Fundação Oswaldo Cruz (Fiocruz) e a prefeitura do Rio de Janeiro identificou discriminação racial em hospitais e maternidades, públicos e privados, da cidade do Rio de Janeiro. O estudo ouviu 10 mil mulheres imediatamente após o parto, entre julho de 1999 e março de 2001, e controlou escolaridade e classe social. A conclusão do estudo é que existe tratamento diferenciado para gestantes negras e brancas expresso na menor atenção às primeiras. Essa desigualdade se manifesta numa variedade de procedimentos médicos, tais como: uso de analgesia de parto, ausculta de batimentos cardíacos do feto, medida do tamanho do útero durante o pré-natal, respostas às dúvidas durante o pré-natal, permissão de acompanhante antes e depois do parto.[25]

A divulgação desses resultados, que afirma a presença do racismo na atenção à saúde como uma prática institucional determinada pela percepção diferencial do valor de cada vida segundo a cor, teve intensa repercussão na mídia e provocou fortes reações de profissionais da saúde, que tentaram desqualificar a pesquisa e alegar que desconheciam os procedimentos ali relatados. A reação se baseava, no geral, num desmentido dos fatos descritos. O Conselho Regional de Medicina do Rio de Janeiro (Cremerj), através do diretor de sua Câmara Técnica de Ginecologia e Obstetrícia, o obstetra e ginecologista Bartolomeu Penteado Coelho, afirmou que não acreditava na existência de preconceito racial contra as gestantes negras e que, o que podia acontecer era que

mulheres grávidas mais pobres e sem estudo não têm condições financeiras nem discernimento suficiente para procurar um bom posto de saúde ou hospital público e acabam sendo prejudicadas. [...] Em alguns lugares, como na Baixada Fluminense [periferia do Rio], o atendimento nos hospitais públicos é ruim, não importa a cor da pessoa [...] Acontece que nesses lugares a maioria dos pacientes é pobre e grande parte deles é composta por negros. Como as gestantes negras são maioria, a pesquisa acaba concluindo que elas recebem um atendimento pior, quando, na verdade, as brancas é que são poucas. [...] Nem mesmo hoje, que trabalho numa clínica particular, presencio coisas desse tipo. Um obstetra não se importa com a cor. A gestante é a nossa paciente.[26]

Kátia Rato, uma das coordenadoras da pesquisa e coordenadora do setor materno-infantil da Secretaria Municipal de Saúde do Rio de Janeiro rebate esse tipo de alegação, referindo-se ao próprio espanto diante dos resultados encontrados. Segundo ela: "Foi uma surpresa, não sabíamos que íamos encontrar essa diferença". A outra coordenadora da pesquisa, Silvana Granado, da Escola Nacional de Saúde Pública da Fiocruz, diz: "Isso nos impressionou muito. Primeiro achamos que estávamos comparando pessoas de classes sociais e de níveis de escolaridade diferentes. Mas, quando percebemos que a diferença se mantinha, ficamos chocados".[27] Controladas as variáveis de escolaridade e classe social, as pesquisadoras não encontraram outra explicação para os resultados encontrados a não ser preconceito tanto na atenção pré-natal quanto no momento do parto. Rato alude ainda ao fato de que "a discriminação ainda não havia sido verificada cientificamente porque nem os médicos têm consciência de que estão agindo com preconceito".[28]

Em artigo sobre os resultados dessa pesquisa,[29] Fátima Oliveira demonstra a consistência dessas tecnologias do biopoder aplicadas às populações negras no mundo e como esse viés aparece nas pesquisas em saúde. Segundo ela:

Mencionei evidências do racismo na pesquisa em dois estudos feitos nos EUA. O Estudo do Canto, coordenado por John Canto, Universidade do Alabama (2000), mostra que negros, independente do sexo, têm probabilidades bem menores que brancos de receber tratamento de grande eficácia para ataques cardíacos. O Caso Tuskegee, história clássica de racismo descrita no filme/vídeo *Cobaias*, revela que de 1932 a 1972 o Serviço de Saúde Pública dos EUA pesquisou, em Tuskegee, no Alabama, seiscentos homens negros — 399 com sífilis e 201 sem a doença — para observar a evolução da sífilis em virgens de tratamento, que não foram informados que estavam com sífilis e nem sobre os efeitos da doença, só que tinham sangue ruim. Nos anos 1950 chegou a cura para a sífilis, com a penicilina — proibida para as cobaias do Estudo Tuskegee, em todo os EUA! Após quarenta anos, 74 sobreviventes. Mais de cem faleceram de sífilis ou de suas complicações. A responsabilidade pela pesquisa na fase final era do Centro de Controle de Doenças (CDC) de Atlanta. Em 1997, quando Bill Clinton pediu desculpas pelos erros e abusos cometidos pelo governo dos EUA, os sobreviventes eram apenas oito!

No mesmo artigo, Oliveira conclui com uma convocação informada por outros exemplos de abandono e instrumentalização da vida:

> É hora de agir, pois só a banalização do racismo institucionalizado diz por que, meio século após Nuremberg, experiência de cientistas britânicos com crianças em Serra Leoa (1994) foi tão cruel como as dos campos de extermínio nazistas e explica que o medo da discriminação racial impede que pais de crianças negras e hispânicas nos EUA procurem os hospitais, conforme pesquisa das médicas Donna Ronsaville e Rosemarie Hakim, do Health Care Financing Administration, em Baltimore, Maryland (2001).[30]

O crescimento das desconfianças em relação ao tratamento de pacientes negros motivou uma ação inédita impetrada por Sueli Rocha Rodrigues, de 23 anos, mulher grávida negra que, aos nove meses de gestação, ouviu comentários racistas do clínico geral José Soares Ribeiro, na espera do Hospital Maternidade de Vespasiano, na região metropolitana de Belo Horizonte. Segundo o jornal *Hoje em Dia* o que aconteceu foi:

De acordo com o delegado Benvindo Antônio Ferreira, ele [o médico] foi enquadrado no crime de injúria mediante racismo, conforme o terceiro parágrafo do artigo 140 do Código Penal. Ele vai responder em liberdade. A denúncia teria sido feita após comentários de repúdio a pessoas pobres e negras. Sueli conta que foi ao hospital, após sofrer algumas contrações. Enquanto esperava atendimento teria escutado o médico comentar, com duas recepcionistas da instituição, que "odiava pretos", que "eram uma raça miserável", e que "preto (sic) e pobre tinha mais era que morrer". De acordo com a estudante, as afirmações teriam sido feitas após comentários da visita do presidente Luiz Inácio Lula da Silva à África.[31]

Conforme o depoimento de Sueli, havia além dela outros dois rapazes negros esperando atendimento, e um deles teria deixado o local com raiva após ouvir as opiniões do médico. Disse ela que:

> Como não podia ir embora por causa da minha condição, resolvi chamar a polícia. Me senti indignada. [...] Mas em que mundo eu vou colocar meu filho se não começar a combater esse tipo de atitude agora? Já tinha sofrido preconceito antes, mas agora, talvez por causa da minha condição, não consegui. [...] Ouvi esse médico falar que odeia negros. Já pensou se eu passo mal e caio na mão de uma pessoa como essa? Ele pode até me matar por negligência, desprezo, sei lá. Estou tranquila em ter denunciado.[32]

O médico em entrevista a uma rádio local negou as acusações e alegou ter um filho adotivo negro de nove anos à época, além de muitos amigos negros. No entanto, as recepcionistas que participavam da cena e foram arroladas como testemunhas, confirmaram as denúncias de Sueli. O médico foi liberado pelo delegado após pagar fiança de 2400 reais para responder ao processo em liberdade.

Outra dimensão em que o descaso em relação à saúde da população negra se revela, em especial à das mulheres negras, é a ausência de reco-

O *biopoder: Negritude sob o signo da morte*

nhecimento do tema das miomatoses que atingem de maneira desproporcional as mulheres negras. O mioma é um tumor que só acontece durante o período reprodutivo da mulher. Ele começa entre a menarca (primeira menstruação) e a menopausa, por ser um tumor estrógeno-dependente. Assim, na menopausa ele tende a diminuir de tamanho, em função da supressão da produção de estrógeno, e nunca surge nessa fase da vida. Esclarece Fátima Oliveira:

> Os miomas uterinos são os tumores mais comuns nas mulheres e atingem cerca de 20% delas na idade reprodutiva (entre a primeira menstruação e a menopausa). Em geral são "tumores silenciosos", que não apresentam sintomas, são benignos (menos de 1% dos miomas se tornam malignos), de crescimento lento, e a maioria diminui de tamanho, naturalmente, após a menopausa.[33]

Oliveira aponta que a medicina baseada em evidências tem ampla literatura sobre a problemática dos miomas uterinos e sua relação com a racialidade. No plano nacional há, segundo ela, estudos sérios, importantes e reveladores sobre essa questão, que, no entanto, a classe médica e o Ministério de Saúde não levam em conta por serem produzidos por quem não é médico.

Este é o caso dos estudos realizados por Vera Cristina de Souza durante o mestrado e o doutorado [34] sobre histerectomia. É um tema para o qual os profissionais de saúde interessados na temática da saúde da população negra não conseguem dar visibilidade e reconhecimento, seja para os profissionais de saúde — médicos sobretudo —, seja para gestores das políticas de saúde.

Segundo Oliveira, isto se deve por dois fatores: primeiro, à cultura médica que não aceita o não médico como produtor de conhecimento; e segundo, ao fato de que os miomas parecem falar de uma predisposição biológica mas que podem ou não aflorar mediante determinadas condições. Essa preponderância de fatores biológicos na origem da doença, segundo ela, poderia ser um dos fatores que afastam os médicos da discussão sobre os miomas e de outras doenças — a exemplo da anemia falciforme — de mesmo perfil. Oliveira afirma ainda que há evidências que apontam sem sombra de dúvida que as mulheres negras têm maior predisposição biológica para desenvolver miomas uterinos — e que a atenção médica dada às brancas e às negras com miomas, assim como às ricas e às pobres com a mesma doença, são bastante diferentes.

Em *Oficinas mulher negra e saúde*,[35] Oliveira informa que a maior incidência dos miomas em determinados grupos raciais/étnicos os coloca na categoria das doenças raciais/étnicas. Se há muitos casos em uma mesma família, os miomas podem ser considerados como doença familiar. Esses seriam indícios fortes de que a origem dos miomas é genética, provavelmente uma condição poligênica. Há estudos que demonstram que é alta a incidência de miomas em mulheres negras — cinco vezes maior do que nas brancas. E que é duas vezes superior nas mulheres brancas judias do leste europeu do que nas demais brancas. Várias pesquisas demonstraram ainda a alta incidência de miomas em mulheres negras; e alguns estudos indicam que a obesidade e as pílulas anticoncepcionais com altas doses de estrógeno estimulam o aparecimento e o crescimento dos miomas.

Os dados acima relatados foram coletados nos Estados Unidos, e indicam que as negras desenvolvem cinco vezes mais miomas que as brancas, e são corroborados pelas pesquisas realizadas por Vera Cristina de Souza no Brasil. Considerando que as mulheres negras têm maior dificuldade de serem diagnosticadas do que as brancas, o problema alcança dimensões assustadoras.

Em relação ao tratamento, Oliveira aponta três procedimentos médicos básicos. Primeiro, os miomas podem ser tratados com uma conduta expectante, ou seja, faz-se o diagnóstico do mioma e se passa a observá-lo, acompanhando seu crescimento ou estagnação. Segundo, há a opção por cirurgia, que pode ser de dois tipos: a miomectomia, ou retirada dos tumores, já que em geral as mulheres desenvolvem mais de um mioma. Terceiro, a indicação de histerectomia, a cirurgia de retirada do útero. A indicação de cirurgia de mioma ocorre, em geral, quando a barriga da mulher ou o útero atinge o tamanho de uma gravidez de três a quatro semanas; porque um útero com um tumor desse tamanho é incômodo, pesa e pode acarretar sérios problemas para a mulher, como urgência urinária, hemorragias de repetição etc. Há uma técnica que é esclerose dos miomas, que esclerosa as veias que irrigam os miomas — impedindo o fluxo sanguíneo, o que faz o tumor definhar até desaparecer. É uma técnica que dispensa cirurgia, muito bem conceituada e avaliada, apesar de nova, mas caríssima (em 2003 a técnica da esclerose de miomas custava em torno de 8 mil reais), inacessível para a maioria das mulheres negras.

O que ocorre com as mulheres negras nesta questão? Oliveira identifica nesse tema uma superposição de problemas associados à reprodução e à racialidade. O fenômeno da alta incidência de esterilização nas mulheres brasileiras, em especial em mulheres negras (pretas e pardas) e o fato de que a histerectomia (a cirurgia de retirada do útero), ao contrário da esterilização (ligadura de trompas), sempre ter sido paga pelo Sistema Único de Saúde (sus) faz com que não se saiba se as mulheres negras estão mais esterilizadas por retirada de útero ou por ligadura de trompas.

De qualquer forma, temos as duas técnicas operando de maneira desproporcional sobre as mulheres negras, resultando num processo de controle populacional da população negra, ou seja, aplicação de tecnologia de biopoder. O já mencionado estudo de Vera Cristina de Souza,[36] por exemplo, analisa os dados de histerectomia do sus. Essa pesquisadora identifica maior acesso, relativamente, das mulheres negras à histerectomia, atribuindo essa maior disponibilidade a uma questão de natureza política: útero de mulher negra não tem valor, então qualquer mioma leva à indicação de retirada do órgão todo. Souza aponta que as condutas médicas são diferentes diante de uma mulher se ela é negra ou branca. A conduta conservadora, de uso de remédios ou expectantes, é geralmente indicada para a mulher branca de qualquer classe social; ao contrário, para as mulheres negras, é indicada a histerectomia.

Mas Oliveira é enfática em declarar que negros morrem antes do tempo no Brasil em todas as faixas etárias, por causas preveníveis e evitáveis, portanto a mortalidade precoce dos negros desnuda o racismo na (des)atenção à saúde. Além do que, invisibilizar é uma velha e vitoriosa estratégia política sexista e racista. Portanto, eis, para ela, a explicação das dificuldades de pesquisadores da área biomédica e do aparelho formador da área de saúde em relação ao recorte racial/étnico na pesquisa e na assistência em saúde.

Homem negro: A violência como modo de subjetivação

> No decorrer do tempo a gente conseguia ver como é que o negro se comportava diante da polícia e como é que a polícia se comportava diante da gente. [...] Mas a polícia com o negro era a mesma coisa: prendiam! Sabiam que não ia dar problema algum.[37]
>
> CUTI

Foucault, em *Vigiar e punir*, demonstra como, em seus efeitos de preenchimento estratégico, os dispositivos disciplinares criaram um meio delinquente que se institucionalizou nos sistemas carcerários, dos quais o panoptismo é a expressão emblemática. No Brasil, o pós-abolição consolida a racialidade negra como o meio delinquente por excelência, produzindo sobre ela inclusive um dispositivo legal, a Lei da Vadiagem.

No artigo "Vadiagem", Lúcio Ronaldo Pereira Ribeiro apresenta-nos as origens e os alvos prioritários desse dispositivo penal. Segundo Ribeiro, o ilícito penal encontra-se presente em nossos ordenamentos jurídicos desde as Ordenações Filipinas em seu Título LXVIII, Dos Vadios, aparecendo depois no Código Criminal do Império de 1830 e, de acordo com o autor:

Posteriormente, foi mantida a [...] tipificação penal do Império, acrescida de uma vinculação expressa aos praticantes de capoeira que, então, seriam considerados vadios. É interessante observar que, até nos dias de hoje, nas rodas e meios de capoeira, se usa o termo vadiar para significar que o capoeirista está jogando capoeira e [que é] vadio aquele que joga capoeira [...]. Eis o referido texto legal do Código Penal de 1890 [...]: "Art. 402. Fazer nas ruas e praças públicas exercícios de abilidade e destreza corporal conhecidos pela denominação de capoeiragem; *andar em correrias* [...]: Pena — Prisão celular por 2 a 6 meses".[38]

Parece que surge daí o dito popular segundo o qual "negro parado é suspeito, correndo é ladrão." Pereira Ribeiro desvenda os sentidos e os alvos prioritários desse tipo penal:

Em termos de punição prevista na lei, podemos fazer a seguinte análise: no tempo das ordenações, a punição era severíssima, consistindo em açoites. Todavia, estes somente eram aplicados àqueles que tinham senhor e amos, onde se conclui que somente eram aplicados aos escravos [...]. No Código Penal da República [...], a punição foi aumentada em relação à cominada no Código Penal do Império, consistindo em trabalhos forçados e pena privativa de liberdade. Após o cumprimento da pena, o infrator, ainda, deveria prestar compromisso de que não permaneceria na situação de vadiagem.[39]

Não escapam ao autor as implicações discricionárias de raça e classe social presentes nessas prescrições, e assim ele as sintetiza:

Já no tempo das ordenações do reino, os sujeitos passivos destes ilícitos eram os escravos, ou seja, os negros, mulatos e brancos de situação menos remediada [...]. Todavia, não somente os escravos e libertos, mas todos aqueles que não se enquadrassem na relação senhor-escravo [...]. No código da República, que se seguiu à abolição da escravatura, a pena que consistia em privação da liberdade com trabalhos forçados foi aumentada.[40]

Essa tipificação coloca em relevo o caráter simbólico da Abolição, cuja promulgação em 13 de maio de 1888 extinguiu a escravidão, que retornaria para o ordenamento jurídico dois anos depois, por meio da Lei da Vadiagem e suas penas de trabalho forçado e privação de liberdade. E isso em um contexto em que a maioria da mão de obra masculina era formada por ex-escravos alijados do mercado de trabalho.

A Lei da Vadiagem é, a meu ver, um exemplo da regra das variações contínuas mencionada por Foucault em sua analítica do poder. Promove-se a institucionalização do ex-escravo nos órgãos de repressão, pois como afirma Ribeiro, "mesmo após o cumprimento da pena, o infrator ainda ficava de certa forma vinculado ao processo anterior porque neste firmara o compromisso de não mais vadiar — compromisso este que era frequentemente descumprido".[41]

Essa análise introduz também uma dimensão crucial, que envolve de um lado o dispositivo de racialidade e demarca, de outro, o impacto de que, sob a égide do biopoder, ele se reveste, com o advento da República. Trata-se de um exemplo da regra do duplo condicionamento explicitada por Foucault. Segundo o autor:

A elite industrial, que controlava o governo, preferiu a mão de obra imigrante à da classe de vadios, de perigosos, ou seja, à mão de obra nacional, assim é que aumentou em muito o contingente de vadios. Assim é que o governo incentivava a imigração estrangeira. [...] Os imigrantes estrangeiros que vinham para trabalhar no Brasil no final do século passado, ocupavam o lugar dos escravos recém-libertos na lavoura. Essas relações eram regidas pela lei de locação de serviços — restrita ao âmbito rural — que inclusive cominava pena de prisão aos que descumprissem o contrato. Esses contratos em regra eram de longa duração e as condições se bem que um pouco menos piores que a dos escravos, não eram boas. O trabalho regular e disciplinado era feito, na sua maior parte, por mão de obra imigrante. [...] Assim é que a vadiagem era o ilícito típico dos ex-escravos que vagueavam pelas ruas, pois que não tinham terra, teto, trabalho, nem posses.[42]

O biopoder: Negritude sob o signo da morte   81

Assegura-se, ainda, a disponibilidade desse contingente populacional como exército de reserva para qualquer das necessidades ou investidas do capital:

> Este mecanismo de controle, sem dúvida, também era um mecanismo bastante qualificado para o controle sobre a força de trabalho das minorias pobres, notadamente, negros, mulatos, mestiços, cafuzos, mamelucos e estrangeiros pobres. A descrição do tipo da vadiagem, não considerando a possibilidade — tão comum em todos os tempos — do desemprego, mormente no caso dos negros e mulatos —, permitiria que, em tese, num primeiro momento todo aquele que não estivesse trabalhando fosse enquadrado neste tipo legal, o que acarretava, pelo menos, o constrangimento de uma detenção e/ou condução à delegacia.[43]

O ir e vir não se constituindo em direito para essas populações tornava-se dependente dos critérios da repressão policial:

> A polícia é que faz o enquadramento inicial, assim é que ficava com um grande poder nas mãos: o poder de restringir, no cotidiano, a liberdade da pessoa. Da parte da pessoa detida e/ou presa ou das que assim podem ser representadas pelo seu perfil, havia uma crescente expectativa de vulnerabilidade em face da polícia, pois que sabiam que sempre poderia — e a probabilidade é de que o seriam — ser abordadas pela polícia devido às suas características que a faziam compor um tipo suspeito e perigoso.[44]

Portanto, estando o negro deslocado da esfera do trabalho depois da abolição, ele foi alijado das técnicas disciplinares do trabalho. Mesmo assim, não deixou de ter sua existência social subordinada a essa nova tecnologia de poder. As técnicas disciplinares são aplicáveis ao corpo que produz, e no período pós-abolição os postos de trabalho foram destinados aos imigrantes, e não aos ex-escravos. Assim, como vadio é quem não trabalha, a avaliação de Fernando Henrique Cardoso é exemplar para revelar a intenção desse dispositivo legal:

> tudo o que aconteceu depois da Abolição foi o surgimento de uma grande massa de excluídos, no sentido de gente que não tem mais lugar na escala social. Os escravos tinham um péssimo lugar, mas tinham. Os libertos não têm lugar. Os libertos, os ex-escravos e os descendentes de escravos formaram a primeira grande massa de populações marginais. Isto é: ainda não ocorreu a efetiva transição de escravo para cidadão.[45]

Os mecanismos de controle social dessa massa para a qual não há projeto de inclusão irão se inscrever no âmbito das tecnologias oriundas do biopoder por meio das quais o Estado exercitará o seu direito de matar ou de "deixar morrer". Em "A cor da morte", um estudo estatístico e criminológico sobre as vítimas de homicídio no Brasil, os autores assumem, na própria nomeação do trabalho, a inscrição da negritude no Brasil no signo da morte, e sobre os seus resultados apontam os autores:

> Os resultados demonstram a existência de relações entre gênero, idade, estado civil e cor da pele, por um lado, e vitimização, por outro — relações que se repetem todos os anos e em quase todos os estados. A falta de dados mais precisos impossibilitou o estudo sistemático dessas relações no país durante muitas décadas, mas agora é possível saber que a morte tem cor. Essa suspeita já existia, mas antes não havia como demonstrá-la, porque a cor estava morta em muitas estatísticas brasileiras. A morte da cor tinha tonalidades verde e amarela, em uma espécie de fundamentalismo patriótico que negava a discriminação racial e seus efeitos.[46]

As tecnologias do biopoder demarcam diferentes formas de assunção do corpo-alvo segundo o gênero. Como já vimos anteriormente, o controle sobre o gênero feminino negro se dá fundamentalmente por meio

O biopoder: Negritude sob o signo da morte

do "deixar morrer" ou sobre o controle da capacidade reprodutiva. Na dimensão do biopoder em que se situa o estudo acima mencionado, o alvo da estratégia é o corpo do homem negro e a violência se torna o solo constitutivo da produção do gênero masculino negro.

No Mapa da Violência número 4, realizado pela Unesco com dados coletados em 67 países, o Brasil figura em quarto lugar, atrás apenas de Colômbia, Ilhas Virgens, El Salvador e Venezuela. Aqui, os jovens entre quinze e 24 anos são os que mais são mortos. Ocorre que, quando os dados são desagregados segundo a cor, revelam a negritude imbricada nessa mortalidade. Entre os jovens negros, as mortes violentas são 74% superiores às dos jovens brancos. O "deixar morrer" se realiza, nesse caso, pelo abandono dos jovens negros na guerra do tráfico de drogas, na qual comparecem como soldados destinados a morrer e matar, confirmando a afirmação de Foucault de que "o direito de vida e de morte só se exerce de uma forma desequilibrada, e sempre do lado da morte".[47]

Sob o signo da morte, do "deixar morrer", Sílvia Ramos demonstra que a violência urbana no Brasil apresenta padrões definidos pela ONU como indicadores de guerra civil: 350 mortos para 100 mil habitantes, só no Rio de Janeiro, fenômeno que se repete em níveis semelhantes em outros estados do país. As vítimas são na maioria absoluta homens, jovens, negros e pobres, vítimas de violência letal, assassinados, via de regra, por outros homens, jovens, pobres e majoritariamente negros.

Segundo Ramos, uma guerra fratricida, na qual se articulam a violência de gênero, de raça e de classe, consolidando um verdadeiro genocídio de homens negros. A indiferença para com essa mortandade encontra o seu contraponto na indignação que assola o país quando a vítima da violência são pessoas brancas das classes superiores.

James Cavallaro, em relatório da Human Rights Watch de 1996, sobre o problema da violência policial no Brasil, define como ponto principal desse tema o desinteresse das autoridades policiais e judiciárias em apurar os delitos e afirma: "Se a vítima é marginal ou suspeito,[48] não há empenho...

o que só ocorre se a polícia comete um erro grosseiro e mata uma pessoa branca, de classe média". Quando a vítima é um negro bem posicionado socialmente trata-se do negro errado. Foi assim um dos casos emblemáticos da dinâmica do biopoder na sociedade brasileira: um jovem dentista negro assassinado por policiais militares apareceu retratado em um órgão de imprensa com o epíteto que discuti no artigo "O negro errado", com as seguintes alegações:

> Homem negro suspeito de assalto é morto. Um engano. Afinal negros são todos iguais, sobretudo no escuro! Mas o engano tem que ser corrigido. É fácil, reconstrói-se o estereótipo incrustado no imaginário social: elemento negro, armado, resiste à prisão, policiais se defendem e ele é morto. Em seu bolso foi encontrada a carteira da vítima do assalto que acabava de realizar. Missão cumprida. O que deu errado dessa vez? Ele era dentista, tinha um pai militar que conhecia suficientemente o caráter de seu filho e a prática de sua corporação para não acreditar na versão oficial da polícia sobre o ocorrido: resistência seguida de morte e uma testemunha que se recusou a ser cúmplice de uma execução sumária, correndo o risco de tornar-se ela mesma outro caso. Eles não costumam perdoar. Em editorial sobre esse assunto intitulado "Racismo policial", a *Folha de S.Paulo* assinala: "Dessa vez eles pegaram o negro errado". É verdade, porque isso ocorre todos os dias, com total impunidade e indiferença da sociedade, nas periferias das cidades brasileiras onde estão os "negros certos", pobres, favelados, estão submetidos, segundo o antropólogo Luis Eduardo Soares, ao estereótipo criado pela polícia sobre eles: "O morto jovem é sempre um traficante em confronto com a polícia". O "kit assassino" está sempre pronto para colocar na vítima uma arma e um pouco de droga para reproduzir sempre a mesma história.[49]

Era o "negro errado" porque fora de lugar: tinha educação, ocupação de nível superior, capital social que lhe permitia escapar de um enterro como indigente. Foi seu pai militar quem acionou os mecanismos que impossibilitaram que o caso se mantivesse na invisibilidade, levando as autoridades responsáveis pelos arbítrios dos policiais em ação nas ruas a se manifestarem publicamente. Elas trataram o caso como um engano ou um caso deplorável, o que escamoteia tratar-se do

> resultado de uma cultura policial de viés lombrosiano, assentada no princípio do mata primeiro e pergunta depois, uma permissão para matar decorrente da impunidade em relação à violência aos direitos humanos elementares de pessoas às quais não se reconhecem nem direitos nem plena humanidade. Daí por que a negros não se aplicam alguns dos princípios elementares de direitos humanos: o de não ser preso ou detido arbitrariamente e o da presunção de inocência. Desarmado, sem resistir à abordagem policial, Flávio Ferreira Santana é primeiro assassinado fisicamente e depois tenta-se assassiná-lo moralmente.[50]

Como vimos, Foucault empreende uma distinção entre tecnologias do poder instituídas pelos dispositivos disciplinares e as novas tecnologias de poder instituídas pelo biopoder. Fica evidente que os dispositivos dizem respeito também a tecnologias de poder que visam o adestramento do corpo, sobretudo para o trabalho. São técnicas de controle e aperfeiçoamento do rendimento do corpo, como se viu no Brasil, por exemplo, sob a égide do esforço de modernização no pós-abolição. Então, o dispositivo de racialidade visou a docilização do corpo branco, o corpo destinado ao trabalho livre, embora alcançasse também corpos negros que eventualmente puderam escapar do assassinato.

Proponho neste livro que a composição do dispositivo de racialidade com o biopoder se torna mecanismo de dupla consequência: promoção da vida dos brancos e multicídios de negros na esfera do biopoder. Sob a égide do dispositivo de racialidade afigura-se a inclusão prioritária e majoritária dos racialmente eleitos nas esferas de reprodução da vida — ao mesmo tempo a inclusão subordinada e minoritária dos negros que eventualmente sobreviveram às tecnologias de morte do biopoder.

Assim, o biopoder instaura nos segmentos inscritos no polo dominado da racialidade uma dinâmica na qual os "cídios"[51] os espreita como ação ou omissão do Estado, enquanto a sociedade se mostra conivente, tolerante ou indiferente. Extermínios, homicídios, assassinatos físicos ou morais, pobreza e miséria crônicas, ausência de políticas de inclusão social, tratamento negativamente diferenciado no acesso à saúde, inscrevem a negritude no signo da morte no Brasil. Tal como afirma Foucault:

> A especificidade do racismo moderno, o que faz a sua especificidade, não está ligado a mentalidades, a ideologias, a mentiras do poder. Está ligado à técnica do poder, à tecnologia do poder. Está ligado a isto que nos coloca, longe da guerra das raças e dessa inteligibilidade da história, num mecanismo que permite ao biopoder exercer-se. [...] Vocês compreendem então, nessas condições, como e por que os Estados mais assassinos são, ao mesmo tempo, forçosamente os mais racistas.[52]

Nesse contexto, a resistência negra muitas vezes se configura como tentativa de adentrar a sociedade disciplinar, no interior da qual já se encontram integrados, na dimensão do poder, descendentes de imigrantes europeus e outros. Outros como asiáticos e orientais, admitidos na privacidade do Ser hegemônico.[53] A maior parte das vezes, a resistência negra se configura num esforço dramático de preservação do primeiro e mais elementar dos direitos humanos que é o direito à vida. Mas há também outra dimensão da resistência, que luta pela vida e não se contenta em adentrar a sociedade como ela está, pois acena para a necessidade da sua transformação efetiva desarmando os gatilhos do biopoder e os assujeitamentos impostos pelo dispositivo de racialidade, tal como indicam as testemunhas que arrolaremos na parte II.

3. Epistemicídio

ATÉ AQUI PROCUREI DEMONSTRAR a existência de um dispositivo de racialidade operando na sociedade brasileira como instrumento articulador de uma rede de elementos bem definida pelo contrato racial e que determina tanto as funções e as atividades no sistema produtivo quanto os papéis sociais. Trata-se agora de localizar nesse cenário o epistemicídio como um elemento constitutivo do dispositivo de racialidade.

É importante lembrar que o conceito de epistemicídio, utilizado aqui, não é extraído do aparato teórico de Michel Foucault, mas sim de Boaventura de Sousa Santos, para quem o epistemicídio se constituiu num dos instrumentos mais eficazes e duradouros da dominação étnica e racial pela negação da legitimidade do conhecimento produzido pelos grupos dominados e, consequentemente, de seus membros, que passam a ser ignorados como sujeitos de conhecimento.

O conceito desenvolvido por Boaventura de Sousa Santos torna possível apreender o processo de destituição da racionalidade, da cultura e da civilização do Outro, que aconteceu e acontece no Brasil. Em *Pela mão de Alice: O social e o político na pós-modernidade*, o autor defende que o epistemicídio decorre da visão civilizatória que informou o empreendimento colonial e que alcança a sua formulação plena no racialismo do século XIX. Ao descrever a violência inerente ao processo colonial, Sousa Santos desvenda dois de seus elementos fundamentais: o genocídio e o epistemicídio. Para ele, o genocídio que pontuou tantas vezes a expansão europeia foi também um epistemicídio: eliminaram-se povos estranhos porque tinham formas de conhecimento estranho e eliminaram-se formas de conhecimento estranho porque eram sustentadas por práticas sociais e povos estranhos. Mas o epistemicídio foi muito mais vasto que o genocídio porque ocorreu sempre que se pretendeu subalternizar, subordinar, marginalizar, ou ilegalizar práticas e grupos sociais que podiam ameaçar a expansão capitalista ou, durante boa parte do nosso século, a expansão comunista (neste domínio tão moderno quanto a capitalista); e também porque ocorreu tanto no espaço periférico, extra-europeu e extra-norte-americano do sistema mundial, como no espaço central europeu e norte-americano, contra os trabalhadores, os índios, os negros, as mulheres e as minorias em geral (étnicas, religiosas, sexuais).[1]

É possível detectar o nexo entre essa concepção de epistemicídio e o estatuto do Outro na tradição filosófica ocidental, mais especificamente a forma pela qual essa tradição exclui a diversidade reservando um destino para o Outro. Há ainda um nexo entre a concepção de epistemicídio de Boaventura de Sousa Santos, o estatuto do Outro na tradição filosófica ocidental e o modelo de sociedade projetado pelo contrato racial descrito por Charles Mills, que pressupõe a integração subordinada dos negros ou a profecia autorrealizadora da ideologia do racismo. O que está em questão é a possibilidade ou impossibilidade de ruptura com o paradigma de exclusão e com um tipo de integração que significa um adentrar subordinado dos Outros mantidos na condição de colonizados, tutelados e dependentes.

Para além da anulação e desqualificação do conhecimento dos povos subjugados, o epistemicídio implica um processo persistente de produção da indigência cultural: pela negação ao acesso à educação, sobretudo a de qualidade; pela produção da inferiorização intelectual; pelos diferentes mecanismos de deslegitimação do negro como portador e produtor de conhecimento e pelo rebaixamento da sua capacidade cognitiva; pela

Epistemicídio

carência material e/ou pelo comprometimento da sua autoestima pelos processos de discriminação correntes no processo educativo. Isto porque não é possível desqualificar as formas de conhecimento dos povos dominados sem desqualificá-los também, individual e coletivamente, como sujeitos cognoscentes. E, ao fazê-lo, destitui-lhe a razão, a condição para alcançar o conhecimento considerado legítimo ou legitimado. Por isso o epistemicídio fere de morte a racionalidade do subjugado, sequestrando a própria capacidade de aprender. É uma forma de sequestro da razão em duplo sentido: pela negação da racionalidade do Outro ou pela assimilação cultural que, em outros casos, lhe é imposta.

Sendo um processo persistente de produção da inferioridade intelectual ou da negação da possibilidade de realizar as capacidades intelectuais, o epistemicídio se efetiva, sobre seres humanos instituídos como diferentes e inferiores racialmente, como uma tecnologia que integra o dispositivo de racialidade e que visa o controle de mentes e corações.

O conceito de epistemicídio, assim definido, nos permite compreender as múltiplas formas em que se expressam as contradições vividas pelos negros com relação à educação e, sobretudo, as desigualdades raciais nesse campo. Permite ainda organizar esse conjunto de questões a partir de uma concepção epistemológica norteadora da produção e reprodução do conhecimento que determina as relações acima mencionadas, bem como a percepção que o sistema educacional terá do aluno negro e que trará, subsumida, uma interpretação desse estudante como sujeito cognoscente. Suas diferenças cultural e racial influenciarão, de acordo com essa concepção epistemológica, nas possibilidades intelectuais do estudante, uma vez que, como afirma Sousa Santos, "para o velho paradigma, a ciência é uma prática social muito específica e privilegiada porque produz a única forma de conhecimento válido",[2] e o único sujeito cognoscente válido já está bem determinado.

Em diferentes pensadores, as esferas de atividade da razão constituirão parâmetros de aferição para o julgamento e validação do quantum de racionalidade identificável em cada grupo humano: autocontrole (domínio de si) como condição de constituição do sujeito moral; domínio da natureza como condição de desenvolvimento das técnicas, do progresso, da ciência e do desenvolvimento humano. Serão esses, pois, os eixos essenciais de valoração dos diversos grupos humanos. Os pressupostos instituídos pela racionalidade ocidental, no que tange às possibilidades de conhecer e produzir conhecimento, instituíram, ao mesmo tempo, as aporias sobre a educabilidade de cada grupo humano.

Em *Observações sobre o sentimento do belo e do sublime*, Kant afirma:

> Os negros da África não possuem, por natureza, nenhum sentimento que se eleve acima do ridículo. O senhor Hume desafia qualquer um a citar um único exemplo em que um negro tenha demonstrado talentos, e afirma: dentre os milhões de pretos que foram deportados de seus países, não obstante muitos deles terem sido postos em liberdade, não se encontrou um único sequer que apresentasse algo grandioso na arte ou na ciência, ou em qualquer outra aptidão; já entre brancos, constantemente arrojam-se aqueles que, saídos da plebe mais baixa, adquirem no mundo certo prestígio, por força dos dons excelentes. *Tão essencial é a diferença entre essas duas raças humanas, que parece ser tão grande em relação às capacidades mentais quanto à diferença de cores.*[3]

Em sua antropologia física, o filósofo identifica diferenças inatas entre as raças. Elas abrigariam capacidades e inclinações que seriam em grande parte devidas ao meio ambiente. Assim, os trópicos seriam inibidores do desenvolvimento de tipos laboriosos como seria o caso dos negros, ao contrário do que ocorreria nos climas temperados, fator explicativo da propensão dos povos brancos ocidentais a serem mais laboriosos. O foco das preocupações de Kant é determinar as condições de possibilidade de desenvolvimento da cultura e da civilização e identificar os grupos humanos mais aptos para a realização dessa tarefa. Da classificação das capacida-

Epistemicídio

des inatas de cada uma das raças humanas, Kant conclui serem os nativos americanos pessoas fracas para o trabalho árduo e resistentes à cultura. Já os asiáticos seriam tipos humanos civilizados, mas sem espírito e estáticos, enquanto os africanos seriam tipos humanos que representam a cultura dos escravos, posto que aceitam a escravidão, não têm amor à liberdade, e seriam incapazes de criarem sozinhos uma sociedade civil ordenada. Essas características seriam da ordem do caráter moral dos seres humanos, no qual se inscreve o mundo da liberdade do qual os africanos estariam excluídos, por sua natureza individual afeita à escravidão. Segundo McCarthy:

> Essas diferenças de talento e temperamento são o que Kant tinha em mente ao falar das diferenças "inatas" [*angeboren*] entre as raças.[27] Como as diferenças raciais são adaptadas em grande parte às diferenças geográficas, as capacidades e inclinações apropriadas a um ambiente podem ser disfuncionais em outro. Em particular, os impulsos mais fracos rumo à atividade, adequados aos climas tropicais, segundo Kant, tornam seus habitantes nativos — como os negros, por exemplo — menos enérgicos e industriosos que os habitantes nativos das zonas temperadas — como os brancos, por exemplo — e, por isso, menos capazes de autoaperfeiçoamento.[28] Como o desenvolvimento da cultura e da civilização dependem dessas coisas, podemos entender por que, na visão de Kant, o avanço da espécie é, e vai continuar sendo, centrado na Europa.[4]

A negação da plena humanidade do Outro, o seu enclausuramento em categorias que lhe são estranhas, a afirmação de sua incapacidade inata para o desenvolvimento e aperfeiçoamento humano, a destituição da sua capacidade de produzir cultura e civilização prestam-se a afirmar uma razão racializada, que hegemoniza e naturaliza a superioridade europeia. O Não Ser assim construído afirma o Ser. Ou seja, o Ser constrói o Não Ser, subtraindo-lhe aquele conjunto de características definidoras do Ser pleno: autocontrole, cultura, desenvolvimento, progresso e civilização.

No contexto da relação de dominação e reificação do outro, instalada pelo processo colonial, o estatuto do Outro é o de "coisa que fala".

Hegel vincula os africanos à brutalidade e à selvajaria. Humano incompleto ou não humano — em seu caráter "nada se encontra que faça recordar o humano" —, o africano é assim descrito:

> O africano, na sua unidade indiferenciada e compacta, ainda não chegou à distinção entre ele mesmo como indivíduo e a sua universalidade essencial, pelo que falta inteiramente o conhecimento de uma essência absoluta, que é um outro, superior face ao Si mesmo. Encontramos, pois, aqui apenas o homem na sua imediatidade; tal é o homem em África. Logo que o homem surge como homem, põe-se em oposição à natureza; só assim se torna homem. *Mas na medida em que se distingue simplesmente da natureza, encontra-se no primeiro estádio, é dominado pela paixão, é um homem em bruto. É na brutalidade e na selvajaria que vemos o homem africano*, na medida em que o podemos observar; e assim permanece hoje. O negro representa o homem natural em toda a sua selvajaria e barbárie: se pretendemos compreendê-lo, devemos deixar de lado todas as representações europeias. Não devemos pensar num Deus espiritual, numa lei moral; temos de abstrair de todo o respeito, de toda a eticidade, do que chamamos sentimento, se desejarmos apreendê-lo de um modo correto. *Tudo isto não existe no homem imediato; neste caráter nada se encontra que faça recordar o humano*.[5]

Dominado pela paixão, homem bruto, carente de sentimentos éticos — "entre os negros os sentimentos éticos são fraquíssimos, ou melhor, sequer existem" —,[6] o negro precisa ser domado. Embora considerasse a escravatura em si e por si injusta, Hegel admitia que "aqui a escravatura ainda é necessária: representa um momento da transição para um estágio superior".[7]

Essa fabricação do negro como Não Ser pode encontrar explicação epistemológica em Charles Mills. Vale lembrar que, para Mills, além de uma dimensão política e outra moral, o contrato racial tem também uma dimensão epistemológica encarregada de prescrever "normas de cognição com as quais os signatários (do contrato racial) têm que concordar".[8] Na minha interpretação, este é o terreno no qual se ergue o epistemicídio.

Retomo o argumento de Mills. As abordagens contratualistas clássicas encontram na lei natural um parâmetro epistemológico, ou seja, a epistemologia associada ao contratualismo clássico pressupõe que podemos conhecer a realidade, o modo pelo qual as coisas são objetivamente e as regras do bem e do mal através das nossas faculdades naturais. O contrato racial também tem uma dimensão epistemológica, afinal requer suas próprias "normas e procedimentos para determinar o que conta como conhecimento moral e factual do mundo".[9] Contudo, "as coisas são necessariamente mais complicadas", pois a realidade sancionada oficialmente diverge da realidade efetiva, de modo que, para fazer parte do contrato racial, "é preciso aprender a ver coisas de maneira errada".[10] É o que Mills chama de "epistemologia invertida", com a observação de que as percepções erradas são devidamente sancionadas pela autoridade epistêmica branca:

> os requisitos da cognição factual e moral "objetiva", numa sociedade organizada racialmente são, de certo modo, mais estritos, pois aquela realidade oficialmente sancionada é diferente da realidade propriamente dita. Portanto, aqui se pode dizer que a pessoa concorda em interpretar *mal* o mundo. A pessoa tem de aprender a ver o mundo erroneamente, mas com a segurança de que esse conjunto de percepções equivocadas vai ser validado pela autoridade epistêmica branca, quer religiosa, quer secular.[11]

É por essa razão que há quem perceba o racismo e as práticas discriminatórias como fruto da ignorância, já que a inversão epistemológica que ele opera (o falseamento do Outro) não é nada mais do que uma perversão. O contrato racial informado por essa epistemologia invertida conduz ao epistemicídio, afinal o contrato requer que a autoridade epistêmica sancione uma série de mitos e representações falsas a respeito dos não brancos e de suas capacidades políticas, morais e cognitivas. Portanto, segue Mills,

> nas questões relativas à raça, o contrato racial prescreve para seus signatários uma epistemologia invertida, uma epistemologia da ignorância, uma tendência particular de disfunções cognitivas localizadas e globais (que são psicológica e socialmente funcionais), produzindo o resultado irônico de que, em geral, os brancos serão incapazes de compreender o mundo que eles próprios criaram [...]. Poderíamos dizer, portanto, como regra geral, que *a interpretação errada, a representação errada, a evasão e o autoengano nas questões relativas à raça* estão entre os mais generalizados fenômenos mentais dos últimos séculos, uma economia cognitiva e moral psiquicamente necessária para a conquista, civilização e escravização. E esses fenômenos não têm nada de *acidental*: são *prescritos* pelos termos do contrato racial, que requer uma certa medida de cegueira e obtusidade estruturadas a fim de estabelecer e manter a sociedade organizada branca.[12]

Assim, com a destruição ou desqualificação da cultura do dominado, o epistemicídio embasa a suposta legitimidade epistemológica da cultura do dominador justificando a hegemonização cultural da modernidade ocidental. Entendemos melhor ainda como isso se dá quando nos damos conta da estratégia de produção do epistemicídio pelo paradigma epistemológico e científico hegemônico que, no dizer de Boaventura Santos, se sustenta pela distinção entre aparência e realidade. Ao identificar a ciência com a busca por ultrapassar a aparência e atingir a verdade sobre a realidade, o paradigma hegemônico conduz ao epistemicídio, afinal todas as formas de conhecimento que lhe são estranhas passam a ser qualificadas como primitivas e subdesenvolvidas por não atingir a verdade e ficar no plano das aparências.

Esta pretensão de saber distinguir, hierarquizar entre aparência e realidade e o facto de a distinção ser necessária em todos os processos de conhecimento tornaram possível o epistemicídio, a desclassificação de todas as formas de conhecimento estranhas ao paradigma da ciência moderna sob o pretexto de serem conhecimento tão-só de aparências. A distribuição da aparência aos conhecimentos do Sul e da realidade ao conhecimento do Norte está na base do eurocentrismo.[13]

Santos aponta que as consequências para o conjunto da humanidade da supressão intencional desses conhecimentos subjugados ou sepultados são enormes, pois "significou um empobrecimento irreversível do horizonte e das possibilidades de conhecimento", procedendo pela "liquidação sistemática das alternativas, quando elas, tanto no plano epistemológico como no plano prático, não se compatibilizaram com as práticas hegemônicas".[14]

Essa é uma das consequências irremediáveis da dimensão epistemológica do contrato racial. Nesse sentido, colonialismo e racismo se constituíram enquanto aparato global de destruição de corpos, mentes e espíritos, pela vinculação e subordinação da sobrevivência cognitiva do dominado aos parâmetros da epistemologia ocidental.

A instalação do epistemicídio no Brasil: (Des)humanismo e educação

Para pensar o tema da relação entre educação e racialidade no Brasil, temos que investigar outros elementos que intervieram e estão na origem desse imbricamento. Na sociedade brasileira, o epistemicídio terá sua primeira expressão na tentativa da Igreja católica de suprimir, condenar, censurar e controlar o conhecimento da população negra por um vasto período na nossa história. Com a abolição da escravidão e a emergência da República, influxos do racismo científico aparecerão em pensadores nacionais, aportando novas características aos processos epistemicidas. Na condição de libertos indesejáveis como cidadãos, os negros passam a estar sujeitos a procedimentos educacionais de contenção, exclusão e assimilação.

De acordo com Roseli Fischmann, no interior da Igreja católica o jesuitismo se caracterizava pela peculiar união dos rigores da vida religiosa aos da vida militar. Sob a égide da hierarquia e da obediência, comuns às duas instituições, e com o objetivo de combater a Reforma, a Companhia de Jesus foi tida pela coroa portuguesa como a mais confiável das ordens religiosas. Por isso o rei de Portugal vai designar os jesuítas para cuidar da educação no Brasil e os manterá aqui com recursos advindos de impostos e dos dízimos religiosos pagos pelo poder real, repassados à Companhia com base no Direito do Padroado. A educação pública ficará sob sua direção de 1549 a 1759. Nesse meio-tempo, espalharam-se Casas Jesuíticas por todo o território nacional. E onde havia uma dessas, havia uma pequena biblioteca e alguém para ensinar as primeiras letras.

O Iluminismo lusitano em relação à educação no Brasil se dará em meio a uma crise política entrelaçada a questões religiosas pela substituição da responsabilidade confiada aos jesuítas para outros setores da Igreja e determinada pelo Marquês de Pombal. Isso não aconteceu por se ter uma visão dos jesuítas como símbolo do conservadorismo, já que acabaram por desenvolver e expandir culturalmente o país, a ponto de Fernando Azevedo afirmar que foram eles os responsáveis pela unidade de nosso vasto território, pela obra missionária e colonizadora das Casas Jesuíticas. Tributa a eles, ainda, o fato de o Brasil não ter se fracionado em vários países, como ocorreu com a América espanhola, indicando, com isso, condições específicas de desenvolvimento dos jesuítas nas colônias portuguesas. Um aspecto importante a considerar é que seu trabalho educativo passa a ser encarado por Portugal como risco de estímulo a movimentos emancipatórios, a exemplo do que ocorria na Europa, que iriam culminar

Epistemicídio

na Revolução Francesa, na Inconfidência Mineira e na Independência americana. Pombal identifica claramente o papel crucial e mesmo estratégico da educação no incremento desses processos.[15]

E em relação ao negro, como eles se comportaram? Em seu livro *O negro e a Igreja*, J. E. Martins Terra se pergunta qual seria a razão de os jesuítas dispensarem um tratamento tão distinto a indígenas e negros no Brasil. O autor responde citando Serafim Leite:

> A resposta [...] já está dada muitas vezes, mas importa recordá-la uma vez mais. *Porque os naturais da América eram livres*. Como tais foram declarados nas leis canônicas e civis. E aos jesuítas da América portuguesa foi confiada a defesa dessa *liberdade*. Esta é razão. Os negros vindos da África nem eram livres, nem a defesa de sua liberdade fora confiada aos padres. A escravatura africana era instituição vigente na África desde tempos imemoriais. Já antes da fundação da Companhia de Jesus, a América se inundava de escravos negros. As leis da Igreja toleravam essa escravatura, as leis civis das nações regulavam-na. Todas as nações colonizadoras, Portugal, Espanha, França, Inglaterra, Holanda, então, e por muito tempo ainda, e com elas depois os países independentes da América, exploraram a escravatura negra, legalmente, isto é, segundo as leis da época. Aos jesuítas nunca foi nem podia ser confiada a defesa de uma liberdade inexistente.[16]

A justificação da escravidão negra reporta-se às suas próprias instituições validada no entendimento de que a escravidão era uma instituição social africana baseada na suposta natureza de escravo do africano. O argumento permite a decretação da impotência dos jesuítas frente à extensão do fenômeno da escravidão africana. Para o questionamento da escravidão o próprio africano não oferecia amparo, já que a escravidão seria algo inscrito em sua natureza e em suas instituições. Portanto,

> Em face do fato então irremediável da escravatura negra, restavam aos jesuítas apenas dois caminhos; ou declarar-se contra ela e desaparecer da

face da terra, renunciando a todas as demais obras de ensino, cultura e missões, que deixariam de fazer, pois seriam logo expulsos de todas as nações civilizadas, sem que nisto houvesse o menor lucro para a civilização, continuando na mesma a escravatura negra, fato social universalmente admitido até o século xix, como é da história; ou aceitá-la mitigando-a, na diferença de tratamento e exercício da caridade, combatendo perpetuamente os maus-tratos contra os negros, e respeitando neles a pessoa humana, impondo-a, quando estava em seu poder, ao respeito também dos colonos, seus senhores.[17]

Uma bula papal encerra a possível questão se a criança negra deveria ir à escola ao afirmar que os negros não têm alma. Tendo em vista os votos indissolúveis estabelecidos entre a Companhia de Jesus e o Papa, sobretudo no que tange a um voto extraordinário de obediência, a educação de crianças negras foi item que ficou fora de questão. A ausência de alma, no lugar do que posteriormente seria o lugar da razão, no contexto da laicização do Estado moderno, será o primeiro argumento para afirmar a não educabilidade dos negros. Será, então, pelo estabelecimento das ideias e discursos fundadores acerca da educabilidade dos afrodescendentes que se articulará o epistemicídio ao dispositivo de racialidade.

Assim, a história do epistemicídio em relação aos afrodescendentes é a história do epistemicídio do Brasil, dado o obscurantismo em que o país foi lançado desde a sua origem. O projeto de dominação que se explicita de maneira extrema sobre os afrodescendentes é filho natural do projeto de dominação do Brasil, um sistema complexo de estruturação de diferentes níveis de poder e privilégios. Coube aos africanos e seus descendentes escravizados o ônus permanente da exclusão e da punição.

É importante ressaltar que o saber ministrado pelos jesuítas foi qualificado como portador de um conteúdo profundamente humanista por vários autores, como consenso.[18] A bula papal que decretou que o negro não tinha alma é o que vai permitir a constituição de um tipo *sui generis* de humanismo, o humanismo que se constitui sem o negro: porque não tem alma, não é humano, sua ausência não impede esse tipo de "humanismo".

Desqualificação de saberes e sujeitos

Por outro lado, as matrizes teóricas e filosóficas citadas anteriormente terão diversas traduções no Brasil, enquanto espaço extraeuropeu, com repercussões sobre a educação. Cultura, civilização, desenvolvimento encerram os grandes desafios com que os intelectuais brasileiros se defrontam na passagem do sistema colonial para a República, e nesse contexto progresso, ordem e disciplina são as palavras-chaves que designam a oposição entre europeus e não europeus.

Assim, vejamos:

> lideranças da sociedade civil, representadas, por exemplo, pelos responsáveis pela linha editorial de jornal destacado e tradicional, alertavam para os riscos, para a consolidação da Nação Brasileira, da assimilação de contingentes recém-libertos da escravidão, atribuindo à escola formar e dirigir a "massa inculta".[19]

A formulação acima, de Roseli Fischmann, foi o ponto de partida para minha reflexão sobre o papel estratégico que a escola formal vem desempenhando no Brasil, na reprodução de uma concepção de sociedade ditada pelas elites econômicas, intelectuais e políticas do país. Nessa concepção, raça e cultura são categorias estruturais que determinam hierarquias que só podem ser plenamente legitimadas se puderem — por meio da repetição sistemática e internalização de certos paradigmas (dos quais as teorias racistas são decorrentes) — instituir e naturalizar em uns uma consciência de superioridade, e em outros uma consciência de inferioridade.

No âmbito cultural, a consagração europeia da inferioridade natural dos negros e, sobretudo, de sua indigência cultural e moral, será referendada, como se pode notar no trecho a seguir, por Nina Rodrigues:

De fato, não é a realidade da inferioridade social dos negros que está em discussão. Ninguém se lembrou ainda de contestá-la. E tanto importaria contestar a própria evidência. Contendem, porém, os que a reputam inerente à constituição orgânica do negro modelada pelo habitat físico e cultural diferente. Tratar-se-ia mesmo de uma incapacidade orgânica ou morfológica. Para alguns autores, e Keane esposa esta explicação, seria a ossificação precoce das suturas cranianas que, obstando o desenvolvimento do cérebro, se tornaria responsável por aquela consequência. E a permanência irreparável deste vício aí está a atestar na incapacidade revelada pelos negros, em todo o decurso do período histórico, não só para assimilar a civilização dos diversos povos com que estiveram em contato, como ainda para criar cultura própria.[20]

Diante de quadro de insuficiência cultural crônica, a presença maciça de negros colocou, em especial diante da inevitabilidade da abolição da escravidão, o problema do impacto dessa presença sobre as possibilidades civilizatórias do país. Em referência a isso, Rodrigues afirma:

O que importa ao Brasil determinar é o quanto de inferioridade lhe advém da dificuldade de civilizar-se por parte da população negra que possui e se de todo fica essa inferioridade compensada pelo mestiçamento, processo natural por que os negros se estão integrando no povo brasileiro, para a grande massa da sua população de cor. [...] Capacidade cultural dos negros brasileiros; meios de promovê-la ou compensá-la; valor sociológico e social do mestiço ário-africano; necessidade do seu concurso para o aclimatamento dos brancos na zona intertropical; conveniência de diluí-los ou compensá-los por um excedente de população branca, que assuma a direção do país; tal é na expressão de sua rigorosa feição prática o aspecto porque, no Brasil, se apresenta o problema do negro.[21]

Mesmo a evidência, já à época, da civilização egípcia e a sua contribuição ao patrimônio cultural da humanidade não é capaz de admoestar o espírito de Rodrigues. Ele explicará assim esse fenômeno de separação do Egito do conjunto da África:

> De fato, a primeira discriminação a fazer entre os africanos vindos para o Brasil é a distinção entre os verdadeiros negros e os povos camitas que, mais ou menos pretos, são todavia um simples ramo da raça branca e cuja alta capacidade de civilização se atestava excelentemente na antiga cultura do Egito, da Abissínia etc.[22]

Portanto, verdadeiros negros são incapazes de civilização e, se civilização houve na África, não pode ser atribuída aos povos negros, e sim a um ramo da raça branca. O dispositivo de racialidade, assim, demarca e distribui de forma maniqueísta o bem e o mal entre as raças. Tal concepção buscará abarcar toda a experiência negra africana ou da diáspora e relativizar experiências diaspóricas, contrastantes com os princípios irremovíveis que asseguram a incapacidade crônica de africanos e seus descendentes para a civilização, a sua menoridade e consequente necessidade de tutela. Assim, Nina Rodrigues dirá:

> Apreciando os progressos realizados pelos negros norte-americanos nos trinta anos que decorrem de sua libertação, afirma Mandarini, autor francamente favorável aos negros [...] Posto que o negro da América tenha progredido muito exteriormente, posto tenha assimilado as formas da vida civil, todavia no fundo dalma, ele é ainda uma criança; que bem pouco tem ultrapassado aquele estágio infantil da humanidade em que se acha o seu co-irmão da África.[23]

A desmoralização cultural do Outro realiza a um só tempo a superlativização do Mesmo e a negação do Outro. Daí o estereótipo do negro "verdadeiro": alegre, brincalhão, infantil, imprevidente, festeiro etc., o negro *de verdade*! Destinado ao entretenimento do branco. Modelo que, na busca de aceitabilidade, muitos reproduzem. Rodrigues insiste:

> Destes escrevia Stanley no *Times* "Para dirigi-los e viver entre eles, é necessário a gente resolver-se decididamente a considerá-los como crianças que requerem certos métodos diferentes de direção por parte dos cidadãos ingleses ou americanos: devem, porém, ser dominados com o mesmo espírito, com a mesma falta de capricho, com o mesmo respeito essencial que se deve aos nossos semelhantes". [...] "No dizer de todos os viajantes", escreve Letourneau, "é bem a meninos europeus que se deve comparar a maior parte das raças negras das Américas: *elas têm da infância a leviandade, o capricho, a imprevidência, a volubilidade, a inteligência ao mesmo tempo viva e limitada*".[24]

A animalização será um atributo inerente a uma incompletude humana que se manifesta mais na resposta dos instintos primordiais do que nas exigências de uma racionalidade condutora da ação. Assim Rodrigues reitera Letourneau, que nos diz:

> Para o negro da África, abandonado a si mesmo e vivendo segundo a própria natureza, o impulso dominante parte menos frequentemente do cérebro do que do estômago. Passar de tal fase de desenvolvimento àquela que caracteriza as nações civis modernas não é coisa por certo factível em um triênio de vida civil: não um triênio, mas séculos e séculos são precisos para que os dotes sociais, adquiridos pelos afro-americanos em seu contato íntimo com os brancos, transmitindo-se de geração em geração, se tornem caracteres da raça negra na América. Na escala da civilização, os afro-americanos ocupam ainda um dos últimos degraus, a raça anglo-saxônica um dos primeiros, senão

o primeiro: os americanos têm plena consciência de tal fato e não se podem resolver a tratar de igual para igual com uma gente tão inferior a eles, do mesmo modo que o adulto não trata a criança de igual para igual, nem as classes superiores às inferiores.[25]

Tal como para Kant e Hegel, para Nina Rodrigues a ausência ou dificuldade de autocontrole permanece como traço distintivo do negro em relação ao branco. Há um método específico, no caso de Rodrigues, para "dirigi-los" e "viver entre eles" que passa por compreender que os negros têm como características a leviandade, o capricho, a imprevidência, a volubilidade, a inteligência ao mesmo tempo viva e limitada, que demarcam a sua incapacidade para alcançar o estatuto de sujeito moral. Podemos referendar tal compreensão do pensamento de Nina Rodrigues em Ari Lima, que afirma que:

> Nina Rodrigues não via saída para esta raça compensar a sua inferioridade e bestialização que não fosse a tutela moral, a condução intelectual, a vigilância e o controle de padrões culturais e comportamentais. A despeito do valor intelectual de Nina Rodrigues, da sua relevância para a construção de um campo de reflexão, é este substrato evolucionista e racista que informa a Antropologia sobre o negro no Brasil.[26]

Júlio Mesquita Filho é um dentre os muitos exemplos disponíveis da adesão da intelligentsia nativa ao racialismo europeu e ao projeto político para os negros. Segundo ele:

> As portas das senzalas abertas em [18]88 haviam permitido que se transformassem em cidadãos como os demais dezenas e dezenas de milhares de homens vindos da África e que infiltrando-se no organismo frágil da coletividade paulista, iriam não somente retardar, mas praticamente entravar o nosso desenvolvimento cultural.[27]

É preciso conter e administrar essa "infiltração". Júlio Mesquita Filho fala num momento em que já existiam ou haviam existido Luiz Gama, os irmãos Rebouças, Teodoro Sampaio, Machado de Assis, Juliano Moreira, Mário de Andrade, Cruz e Sousa, Lima Barreto — expoentes negros das letras e das ciências. Esses negros eram prova de que a educação poderia levar o negro a assumir responsabilidades que a nova cidadania exigia. O negro estava aqui, aclimatado e aculturado, já havia dado mostra de talento para as artes e as ciências, mas continuava preterido com o argumento de sua "crônica insuficiência civilizatória".

Júlio Mesquita Filho não se exime também de manifestar uma ressalva essencial, do seu ponto de vista, em relação à qualidade das correntes migratórias desejáveis para o país:

> Não é desejável a contribuição dos pretos americanos para o caldeamento de raças no Brasil. Um contingente preto nesse momento será mais nocivo que útil à obra da civilização em que estamos empenhados.[28]

Em contrapartida, em sua avaliação das correntes imigratórias europeias ele fará afirmações que nos remetem às cumplicidades promovidas pelo contrato racial de que fala Charles Mills. Segundo Mesquita Filho,

> uma corrente maciça de imigrantes invadiria o nosso território, tornando possível o surto da lavoura cafeeira em São Paulo e o início daquilo que seria, cinquenta a sessenta anos mais tarde, o poderoso parque industrial de que hoje tanto nos orgulhamos.[29]

Ao longo do tempo, o epistemicídio assegurou que o gráfico da educação, desagregada por cor, apresentasse duas paralelas sem projeção de se aproximarem no tempo. O que se assiste no período pós-abolição é à constituição de um padrão de desigualdade entre negros e brancos consistente e permanente por oitenta anos do século xx.

Documentos das autoridades educacionais da década de 30, quando a escola brasileira começava a receber, de forma significativa, os filhos da imigração, apresentam alertas com referência a "quistos raciais", atribuindo à escola o papel de principal responsável pela "nacionalização do imigrante".[30]

A adoção da língua portuguesa como obrigatória em todas as escolas é o instrumento escolhido para esse fim. Houve uma dupla estratégia: a nacionalização do imigrante e a desnacionalização do negro.

Os mecanismos de hierarquização: (Não) tinha uma escola no meio do caminho

> Os que frequentavam grupo escolar tinham pai e mãe. Eu continuava naquela situação de não poder. Um dia descobri que a maçonaria tinha formado um conjunto de escolas pela cidade para meninos impossibilitados de pagar. Consegui entrar numa delas e passei a me inteirar mais um pouco. Até que a escola terminou. Mais tarde fui fazer um curso de alfabetização criado por um abade do Mosteiro de São Paulo, ali na rua Florêncio de Abreu. A escola era destinada a jornaleiros. Mas, como ninguém sabia se eu era ou não (nunca fui), consegui entrar. Aprendi mais um pouco. No entanto, nunca chegava a aprender o suficiente para dizer que sabia ler e escrever.[31]
>
> José Correia Leite

A epígrafe acima resume uma das dimensões fundamentais do epistemicídio: o acesso, ou seja, a garantia de abertura de oportunidades no espaço público e a garantia de condições efetivas para que a população negra possa se beneficiar delas. O depoimento de Correia Leite, um dos mais honoráveis militantes negros do período pós-abolição, editor do jornal *Clarim da Alvorada* e membro da Frente Negra Brasileira, é aqui trazido de maneira a demonstrar como o processo de exclusão escolar continuou em funcionamento mesmo depois da abolição, promovendo epistemicídio e compondo o dispositivo de racialidade.

A fala do velho militante que mostra como era o sistema de educação na década de 1920 se conecta aos resultados dos estudos contemporâneos sobre as dificuldades enfrentadas pelos alunos negros para acesso, permanência e conclusão da formação na escola. A esse respeito conclui Fúlvia Rosenberg em um dos seus estudos:

> apesar da melhoria nos níveis médios de escolaridade de brancos e negros ao longo do século, o padrão de discriminação, isto é, a diferença de escolaridade dos brancos em relação aos negros mantém-se estável entre as gerações. No universo dos adultos observamos que filhos, pais e avós de raça negra vivenciaram, em relação aos seus contemporâneos de raça branca, o mesmo diferencial educacional ao longo de todo século xx.[32]

Quando o que está em jogo é assegurar privilégios e uma estrutura social hierarquizada segundo parâmetros raciais e de classe, o controle do acesso à educação é importantíssimo, uma vez que ela é parte do conjunto de oportunidades sociais que podem levar à equidade e à justiça social. É porque se pretendeu hierarquizar que não há como afirmar que a educação esteja baseada na equidade e na justiça social.

Portanto, estamos diante de um elemento estratégico, a educação, fundamental dentro da arquitetura do dispositivo de racialidade. Como afirma Foucault, a apreensão da operacionalidade do dispositivo se torna mais acessível pela análise dos efeitos de poder que um determinado domínio institui. No caso do epistemicídio enquanto subdispositivo do dispositivo de racialidade, são as desigualdades raciais naturalizadas no âmbito da educação que se apresentam como efeitos de poder. Segundo Ricardo Enriques,

> A naturalização da desigualdade deriva de origens históricas e institucionais, ligadas, entre outras, à escravidão e sua abolição tardia, passiva e paterna-

lista e, também, ao caráter corporativista de parte considerável do período republicano. A desigualdade tornada uma experiência natural, no entanto, não se apresenta aos olhos da sociedade brasileira como um artifício. A naturalização da desigualdade, por sua vez, engendra no seio da sociedade brasileira resistências teóricas, ideológicas e políticas para identificar o combate à desigualdade como prioridade das políticas públicas [...] nega-se, assim, no cotidiano, a desigualdade e o racismo.[33]

Ora, a partir das desigualdades educacionais existentes no presente, passamos a considerá-las um pressuposto das transformações futuras, ou de alteração desse quadro. Contudo mesmo uma visão superficial das políticas educacionais, ou melhor, da forma pela qual as políticas de acesso e distribuição das oportunidades educacionais se deram, leva à dedução de que elas visavam intencionalmente assegurar padrões sociais hierárquicos ditados pelo dispositivo de racialidade. Além disso ficou assim definido quem pagaria o ônus social que adviesse, consoante com a ideia da inferioridade cultural dos povos africanos e seus descendentes, bem como com o processo de primitivização a que foram submetidos — condenados assim ao subdesenvolvimento.

Um panorama preliminar sobre a magnitude dessa desigualdade nos é dado pelo documento "Desenvolvimento com justiça social: esboço de uma agenda integrada para o Brasil", que aqui citamos, mesmo sendo extenso:

A população de cor branca corresponde a cerca de 54% dos brasileiros, enquanto a população de cor negra corresponde a 45%. No entanto, ao considerar a composição racial da pobreza, constata-se que 53 milhões de pobres e 22 milhões de indigentes não estão democraticamente distribuídos em termo raciais. Os negros representam 45% da população brasileira, mas correspondem a cerca de 63% da população pobre e 70% da população indigente. Os brancos, por sua vez, são 54% da população total, mas somente

36% dos pobres e 30% dos indigentes. Os indicadores de distribuição de renda também expressam forte viés racial contrário à população afrodescendente. Assim, além do inaceitável tamanho da pobreza no país, constata-se a enorme sobrerrepresentação da pobreza entre os negros brasileiros. Nascer negro no Brasil implica maior probabilidade de crescer pobre. A pobreza no Brasil tem cor. A pobreza no Brasil é negra. [...] Os indicadores educacionais, por sua vez, confirmam a intensidade e o caráter estrutural do padrão de discriminação racial no Brasil. Atualmente, jovens brancos de 25 anos de idade têm 2,3 anos de estudo a mais do que jovens negros com os mesmos 25 anos de idade. No entanto, apesar da escolaridade de brancos e negros ter crescido de forma contínua ao longo do século, essa diferença de 2,3 anos de estudos entre jovens brancos e negros de idade é a mesma observada entre os pais e aos avós desses jovens. O padrão de discriminação racial, expresso pelo diferencial na escolaridade entre brancos e negros, não só é significativamente elevado, considerando os níveis da escolaridade média dos adultos brasileiros, como, sobretudo, mantém-se perversamente estável entre as gerações.[34]

Já que para as classes subalternas a educação é reconhecidamente o instrumento mais efetivo e seguro de ascensão social no Brasil, o controle e a distribuição das oportunidades educacionais vêm instituindo uma ordem social racialmente hierárquica. Essa maneira de administração das oportunidades educacionais permitiu a promoção da exclusão (racial) dos negros e a promoção (social) dos brancos de classes subalternas, consolidando, ao longo do tempo, o embranquecimento do poder e da renda e a despolitização da problemática racial, impedindo, ao mesmo tempo, que essa evoluísse para um conflito aberto.

Estando a pobreza racializada ao ponto de tornar os negros "uma espécie de símbolo ontológico das classes econômicas e politicamente subalternas",[35] os dados de educação desagregados por cor demonstram que os negros obtêm níveis de escolaridade inferiores aos dos brancos da

Epistemicídio

mesma origem social e, ainda, que no final dos anos 1990 os brancos tinham probabilidade sete vezes maior que os negros de completar estudos universitários. Dados do IBGE[36] também confirmam essas desigualdades étnico-raciais: pessoas negras têm menor número de anos de estudo do que brancas. Na faixa etária entre catorze e quinze anos, o índice de negros não alfabetizados é 12% maior do que o de brancos não alfabetizados. Os elementos estruturais dessa definição foram as variáveis cor, raça e etnia, que asseguraram a subalternidade social dos negros, em conformidade com um projeto de nação cuja aspiração fundamental era desenvolver o melhor de nossa ascendência europeia.

O epistemicídio se realiza através de múltiplas ações que se articulam e se retroalimentam, relacionando-se tanto com o acesso e/ou a permanência no sistema educacional, como com o rebaixamento da capacidade cognitiva do alunado negro. A exclusão racial via o controle do acesso, do sucesso e da permanência no sistema de educação manifesta-se de forma que, a cada momento de democratização do acesso à educação, o dispositivo de racialidade se rearticula e produz deslocamentos que atualizam a exclusão racial.

Entendo que no início da República o controle dos que teriam acesso à escola pública foi acionado para isso. Depois, o instrumento passou a ser o controle do acesso ao ensino de qualidade. O sucateamento do ensino público coincide com a afirmação social de uma classe média branca que pode pagar pela qualidade da educação. É também um momento e um processo de demarcação dessa classe média branca em relação às classes populares notadamente negras. Algo que remete ao argumento de Charles Mills a respeito do contrato racial, como vimos.

Os dados apresentados por Ricardo Enriques sobre as desigualdades presentes entre crianças negras e brancas em suas trajetórias educacionais antecipam o futuro que as aguarda quando adultas, em termos de subalternidade social.

Os mecanismos de normalização da inferioridade e da superioridade

> Concretamente, podemos, é claro, descrever o aparelho escolar ou o conjunto dos aparelhos de aprendizagem em dada sociedade, mas eu creio que só podemos analisá-los eficazmente se não os tomarmos como uma unidade global, se não tentarmos derivá-los diretamente de alguma coisa que seria a unidade estatal da soberania, mas se tentarmos ver como atuam, como se apoiam, como esse aparelho define certo número de estratégias globais, a partir de uma multiplicidade de sujeições (a da criança ao adulto, da prole aos pais, do ignorante ao erudito, do aprendiz ao mestre, da família à administração pública etc...). São todos esses mecanismos e todos esses aparelhos de dominação que constituem o pedestal efetivo do aparelho global constituído pelo aparelho escolar.[37]
>
> MICHEL FOUCAULT

Um exemplo paradigmático dos mecanismos de dominação racial presentes no aparelho escolar nos é dado pela pesquisa de Eliane Cavalleiro em seu livro *Do silêncio do lar ao silêncio escolar: Racismo, preconceito e discriminação na educação infantil*, em que ilustra a operação de uma das mais eficazes táticas de dominação do racismo no Brasil, que é o silêncio ou o silenciamento em relação à existência do problema da discriminação racial no Brasil. E, sobretudo, a autora nos revela como essa tática está inscrita no interior da relação de dominação racial, sendo utilizada pelos dois polos da relação com objetivos estratégicos diferentes, que nos cabe aqui mostrar e aprofundar.

O silêncio se manifesta também na relação aluno-professor, nas instâncias gestoras do aparelho escolar, nas atitudes dos pais dos alunos brancos e dos alunos negros, no discurso ufanista sobre as relações raciais no Brasil, presente nos instrumentos didáticos, acompanhado de uma representação humana superior. O silêncio tem, como subproduto, um tipo de esquizofrenia ou suposição de paranoia nos alunos negros, uma vez que eles vivem e sentem um problema que ninguém reconhece.

Para além disso, potencializam-se na relação aluno-professor outras relações como as já citadas pelo autor: aluno-professor; ignorante-erudito etc. que se definem pelo rebaixamento moral "natural" que a cor desvalorizada socialmente impõe de saída ao aluno negro. Assim, o aparelho escolar é um dentre os operadores da dominação e da "fabricação de sujeitos". Sujeitos com sentimento de superioridade e inferioridade. Sujeitos soberanos e sujeitos dominados. Almas de senhor e almas de escravos.

> A baixa *performance* dos alunos é reforçada e perpetuada por esses estereótipos negativos, em muitos casos levando as crianças à internalização de autoimagens negativas. Trindade examinou, em pesquisa sobre o comportamento dos professores primários do Rio de Janeiro, como as escolas discriminam. Ela encontrou professores que descreveram as crianças negras como sofrendo "privação cultural", "falta de alimentação", "deficiência de linguagem", e "necessidades emocionais". [...] Em um outro estudo, sobre professores, alunos e livros escolares, Vera Figueira também apontou que estereótipos negativos estão consistentemente ligados a negros — pelos professores, pelos livros pedagógicos, e por outros estudantes. Trindade sumariza: [...] "As crianças são simbolicamente massacradas, porque os estudantes, especialmente nossos negros, estudam em escolas públicas que produzem neles a sensação de inferioridade e ausência de pertencimento em relação à nossa sociedade, dificultando-lhe a mobilidade social e cristalizando, naturalizando as desigualdades".[38]

Em *Socialização e relações sociais: Um estudo de família negra em Campinas*, Irene Maia F. Barbosa afirma que a escola "é muitas vezes palco das primeiras e decisivas tensões inter-raciais sofridas pelas crianças negras".[39]

Os estudos apontam ainda para a persistência, entre o professorado, de um imaginário pessimista em relação à educabilidade dos negros. É como se a antiga construção do negro como incapaz para o conhecimento ainda ressoasse. Afirma Reichmann:

Os professores parecem, inconscientemente, sustentar o processo de exclusão social. As expectativas dos professores afetam a autoestima das crianças negras, positiva ou negativamente. Assim o preconceito racial que contribui para a baixa expectativa dos professores pode ameaçar o desenvolvimento da saúde emocional e cognitiva da criança. Em nossa pesquisa realizada no Maranhão em 1994 uma professora primária, exasperada, disse em entrevista que com estas crianças o melhor que você faz é conseguir que venham às aulas, mesmo que de vez em quando, para aprender a assinar o nome e somar.[40]

Em outra direção, estudos buscam aclarar o impacto sobre a autoestima das crianças negras decorrentes das atitudes racistas com que se defrontam no cotidiano escolar, e consequentemente, sobre o desenvolvimento de suas capacidades de aprendizagem. Em pesquisa em sala de aula em Campinas, observou que:

> estudantes chamavam uma garota negra de "macaca", "feia", "preta", "escuridão" e "fedorenta". A garota ficou ambivalente em relação a sua autodenominação, identificando-se como "morena". Esta dificuldade de definir a sua própria identidade racial pode ser extremamente negativa para o desenvolvimento da criança, porque bloqueia a expressão das emoções e interfere na motivação, atingindo a sua *performance* escolar.[41]

Diversos autores vêm demonstrando que têm sido feitas alterações na literatura infantil, por força das críticas das imagens estereotipadas dos negros e, em especial, a forma como eram representados geralmente sem famílias, vínculos sociais etc. Contudo está ainda por ser verificado o quanto as mudanças de fato alteraram a imagem de subalternização social.

Aporias do intelectual negro: Sequestros e resgates

O poema singular que apresentamos ao término deste capítulo descreverá com precisão o processo de "branqueamento" do colonizado por um sistema colonial de educação. Mesmo quando o negro alcança o domínio dos paradigmas da razão ocidental, ele está sujeito ao epistemicídio pela afirmação da incapacidade cognitiva inata dos negros, pela ausência de alternativa a esse campo epistemológico hegemônico, pela aculturação promovida pelos paradigmas da razão hegemônica e pela destituição de outras formas de conhecimento.

Há um paradoxo que trazemos para o campo da reflexão acadêmica e que está presente hoje na discussão mundial sobre a própria questão do que é o universal. Pessoas negras que alcançam excelência em qualquer área de conhecimento encarnam esse paradoxo, porque suas vidas e suas histórias expressam a resistência aos estigmas que distanciam os negros da vida intelectual e acadêmica. Elas afirmam: "podemos pensar tão bem ou melhor do que vocês".

A exclusão escolar comumente reportada nas pesquisas sobre raça e educação, sobretudo no ensino fundamental, assumem novas configurações quando os negros adentram os níveis superiores de educação, em que uma trajetória escolar tumultuada e um processo cumulativo de inseguranças em relação à própria capacidade intelectual confrontam-se em toda a sua dramaticidade. Defensivamente, como aponta bell hooks, manifesta uma atitude anti-intelectual como uma tática para evitar a realização da profecia autorrealizadora que termina por confirmá-la. bell hooks assinala nesse contexto a função estratégica que o trabalho intelectual desempenha no rompimento com os vaticínios que excluem os negros da atividade intelectual. Segundo ela,

> o trabalho intelectual é uma parte necessária da luta pela libertação, fundamental para os esforços de todas as pessoas oprimidas e/ou exploradas,

que passariam de objeto a sujeito, que descolonizariam e libertariam suas mentes.[42]

Porém, uma vez que a subjetividade produzida pelo dispositivo de racialidade nos negros é marcada pela internalização da insegurança em relação às capacidades acadêmicas, é de se esperar uma atitude de certo desprezo, que tem efeito paralisante no progresso acadêmico dos negros pela atividade intelectual. Analisando as posturas de suas alunas, hooks assim as descreve:

> Muitas das alunas negras que encontro têm dúvidas quanto ao trabalho intelectual. Fico pasma com a profundeza do anti-intelectualismo que as assalta, e que elas internalizam. Muitas manifestam desprezo pelo trabalho intelectual porque não o veem como tendo uma ligação significativa com a "vida real" ou o domínio da experiência concreta. Outras, interessadas em seguir o trabalho intelectual, são assaltadas por dúvidas porque sentem que há modelos e mentoras do papel da mulher negra, ou que as intelectuais negras individuais que encontram não obtêm recompensas nem reconhecimento por seu trabalho.[43]

E hooks sintetiza as amarras que limitam as possibilidades intelectuais das mulheres negras: "É o conceito ocidental sexista/racista de quem é ou que é um intelectual que elimina a possibilidade de nos lembrarmos de negras como representativas de uma vocação intelectual".[44]

O desprezo pela vida intelectual reflete a internalização da ideia de estar fora de lugar: é como assumir a atitude da raposa diante das uvas que estão fora do seu alcance e, com desdém, declarar: "elas estão verdes", justamente para aplacar o sentimento de inadequação, de não pertencimento a um espaço ao qual o nosso acesso é viabilizado quase exclusivamente para sermos objeto de pesquisa daqueles que seriam dotados, pela natureza, da capacidade de "conhecer" e sobretudo de explicar. Como diz hooks: "Mais que qualquer grupo de mulheres nesta sociedade, as negras têm sido consideradas 'só corpo, sem mente'".[45]

Em concordância com Cornel West em *O dilema do intelectual negro*, bell hooks observa que o modo como se dramatizam na arena universitária as representações consolidadas sobre o negro no âmbito do conhecimento impacta as escolhas acadêmicas das pessoas negras:

> Há sempre a necessidade de demonstrar e defender a humanidade dos negros, incluindo sua habilidade e capacidade de raciocinar logicamente, pensar coletivamente e escrever lucidamente. O peso desse fardo inescapável para alunos negros no meio acadêmico branco muitas vezes tem determinado o conteúdo e caráter da atividade intelectual negra.[46,47]

Isso está relacionado com o distanciamento histórico dos negros dessa dimensão do processo educacional. De qualquer modo, para intelectuais negros o risco de buscar reconhecimento acadêmico é o de se distanciar de um público negro mais amplo:

> A opção por escrever num estilo tradicional acadêmico pode levar ao isolamento. E mesmo que escrevamos pelas linhas do estilo acadêmico aceito, não há nenhuma garantia de que vão respeitar nosso trabalho.[48]

bell hooks toma a si mesma, a sua própria trajetória acadêmica, para compreender e explicar as agruras dos negros, em especial das mulheres, para alcançarem a condição de sujeitos de conhecimento:

> Quando publiquei minha primeira coletânea de ensaios, *Erguer a voz*, surpreendi-me com as muitas cartas que recebi de negras discutindo o ensaio sobre as dificuldades que enfrentei como estudante universitária. Jorravam histórias de perseguição de professores, pares e colegas profissionais. A norma geral eram relatos sobre negras sendo interrogadas pelos que

procuravam determinar se ela era capaz de concluir o trabalho, pensar logicamente, escrever corretamente. Essas formas de importunação muitas vezes solaparam a capacidade das negras de transmitir a certeza de talento e domínio intelectual.[49]

O emprego das estratégias de negação, dúvida e não acolhimento fazem com que os negros reiterem a ideia do não pertencimento à universidade, de que ali estão "fora de lugar". É um convite à desistência e um estímulo ao fracasso acadêmico, como mostra hooks:

> Diante da falta de endosso e apoio públicos constantes às negras que escolhem vocações intelectuais, quando enfrentam esse trabalho em isolamento, em espaços privados, não admira que negras individualmente se sintam oprimidas por dúvidas, que esses espaços intensifiquem receios de incompetência, receios de que suas ideias talvez não mereçam ser ouvidas. As negras têm de revisar ideias de trabalho intelectual que nos permitam abarcar a preocupação com a vida mental e o bem-estar da comunidade.[50]

Como forma de resistência ao isolamento e negação, hooks ressalta que Cornel West propõe uma estratégia de combate que articula a produção individual de conhecimento com as lutas comunitárias e uma estratégia de visibilização na esfera pública:[51]

> Em vez do herói solitário, do exilado combativo e do gênio isolado — o intelectual como estrela, celebridade e produto de consumo —, esse modelo privilegia o trabalho individual coletivo que contribui para a resistência e a luta comunais.[52]

Alia-se aí, a despeito das dificuldades impostas pela própria dinâmica das instituições universitárias, a necessidade de constituição de espaços institucionais próprios que possam referenciar e apoiar a trajetória das pessoas negras.

Epistemicídio

[...] ao mesmo tempo, a competitividade acadêmica milita contra a formação de comunidades intelectuais negras que cruzem fronteiras de instituições e disciplinas. Essas comunidades surgem da tentativa de resistência de negras e negros que reconhecem que fortalecemos nossas posições apoiando uns aos outros.[53]

Sujeitos e saberes sujeitados emergem da reflexão de West como elementos portadores de uma forma específica de insurgência intelectual capaz de promover a crítica e o deslocamento dos discursos hegemônicos que reiteram poderes e saberes consolidados e as sujeições por eles produzidos. Então:

a principal prioridade dos intelectuais negros deve ser a criação ou reativação de redes institucionais que promovam hábitos críticos de alta qualidade basicamente com o objetivo de insurgência negra. [...] a tarefa central dos intelectuais negros pós-modernos é estimular, acelerar e possibilitar percepções e práticas alternativas, desalojando discursos e poderes predominantes. West oferece um paradigma que permite uma ênfase em acabar com o sexismo e a opressão sexista como uma condição prévia para a insurgência intelectual negra.[54]

A formação de pesquisadores negros nos cânones tradicionais da tradição acadêmica assegura o caráter não insurgente de sua produção e, sobretudo, não comunitária, como pretende West. É frequente que o intelectual negro tutelado, produzido, torne-se um agente crítico deslegitimador da prática ativista. Ao invés de "desalojarem discursos", há intelectuais negros que legitimam o saber branco sobre o negro, as relações raciais etc. São utilizados, portanto, para confirmar "poderes dominantes". Enquanto isso os insurgentes amargam o isolamento acadêmico, pois o dispositivo de racialidade permanece funcionando, mas podem encontrar motivação e endosso em quem está fora da academia:

De fato, quando exercemos um trabalho intelectual insurgente que fala a um público diverso, a massas de pessoas de diferentes classes, raças ou formação educacional, nos tornamos parte de comunidades de resistências, coalizões que não são convencionais. [...] O endosso que me vem de indivíduos e lugares marginalizados me fortalece e inspira.[55]

É verdade que buscar endosso que vem de fora da comunidade à qual supostamente se pretende pertencer e obter reconhecimento não altera ou supera os obstáculos que impedem a inclusão efetiva de negros no universo acadêmico. Se a sobrevivência intelectual em outras esferas da vida social assegura a resistência do intelectual negro, não assegura a superação dos fatores que promovem a sua debilitação no interior das instituições acadêmicas. Essa desolação se expressa na alternativa insurgente voltada "para dentro", em que o intelectual negro reconhece sua validação na organicidade de sua produção em relação à sua comunidade:

A situação do intelectual negro não precisa ser sombria. Apesar do difundido racismo da sociedade americana e do anti-intelectualismo da comunidade negra, o espaço crítico e a atividade insurgente podem se expandir. Essa expansão ocorrerá mais facilmente quando os intelectuais negros lançarem uma olhada mais franca a si mesmos, às forças históricas e sociais que os moldam, e aos recursos limitados mas significativos da comunidade de onde vieram.[56]

bell hooks nos mostra as consequências da negação da autoridade da fala dos intelectuais negros que ocorre na dinâmica das instituições acadêmicas, levando muitas "jovens brilhantes e estudiosas" a desistirem do trabalho intelectual por se sentirem desprezadas na academia e desvalorizadas fora dela...[57]

A partir dessa evidência, hooks reitera a posição de West sobre a necessidade de os negros construírem "linhas de fuga" do dispositivo e dos mecanismos desqualificadores de sujeitos que, como descreve Foucault, são "sujeitos falantes, sujeitos correntes, sujeitos de experiência e de saber",[58] mas que são minimizados nesses processos. Precisamos de estratégias que permitam que nosso mérito não seja avaliado por "estruturas, instituições e indivíduos que não acreditam em nossa capacidade de aprender".[59] Daí a importância fundamental de espaços alternativos de validação:

> É impossível que floresçam intelectuais negras se não tivermos a crença essencial em nós mesmas, no valor de nosso trabalho, e um endosso correspondente do mundo à nossa volta para apoiá-lo e alimentá-lo. Muitas vezes não podemos procurar nos lugares tradicionais o reconhecimento de nosso valor; temos a responsabilidade de buscá-lo fora e até criar diferentes locações.[60]

Nas dificuldades e desafios que se apresentam para as pessoas negras que adentram o nível universitário manifestam-se o acúmulo do conjunto das determinações que as acompanham em toda a trajetória escolar, no que tange ao conflito racialidade/saber e poder. É no ensino superior que esse conflito alcança uma arena privilegiada, onde a potencialidade do negro para o conhecimento erudito é construída e reconstruída, negada ou afirmada.[61] Adentrar a universidade, longe de significar superação dos estigmas e estereótipos, é o momento da confrontação final, no campo do conhecimento, do negro com os mecanismos que o assombra ao longo de toda a sua trajetória escolar. Ali estão a branquitude do saber, a profecia autorrealizadora, a autoridade exclusiva da fala do branco — os fantasmas que têm de ser enfrentados sem mediações, em nome do que Foucault chamou de "insurreição dos saberes".[62]

Eu tinha seis anos
quando mamãe impensadamente
me mandou para a escola sozinho

cinco dias por semana

Um dia

fui sequestrado por um bando

de filósofos ocidentais

armados de livros coloridos

e de altas reputações e títulos universitários

Fiquei detido numa sala de aula

vigiado por Churchill e Garibaldi

numa parede

Hitler e Mao tiranizando

De outra

Guevara incutindo em mim a ideia de uma revolução

de dentro de seu Manual de Guerrilha

De três em três meses eles enviavam ameaças

a mamãe e o papai

Mamãe e papai gostavam do filho

e pagavam o resgate

em forma de mensalidades

a cada trimestre mamãe e papai

ficavam cada vez mais pobres

e meus sequestradores ficavam mais ricos

E eu ficava cada vez mais branco

Quando me soltaram

quinze anos depois

deram-me (entre aplausos de meus companheiros de

infortúnio)

um papel

para enfeitar minha parede

atestando minha libertação[63]

4. Interdições

As interdições ao sujeito: O negro não é

São múltiplas as interdições desencadeadas pelo dispositivo de racialidade. O negro é interditado enquanto ser humano, enquanto sujeito, enquanto sujeito de direito, enquanto sujeito moral, político e cognoscente. A interdição é um operador de procedimentos de exclusão, presentes tanto na produção discursiva como nas práticas sociais derivadas da inscrição de indivíduos e grupos no âmbito da anormalidade, na esfera do não ser, da natureza e da desrazão.[1] As interdições são aliadas, enfim, da formação de um certo imaginário social que naturaliza a inferioridade dos negros.

Em *A invenção do ser negro: Um percurso das ideias que naturalizaram a inferioridade dos negros*, Gislene Aparecida dos Santos analisa representações sobre o negro que circularam no Ocidente e o estranhamento em relação à negritude, que determinou o exotismo como forma de simbolizar o negro/africano e se apresenta como ameaça e fascínio.

O racismo se apoiará no imaginário aterrorizante construído pelos europeus sobre o africano e a África, que, como mostra Gislene Aparecida dos Santos, é descrita como "uma terra de pecado e imoralidade, gerando homens corrompidos; povos de clima tórrido com sangue quente e paixões anormais que só sabem fornicar e beber".[2] Nota-se a identificação do corpo negro como portador do mal, para usar uma expressão foucaultiana, em oposição ao corpo branco, portador dos mais elevados atributos humanos. As polaridades instituídas entre as cores branca e negra resultaram, segundo Santos, numa estética sobre o negro e a África.

É bastante adequado supor que a ideologia racista tenha se alimentado dos valores estéticos em relação ao negro, o fascínio e o mistério que a África e os seus habitantes exerciam, transformando diferença e mistério em anormalidade e monstruosidade.[3]

Entendo que tal estética seja apreensível pelas categorias do monstro e do anormal construídas por Foucault, reveladoras das construções culturais que assujeitam o corpo negro para além da invalidação científica do conceito de raça, empreendida contemporaneamente pelos avanços da genética, determinando o imobilismo cultural que leva à condenação social persistente. Sem esquecer que, como alerta Santos, tanto os discursos anteriores à escravidão como os construídos sob a égide do racismo científico permanecem no imaginário relativo ao negro.

O monstro

Na construção do Outro como ameaça e perigo, a interdição implica negar a admissão do Outro na plena humanidade e promover o seu deslocamento para um território intermediário entre a humanidade plena e a animalidade inscrevendo-o, no dizer de Foucault, no gabarito de inteligibilidade do monstro, que é

> de certo modo, a forma espontânea, a forma brutal, mas, por conseguinte, a forma natural da contra-natureza. É o modelo ampliado, a forma desenvolvida pelos próprios jogos da natureza, de todas as pequenas irregularidades possíveis. E, nesse sentido, podemos dizer que o monstro é o grande modelo de todas as pequenas discrepâncias. É o princípio de inteligibilidade de todas as formas — que circulam na forma de moeda miúda — da anomalia.[4]

Interdições
123

É nesse gabarito de inteligibilidade que o negro é apreendido pelo racialismo do século XIX e permanece incrustado no fundo das consciências: intermediário entre o homem e o animal, manifestação de incompletude humana.

O monstro sexual, de fato, invariavelmente está associado à figura de um "negão". Aliás, no imaginário social a maioria dos negros são *"negrões"* tenham o tamanho que tiverem. Joel Rufino, no artigo "Vera, Clara do Anjos, Iládio",[5] analisa uma passagem de *Dão-lalalão (o devente)*, de Guimarães Rosa, descrevendo, através de Iládio, a força desse imaginário sobre os negros e a que ele se presta na forma de punição:

> Soropita se amasiou com Doralda, uma puta de Montes Claros, no oco das Gerais aí vivia aluído no gozo e na segurança. Certa vez, de torna-viagem, encontra um bando de vaqueiros, comandados pelo velho amigo Deraldo. Fica contente. No bando vem, porém, o negro Iládio: sua presença deflagra a insegurança em Soropita e logo pânico. Delira que o negro conheceu a mulher, que se espojou nas suas carnes brancas, enfiou o membro disforme e sujo na sua gruta de Vênus. U'a mula do barrado, por se chamar Moça Branca, lhe dá suspeitas de que a sua infâmia é pública.[6]

Para Rufino, "temos nessa história magnífica a súmula do que o negro significa para o branco — sujeira-luxúria e perigo. Numa situação de sexualidade, o negro surge como inconsciente do branco".[7] Rufino pergunta ao leitor como se resolve essa história. E ele mesmo responde: "Pela submissão",[8] pois diz Iládio, pedindo perdão, "Tou morto, tou morto, patrão Surupira, mas peço não me mate, pelo ventre de Deus, anjo de Deus, não me mate... Não fiz nada! Não fiz nada!... tomo bênção... tomo bênção...".[9]

Em *Preto e branco: A importância da cor da pele*, Marco Frenette descreve o estereótipo do negro estuprador e como ele vai ao encontro do imaginário sobre a sexualidade das mulheres negras, formado por um misto de estranhamento, irracionalidade, hipocrisia e reiteração de estereótipos consagrados, dentre os quais o de que a sexualidade negra é selvagem. O autor descreve as sensações que advêm de relações desiguais entre homens brancos e mulheres negras, atravessada por singularidades em que

> o que se fortalece é a impressão de que não está acontecendo uma troca de amor e prazer entre iguais: o branco sente como se estivesse numa aventura com um ser feminino de uma outra espécie. É como praticar zoofilia num grau mais elevado; ter uma relação extraterrestre; um contato íntimo com o imponderável.[10]

O indivíduo a ser corrigido

Ao empreender a genealogia da anomalia e do indivíduo anormal, Foucault inscreve nela a figura do "indivíduo a ser corrigido".[11] Esse indivíduo não se apresenta, como no caso do monstro, como uma exceção ou espetáculo inusitado, pois "o indivíduo a ser corrigido é um fenômeno corrente. É um fenômeno tão corrente que apresenta — e é esse seu primeiro paradoxo — a característica de ser, de certo modo, regular na sua irregularidade".[12] Assim, no registro do "indivíduo a ser corrigido", é enquadrada uma outra forma de subjetivação imposta aos negros a partir do imaginário construído em relação à diferença, em que a irregularidade torna-se a sua regularidade.

Considerando a descartabilidade social que caracteriza a situação do negro no período pós-abolição, fundada na convicção de sua inaptidão para a sociedade disciplinar, a condição de incorrigível aparece como inerente ao ser negro, determinando as formas de controle e punição que sobre ele se exercerão, bem como o estado de suspeição permanente em que será socialmente apreendido, e as formas de normalização que lhe corresponderão a partir da atribuição de suspeição e incorrigibilidade.

Interdições 125

A interdição se torna possível pela construção de indivíduos ou coletividades sobre os quais se constituiu um sentimento generalizado de "convicção íntima de culpa",[13] uma figura do campo jurídico que para Foucault consiste numa "autorização para condenar sem provas",[14] mas que permite também absolver sem provas de ausência de crime. A figura da "convicção íntima" resvala do campo jurídico para o cultural e social, como permissão para todos os que detêm a autoridade da fala enquanto dimensão do pertencimento a institucionalidades qualificadas para enunciar a verdade sobre um objeto ou um outro qualquer. É essa qualidade que se espraia aos demais racialmente hegemônicos, como que por contágio derivado do pertencimento à racialidade considerada superior e portadora do talento do bem pensar, julgar e justiçar.

É isso que autoriza qualquer branco a sentir-se especialista em negro e nas relações raciais, bem como estar à vontade para vocalizar o que seja melhor, ou o que melhor convém para o negro, explicitando "os efeitos de verdade que podem ser produzidos, no discurso, pelo sujeito que supostamente sabe".[15] Ainda que consista num discurso que seja conforme Foucault, "estatutário e desqualificado".[16] No caso do negro, a cor opera como metáfora de um crime de origem da qual a cor é uma espécie de prova, marca ou sinal que justifica essa presunção de culpa. Para Foucault, "ninguém é suspeito impunemente",[17] ou seja, a culpa presumida pelo a priori cromático desdobra-se em punição a priori, preventiva e educativa. A suspeição transforma a cena social para os negros como uma espécie de panóptico[18] virtual, uma vez que, para Foucault, no panoptismo, "a vigilância sobre os indivíduos se exerce ao nível não do que se faz, mas do que se é; não do que se faz, mas do que se pode fazer".[19] Assim, a própria cena social é onde se realiza a vigilância e a punição como tecnologias de controle racial. Como afirma Frenette,

> Para todas as formas de discriminação, há momentos de trégua e alguma chance de conversão. Mas, para o preto, não há descanso. Ser preto é viver

permanentemente em uma realidade hostil [...]. Por isso, qualquer caminho espiritual ou intelectual que o preto decida seguir precisará levar em conta um fato tão banal em sua essência, mas tão crucial em suas consequências: a existência da pele branca em detrimento da pele negra. Questão absurda e cruel essa que tem no olhar do outro a nebulosa medida de todas as coisas.[20]

Portanto, a matéria punível é a própria racialidade negra. Os atos infracionais dos negros são a consequência esperada e promovida da substância do crime que é a negritude. Por isso crianças da educação infantil apresentam reações e comportamentos discriminatórios aprendidos com os adultos. Dentre as várias situações recolhidas por Eliane Cavalleiro na observação do cotidiano de uma escola municipal de São Paulo está a seguinte cena: um garoto branco sugeriu a outro garoto negro que levasse para casa um carrinho abandonado no tanque de areia porque, disse ele, "preto tem que roubar mesmo".[21]

Foucault mostra que advém do discurso psiquiátrico em matéria penal a produção do personagem que será incriminado por meio de *dobramentos* que permitem

> dobrar o delito, tal como é qualificado pela lei, com toda uma série de outras coisas que não são o delito mesmo, mas uma série de comportamentos, de maneiras de ser que, bem entendido, no discurso do perito psiquiatra, são apresentadas como a causa, a origem, a motivação, o ponto de partida do delito.[22]

Esses procedimentos estão presentes na esfera jurídica no tocante à atribuição de pena a réus negros e brancos como já demonstrado por Sérgio Adorno em estudo sobre essa matéria. São procedimentos tais que chega-se ao requinte de, como apontado por Adorno, haver um processo de embranquecimento do réu no interior do processo, caso a tendência seja a absolvição. Segundo Adorno, há um fenômeno que observamos que é a "dança" da cor nos processos. Os indivíduos muitas vezes entram "pardos" e terminam "negros", ou começam "brancos" e terminam "negros". Há um fenômeno que eu mais ou menos caracterizei como "empardecimento da população". Os "brancos" tendem a se tornar "negros" e os "negros" tendem muitas vezes a "clarear", conforme o desfecho do processo. Evidentemente, estas questões metodológicas são muito espinhosas. Muitas delas nós conseguimos resolver com relativo êxito e outras estão pendentes.[23]

Porém, para além da esfera legal, processam-se outros múltiplos dobramentos na medida em que a racialidade é tornada um delito inscrito na pele do sujeito: animalidade, sexualidade promíscua, incapacidade cognitiva, fealdade, violência e morte. A cada dobramento correspondem formas específicas de interdição, punição e subjetivação nas diferentes dimensões da vida social. Ao polo eleito da racialidade, corresponderão os seus opostos, em termos de dobramentos e subjetivação.

Segundo Foucault, em matéria jurídico/psiquiátrica "é a demonstratividade da prova que a torna válida".[24] No contexto organizado pelo dispositivo de racialidade essa regra também irá se manifestar: negros e brancos devem demonstrar em sua existência o que se atribui às suas respectivas racialidades, tornando-se imperiosa a produção dessas realidades para a legitimação das hierarquias sociais, saberes e poderes que a racialidade engendra.

A negação dos "eus"

Ainda em seu livro *Preto e branco: A importância da cor da pele*, Marco Frenette desvela os meandros da produção e reprodução cotidiana do racismo na sociedade brasileira na escola, na família, na mídia, no conjunto da sociedade. Ele revela em todas as suas nuances o nosso segredo mais bem guardado: a forma pela qual se constrói a superioridade dos brancos e a inferioridade dos negros, ao que essas construções se prestam e sobretudo como dissimulá-las, já que, segundo ele:

> Era um alívio meio torpe poder olhar para nossas peles brancas, que víamos como futuros passaportes informais para as coisas boas do mundo. Era uma contida felicidade por não ser negro [...]. Gostávamos de ter sempre um pretinho por perto para nos sentirmos melhor do que ele.[25]

Diz-nos, ainda:

> Criança ainda, já me ensinavam a louvar a monotonia da brancura, enquanto ia confundindo a pele escura com ausência de dignidade e bravura. Durante os anos de minha primeira infância, muito antes de atingir uma idade em que pudesse pelo menos vislumbrar as possibilidades da razão, fui incentivado a utilizar minha cor como uma muleta para me firmar como pessoa. [...] E uma das coisas mais perniciosas que me ensinaram em meu curso básico de racismo foi a de manter uma distância física e espiritual da pele negra, pois ao menor toque poderia ser vítima de uma comunhão fantástica, que me modificaria para sempre. Eu me tornaria um deles, me diziam.[26]

O autor mostra também situações-limite de perda de humanidade e de autoflagelo a que o racismo conduz o negro destruído pelo complexo de inferioridade. Sobre essa questão, Frenette apresenta um depoimento chocante de um homem negro, trabalhador da construção civil, que o procurou por ser ele então editor da revista *Caros Amigos*, para lhe mostrar os seus escritos e buscando a sua ajuda para publicá-los. Os escritos de Daniel Pontes têm um diapasão constante, conforme o trecho a seguir:

> Daniel Pontes Ribeiro declara que a raça negra é uma peste. Peste maldita. O negro é uma grande merda fedida. Os negros e as negras têm que ser

Interdições 129

exterminados. O homem negro odeia a mulher negra. O homem negro prefere mulher branca. Todas as mulheres brancas são casadas com macaco. O homem negro prefere a mulher branca porque a mulher branca é mais bela que a mulher negra. A mulher branca tem cabelo bom. A mulher branca tem os traços do rosto com arquitetura nobre. A mulher branca tem lábios finos e nariz fino. A mulher branca é cheirosa, perfumada. A mulher branca cheira a flor de laranjeira e jasmim branco e cheira eucalipto medicinal. A mulher negra fede a merda. A mulher negra brasileira é a mais feia, ela tem traços bestiais.[27]

Diante da dramaticidade do depoimento, Marco Frenette encerra esse episódio no livro, com a seguinte afirmação:

> Se Ezra Pound dizia que os poetas são as antenas da raça, digamos, então, que as antenas antipoéticas e dolorosamente sensíveis desse operário da construção civil captou toda a miséria moral, emocional e sexual que envolve a questão racial. Depositário involuntário de um vergonhoso inconsciente coletivo, Daniel produziu um raro documento das perturbações psíquicas por que passa qualquer homem negro dotado de um mínimo de sensibilidade, seja ele um intelectual ou um trabalhador braçal.[28]

Se isso diz respeito à realidade psíquica dos sujeitos, a redução empreendida pela racialidade transforma a negritude do negro em essência do "sujeito negro", um sujeito entre aspas, na medida em que essa redução redunda na própria negação da condição de sujeito. Em contrapartida, à branquitude está disponível a pluralidade de eus que compõem o sujeito.

Como já apontamos em relação ao ôntico de Heidegger, o dispositivo de racialidade opera a redução e/ou a negação dos eus nas relações. A diversidade humana e a multiplicidade de identidades que atravessam os indivíduos, em suas diferentes características — profissão, gênero, classe etc. — desaparecem quando entra em jogo o fator negro. O negro chega antes da pessoa, o negro chega antes do indivíduo, o negro chega antes do profissional, o negro chega antes do gênero, o negro chega antes do título universitário, o negro chega antes da riqueza. Todas essas dimensões do indivíduo negro têm que ser resgatadas a posteriori, isto é, depois da averiguação, como convém aos suspeitos a priori. E mesmo após a averiguação ele será submetido a diferentes testes para provar que seja algo além do que é um negro. Por isto Frenette diz que ser negro é não ter descanso: porque o negro representado, construído pelas práticas discursivas, congela os eus latentes no interior de seu corpo e os torna dormentes, anêmicos, transforma-os em pulsões irrealizáveis, dada a tirania do "negro" anexado. Em contrapartida, quando chega um branco, não sabemos a priori diante de quem estamos.

A branquitude não precisa se afirmar, porque a afirmação a partir do lugar do privilégio equivaleria à ruptura com o pacto de silenciamento em relação às hegemonias raciais produzidas pela brancura. Como aponta Liv Sovik,

> ser branco no Brasil é ter a pele relativamente clara, funcionando como uma espécie de senha visual e silenciosa para entrar em lugares de acesso restrito. O problema do branco se coloca hoje porque a militância cultural e política negra e as estatísticas oficiais informam que o Brasil não é só um país de mestiços, mas de negros e pardos, de um lado, e de brancos, do outro.[29]

Dessa percepção da senha visual que a branquitude carrega em si surgem atitudes defensivas das pessoas negras, como as relatadas por Moema De Poli Teixeira por meio das entrevistadas de seus estudos e que demonstra a exigência subliminar de que o branco avalize o negro em todas as situações sociais. Vejamos exemplo oferecido pela autora (grifos meus): "Uma das maneiras de conseguir um *crachá* é estar, por exemplo, na companhia de um branco [...] *o crachá é o passaporte do negro para a convivência social*".[30]

Assassinato moral

O controle da mobilidade social como forma de interdição dos racialmente subalternizados tem como um dos seus efeitos certa atitude social específica dos racialmente hegemônicos em relação aos negros que escaparam dos mecanismos de vigilância e adentraram as esferas privativas da branquitude. O testemunho de Milton Santos encerra uma sentença:

> o trabalho negro tinha sido, desde os inícios da história econômica, essencial à manutenção do bem-estar das classes dominantes deu-lhe um papel central na gestação e perpetuação de uma ética conservadora e desigualitária. Os interesses cristalizados produziram convicções escravocratas arraigadas e mantêm os estereótipos que ultrapassam os limites do simbólico e têm incidência sobre os demais aspectos das relações sociais. Por isso, talvez ironicamente, a ascensão, por menor que seja, dos negros na escala social sempre deu lugar a expressões veladas ou ostensivas de ressentimentos (paradoxalmente contra as vítimas).[31]

O ressentimento em relação aos negros que escaparam da vigilância e conseguiram driblar os interditos dá margem a novas formas de constrangimentos raciais por meio das demonstrações de inadequação daqueles que romperam com as barreiras. O assassinato moral dos negros que adentraram os espaços privativos dos racialmente hegemônicos é uma das manifestações do ressentimento de que fala Milton Santos, como mostra o caso emblemático do cantor Wilson Simonal, morto em 2003, no qual reverbera a frase de Milton. Nelson Motta explica a condenação de Simonal ao ostracismo por meio de uma acusação sem sustentação como resultado de ressentimento: "A inveja e o ressentimento são armas que os brasileiros manejam com excepcional destreza e virulência. Simonal pagou por isso".[32] No artigo "Meu irmão, meu limoeiro", descrevi os significados de Simonal nas décadas de 1960 e 1970:

Ele era o príncipe encantado das jovens negras de minha geração. Belo, charmoso, irreverente e altivo. Nenhuma manifestação da subserviência que sempre se espera de um negro. Parecia que sua trajetória de sucesso seria infinita como seu talento e sua capacidade de mobilizar e encantar multidões com suas canções. A interpretação antológica de "Meu limão, meu limoeiro", sacudindo todo Maracanazinho ao reger uma orquestra de vozes de 50 mil pessoas com todo o *swing*, que Deus e os Orixás lhe deram, é inesquecível. O negro Simonal era demais![33]

Porém de repente, "o príncipe virou sapo", acusado do ato mais grave que poderia ser cometido por alguém naquele período: ser dedo-duro a serviço da ditadura militar. Então aconteceu o impensável. Naqueles tempos de patrulhamento ideológico implacável, a simples suspeita era suficiente para destruir uma vida. Em 1972, Simonal foi acusado pelo jornal *O Pasquim* de ser colaborador do regime e, depois disso, sua destruição moral foi irreversível. O astro foi jogado no isolamento, perdeu contratos, foi tratado como se tivesse uma doença contagiosa e, finalmente, morreu. O tempo foi revelando para a opinião pública algo que nós negros sabíamos e não tínhamos instrumento, naquela época, para denunciar. Sentimentos menos nobres do que a ética revolucionária, que imperava naqueles tempos, intervieram na forma extrema com que se deu o seu martírio. Como eu disse em outra ocasião, o patrulhamento ideológico foi o solo fértil para a manifestação de sentimentos inconfessos: inveja, ressentimento, racismo e outros tantos que perseguem as celebridades, sobretudo se forem negras.

Em 2003, o Conselho da Ordem dos Advogados do Brasil inocentou Simonal da acusação de ter sido delator no regime militar e o reconhecimento oficial da sua inocência colocou de volta à cena alguns dos personagens principais do episódio. Segundo Ziraldo, que na época fazia parte d'*O Pasquim*, "ele era tolo, se achava o rei da cocada preta, coitado. E era mesmo. Era metido, insuportável. Morro de pena, ninguém merecia sofrer o que ele sofreu".[34] No artigo "O julgamento de Simonal", Pedro Alexandre

Interdições 133

Sanches diz que "a indisposição contra Simonal vinha de antes. Em julho de 1969, o semanário de esquerda *O Pasquim* publicou entrevista de capa sob o título 'Não sou racista', em que acusava Simonal com perguntas sobre racismo e o fato de ele comer caviar e ter mordomo". Ele foi exemplarmente punido pela petulância e a sua destruição moral não significou outra coisa senão o início do processo de sua recondução ao seu "devido lugar".

Sobre o caso, disse Caetano Veloso: "os militares me interrogaram por seis horas e disseram nomes de artistas que os estariam ajudando com denúncias etc. Foram vários nomes [...]. O nome de Simonal estava entre eles [...]. Parecia estar sendo usado como um nome fácil de parecer crível". Ora, o que tornava crível a acusação contra Simonal é o fato de ele ser negro. Enquanto desfrutou dos mimos e salamaleques do mundo branco, parecia inatacável. Mas logo foi alvo de intensa virulência, de sede de destruição e de uma intolerância desproporcional ao pretenso "erro" cometido, sobretudo se comparada às tolerâncias e aos acobertamentos em relação a crimes e delitos maiores praticados por brancos.[35]

Da turma d'*O Pasquim*, responsável pela difamação confrontada pelas novas informações que vieram à luz com o processo da OAB, destaca-se o posicionamento de Jaguar, que já confessara veladamente ter "ajudado a destruir a carreira de um cantor" e que diante das novas evidências assim se posicionou: "Foi um impulso meu. Ele era tido como dedo-duro. Não fui investigar nem vou fazer pesquisa para livrar a barra dele. Não tenho arrependimento nenhum".[36]

Ironicamente, em 1967 Simonal compôs em parceria com Ronaldo Bôscoli a canção antirracista "Tributo a Martin Luther", que assim dizia:

> *Sim, sou um negro de cor*
> *Meu irmão de minha cor*
> *O que te peço é luta sim, luta mais*
> *Que a luta está no fim*
> *Cada negro que for, mais um negro virá*

Para lutar com sangue ou não
Com uma canção também se luta, irmão.
Ouvi minha voz, oh! yes. Luta por nós.
Luta negra demais é lutar pela paz
Luta negra demais para sermos iguais
Para sermos iguais.

PARTE II

Resistências

Prólogo

PARA FOUCAULT, todo dispositivo de poder produz a sua própria resistência. As tentativas de afirmação social dos afrodescendentes se manifestam no plano das ideias, dos comportamentos individuais e da ação política por meio de um leque amplo de atitudes, variando entre polos opostos. Podem apresentar, por um lado, formas despolitizadas, nem por isso inócuas ou inconsequentes, de adesismo ou conivência com os discursos e práticas historicamente construídos em torno das relações raciais no Brasil. Por outro lado, expressam-se também pela constituição de sujeitos coletivos recortados por diferentes concepções políticas e partidárias, que expressam diferentes projetos de inclusão dos afrodescendentes na sociedade brasileira. Assim, a resistência negra, enquanto manifestação dos efeitos de poder produzidos pelo dispositivo de racialidade, se situa no mesmo âmbito em que, na filosofia dos dispositivos de Foucault, está a noção de resistência. Para ele,

> não existe, com respeito ao poder, um lugar da grande Recusa — alma da revolta, foco de todas as rebeliões, lei pura do revolucionário. Mas sim resistências, no plural, que são casos únicos: possíveis, necessárias, improváveis, espontâneas, selvagens, solitárias, planejadas, arrastadas, violentas, irreconciliáveis, prontas ao compromisso, interessadas ou fadadas ao sacrifício; por definição, não podem existir a não ser no campo estratégico das relações de poder.[1]

Vimos como o período pós-abolição no Brasil configurou um dispositivo de racialidade encarregado de estabelecer a nova configuração social do projeto de modernização do país que a República emergente continha e que esse dispositivo de racialidade, como qualquer dispositivo de poder na concepção de Foucault, apoia-se em dispositivos construídos em outros momentos históricos, em função de outros objetivos e outras estratégias, mas sempre apropriados e ressignificados a cada nova configuração histórica. Nesse sentido, o dispositivo de racialidade beneficia-se das representações produzidas antes e durante o período colonial sobre o negro, que informaram a constituição de senhores e escravos, articulando-os e ressignificando-os à luz da ideologia racista vigente no século XIX, a qual Hanna Arendt analisa em *Origens do totalitarismo*. No Brasil, a suposta e consagrada inferioridade de uns e a superioridade de outros é o que define as novas hierarquias sociais que emergirão no período pós-abolição, como resposta à diversificação da estrutura social que a República, a abolição do trabalho escravo e a instauração do liberalismo político impõem ao país.

Contudo, é nítido também que o dispositivo de racialidade se constitui, antes de tudo, em um contrato entre brancos, fundado na cumplicidade em relação à subordinação social e/ou eliminação de negros e não brancos em geral, seja no Brasil, seja no mundo. Uma dinâmica impulsionada pela articulação de técnicas disciplinares derivadas do dispositivo de racialidade e de eliminação informadas pelo biopoder.

É nesse contexto que se dá a resistência negra. Se, como afirma Foucault, a todo poder se opõe uma resistência, essa se dará, em primeiro lugar, nas estratégias de sobrevivência física, já que o anjo da morte do biopoder do racismo impõe, para a racialidade dominada, o manter-se vivo como o primeiro ato de resistência. Permanecendo vivo, o negro enfrentará os desafios de manutenção da sua saúde física, de preservação de sua capacidade cognitiva, para que compreenda e desenvolva a crítica aos processos de exclusão racial a que está submetido e encontre os caminhos de emancipação individual e coletivos. Poucos são capazes de completar a totalidade desse percurso ou de percorrer esta difícil trajetória: sobreviver fisicamente, libertar a razão sequestrada, estabelecer a ruptura com a condição de refém dos discursos de dominação racial. A condição de marginalização social e de ignorância a que a maioria está submetida tende a mantê-la na esfera de luta pela reprodução básica da vida e na atenção às necessidades primárias, em que a segurança alimentar é um desafio cotidiano.

Nesta parte II do livro não trataremos das diferentes modalidades de resistência negra que vêm se manifestando historicamente, como fazem outros autores, a exemplo de Marcos Antônio Cardoso.[2] Trataremos, isto sim, de apreendê-la na voz de alguns sujeitos que encarnam com suas vidas uma memória ancestral, o processo tortuoso de construção da identidade, os enfrentamentos com o racismo e a discriminação, a tomada de consciência individual e da dimensão política e coletiva desse processo, a construção da crítica e da autonomia de ação e pensamento em relação aos efeitos de poder e saber produzidos pelo dispositivo.

Esses sujeitos são também a expressão do ponto de vista de Foucault dos saberes subjugados, sepultados ou sujeitados, a despeito do sucesso individual que cada um tem alcançado, mas que permanece minoritário na dimensão discursiva e da ação política sobre a racialidade no Brasil. São testemunhas e, ao mesmo tempo, vozes insurgentes contra a subordinação, o epistemicídio e demais *cídios* aos quais se acha submetida a negritude no Brasil.

Eles não esgotam as múltiplas formas de resistência, combate e afirmação racial na sociedade brasileira. Prestam-se a ilustrar desdobramentos que o dispositivo de racialidade/biopoder produz, em função das relações de força que o sustentam, considerando que onde existe poder, existe resistência. Escolhemos intencionalmente duas personalidades negras de pele clara e duas de pele escura, tendo em vista a urgência histórica que num determinado momento advogou pelo branqueamento da sociedade brasileira, para demarcar subjetividades que o dispositivo vem conformando em sua dimensão de resistência, pois se há um sequestro da razão, podemos dizer que representam "reféns" que vêm escapando do dispositivo. Em cada um deles encontram-se estratégias de luta e de construção de saberes/poderes.

Trazemos para o cenário deste livro testemunhas que são ao mesmo tempo sobreviventes das estratégias do biopoder, das tecnologias de integração subordinada do dispositivo e das táticas de sequestro da razão e do epistemicídio. São alguns daqueles que, escapando do controle do dispositivo de racialidade e do biopoder, alcançaram a autonomia de ação e pensamento em relação aos modos de subjetivação imposto pelo dispositivo. São subjetividades produzidas pela dinâmica poder/saber de resistência e que, na busca de autonomia frente ao dispositivo, constroem, como processo de desafio permanente, uma ética renovada por meio da ação coletiva e da identificação do cuidado de si com o cuidado dos outros.

A escolha dessas pessoas tem interesse particular para este trabalho pelo que elas sintetizam de articulação de uma trajetória individual de mobilidade e sucesso com a condição de sujeitos coletivos de uma luta de emancipação. Essa escolha consiste na busca de superação dos mecanismos do dispositivo de racialidade que permite a mobilidade individual minoritária e subordinada em oposição à mobilidade coletiva do agrupamento negro. Sendo a constituição do sujeito político negro uma das maiores interdições interpostas aos negros da qual derivaria a promoção coletiva desse segmento social, essas trajetórias põem em questão os processos de cooptação e de negação da racialidade negra, disponíveis aos negros na sociedade brasileira, em que o projeto individual, a admissão acrítica da meritocracia, a rendição ao individualismo e a retórica do esforço pessoal reiteram, para a maioria que "não chega lá", a ideia da anemia da vontade, do comodismo, da autoindulgência. O preço que é pedido e pago pelos "vencedores" é a corroboração da incompetência dos demais. Em muitos casos, as possibilidades ou acenos de mobilidade individual são convites de renúncia à memória coletiva da exclusão histórica, ao pertencimento racial. Assim, o que nos faz trazer para cá essas testemunhas é o que elas sinalizam como estratégias de resistência e ruptura com as várias estratégias de subordinação do dispositivo de racialidade e de sobrevivência ao biopoder.

O desafio de trabalhar com os depoimentos reside fundamentalmente, para mim, em não incorrer na crítica que o próprio trabalho se empenhava em criticar, ou seja, não transformar intelectuais negros insurgentes em meras fontes primárias de pesquisa, abandonando e mesmo rejeitando seu estatuto de autoridades do saber sobre si mesmos.[3] Dessa perspectiva, nossa intenção era a de tratá-los com o devido respeito e reconhecimento a esse estatuto que de fato lhes pertence e os constitui, e, assim, no contexto deste livro, como portadores da autoridade da fala sobre o tema que nos propomos trabalhar.

Além de sujeitos de conhecimento acerca das relações raciais, eles também são vítimas dos processos de subalternização presentes nas relações raciais. Arnaldo Xavier, por exemplo, encarna a sobrevivência ao "deixar morrer" engendrado pelo biopoder, à época do depoimento. Finalmente, são eles, ainda, testemunhas insurgentes de todo esse processo de sujeição e morte. Como tratá-los?

Encontrei respostas para essa questão metodológica no âmbito de teorias do testemunho, em particular a que nasce do ponto de vista subjetivo e costuma priorizar a perspectiva das vítimas, como a desenvolvida por Márcio Seligmann-Silva.[4] Descreve esse autor duas abordagens, como sendo principais do conceito de testemunho nas tradições alemã e latino-americana. A primeira é, segundo ele, fortemente influenciada pelas memórias decorrentes da Segunda Guerra Mundial e a segunda vincula-se a um número maior de experiências históricas, que vão das memórias oriundas das ditaduras militares latino-americanas às lutas dos movimentos sociais pela terra, pelos direitos de cidadania ligados aos temas de gênero e de raça/etnia. Com relação à tradição alemã, Seligmann-Silva ressalta a importância da contribuição de teóricos norte-americanos a esse debate, que representam, segundo ele, "uma espécie de 'volta à história' no âmbito do chamado pós-estruturalismo, sob o signo da história como trauma que complexifica a noção de 'fato histórico' e impede a sua definição inocente e positivista".[5]

Para Seligmann-Silva, as características do discurso testemunhal são: o evento, a pessoa que testemunha, o testemunho, a cena do testemunho, a literatura de testemunho. Na tradição alemã, o autor identifica como traço distintivo o fato de o evento ter nela um lugar central, sendo concebido como algo de radical unicidade posto que nessa tradição, "a intensidade do evento deixa marcas profundas nos sobreviventes e em seus contemporâneos, marcas que impedem um relacionamento com ele de modo 'frio', 'sem interesse'".[6]

Na tradição latino-americana, o autor identifica a predominância da contra-história no registro da história, devendo o testemunho nessa condição "apresentar as provas do outro ponto de vista, discrepante do da história oficial [...] enfatiza-se a continuidade da opressão e a sua onipresença no 'continente latino-americano'".[7]

Na tradição alemã, a pessoa que testemunha, Seligmann-Silva aponta, é pensada tanto como sobrevivente ou como *testis*: "um terceiro que seria citado diante de um tribunal para dar sua versão dos 'fatos'",[8] no lugar daqueles que sucumbiram na catástrofe. *Testis* é a forma predominante na tradição latino-americana, segundo o autor, em que se destaca o ser coletivo da testemunha com ênfase ora nos aspectos "dar conta da exemplaridade do 'herói' [ora] de se conquistar uma voz para o 'subalterno'".[9]

Quanto ao testemunho, na tradição alemã, ele seria literalização e fragmentação. E ainda, apresentar-se-ia realista, não fictício, via de regra sustentado na oralidade por ser oriundo de populações ágrafas em relação à qual um letrado opera como mediador/compilador, na

Prólogo 143

tradição latino-americana. A cena dos testemunhos, em ambos os casos, é a de um tribunal.

Em nossas testemunhas imbricam-se as características apontadas por Seligmann-Silva para as duas tradições. São em primeiro lugar sobreviventes de um evento de radical unicidade, que foi a escravização de seus ancestrais africanos, cujos efeitos persistem em sua memória, em seus corpos, em suas vidas e na história de seu país. Elas são também portadoras de uma contra-história na qual se ressignificam e se deslocam os assujeitamentos, os estigmas e estereótipos promovidos pela escravização e pelos processos posteriores de exclusão racial. Eles são *testis* daqueles que sucumbiram ao tráfico negreiro, à escravização — e que foram ou estão silenciados pela abolição inconclusa —, e à compilação por outros como ironia e perplexidade. São sobreviventes dos poderes disciplinares e do biopoder que subjugam e exterminam a sua racialidade no período pós-abolição.

Por fim, da perspectiva foucaultiana são eles resultados de múltiplas situações de assujeitamentos e de constituição transitória de sujeitos. São negros, mulatos, pardos, afrodescendentes; professores, médicos, advogados; militantes feministas e antirracistas; escritores, ora intelectuais plenos, ora intelectuais insurgentes e/ou subalternizados. São portadores, arautos e artífices de uma luta de emancipação e prisioneiros das correlações de forças contraditórias que recortam os espaços de militância e os poderes hegemônicos instituídos pelo dispositivo e, portanto, dominados pela racialidade hegemônica. São sujeitos e objetos de um processo civilizatório que tem como uma de suas marcas fundamentais a racialidade como fator de distinção individual e coletiva. E é entrecruzando todos esses "lugares" que eles aqui falam. Quem são eles? Parafraseando Conceição Aparecida de Jesus, são pessoas que têm esse "compromisso revolucionário da face de Zumbi, definido por uma arguta consciência de filiação e pertencimento",[10] fazendo-se presente em suas trajetórias de vida.

A escolha das testemunhas teve por critério que fossem pessoas maduras (todas abaixo dos sessenta anos quando falaram),[11] com uma trajetória de vida razoavelmente consolidada e uma prática persistente ao longo da vida de enfrentamento das práticas discriminatórias que refletisse algumas das concepções e estratégias de luta utilizadas contemporaneamente pela resistência negra. Foi solicitado a cada testemunha que nos ofertasse duas horas de depoimento. Esse período foi dividido na abordagem de quatro temas: história familiar, trajetória escolar, escolhas profissionais e atuação militante, o lugar da educação em suas vidas e na militância política. Cada testemunho foi colhido, gravado, degravado e submetido a uma primeira revisão por mim. Essa primeira revisão foi devolvida aos autores para que eles nos dessem a anuência para o seu uso e pudessem também revisá-los ou editá-los se assim o desejassem. Entendemos que, por se tratar de lideranças negras, com destacada inserção no movimento e, assim, na vida nacional, precisariam estar absolutamente confortáveis com a publicação de seus testemunhos como conteúdo de reflexão filosófica. No retorno do material, dois dos testemunhos foram editados pelas autoras em que falas originais foram transformadas, perdendo muito da emoção contida no momento do depoimento. No outro caso a fala não sofreu edição, mas o autor retirou dela falas que considerávamos importantes para os efeitos de demonstração deste estudo. Isso nos obrigou a negociar com cada um deles, no sentido de resgatar, nas falas editadas, momentos em que a fala coloquial contém força demonstrativa superior à escrita e no caso em que houve corte empreendido pelo autor.

Em todos os casos essa negociação foi bem-sucedida e os testemunhos que apresentamos a seguir são o resultado desse processo. Pedi-lhes ainda que traçassem um pequeno perfil sobre si mesmos e me oferecem uma foto de sua preferência. Como se poderá notar, fotos revelam o resultado positivo do elixir da eterna juventude que eles certamente vêm utilizando ao longo da vida. Por fim, sendo a resistência, da perspectiva foucaultiana, uma dimensão estrutural do dispositivo, os sujeitos que aqui arrolamos como testemunhas para demonstrá-la constituem parte

Prólogo 145

estrutural da arquitetura deste trabalho, e dada essa condição, integram o seu corpo, cada qual como um capítulo específico. Enfim, introduzimos a seguir informações biográficas que permitam a primeira aproximação* para que se saiba quem são eles:

Edson Cardoso, militante histórico do Movimento Negro Brasileiro. Sua militância esteve sempre vinculada à circulação de informação, à formação e à articulação política. Define-se como um ativista que faz, fundamentalmente, agitação e propaganda da luta contra o racismo e as desigualdades raciais. Foi membro da Executiva Nacional do MNU de 1989 a 1985, quando editou o tabloide *Jornal do MNU*. Durante doze anos exerceu a função de assessor parlamentar, na Câmara e no Senado, contribuindo para a institucionalização do tema do combate ao racismo no Congresso Nacional, através de quase duas centenas de pronunciamentos, projetos e pareceres. Foi coordenador da Comissão do Negro do PT-DF (1984-7), quando editou o jornal *Raça & Classe*. Esteve à frente da organização do I Encontro Nacional dos Negros do PT (1987), da Marcha Zumbi dos Palmares, pela Cidadania e pela Vida de 1995, e da articulação que criou o Comitê Impulsor, dinamizador da participação do Movimento Negro brasileiro na Conferência Mundial contra o Racismo (Durban, África do Sul). É mestre em Comunicação Social/UnB. No momento, além de editar o jornal *Ìrohìn*, dedica-se à mobilização de entidades em todo o país para a realização da Marcha Zumbi dos Palmares + 10 prevista para ocorrer em 16 de novembro de 2005 que em memória da Marcha ocorrida em 1995 atualiza a agenda de reivindicações do Movimento Negro Brasileiro. Casado com Regina Adami, também ativista do Movimento Negro, é pai de duas filhas, Inaê e Tana. É autor de *Bruxas, espíritos e outros bichos* e *Ubá*, além de artigos em jornais e revistas sobre a temática racial.

---

* Decidimos por manter as biografias tal como aparecem na tese, sem atualizações.

Sônia Maria Pereira Nascimento é advogada especialista em direito de família, direitos humanos e de mulheres e negros em torno dos quais exerce a sua militância política como advogada e formadora de agentes de cidadania. Foi durante duas gestões presidente do Geledés — Instituto da Mulher Negra. Foi coordenadora-executiva do mesmo instituto e coordenadora dos projetos Atendimento Jurídico às Mulheres em Situação de Violência Doméstica e Sexual e Promotoras Legais Populares (PLPS). Conselheira do Conselho Estadual da Condição Feminina, Conselheira da ONG Elas por Elas na Política e representante da organização no Movimento Nacional de Direitos Humanos. É ainda membro ativo da Ordem dos Advogados do Brasil — Secção São Paulo, onde foi membro da executiva da Comissão da Mulher Advogada, da Comissão de Defesa dos Direitos do Consumidor e coordenadora da subcomissão de Combate às Discriminações nas relações de consumo. Desenvolveu projetos voltados para a formação de policiais militares no tema de direitos humanos em parceria com a Polícia Militar de São Paulo. Sônia Nascimento é católica praticante, devota de Nossa Senhora Aparecida, e membro ativo de sua comunidade religiosa, onde atua como agente pastoral de saúde. É também cantora lírica.

Fátima Oliveira é médica, militante feminista e antirracista e autora especialista nas áreas de direitos reprodutivos e da saúde da população negra, além de pioneira nos estudos de genética e bioética de uma perspectiva feminista e antirracista. É autora de vários livros como *Engenharia genética: O sétimo dia da criação*, *Bioética: Uma face da cidadania*, livro que opera uma reflexão bioética sobre a condição da mulher nos temas dos direitos reprodutivos, as políticas de população etc. Publicou ainda: em 1998, *Oficinas mulher negra e saúde*; em 2001, *Transgênicos: O direito de saber e a liberdade de escolher*; em 2002, *O "estado da arte" da Reprodução Humana Assistida* e *Clonagem e manipulação genética humana: Mitos, realidade, perspectivas e delírios* (MJ/CNDM); no mesmo ano, *Saúde da população negra no Brasil* (OMS-OPAS-Brasil). É atualmente Secretária

Prólogo

Executiva da Rede Nacional Feminista de Saúde, Direitos Sexuais e Direitos Reprodutivos, uma das entidades feministas do Brasil e da América Latina mais importantes. É membro do Partido Comunista do Brasil (PCdoB) e articulista do jornal *O Tempo* de Belo Horizonte (MG).

Arnaldo Xavier, poeta. Foi membro do Cineclube Glauber Rocha e do Grupo Levante em Campina Grande, um dos fundadores das Edições Pindahyba, cooperativa de poetas. Autor de *Manual de sobrevivência do negro brasileiro*,[12] *A roza da recvsa*,[13] *Terramara*[14] e presente em diversas antologias brasileiras de poesia: *Antologia da Nova Poesia Brasileira*,[15] *Antologia da Poesia Negra Brasileira*[16] e diversas edições de *Cadernos Negros* (contos e poemas), *Doks-Antologia da Poesia de Vanguarda da América Latina*,[17] *Chwarze Poesie*.[18] Arnaldo Xavier faleceu em 26 de janeiro de 2004. Está incluído entre as testemunhas deste trabalho in memoriam. É minha homenagem a um parceiro, amigo de fé e camarada de três décadas e que esteve comigo durante boa parte do desenvolvimento deste trabalho, compartilhando angústias, descobertas e paradoxos. Mas tendo em vista que o testemunho de Arnaldo Xavier não foi coletado à maneira dos demais, ele não será utilizado do ponto de vista analítico, mas à guisa de testemunho de uma vida negra insurgente que tive o privilégio de compartilhar.

1. Edson Cardoso

FOI UM DESENCONTRO que denotava um ato falho, talvez eivado de simbolismo. Ele tinha que estar em São Paulo no dia 25 de novembro para uma palestra às 17h aos jovens do projeto Geração XXI, um projeto de ação afirmativa desenvolvida em parceria entre a Fundação BankBoston e o Geledés — Instituto da Mulher Negra. Em deferência a minha pessoa se dispôs a viajar na noite anterior para me oferecer a entrevista. Tudo combinado ao telefone, fiquei de encontrá-lo no hotel em que se hospedaria na noite do dia 24. Por estranhos caminhos, no entanto, meu cérebro registrou o dia 25 como a data do encontro.

É um homem sério e ligeiramente cerimonioso nos gestos e atitudes. Exibe sempre postura de orgulho e dignidade quando imbuído da representação da questão racial. Às vezes irascível e de temperamento nervoso, principista e intransigente em sua devoção à causa racial. É o nosso mais nobre cavaleiro. Paciente com neófitos e intransigente com os desvios dos mais velhos. Às 9h da manhã do dia 25 ele me ligou, já com aquela ligeira exasperação na voz que bem conheço, cobrando-me pelo engano, daqueles que, sei, ele considera imperdoável em militantes responsáveis. Colhida pela surpresa de tamanha irresponsabilidade, exagerei nas desculpas e na expiação de culpa e lhe pedi para vir a minha casa para realizarmos a entrevista. Ele, desapontado, mas ainda solidário, atendeu.

Ele chegou às 9h45, com seu jeito sério, cumprimento formal, sem espaço para efusividades mundanas. Eu permaneci constrangida sem saber o que fazer ao certo para alegrá-lo e diminuir a má impressão. Nos conhecemos quinze anos antes da entrevista, conversávamos com frequência semanal havia mais de cinco àquela altura. Nossa intimidade era a de companheiros de luta, na qual só há espaço para a análise e a avaliação dos rumos, acertos e desacertos do movimento negro, das permanências e alterações da questão racial ao longo do tempo, dos desafios que persistem como tarefas políticas para a nossa geração de militantes cada vez mais velha.

A entrevista me mostraria que eu pouco sabia desse velho ativista, de sua família, de seus sonhos e amores, apesar das tantas conversas travadas nesses anos. Mas naquela oportunidade, redescobri também por que o tinha, desde há tanto tempo, como o nosso mais nobre cavaleiro.

Roseli Fischmann já me havia antecipado que, em entrevistas semiabertas como as que decidi realizar e na metodologia de história de vida, emergem as experiências mais significativas para a pessoa. E me deparo com uma dor inesperada nesse amigo, como sempre a dor da cor e nesse caso a da pele clara. Foi doloroso viver através dele o sofrimento que também provocamos em minha irmã Solange, culpada por ter a pele mais clara dos sete filhos de meus pais. Foi esclarecedor sobre minha própria história: como Edson Cardoso, eu também tive um familiar ligado às artes gráficas. Sou neta de Gabriel, tipógrafo, mulato claro, orgulhoso, que ousou em Campinas da década de 1920 colocar suas filhas para estudar em colégios particulares, como aconteceu com minha mãe e suas irmãs, até os seis anos, quando ele morreu.

Ofereci-lhe o roteiro da entrevista. Ele se surpreendeu discretamente com a ideia de que seria título e conteúdo de um dos capítulos. Leu com atenção e com seu ar sempre senhorial, disse: "Podemos começar". Como esperado, eu estava mais nervosa do que ele. Há sempre algo de solene na figura dele que tem a ver com a solenidade que a questão racial merece para este velho militante. Então ele começou:

Olha só:[1] eu acho que o que eu possa falar de minha história de vida são racionalizações que eu venho construindo muito a partir do que eu faço como ativista, valorizando determinados aspectos em detrimento de outros. Não sei se todo mundo faz isso e às vezes eu não sei se isso tem a autenticidade que talvez idealmente um depoimento sobre história de vida devesse ter, mas eu diria que eu nasci numa família na qual meu pai era filho de um português com uma mulher negra, sendo que essa mulher negra não era mulher dele, ou seja, ele não tinha mulher, ele não era casado, ele fez dois filhos numa mulher negra, sendo que ele tinha uma estrutura familiar, digamos assim, com alguns bens e morre muito cedo, morre com 36 anos. E essas duas crianças não vão ter vínculos com essa família branca. A minha vó Julieta vai ter outros homens negros, então eu tenho tios, irmãos de meu pai, por parte de mãe apenas, com a cor diferente da cor da pele de meu pai. Meu pai era uma pessoa de pele mais clara e cabelo crespo como o meu outro tio, irmão dele do mesmo pai. Eu penso que meu pai guardou disso uma grande mágoa, de uma rejeição por uma família branca com a qual não houve maiores relacionamentos. Meu pai casa com minha mãe, que é uma mulher negra. Os filhos vão nascer bem divididos, dos seis filhos, três ou quatro com a pele mais escura pro lado de minha mãe, e pelo menos dois com a pele mais clara. Eu sou o segundo filho, meu irmão, mais velho, com a diferença de um ano e pouco, nasceu com a pele bastante escura, como minha mãe, e eu nasci com a pele mais clara, como meu pai.

Então, na minha infância, e eu penso que isso talvez seja a coisa do racial na minha vida primeiro, que é dentro de casa. Eu era visto por parentes como o branco da família. Só que a pronúncia não era assim "branco". Era o brrrrrrranco, com uma ênfase no R, como querendo salientar que não é bem branco no sentido dos outros, mas enfim, que era o branco da família. E na minha infância, com frequência, havia alusões de que eu tinha sido achado na lata do lixo por ter a cor da pele diferente dos meus outros irmãos, e em mim era mais acentuado pela pele mais clara. E não sei se teve algum peso, mas o fato é que eu me liguei a minha mãe de um modo diferente de meus irmãos. Não sei se isso tem algum traço edipiano, mas eu sempre achei minha mãe uma mulher muito bonita, mas me liguei a ela talvez de uma maneira que os meus irmãos talvez não tenham se ligado, por medo que aquela não fosse a minha mãe, não fosse a minha família, mas o fato é que isso me tocou de alguma maneira. Então, por incrível que possa parecer, de todos os meus irmãos só eu faço militância com o tema racial, eu acho que essas coisas pesaram de algum modo naquilo que eu sou, naquilo que eu faço. Mas ainda assim eu diria que tem um momento na minha adolescência, também ligado a afeto, que eu acho muito especial. Quer dizer, nós fomos criados no meio negro porque Salvador, Santo Amaro, que era Recôncavo, em Santo Amaro, em nossa rua, todo mundo era negro. Então havia de algum modo entre nós uma consciência muito nítida de qual era o grupo a que nós pertencíamos.

Uma vez, em Feira de Santana, aos catorze anos, tem um episódio que eu não esqueço, que acho que é muito importante na minha consciência. Havia uma menina, eu já estava terminando o ginásio e entre sair do ginásio e ir pro científico, eu ainda estava com quinze anos, que era o primeiro ano do segundo grau. E havia uma garota de uns doze ou quinze anos que eu achava muito bonita e, curiosamente, ela era de uma família diferente lá naquela cidade porque eles tinham origem alemã, embora ela não fosse uma menina loura, ela fosse uma garota de cabelo meio castanho, eu achava ela muito bonita, passava na porta dela, ela estava na janela, eu olhava, voltava, olhava, na escola ficava acompanhando, aquelas coisas daquela idade. Eu com catorze, quinze anos e uma vez nós estávamos jogando bola num lugar onde a turma dela ia fazer educação física e achei que aquele dia poderia ser o dia que eu me dirigiria a ela, falaria alguma coisa. E aí, no final de tudo, bem no final da tarde assim, lá pra umas cinco e meia, seis horas, ela saiu com um grupo, ia já se dirigindo na direção de uma avenida e eu a chamei e falei que queria falar com ela, que tinha uma coisa importante para dizer. Nós não tínhamos contato pessoal. Eu tinha um mundo já bem mais adiantado, era mais velho uns dois, três anos e ela mais no mundo dela. Aí eu disse para ela que queria namorar com ela, assim bem direto mesmo. Aí ela me disse assim: "Eu não namoro com você, não, porque você é preto". E ela foi ao encontro das amigas que estavam esperando. Eu fiquei parado e voltei para casa nesse dia já fim de tarde, minha mãe me perguntando se eu não ia tomar banho, eu falei que não. Aconteceu uma coisa ali, eu nunca mais voltei a insistir nem nada, mas aconteceu uma coisa ali nos meus catorze, quinze anos que pode parecer, assim, estranho: foi sempre a minha consciência de que era assim, mas em que plano de minha consciência aquele momento era assim definitivo. Alguma coisa foi, digamos assim, se temos que saber algo, e eu sabia, há um modo de saber que eu soube ali naquela hora, que não era só ser preto, é que isso era extremamente problemático pra mim, que isso era um impeditivo para mim. Saber é uma coisa, mas ainda não tinha aparecido para mim como alguma coisa assim, que isso era um problema mesmo. E apareceu ali naquela hora. E muito forte pra mim, um impacto muito forte, sempre tive uma sensibilidade nervosa muito atiçada, então foi um marco para mim, eu não esqueço aquele dia, muito forte.

Bom, a morte de meu irmão num acidente de automóvel é também um dado definidor, meu irmão morre em janeiro de [19]68, é um ano muito conturbado, morre no início do ano e a minha revolta, a morte de meu irmão, hoje falando assim para pessoas como você que conhece pouco o meu mundo pessoal em Salvador, família, você não pode ter ideia do que foi aos meus dezoito anos perder o meu irmão, foi uma coisa muito brutal pra mim. Para algumas pessoas eu até tinha enlouquecido, eu não aceitei, como não aceito até hoje. Foi uma coisa pra mim inaceitável, simplesmente. Ele estava ali, tinha feito aniversário há uma semana, tinha feito vinte anos, saudável, com o jeito dele, como podia morrer de uma maneira tão estúpida? Para mim foi assim um marco definitivo, o que me deu de revolta, num ano em que havia uma grande revolta, mas a minha revolta particular foi tão brutal. Pra você ter uma ideia, eu era uma pessoa que vestia as roupas do meu irmão, eu era uma pessoa que ia de tarde visitar o cemitério sozinho, era uma pessoa que começou a fazer poesia, que começa a escrever. Foi um choque pra mim muito brutal e definitivamente havia algo na sociedade em que eu vivia que eu não ia aceitar. Então, junto com a morte do meu irmão, que eu não aceitava, foi assim uma rejeição ao modo como tudo era, e nesse ano vou entrar no Colégio da Bahia para fazer o segundo grau e vou começar a ler as coisas de esquerda, participo de um grupo de leitura vinculado à Ação Popular e vou ganhando consciência de como a sociedade funciona, um pouco daquela minha revolta vai sendo canalizada para a luta contra a ditadura militar, para protesto. Mas ali em mim, algo que chamava a atenção de meus colegas era uma coisa que eles diziam que era um problema pessoal, como alguém pode ficar tão revoltado com alguma coisa que é inevitável, e eu nunca achei que fosse assim, foi um troço assim muito marcante da minha juventude que vai me deixar muito sozinho, muito revoltado, passei esse período da minha vida muito sozinho. E aí eu penso que, com a questão, eu fiz um poema em [19]70 que vai penetrando em mim uma diferença entre ser de esquerda e a questão racial. Existia um delegado em Salvador chamado Gutemberg que reprimia intensamente o que era chamado na época de "hippie". Então cabeludos, já se começa a falar abertamente de maconheiros, há uma repressão brutal dos militares em geral, mas esse delegado de Salvador cumpre um papel muito especial. E aí, eu lendo uma matéria no jornal em que se falava da brutalidade dele, ele estava falando como ele não gostava de cabeludo e principalmente negros. Quando li isso, eu lembro que fiz um poema para o delegado Gutemberg.

Estou tentando recuperar assim flashes do que acho que vai formando em mim uma consciência racial.

Aí eu faço o poema em que procuro usar os elementos de negação da identidade que eram familiares, que eram: você tem que passar ferro quente no cabelo, você tem que usar pegador de roupa no nariz pra afilar, enfim, havia no poema um roteirinho do que você deveria fazer, mas você não poderia estar na rua com aquele cabelo daquele jeito, merecia uma repressão muito especial sobre você. É capaz de eu ter (o poema), sim. E o poema terminava assim: que eles tinham que usar água fervente na pele pra clarear, eles são subversivos.

Bom, até o conhecimento do Roberto. Roberto era uma pessoa que aparece no grupo, nesse grupo de leitura vinculado à Ação Popular e que não era estudante do colégio de segundo grau. Ele era negro e não estava fazendo o segundo grau, o segundo grau dele fora interrompido. Eu não entendia aquilo, então ele era o quê, então? Ele não era nada. Ele era uma pessoa que tinha estudado, interrompido o segundo grau e era um cara que estava fazendo parte do grupo de leitura. Pois bem, com ele eu passo a frequentar a biblioteca pública, onde conheço o Luiz Orlando, então se junta um grupo na verdade de pessoas negras, jovens que não têm dinheiro nem pra comprar livro, pra nada, e a gente ficava na biblioteca mesmo. É lá com ele, com Roberto que eu recebo o primeiro toque de que além dessa preocupação da esquerda com a mudança, havia a temática racial. Ele já morreu, ele era muito amigo do Luiz Orlando e foi a pessoa que me passou livros e aí então são os primeiros, o primeiro toque que eu vou ter da ideia de que havia inclusive uma literatura, autores. É a primeira pessoa que me fala da existência de Abdias Nascimento, essas coisas. Isso já é 1969, quando eu recebo esses toques. Aí eu termino o segundo grau, mas não faço vestibular. Veja só, eu era uma pessoa muito problemática quando terminei o segundo grau. Veio a repressão do AI-5, meu terceiro ano é numa escola muito reprimida. Um desencanto com tudo é muito forte em mim naquele período, minha mãe pressionando, fiz um vestibular da escola técnica e fui aprovado até em "Pontes e estradas", mas na hora de fazer o curso, a matrícula, apareceu um emprego pra mim e aí eu peguei o emprego que era de ser propagandista de laboratório.

E aí vou trabalhar, tenho a possibilidade de ter dinheiro, ganhava bem, e vou ler muito, não estou na faculdade mas estou lendo muito. E decido ir embora, sempre um desejo de ir embora, ir embora, de sair, ver outros lugares. Vou pro Rio de Janeiro, sozinho, sem conhecer ninguém, é uma experiência interessante pra mim porque a busca de estar numa cidade sozinho, sem conhecer ninguém, procurando emprego, foi uma experiência muito dura para mim, de as portas se fecharem de forma incompreensível, porque eu me sentia com condições de pegar aquela vaga, tudo foi muito complicado no Rio de Janeiro, mas a experiência cultural foi muito rica. O primeiro lugar que vou é à Biblioteca Nacional, ainda tinha a carteirinha, fiz a minha carteirinha, procurava emprego até uma determinada hora, depois ficava na biblioteca até fechar. Lembro que na época li todo o Dostoiévski que tinha na Biblioteca Nacional; fui ao teatro, ver peças, ver Fernanda Montenegro, ela estava com *O interrogatório*, de Peter Weiss. Então, eu estava assim também conhecendo um lado mais cultural que foi importante para mim, e procurando meu emprego. Bom, meu dinheiro acabou, aí volto para Salvador, faço vestibular, entro na Universidade Federal da Bahia (UFBA), e o meu interesse era literatura, fazendo poesia e lendo muito romance, muita coisa. Faço Letras e aí vou ter o primeiro contato com um grupo negro, porque esses amigos, Luiz Orlando, Roberto, estão com um grupo no ICBA e me chamam pra fazer parte. Eu tinha montado um grupo de estudos dentro da universidade e estou participando da luta política dentro da universidade. Vou terminar presidente do diretório e fico alegando para eles que não vou ter tempo, estou com muita coisa, porque eles queriam que eu fosse responsável pela literatura do núcleo — e hoje avalio que não era nada de tempo, é que não era a hora. Mas me lembro de minha emoção de estar sentado em cadeiras brancas assim como as do ICBA, sentado num grupo de negros do qual já morreram dois, o Manuel, que depois vai se dedicar à educação e morreu, e o Roberto, isso em 1974, já sentado num grupo de um núcleo que se afirmava como uma entidade negra.

É minha primeira experiência e eu não fico, me volto para a coisa da universidade. Aí estou namorando muito, coisa que eu tinha feito pouco até então. É um período que eu estou com muito prestígio na faculdade, sou bom aluno, faço política, então tinha muita namorada no período. Era uma escola de maioria de mulheres, então é um período que estou muito ligado, e estou trabalhando também, fazia revisão no jornal *A Tribuna da Bahia* à noite, então estou fazendo faculdade, trabalhando, fazendo diretório, era uma loucura, mas é um período maravilhoso pra mim. Da minha juventude talvez seja o período mais alegre de todos, estou me sentindo reconhecido e tal.

Mas havia já no grupo que eu havia montado uma prioridade de pessoas negras, curioso é que hoje, olhando pra trás, no grupo eu ficava vendo as dificuldades que nós negros tínhamos em relação aos outros que faziam faculdade. Havia uma diferença, eu mesmo estava trabalhando à noite pra fazer a minha faculdade. Era diferença de tratamento. Eu tinha tido uma coisa que os outros não tinham tido. Eles não vieram de uma escola boa, não tinham a leitura que eu tinha, eles eram, digamos assim, pessoas no curso muito atrasadas em relação aos outros. Eles eram — estou me lembrando aqui especificamente de duas pessoas — eles eram pessoas que faziam um esforço muito grande para acompanhar a faculdade, não só porque tinham necessidades lá fora mas porque não tinham o background que eu tinha. Nisso meu pai foi importante, porque meu pai era um operário gráfico que fez carreira como gráfico, meu pai chegou a mestre de oficina. E eu acho que por conta da história da família de meu pai, ele nunca quis ser um operário como os outros, isso era uma coisa muito clara no relacionamento com vizinhos, com tudo.

Meu pai era uma pessoa, para você ter uma ideia, que lia dois jornais, meu pai comprava livros, havia uma estante com livros na minha casa. Então, se existe uma coisa que meu pai valorizava era a leitura e podemos dizer, lá em casa, que o hábito de leitura que temos vem do meu pai. Isso era uma coisa que as professoras vinham lá em casa e "bah!, quantos livros!", ficavam na sala, uma estante grande, cheia de livros. Então eu posso dizer a você que antes de catorze anos tudo o que Jorge Amado havia publicado eu já tinha lido, tinha tudo na minha casa. Então a gente pegava e ficava lendo, procurando passagens de sacanagem, aquelas coisas todas, mas a gente ficava com livro na mão e lendo. Então, quando eu vou fazer literatura, eu já tenho o hábito da leitura que já veio muito a partir do meu pai. Como hoje, é impossível pra mim viajar e não passar na livraria do aeroporto e comprar um livro, não vir lendo no avião, não ler no hotel, a leitura pra mim é uma coisa a que estou habituado e eu observava que os outros não tinham isso.

Eu tinha uma estrutura de pai e mãe fortes, nós éramos pobres do ponto de vista material, mas com uma família em que os filhos iam se formar, os filhos até os dezoito anos ninguém ia trabalhar, havia todo um ritual prevendo o futuro. A morte de meu irmão deu uma destrambelhada legal, ele era mais velho, meu irmão era uma pessoa muito inteligente, e isso vai dar uma destrambelhada em todo mundo. Mas havia um caminho de crescimento colocado pelo estudo, meu pai valorizava demais isso. Meu pai morreu com 82 anos, um homem que só teve o curso primário, mas falando, conversando, meu pai era um homem atualizadíssimo das coisas que estavam acontecendo. Se quisesse ver meu pai feliz na época do Natal era dar um livro. Ele já começava a pedir porque ele acompanhava o que estava saindo, assinava *Veja*, as revistas, "será que você não tem aí em Brasília isso que saiu de não sei quem?". Porque ele queria dar uma olhada, sempre foi assim. Isso valorizou muito a leitura para mim. Acho que o ponto da leitura, do estudo, é do meu pai. Agora, além dessa coisa da família, havia uma tradição nos gráficos em relação aos outros operários, as outras categorias. Sempre os gráficos gostavam de dizer que eles eram mais papa-fina. Não era bem assim, mexendo com papel, com livros, não era assim igual a pedreiro, não. Quer dizer, eles sempre estabeleceram uma diferença, então meu pai gostava de dizer que conhecia os autores, que as pessoas iam lá, que davam livros, o autor do livro impresso. Porque meu pai trabalhou na gráfica dos Beneditinos, que sempre tiveram uma tradição intelectual muito grande, é uma Ordem com uma tradição intelectual. Então meu pai chega num lugar em que ele vai fazer carreira, onde tem uma grande biblioteca, que é em São Bento, e os padres valorizam quem lê e quem estuda.

Então meu pai está ali junto de Dom Jerônimo, não sei quem mais e meu pai vai valorizando mais ainda essa coisa da leitura. Então a história de vida dele, a categoria, o lugar onde ele foi trabalhar, a soma de tudo isso motivou uma pessoa a valorizar a leitura. Hábito de ler jornal, hábito de ler revista, e livros, meu pai passou isso pra todos nós. Hoje, quando eu vejo minhas duas meninas, uma que eu acho que ela já está assim, que estranha quando não tem jornal, com quinze anos, porque pra ela está virando um hábito ler jornal todos os dias. Então você vê a maioria das famílias negras, as pessoas, o acesso à cultura se dá exclusivamente através da TV não paga. Não existe nenhuma outra forma, não tem um teatro, não tem um cinema, não tem um livro, não tem um jornal, não tem nada. Só TV não paga, que hostiliza o negro de todas as formas. Pronto, ele não tem nada, e a gente teve acesso a outras formas e isso foi muito importante para a consciência crítica, sem dúvida nenhuma.

Bom, então não era a hora, eu chego nesse grupo e, sim, eu tinha um diferencial e não era dinheiro, nós éramos famílias niveladas do ponto de vista econômico e financeiro. A relação era uma certa liderança que eu tinha no processo, a capacidade de ousar no processo, dizer assim: vamos pegar o diretório, acabar aquele lixo que é aquele diretório, limpar, pintar, botar mesa de pingue-pongue, fazer assinatura de jornal para o diretório, fazer uma coisa diferente, alargar um pouco o horizonte, enfim, era visto como uma liderança, uma pessoa com essas possibilidades. Aí no que vai dar, a poesia vai me seduzindo de tal maneira, eu já havia feito um folheto de poesia, e achava que para a minha poesia melhorar tinha que ter experiência de vida mesmo, viver de uma maneira mais intensa, vai se formando em mim o desejo de ir embora de novo, de sair, de tentar coisas. Eu edito um folhetozinho bem modesto com dez poemas e vendo esse folheto. Com o dinheiro da venda desse folheto eu saio de Salvador. Como eu gostava muito da língua espanhola, fiz três semestres de língua espanhola, achava que ia era para a Argentina, pro Uruguai, então fui direto para Porto Alegre, também sem conhecer ninguém, como eu fui pro Rio, com meus poemas fui para Porto Alegre.

Em Porto Alegre vou viver, aí sim, a experiência que vai ser definitiva pra mim. Em Porto Alegre procuro emprego de paletó e gravata, e não acho, fiz até poesia sobre isso. O contraste racial em Porto Alegre é muito diferente de Salvador. Em Porto Alegre vai ficando claro pra mim, digamos assim, que a barreira de fato era de natureza racial, talvez meu próprio pensamento tenha amadurecido, mas o fato é que Porto Alegre vai ser um lugar onde vou trabalhar de servente de pedreiro, olha que eu tinha quatro anos de faculdade, servente de pedreiro, carregador num depósito da Transdroga, vou trabalhar de auxiliar de polimento. Era bom aluno, escrevia bem, já tinha publicado o meu folheto — e vou trabalhar, despi o paletó e a gravata, se eu queria ficar, e vou trabalhar em coisas em que nunca havia nem pensado na minha vida que iria trabalhar. E lá estava eu trabalhando duro. Em Salvador tinha trabalhado num jornal, sido propagandista de laboratório e já tinha dado algumas aulas. Eu estava num plano, em Porto Alegre fui rebaixado ao "lugar de negro", digamos assim, e estava vindo da terra de "preto doutor", Salvador, onde na escravidão a gente tinha na faculdade de medicina não só aluno, mas professor negro em plena escravidão. Há uma diferença de sair pra Salvador e ir pra Porto Alegre. A tradição de uma classe média negra que remonta ao tempo da escravidão é real. O Edivaldo Brito não é uma exceção no século xx. Havia exceções como Edivaldo Brito no século xix. Poucas, mas existiram. Você tem uma tradição, você tem médicos negros, você tem engenheiros. O pai do Edison Carneiro e Nelson Carneiro era professor da Escola Politécnica. E os filhos se formaram em direito. Então em Salvador tem ali um meio de campo bastante ilusório por conta desse mundo das exceções. E em Porto Alegre a coisa era bem diferente.

Chegando de Salvador, com a minha aparência física, tinha que rolar mesmo o que rolou. Bom, o fato é que eu ia à biblioteca, aquela coisa da leitura, e a biblioteca ficava aberta aos domingos. Eu trabalhava às vezes de sábado até as seis horas da tarde, mas aos domingos eu ia à biblioteca em Porto Alegre, e na biblioteca eu encontro um aviso: um grupo de escritores jovens de Porto Alegre estava se reunindo no Clube de Cultura. Aí vou um dia à noite e levo o meu folheto de poesia e conheço então pessoas que, como eu, estavam escrevendo, aí vou fazer parte de um grupo que se chamava Grupo Korpo Insano e nós preparamos uma antologia para a Feira do Livro de Porto Alegre de 1977. Aí vou conhecer o mundo mais de classe média da cidade, eles espantados comigo, com aquele tipo de trabalho que eu fazia, a minha solidão em Porto Alegre, não sendo uma pessoa envolvida com droga, nem coisa nenhuma, eles ficavam perplexos com essa minha poesia, que é toda feita em Porto Alegre, que publico lá, ligada a valores de uma outra vida que não era a deles. Mas eu dizia que o que estava procurando era isso mesmo. Bom, de Porto Alegre a Brasília tenho um envolvimento afetivo com uma gaúcha, uma pessoa bem mais velha do que eu, com 27 anos, ela com 45. É um envolvimento muito forte do ponto de vista afetivo e é depois de namoros e tal o meu primeiro envolvimento com mulher assim mais duradouro, mais profundo. E ela é uma pessoa que compreende de um jeito muito especial a minha dimensão de negritude, de certo modo — ela morreu no ano passado com 72 anos — ela até me estimulou nisso. Lembro perfeitamente dela chamando minha atenção para a formação do MNU (Movimento Negro Unificado) em 1978. Então é uma coisa curiosa, porque ela não era uma mulher negra, era uma pessoa da fronteira, era uma mistura racial, mas uma pessoa branca do ponto de vista da sociedade brasileira, mas digamos assim, uma gaúcha tipo Brizola, aquele tipo tradicional, o pai dela era de família tradicional da fronteira, Santana do Livramento, e foi editor do *Plateia*, um jornal de lá. Ela só tinha o segundo grau, mas era uma pessoa de leitura, de poesia, eu a conheci por causa de um poema dela que tive que ler num recital, aí me apresentaram e nossa empatia foi muito grande, falamos de poesia e ela adorava a Bahia. Então conversa vai, conversa vem, a gente tem um plano de relação subjetivo e físico muito forte, foi muito intenso, nossa relação foi muito intensa durante alguns anos.

Por conta do conhecimento de uma filha dela, que morava em Brasília, eu vou pra lá, senão Brasília não estaria no meu horizonte nunca, nunca esteve. Olha o que o destino estava me reservando. Quando eu chego em Brasília, vou trabalhar em muitas coisas, mas eu retomo uma coisa que Brasília vai me trazer de positivo, que é o meu curso. Como eu já estava formando, fiz outro vestibular na Universidade da Bahia e mandei buscar minhas coisas em Salvador. Vi que ali, na pior das hipóteses, em três semestres eu me formava, mas tinha que trabalhar.

Então fui trabalhar numa gráfica, fui trabalhar no balcão de uma livraria e na sequência fui trabalhar na revista do CNPq. Lá eu conheço Elmodad, que vendo meu interesse pela questão racial, porque é um período em que estou lendo bastante sobre a questão racial, ela me diz que vai me apresentar a umas pessoas. Então em 1980 ela me apresenta ao pessoal do MNU de Brasília. Eu ia para as reuniões ainda não achando que isso era uma coisa a que ia dedicar minha vida, olha só, eu já estou com trinta anos. Não havia em mim, até essa idade, nada que dissesse isso. Havia, claro, uma inclinação para a literatura, ia ser professor, gostava de falar, crítico, mas não que eu fosse fazer Movimento Negro. E aí eu fui a uma reunião, fui a duas, queriam já me botar pra falar, me botaram numa palestra, e eu tratando tudo isso de maneira muito leviana, até que numa reunião entraram duas pessoas novas, e era preciso dizer alguma coisa para elas, eu me inscrevo e falo. Se você me perguntar o que foi que eu falei, não sei o que disse; o fato é que falei algo. Quando terminou a reunião (o MNU não tinha sede, as reuniões eram no que nós chamávamos os altos da farmácia Santa Clara, era uma lojinha em cima de uma farmácia), Jacira me pede pra ficar, tinha um bar do lado, se eu não queria tomar uma cerveja pra gente conversar um pouco. Quando nós começamos a conversar ela me disse assim: "Você tem ideia de sua importância pras outras pessoas?". Ela me perguntou direto. E a ficha caiu ali naquela hora. É uma coisa assim, talvez muita gente passe batida nesse processo, não se dá conta do quanto nós somos importantes para os outros. Não sei o que rolou naquela reunião que ela achou que tinha que me dizer isso. Ela falou: "Você devia pensar um pouco nisso". Pois bem, a partir dessa conversa, volto pra casa e me sinto outra pessoa, a partir da importância que eu tinha pras outras pessoas. Aí é progressivo, aí meu envolvimento não só é progressivo como é de uma intensidade maior: é o que eu vou fazer todo dia, sou uma pessoa de fazer todo dia e faço até hoje.

Então foi assim, sabe, uma coisa represada e num determinado momento fez assim tchan, foi um sem-fim. É aí que eu vou de fato me perceber, aí minha vida passou a fazer sentido, aí olhei pra trás, as coisas foram ficando de determinada maneira, mas tudo, tudo, tudo fez sentido pra mim. Mas assim de ir, tá indo, e uma pessoa me pegar e me sacudir assim e perguntar: "Você já se deu conta?". Eu ia, mas não achava que tinha responsabilidade, tava ali e tal, tava ligado no assunto, no tema, mas não era... Aí a coisa entrou e entrou de uma maneira muito especial e, digamos assim, aquela sensação de copo cheio, de plenitude. A questão racial vai me dar, acho, o que nem o prazer sexual, que é uma coisa muito intensa, me deu, a sensação de encontro comigo mesmo. Me percebo plenamente a partir daí. Se eu olhar o Edson antes, por mais que as pessoas digam que eu possa até ter sido em algum momento interessante, mas nada pra mim tem interesse e nem eu mesmo tenho interesse pra mim, à medida que essa paz foi se fazendo dentro de mim. Aí as coisas vão ficando redondas e aí o que é que vai acontecer? Olha o símbolo disso. Aí eu encontro a mulher negra, aí eu começo a ver as pessoas, começo a ver tudo de outra maneira e é inevitável, as coisas foram se fazendo muito tranquilas.

Quando me caso, já estou atento, participando, cheirando, pegando, muda tudo, muda o sentido. É uma coisa que retomou e foi muito importante. Pela minha história, eu sempre tive muita paciência com os outros que ainda não assumiram, e isso porque sei que cada um tem seu tempo de decisão. Agora, a decisão a que me refiro é irreversível, ela implica num compromisso de cotidiano, no seu trabalho, onde você estuda, onde você leciona. Tudo passa a ser como você vive, sua casa, seus afetos, é uma totalidade e essa urgência. Aí eu vou fazendo o que tem que fazer. Na militância, me considero sem nenhuma vaidade, um ativista no sentido mesmo da palavra, acho que sou uma pessoa que ativa mesmo, que provoca situações e de lá pra cá o que vai acontecer é isso: não paro, me sinto até como uma pessoa que queria fazer mais, porque acho que tem até mais coisa pra fazer.

Eu me interesso muito pelas coisas da identidade. Acho que se você senta pra colocar as coisas assim você vê a violência do que foi a escravidão, que é uma coisa sempre vista pelos brancos. Nós temos poucos relatos do que tenha sido o processo... para nós, aqui no Brasil, não quero dizer que seja assim, mas na bibliografia mais ampla. Para nós ficaram poucos relatos sobre o que significa você mergulhar na escravização que vai negar valores de cultura, humanidade. O que isso significa mesmo? Até onde isso toca? Que estrago isso produz, que você possa negar tudo e tudo do indivíduo? Aí não são apenas valores de cultura, seus modos, suas práticas, negá-lo como dimensão de humanidade. O que isso significa? Tenho que extrair desse objeto, porque eu quero um objeto a que eu nego qualquer coisa, quero extrair dele produção. Quem fala sobre isso são os historiadores brancos, sempre falando de um modo que não me toca.

A angústia que está em Cruz e Sousa talvez seja, por exemplo na literatura, na poesia, também, o que mais se aproxime do que possa ser uma alma convulsionada por essa negação, entendeu? Ou seja, alguém que, dentro da escravidão, quer afirmar sua sensibilidade refinada de um poeta e se apresenta na língua do outro como se sua língua fosse. Um refinamento de expressão que se quer afirmar e o outro insiste em vê-lo, exclusivamente, como mais um negro. A imagem do emparedado que ele utilizou em um de seus poemas talvez seja a imagem que mais se pode aproximar disso — até porque vem de um negro. Uma imagem que quer afirmar seus valores e a sua integridade. Talvez seja a imagem mais legítima do processo, as paredes que se erguem e que se fecham em torno de você. Acho que a maneira como ele coloca, talvez ele tenha a sensibilidade que nos diga mais de perto do que tenha significado no processo. O fato é que essa negação tão sistemática e tão constante e tão duradoura e tão tão contínua não sabemos também como isso afetava os que tinham memória de sua história e como vai afetar os que já tinham perdido a memória, porque uma coisa é o impacto dos que podiam lembrar, dos que podiam recuperar e o impacto sobre aqueles que já não tinham nem memória, que é esse processo, ou seja, o indivíduo não sabe nada de onde veio; ele não sabe nada de seus valores de civilização e de cultura e ele é negado sistematicamente por todos os meios, em todas as sua dimensões.

Ora, eu acho que não existe ainda um instrumento com que se possa apreender em termos de psicologia, medicina, enfim, tudo que se possa apreender de uma pessoa, canais de conhecimento que o ser humano tenha construído, que tenha se debruçado a sério num país como o Brasil para examinar o alcance disso nas pessoas.

Então, a primeira coisa para a qual quero chamar a atenção é: o que é preciso recuperar? Insisto na coisa da identidade porque me chama a atenção que a relação de dominação se faça através dessa negação: eu me afirmo como superior e senhor através dessa negativa que é você. E não é assim mesmo? Se é assim, é aqui nesta relação que está o essencial, tanto é que negros e índios têm um status diferenciado dos outros, e como eles são os grupos dominados é evidente que há na natureza da dominação não só isso, mas um componente que pode ser reduzido numa fórmula banal, que é a negação da identidade do outro, dos seus valores de cultura e de sua humanidade, ou seja lá o que for. Qualquer que seja o outro mecanismo de dominação econômica, todos os outros elementos que entram na dominação. Há algo aqui que se percebeu na hora de justificar pra manter as coisas como as coisas são.

Acho então que a primeira coisa pra mudar as coisas é soprar nas pessoas a percepção de um percurso histórico. Veja bem: tinha uma carta na *Folha* ontem ou anteontem de uma mulher perguntando para que a gente quer história da África. Ela acha até melhor que não tenha, porque a gente vai descobrir que a África não é nada desse idílico que a gente pensa. Quando a gente fala de recuperar uma história, as pessoas pensam que estamos falando de recuperar uma história do ponto de vista de bonzinhos versus mauzinhos. Mas não é nada disso que estamos falando. O que estamos falando é o seguinte: nós conseguimos tirar das mãos dos historiadores um episódio que era menor nas mãos deles, que era Palmares. Em trinta anos, um único episódio produziu esse efeito que você vê aí. Ora, quando a gente fala história, fala de um conjunto de episódios, de processos, de possibilidades que isso gera, porque um único episódio gerou a maior data cívica do país, gerou essa revolução na cabeça das pessoas, forçou as instituições, os clubes de mães, as associações, os sindicatos, o STJ, as instituições de algum modo a se abrirem pra fazer uma reflexão verdadeira ou não sobre desigualdades raciais, um único episódio que a gente resgatou da historiografia oficial. Você imagine agora quantos outros eventos existem e que tipo de efeitos poderiam produzir.

Então há algo que é fundamental na luta contra a dominação: é esse resgate de um percurso específico, um discurso de identidade. O que se possa fazer nessa direção é fundamental. Os slides que eu trouxe, que não vou poder mostrar, incluem uma gravura do século XIX em que aparece um jovem negro tendo ao lado um jovem chimpanzé e um jovem orangotango. A legenda pede que a gente note a extrema semelhança entre esses tipos. Depois eu passo para uma imagem dos anos 1970, extraída da revista *Manchete*, em que a Hoecht fez uma propaganda de duas páginas na revista com uma série de fotos da mesma mulher negra tentando pronunciar a palavra Hoecht e aí coloca em cima assim: "Nossa secretária é um gênio, em quinze dias ela conseguiu pronunciar o nome da nossa empresa". Então aparece a secretária negra com a boca torcida pra cá, torcida pra lá, desesperada. Em quinze dias, o gênio aprendeu a pronunciar o nome da empresa. Aí eu saio daquela coisa do macaco pra essa, depois passo pra uma imagem da Drogaria Santa Marta no Dia das Mães de 2004 em que aparece uma mulher negra olhando uma criança negra, uma imagem positiva, e depois mostro uma imagem do sabonete Lux, em seguida uma imagem da mulher negra, africana, prêmio Nobel. Veja bem, de animal a prêmio Nobel, digamos assim, numa sequência. Como são jovens, minha ideia era trazer isso pra que eles vissem o seguinte: isso só aconteceu a partir dos nossos esforços, isso é fundamental. Se alguém achar que é uma mera alteração no plano da representação, eu digo: pois aí é que está o problema, o racismo está no plano da representação. Se você consegue produzir uma imagem positiva você está fazendo um combate direto ao racismo, ainda que as condições materiais de vida tenham ou não tenham se alterado. Ter conseguido que a Drogaria Santa Marta fizesse aquela propaganda significa uma vitória num plano que é o plano por excelência do racismo, que é o plano da representação. Então a luta da imagem é uma luta fundamental. Digo assim: eu me preocupo com esse resgate de identidade e da história, me preocupo como essa coisa do plano da representação, que considero fundamental, ou seja, alterar e forçar uma reflexão na direção de ver outro modo de nos representarmos.

Outro plano que eu também acho fundamental é poder nos reconhecer no outro, ou seja, a política seria esse momento em que os seres humanos sentam juntos e se reconhecem. Então, nós temos que chegar num momento de nos reconhecermos sentados juntos e tomar uma decisão ali que não precisa ser consenso, mas como dizia a esquerda, majoritariamente consensual, e sair para fazer algo relacionado a essa decisão que o grupo tomou. Nós, negros, estamos distantes desse plano e eu não posso ver essa distância, não relacionada a essa dificuldade da representação, da dominação e da coisa do racismo. Ou seja, o que nos impede de nos sentarmos juntos é a dificuldade de nos reconhecermos enquanto tal; é a dificuldade de superar uma representação que temos de nós mesmos, extremamente negativa. Então, tudo que se fizer nessa direção é extremamente político porque vai contribuir pra esse momento do reconhecimento, do consenso, da pauta mínima e da ação coletiva do sujeito coletivo que a gente quer criar. Vai ser difícil criar um sujeito coletivo se eu me vejo de uma forma negativa em relação aos outros, não tem como montar sujeito coletivo nenhum. É complicado. Passa pelo reconhecimento do outro. Agimos coletivamente porque nos reconhecemos como tal. Acho que aí essas coisas estão relacionadas, digamos assim.

Seria esse meu plano prioritário de ação, ou seja, eu trabalho na coisa da história, nas coisas que eu publico, trabalho nessa coisa da imagem, da representação. Já me dei o trabalho de analisar propaganda de C&A em livro, até porque acho essa coisa muito importante e trabalho no plano de construir esse momento de sentarmos juntos e tomarmos uma decisão em relação a nossa sobrevivência como grupo, em relação aos nossos interesses como grupo e agir, ou seja, fazer política. Essas são as minhas áreas prioritárias de atuação. Vejo que isso está relacionado. Penso que não chegamos até os danos que são causados à subjetividade em sua plenitude. Ainda precisamos ir fundo nisso, sem nenhuma vitimização, mas esses danos têm muito a ver com nossas dificuldades para a construção do sujeito coletivo, não há nenhuma dúvida. Uma outra dimensão que eu acho importante destacar é que o outro que domina tem consciência de que a dominação se perpetua por essa fragmentação, essa negação. Considero que a maior interdição da sociedade brasileira é a de que os negros possam se reunir como tais, é um pânico que atravessa toda a sociedade há séculos. Não tem nada a ver com o Haiti. Isso é muito anterior, atravessa todo o período colonial, todo o período de escravidão e ganha a Modernidade. É o mesmo pânico que os partidos têm, os sindicatos têm, a associação comercial tem de que uma reunião de negros, seja para a construção de uma família, de uma casa, numa esquina, seja um grupo de assaltantes.

Mas seja lá como for, é extremamente ameaçador para o inconsciente, para a subjetividade, para todas as dimensões da sociedade brasileira que os negros se agrupem. Parece que alguma coisa de absolutamente ameaçador para a Ordem vai acontecer, e eu acho que eles têm razão. Mas essa é a principal interdição; essa dimensão do racismo a gente precisa destacar, que o racismo tem várias dimensões, ele tem essa dimensão da subalternização, dessa opressão, da exploração do trabalho, da exploração da mulher, da moradia, do saneamento da água que você bebe, do assassinato. Ele tem várias e várias dimensões. Mas ele tem a dimensão de negar que você possa se agrupar como os outros pra enfrentar isso. Então essa é uma dimensão especial dele. A gente subestima essa dimensão. O racismo, ao operar, joga você naquele bairro, mas impede que você, naquele bairro, como negro, possa reagir a essa situação. Essa é uma dimensão central do racismo. É impressionante, inclusive, como alguns negros ligados a partidos dizem que os brancos devem participar. Estive numa reunião em Porto Alegre há poucos dias e várias pessoas negras fizeram questão de reforçar nas suas falas, dizer que os brancos poderiam participar. Você imagina uma reunião de brancos em que os brancos perguntassem a toda hora "onde estão os negros?". Mas agora que os negros vão se reunir pra fazer protestos, os brancos têm que participar.

É impressionante como as pessoas, cujo centro de atuação política está no sindicato, no partido, em outro lugar, fazem questão de, em sua fala, destacar que os brancos têm que participar e que podem participar. Nós estamos querendo mobilizar os negros, vocês me vêm com branco tem que participar? Isso aí é um problema dele, não é nosso problema, mas os caras vêm e trazem como se fosse um problema nosso. Ele está vinculado a um centro que já disse que reunião só de negros, não. Mobilização só de negros não pode. Você vê: essa acusação de racialização do espaço público é hilária, porque os brancos nos acusam de racializar o espaço público quando a gente faz propostas com base na identidade racial, como se o espaço público onde eles estão não seja racializado. Está, suponho, naturalizado. Nós chegamos, aí: "sujou!". Chegou esse negócio de raça, sujou. Então, não sei... Dá vontade de fazer uma reivindicação assim: nós, essas pessoas que vocês sabem quem são, queríamos fazer uma reivindicação: saber como participar. A gente não sabe como dizer isso de uma maneira que não desagrade vocês, mas nós queremos participar. Como é que a gente fala isso? Você pode nos autorizar? É isso que eles querem. Como é que a gente diz isso, que a gente não quer estar onde a gente está e quer estar aí onde você está? Você me diz uma maneira legítima de dizer isso? Ele fala: "Pô, vamos fazer um seminário e vamos tomar uma decisão, então vocês fiquem aí que a gente vai reunir Yvonne Maggie, vai reunir não sei quem...". Pra eles verem qual é a maneira. Porque, quando nós dizemos "nós negros", aí não pode. Você fala "tá, então eu vou tirar negro, você fala aquelas pessoas, sacou?". Porque, como a gente vai dizer "nós brasileiros", "nós povo brasileiro", como a gente vai dizer isso? É isso que eles querem, que a gente peça autorização pra dizer de que maneira a gente reivindica, porque o que está errado é o modo como a gente está reivindicando. "Essa maneira não é a correta, não é apropriada e vai piorar as coisas..." Mas vai piorar as coisas? Porque essa dimensão é a que tem mais lastro da sociedade brasileira, mais estrutura, mais tudo que a sociedade brasileira tem. Porque você vê que o erro que a SEPPIR (Secretaria Especial da Promoção da Igualdade Racial) comete é pressupor que houve um modo de produção no Brasil apoiado na exploração de ciganos; pressupor que ser homossexual obrigava o cara a plantar cana-de-açúcar; que o cara apresentar alguma deficiência de mobilidade ou qualquer tipo de dificuldade levava o cara a trabalhar plantando café.

Quero dizer o seguinte, essa proibição chega ao seguinte momento: não pode ter uma Secretaria do Negro, não pode. Então como não pode ter, inventam-se os ciganos, judeus, palestinos. Inventou-se em que sentido? Inventou-se porque eu os coloco em uma dimensão onde historicamente eles não existiram. É simples assim. A discriminação contra os ciganos é perfeitamente atendida pela legislação antidiscriminatória que existe no país. As nossas reivindicações, não. As nossas reivindicações têm a ver com a estrutura da sociedade brasileira, desde o início de sua colonização. Nossas reivindicações põem em xeque o modo como vivemos e como estamos aqui, como distribuímos renda, poder, riqueza. A reivindicação do cigano é: "Não me perturbem!", "Não perturbem meu grupo", "Deixem meu grupo em paz!". A reivindicação do negro não é dessa natureza. A reivindicação do homossexual é assim: "Queremos poder viver como tal, como homossexual". Eles não estão dizendo outra coisa. Mas a nossa reivindicação não é dessa natureza. Nós queremos dizer como o Brasil vai ser. Essa é a diferença. Nós queremos um acerto de contas com essa história. Nós estivemos vinculados, sempre, como sempre estivemos, ao centro das coisas. Querem porque querem, agora, empurrar a gente, esse é um modo de se empurrar pro lado. Não, a gente quer permanecer no centro, a gente sempre veio pro centro.

A dimensão racial sempre foi central, quer dizer, não tem como pensar um percurso histórico como esse cumprido pelo

Brasil sem associar a todos os valores de uma dominação colonial a afirmação de uma supremacia de um grupo em relação a outros. Ou seja, o implícito de tudo sempre foi esse. O implícito e os explícitos. Se você vai pra situações concretas, coisas inclusive eram ditas no cotidiano mais banal. Eu ainda peguei na minha infância em Salvador expressões do tipo "rua de branco" e "casa de branco". Ou seja, a moradia identificada como um grupo racial. É isso. Ao olhar uma casa, suas condições, as condições do lugar: é uma "rua de branco". Isso é profundo, entendeu? Basta você ver o espaço que você já vê que aquele espaço pertence a branco... "Ih, tá trabalhando na casa de branco!" Essas eram as expressões do cotidiano dos anos [19]50, "tá trabalhando pra branco!". Era assim.

Então para o nosso mundo negro estava muito claro: existe aqui uma dominação de um grupo racial em relação ao outro. Essa limpeza no Brasil é perfeita. Se você pegar a literatura que se produziu nos anos [19]20, ela é reveladora, a meu ver, desse debate de uma forma muito intensa; ou seja, começamos um novo século, nós temos uma República e temos que definir a República inclusive do ponto de vista racial e o que estava no mundo. A gente precisa situar melhor o nazismo nisso. Por isso eu digo: há um nível emblemático, que é *O presidente negro*, de Monteiro Lobato, em que essa discussão é clara. Qual será o destino do Brasil com essa população negra? Veja o exemplo dos Estados Unidos: de que forma, como vamos fazer isso? Se você pegar o *Retrato do Brasil*, do Paulo Prado, outro intelectual paulista do mesmo período, fazendo a mesma reflexão, ele vai dizer no seu livro que, salvo a possibilidade de uma solução de laboratório — olha como as coisas estavam no ar —, a solução era o embranquecimento mesmo, e ele ia dizendo que alguns já pareciam brancos nos anos [19]20, o resultado da miscigenação. No período se preferia a palavra "arianização". Já Monteiro Lobato traz a solução de laboratório: o crescimento demográfico da população negra é tal que a solução de embranquecimento não soluciona, tem que ser de laboratório. Aí a solução encontrada, que é chamada de solução final. Por isso eu digo: se você traduzir o livro de Monteiro Lobato para o alemão e levar um ator a pronunciá-lo naquele tom em que Hitler aparece discursando nos filmes, alguns momentos serão idênticos.

O que eu quero dizer é que o livro de Monteiro Lobato é nazista *avant la lettre*, antes do nazismo tomar corpo como ideologia. As ideias que estão no nazismo estavam no mundo, circulando. Lá encontrou situações adequadas pra prosseguir, mas não são ideias dos alemães. Na Alemanha as condições perfeitas são encontradas, mas no Brasil ela está em *O presidente negro*, onde até a expressão "solução final" é usada, e isso ainda nos anos [19]20. É nos anos [19]20 que ele, Monteiro Lobato, vai dizer o seguinte: que a solução é a esterilização da população negra, que não vai nascer mais nenhum. Aí sim, a gente tem uma solução. O intelectual Paulo Prado está pensando no embranquecimento e diz que a prova do sucesso do embranquecimento é que alguns já parecem brancos no final dos anos [19]20, que um pouquinho mais e o problema desapareceria. Já Monteiro Lobato prefere a esterilização, a solução do laboratório. O nazismo vai usar o laboratório de uma forma impressionante, ou seja, estava na cabeça de uma ciência de que ela poderia encontrar os meios de exterminar populações indesejadas.

Luis Fernando Verissimo tem um livro sobre o opositor, o polegar. Numa série de cinco dedos, o opositor seria considerado o dedo da civilização. Se o ser humano não tivesse esse quinto dedo, ele não agarrava nada, ele faz por causa desse aqui. Ele pensou na seguinte situação: um cientista vai fazer uma pesquisa, existe uma organização que controla o mundo, os brancos vencem tudo, só não na demografia, ou seja, a maioria do mundo não é branca e os brancos estão muito preocupados com isso. O cientista a serviço desse grupo faz uma pesquisa com macacos na África. Ele parte de uma hipótese: que há uma anomalia genética no branco que o protege dessa coisa que ele vai criar e que, portanto, os brancos estarão imunes a isso. Cria algo que destruirá os não brancos, só que os brancos começam a ser afetados também, e o vírus se espalha no mundo. Estamos no início de outro século e se continua achando possível a criação em laboratório de meios racistas de controle demográfico de população não branca.

A peça *Anjo negro*, de Nelson Rodrigues, é de 1946. No texto da peça, o cruzamento da mulher branca com o homem negro dá negros e ela mata todos porque eles não podem nascer. João Ubaldo Ribeiro, já no final do século, escreveu o romance *Feitiços na Ilha do Pavão*, onde se projeta uma máquina do futuro em que há espaço para a miscigenação, mas os negros não; os negros são colocados num quilombo e o quilombo é a expressão do racismo. Ir pro quilombo é ser racista, afirmar sua identidade negra é ser racista. São os piores personagens do livro. Só há espaço para a miscigenação com a mulher negra, que terá o futuro, é uma máquina que projeta também o futuro. Então o que eu sempre digo quando trabalho com os alunos, quando trabalho esses três textos que percorrem o século xx todo e pega três intelectuais do porte de Monteiro Lobato, Nelson Rodrigues e Ubaldo Ribeiro, considerados os maiores do século xx no Brasil, é que todos os três pensaram: não haverá negros no futuro. Ora, então a dimensão racial é inerente às preocupações, digamos assim, com o futuro do país.

Penso que, se a gente vai pra dimensão de controle da população, as formas de controle da população negra no Brasil chegam ao extremo do extermínio. Não sentamos pra fazer um cálculo, mas quando a gente sentar vamos ficar apavorados, levando em conta exclusivamente estatísticas de jornal. Se você pegar trinta anos, o que se matou de pessoas negras no Brasil em três décadas é um número tão grande que é uma forma de controle que ultrapassa qualquer lógica, porque quando você diz "controle social" você quer manter uma população sob controle, mas a forma escolhida, preferencial, de controle social da população negra, é a sua morte.

Ou seja, digamos assim: eu mato de várias maneiras mas aquele tipo preferencialmente identificado como a reação, que seria o jovem masculino mais predisposto à ação, à reação, na idade da rebeldia, da possibilidade de enfrentamento... o controle é "esse não pode continuar vivendo", esse é que é o controle. Ele não pode continuar vivendo, e isso é muito brutal, claro. Se você pegar essas imagens numa superestrutura ideológica, literária, poética, você vai ver que de fato isso é assim. E no plano material, as coisas se passam é dessa maneira, mas numa forma bem mais brutal. Há um texto do Caetano que quero usar no curso de Salvador e que vale a pena você acompanhar.

Uma outra coisa que atua é o processo de releitura do passado, que é uma forma de controle também. Tudo que eu disser do passado, que ele não foi tão terrível quanto vocês dizem, opera para deslegitimar as suas possibilidades de organização no presente. Então enquanto você luta por Palmares, há todo um conjunto de novos autores na historiografia que busca sempre no passado uma forma de legitimar compromissos, de ver uma escravidão um tanto quanto adocicada. Aí o Caetano chega ao requinte de, em "Noites do Norte", aproximar Zumbi de Joaquim Nabuco, que é o máximo aonde uma pessoa pode chegar. Mas ele tem um texto de abertura sobre a escravidão que você não acredita. São cinco ou seis frases em que ele fala disso. Você não acredita que alguém possa se referir dessa maneira à escravidão de seres humanos: para falar dessa maneira, se construiu um modo de dizer do passado que só pode ter o objetivo de deslegitimar qualquer ação sua no presente que tenha como fundamento o ser histórico. O livro de Monteiro Lobato desaparece, ele não é livro de debate, não é livro de discussão, ele não é livro de citação, desaparece, e você, ao mesmo tempo, vai tentando fazer desaparecer todas as formas de opressão.

Então eu tenho várias formas de controle, eu tenho esse controle da representação, eu tenho esse controle que chega ao extermínio, eu tenho o controle de revirar a história de cabeça pra baixo e distorcê-la; são várias formas de absorção. Eu não trouxe o editorial da revista *Raça*, a gente pode ver o resultado disso no discurso dos nossos. O editorial tem duas expressões que eu separei, que a editorialista diz que devemos reagir, é a nossa hora de lutar sem violência, e mais adiante que devemos ir dentro da lei. E você fica se perguntando como alguém, objeto de tanta violência, tem tanta preocupação com uma reação não violenta, e como alguém que não fez lei nenhuma, que todas as leis feitas o foram para beneficiar o que está aí, está tão preocupado em agir dentro da lei. A quem mesmo ela não quer desagradar? Ela é obrigada a admitir que há algo em curso na sociedade brasileira, que é uma pressão dos negros por direitos civis, políticos e econômicos etc. etc. Ela tem que admitir que sua revista de algum modo quer se aproximar desse discurso, mas ao mesmo tempo ela tem medo de que isso escape do controle. Mas de quem? Do controle dela? Ela devia dizer: "ótimo, vamos romper com as leis". Uma coisa curiosa é examinar o efeito de tudo isso no discurso dos negros, isso que é maravilhoso, o cara chegar e temer abertamente, como a SEPPIR. Quer dizer, o editorial da revista *Raça* é a SEPPIR, é o mesmo cagaço, é o mesmo medo de assumir, é a mesma coisa. Medo de assumir qualquer proposta que não tenha a chancela e a aprovação dos brancos. Somos seres tutelados na sociedade brasileira, controlados e todas as nossas ações ou têm o beneplácito dos brancos ou não podem ser realizadas.

O candomblé na Bahia só nos anos [19]70 se livra de alvarás, anos [19]70 do século xx. Isso não é um detalhe. Você tem que considerar que o candomblé na Bahia tem uma especificidade que ele não tem em nenhum lugar do Brasil, há uma realidade de autenticidade histórica na Bahia que é inegável. Essa coisa de Xangô está me intrigando muito, essa escolha, essa presença de Xangô por trás dos terreiros da Bahia. Garantidor da perpetuação do coletivo, num momento em que a escravidão colocou isso em risco, é a entidade que aparece como a maior referência. Ora, um lugar assim, em que a religião está tão aberta para resistência que não foi dominada, controlada, que era um espaço em que de fato branco não entrava, o branco não autorizava. É isso que eu quero te dizer: num lugar onde ele não tinha controle, então ele já dizia "não pode deixar rolar essa merda". Enquanto não encheu de Jorges Amados e não sei que tais, não liberou. Só liberou quando disse assim: "nós somos os doze ogãs lá, pode deixar... porque no fundo, no fundo é isso, a gente garante!".

Eu acho assim: de algum modo, o jogo era mais franco no período pré-República. Estive lendo um pouco sobre os Rebouças numa revista de história e entendendo melhor as brechas que eles souberam ocupar. Na Bahia, em 1823, há uma luta para botar os portugueses pra fora. O Brasil é independente em 1822, mas na Bahia eles até reforçaram tropas. Então tem que se mobilizar muita gente para expulsar os portugueses. Algumas pessoas pardas e negras libertas já mobilizadas também se envolvem com a luta porque é uma oportunidade, as pessoas são chamadas para participar. Os Rebouças entram nessa brecha.

Após a expulsão dos portugueses, um dos irmãos teria ido para a França estudar; volta formado em medicina, vai dar aula na Faculdade de Medicina, na Bahia. O outro irmão começa a praticar advocacia, estuda e tem reconhecido publicamente o seu direito de advogar sem o diploma da Faculdade de Direito. Ele advoga, se posiciona contra a Revolta dos Malês e evidentemente tem uma brecha, tem um contexto ali, ele está numa posição do sistema, se elege deputado e como deputado procura operar nas brechas da legislação. O exercício dele como deputado é extremamente positivo, os filhos vão estudar também na França. Os sobrinhos, os filhos do Antônio, voltam para criar a Faculdade de Engenharia no Rio.

Lima Barreto talvez seja o intelectual negro que melhor explicita isso. Diz que a República não é boa para o negro. Ele fala: "Meu pai tinha emprego na monarquia e depois pegaram meu pai para cuidar de um asilo de maluco e meu pai enlouqueceu e eu tive que deixar minha Faculdade de Engenharia por ser arrimo de família...", e enlouquece também. Ele é uma pessoa que valia a pena pegar, porque ele tem uma leitura, é capaz de, na pesquisa, encontrar outras coisas, mas esse aí é um tema que merece por si só uma só pesquisa, esse confronto, que brechas existiram no Império que a República vai dificultar.

Os primeiros que entram na República são estigmatizados, inclusive um que tenho interesse de estudar é Manoel da Motta. Ele vai sofrer problemas no início da República quando se elege deputado federal. Eu tenho interesse não é tanto na figura dele, já peguei todos os pronunciamentos. Meu interesse é na reação do Movimento Negro ao obstáculo que colocaram para ele assumir o cargo. Você tem uma ideia? Ele vai a Pelotas a convite do Movimento Negro numa reunião que contou com a participação de trezentas pessoas. Pelotas tinha dois jornais, tinha várias entidades. Pensei comigo: já fiz tanto evento, fazer evento é tão difícil, como é que alguém faz um evento no início do século passado para apoiar um deputado negro e reúne trezentas pessoas? Tem coisa que a história não registra, mas até novembro de 2005 eu não vou fazer coisa nenhuma que eu já sei, mas eu tenho vontade, porque bate uma coisa no ouvido, eu fico rastreando, tem uma coisa, uma coisa forte. Houve protesto no Brasil inteiro dos negros.

Existe uma educação que eu não quero, não é a educação que serve para o meu povo. O que eu tenho que fazer? Dizer como a educação deve ser. Ter uma instituição que, em embrião, seja a oposição ao que está aí. Pode ser pequenininha, mas não é a educação que nós estamos dando. Qual é o problema que temos no Brasil? É que sempre educação, para nós, é a da escola deles, é a escola que está aí, nunca existe assim: nós estamos educando como nós queremos que nossas crianças sejam educadas. A nossa debilidade institucional nesse sentido — não é institucional no sentido governo, parlamento. Não. Nós é que não temos institui-ções, são débeis as que temos. Lá nos Estados Unidos, o que eles fizeram foi assim: não, a gente educa nossos pastores, com licença, a gente vai formar os nossos, não vai aprender na sua escola como é que fala para negro, não. Nós é que vamos ensinar. A gente não faz investimento, quando a gente critica educação, a gente fala da escola pública, mas a gente nunca fala como é que faz. Acho que toda a iniciativa que nós tivermos nesse sentido é educação. Aonde eu quero chegar com o jornal? É ridículo ficar achando que, se eu estivesse, por exemplo, falando com um americano idealizado que tenho aqui na minha cabeça e me queixando para ele, assim como eu me queixo no editorial deste número, de que os jornais não divulgaram a palestra do presidente do Supremo e ela era a favor dos negros, ele falaria assim: "Mas por quê, Edson, os jornais brancos, dos brancos, não divulgaram uma coisa que é a favor dos negros? Você quer me explicar? Porque eu não estou entendendo que expectativa é essa que você tem, depois de 516 anos. Como é que você não tem o seu jornal?". Há algo que está ligado a não termos autonomia política, nós não temos autonomia.

Observe, não é apenas da organização política, é de qualquer outra forma organizada. Mesmo que nós tenhamos uma unidade diferenciada como povo, a gente não fala "O.k., vou fazer meu jornal". Porque se você não for capaz de fazer isso, não seremos capazes de fazer coisa alguma. Isto é que é revolucionário no Frei Davi. Eu digo: aquele cursinho que o Movimento Negro iniciou — eu estive no IAPI, o IAPI tem uma igreja, a paróquia de São Paulo, um padre negro jovem, padre Gabriel, lá funciona um cursinho pré-vestibular, estou falando com o seu Aluísio, que é um aposentado da Petrobras, e ele diz que conseguiu formar os quatros filhos. Isso é antes da palestra. Aí eu escuto ele falar e tal e ele me aponta: a menina está fazendo mestrado e aquele garoto também, está dando aula no cursinho. A certa altura, eu falei assim: o seu Aluísio não só soube como formou os filhos, ele educou os filhos porque se eles já estão na universidade e voltam para cá, para que os outros tenham oportunidade de aumentar as suas chances de entrar lá, ele educou bem seus filhos. Olha o que está acontecendo! Isso sim é que é dar uma resposta, não é ter só a cota lá, é dizer "eu vou dar aula de língua portuguesa para você". É isso que a gente precisa construir, ou seja, nós não construímos essa possibilidade dessa noção, porque eles têm isso lá, porque é um bairro majoritariamente negro, as pessoas são do bairro, estão identificadas com a igreja, com um padre negro e se sentem parte de uma coletividade. Não é a fragmentação que está em Brasília. Não, lá na minha cidade, todo mundo sabe quem é o seu Aluísio.

Se for dessa educação que você está falando, é uma educação para a qual nós teremos que construir parâmetros, referências e práticas. Há uma outra educação, que a gente quer assegurar. Acho que há as duas coisas: confesso que tenho mais interesse nessa outra do que em mudar essas coisas aí, embora eu esteja aí, mas as instituições todas tinham que fazer o que padre Gabriel está fazendo, ou seja, ter uma escola, formar pessoas, mostrar como é que isso tem que ser feito. É a minha preocupação com o *Ìrohìn*. Digamos assim: a gente tem que formar as pessoas, senão não vai conseguir.

Agora as dificuldades com a educação em geral são resultado do pânico que eles têm com qualquer coisa que possa reforçar a identidade da população negra. Altera a relação de dominação. Então isso não pode ser feito. Há a lei nº 10.639 que quer dizer o seguinte: alguns brasileiros não têm direito ao passado. Aí eu digo: os direitos culturais são parte dos direitos humanos. É uma agressão aos direitos humanos das pessoas não permitir que elas possam ter acesso ao passado. Ora, quem eu não quero que tenha acesso ao passado são exatamente as pessoas cujo acesso ao passado alteraria a relação de dominação que eu quero perpetuar. Dizendo isso de maneira bem esquemática funciona assim: "para que passado, se o passado apreendido por vocês reforça reivindicações por reparações? Eu vou ter que multiplicar Zumbi para vocês. Não vou. Já não me basta essa história de Palmares?", porque evidentemente o passado vai trazer uma reflexão bem larga, bem diferenciada de processo, não é? Se os negros eram responsáveis por isso? É balela, isso é idiotice, isso é uma discussão em que não quero me colocar. Evidente que houve cumplicidade de muitos negros no processo, senão não poderia ter acontecido, mas aqui não se trata disto. Quando você diz que judeus colaboraram com o nazismo, em nenhum momento, nem lá dentro, você diz que os judeus não foram vítimas do nazismo. Para com isso.

Não é o fato de os negros terem participado, sido cúmplices, serem beneficiados com a escravidão de pessoas que a reivindicação dos negros em relação à escravidão não tem legitimidade. Isso é idiotice, isso é coisa ideológica, é uma condição ideológica, eu não me permito perder tempo com isso, mas na verdade sinto que a gente tinha que separar: de um lado educação e, de outro, compreender.

Os italianos reivindicam a dupla cidadania com base no processo histórico, ou seja, a afirmação da identidade como ítalo-brasileiro se dá na história. Então sem história não tem como afirmar isso. Quando digo que sou filho, neto, eu recorro à história, a documentos históricos, para chegar e exigir a dupla cidadania. Então a afirmação da identidade se faz na história, não tem como eu falar que sou ítalo-brasileiro só porque sinto assim, porque acho. É na história. No nosso caso, se individualmente é impossível fazer essas afirmações, que eles podem fazer, o resgate da identidade coletiva então seria feito através do apanhado da história. Uma coisa é apanhar a história familiar e beneficiar o indivíduo. Ficamos impossibilitados disso, mas podemos apanhar a história coletiva.

Ora, no momento que ele diz isso não está querendo dizer identidade negra. Não é essa a questão. Não é assim: "aprender o que com a África?", isso tudo é desvio do debate. Mas, gente, isso aí, não, o que você está querendo me dizer é que na África não tem nada pra aprender, você está querendo me dizer que identidade negra não pode. Então você tem que compreender a diferença entre dois conceitos: diversidade e pluralismo, que o problema da diversidade no Brasil nós não fizemos nada pra ela acontecer, ela é fato histórico e resultado do processo histórico, daí reconhecer que o Brasil tem grande diversidade. O problema está na resposta política que dou a um quadro de diversidade. Aí começa o problema, porque o racismo hierarquiza a diversidade. Então nunca posso assegurar pluralismo porque, para mim, um vale mais do que o outro. Dou o exemplo que dar para os garotos. Você vai fazer um anúncio tendo quatro pessoas. Se você quer dar uma resposta da diversidade existente no país, você diz que quer assegurar o pluralismo da representação dessa diversidade no anúncio, e vai lá e faz isso. Mas se você hierarquiza a diversidade com base no racismo, você vai falar que todas as pessoas têm que ter pele clara e cabelo liso, porque senão o produto sairá prejudicado, não vai pegar, não funciona. Então o nosso problema está em valorizar a identidade, reconhecer que não, morreu... diversidade tem que ver com o que é história, ela está aí, ela é aos negros, índios, árabes, ítalo-brasileiros.

Aí tem que falar de reparação, aí tem que pôr toucinho no feijão, não é mais quem controla isso. Como disse o comandante da polícia na Marcha de [19]95, que chamou o outro e disse: "É esse aqui para qualquer coisa, você se reporta aqui, que ele é o responsável". Eu falei: "Meu Deus do céu, me ajuda aqui, eu sou o responsável por aquelas multidões? Não, não sou o responsável". [Risos.] Vixe, dá um medo, dá um medo que você não queira saber, do que vem por aí, botar na frente as mães que tiveram os filhos assassinados, e olha eu vou lutar pra criar essas coisas de mãe de negro assassinado, você vai ver. Tá achando que eu vou matar as pessoas, que não são pessoas que não têm família, que não têm perdas? Que é isso? Meu irmão não morreu assassinado, morreu em um acidente e eu vi o que mudou na vida da minha mãe, da minha família. Imagina uma mãe que perde um filho assassinado, um trabalhador. Uma coisa é achar "essa pessoa não existe pra sociedade brasileira", "ué, vai botar mãe de santo?". Que marcha, hein, Sueli? A marcha emerge no horizonte e com grande força política.

Bom, qual, é o compromisso que eu assumi? Assumi com minha família, sentei na mesa e disse pra elas: "Vou me dedicar a isso, pode resultar em várias coisas, pode ser assim tudo glorioso se der certo, e dar com os burros n'água de uma maneira terrível, traições e tal que eu vou pagar um preço caro". Sei que vou pagar caro, mas estou dizendo que não tem volta mais pra mim.

Ah! Isso assusta um pouco pela seriedade com que eu trato as coisas. Poderia tratar de uma maneira mais leviana, mas não tem jeito. É o que eu digo, se isso é real.

O assassinato dessas pessoas é real. Se essas estatísticas da situação do negro forem reais, a gente tem que ter uma forma de resposta à altura, pelo menos mobilizar as pessoas. Quer dizer, se nem isso a gente consegue fazer, das duas, uma, ou essas estatísticas, de que uma mulher negra ganha um terço do que um homem branco ganha, se isso é real, as mulheres negras têm que ir para a rua e dizer que não querem isso, ou a gente tem que ficar aceitando isso. Então me parece que o que está posta aí é a própria existência de um movimento à altura de uma realidade de exclusão, de opressão que você vive. Não temos um adensamento teórico, não criamos parâmetros com a necessária densidade de conceito etc. etc. para impulsionar um salto com esta magnitude. Tudo bem. No entanto me parece que a gente não pode, por conta disto, hesitar em aprofundar a nossa experiência de luta de organização. Veja bem, não é sentado numa academia, numa pesquisa que vou fazer esse adensamento. Não é assim. Esse adensamento é fruto também do aprofundamento da luta e da sua capacidade de organização. Então, se eu me recuso a entrar nesse cenário, eu me recuso a fazer uma experiência que será necessária para esse salto. Aí, fico sempre adiando essa possibilidade e exatamente por adiarmos essa possibilidade é que não está saindo essa teoria.

Não é sentar e ficar refletindo, tem que sentar e ficar refletindo mas aprofundando uma prática de luta, aprofundando a organização. Então não temos condições de falarmos assim: Edson, vá para Teresina, Teresina tem uma grande população negra, as pessoas não têm nenhum advogado, passam humilhações, como me relataram na reunião. Como é que uma pessoa pode ser tão humilhada e olhar para você e falar assim: "a gente não pode fazer nada porque aqui nenhum advogado aceita levar nossa causa, a gente não tem nenhum advogado negro e a gente tá nessa situação". E não existe uma organização para dizer assim: "Edson, vai pra Teresina, é lá que você vai ficar dois anos". Nós não temos uma experiência organizativa em que tenhamos experimentado essas possibilidades. Como é que vou renunciar sem ter tentado? Não dá pra fazer isso, é aprofundando experiência de luta e de organização. Como é que eu posso ter um país com uma população que ignora as experiências que os negros tiveram no mundo? Veja bem, inclusive na luta contra a opressão, aquilo que nós já conversamos. Eu me lembro que já conversei isso contigo, tipo assim: toda experiência branca é universal, a experiência negra não consegue nem ser local. Como é que pode ter acontecido o que aconteceu nos Estados Unidos, que é aquilo que me toca, aquele boicote de 1955 para 1956, o boicote dos ônibus durante um ano, numa cidade do interior do sul dos Estados Unidos. Eu me recuso a tomar ônibus e encontrar a velhinha caminhando e dizer "estou andando pelo futuro de meus filhos, eu estou andando pelo nosso futuro". Isto é uma página que engrandece ser humano de qualquer cor, mas eu não posso estudar isso na escola porque isso é negro, se fosse branco seria currículo obrigatório e tinha branco já especializado nisso aí, achando que a Revolução Francesa era o tchan, tchan, do tchan, um pé no saco inclusive. Agora, essa experiência de Mandela não é universal, ela não é para entrar na escola.

Então, quando a gente quer conteúdos, a gente quer falar disso também. A gente quer falar de trazer para a escola experiências negras do mesmo jeito que as brancas veem que têm caráter universal, que possam servir de parâmetro para as ações humanas. O que Mandela fez só pôde ser feito porque ele foi preso, ele podia criticar o apartheid numa tese de doutorado na faculdade, em Londres. Depois de formado foi para Londres, Londres queria isso, ele chegava lá e fazia uma tese e "Puxa!, brilhante a tese daquele rapaz". Mas é diferente de alguém vir e falar: "Não, eu mesmo faço a minha defesa" e fazer a defesa que ele fez contra o apartheid. Então a Marcha é nossa prisão, é o equivalente de experiência que a gente precisa para fazer a defesa que ele fez.

Ah!, não tenho muito conhecimento sobre a Frente Negra Brasileira, eu confesso. Eu penso que não saberia fazer uma análise. É uma fragilidade minha. Dizem ter havido 200 mil filiados no Brasil daquela época. Às vezes eu digo assim, eu quase digo: não resultou nada. Mas será que não resultou nada? Será que essa coisa que está dispersa no país inteiro não é fruto daquele processo, esse olhar, que apanha assim? Como é que um esforço humano como aquele pode resultar em nenhum resultado? Esforços humanos resultam sempre em alguma coisa. Acho que nós ainda subestimamos uma mobilização de 200 mil pessoas. Acho que a gente é fruto daqui, desse processo da Frente Negra, a forma que a gente está no país inteiro, é bem capaz de eles terem tido muito a ver com tudo isso. Não dá para apagar uma experiência de 200 mil pessoas numa história. Eu digo a você: não se pode pegar o MNU e dizer que o MNU não deu em nada. O MNU hoje não é nada, mas ele deu em muita coisa.

A Frente Negra tem que ter produzido uma consciência num momento importante do país, que permitiu que as coisas acontecessem. Acho que é um estudo de impacto que precisa ser feito e não é, precisa de um intelectual para pensar isso. Então, não sei por que ela não foi adiante, mas é uma análise necessária. Uma vez ouvi uma fala sua, há muitos anos, em Brasília, num curso, você dizendo que não nos apropriamos de nossa experiência mais recente, nem mais remota, nem da experiência de outros. Enfim, ainda somos rasos. Uma das razões desse não adensamento é pouco estudo, pouco conhecimento da memória, de luta. Isso é parte do processo de formação. Você precisa adensar essas experiências, transmitir essas experiências. Não sabemos nada do Haiti, por exemplo. Somos muito ignorantes de processos cujo conhecimento estaria fortalecendo nossas possibilidades de ação. Essa ignorância intelectual se revela na nossa indigência intelectual como movimento, é verdade. Precisamos fazer algo nesse sentido, é urgente. A gente precisa desenvolver sempre formação e pessoas que possam resgatar essas possibilidades. Não há dúvida, essa é uma peça de adensamento, é obrigatória.

A outra é a experiência. Há um poeta português que dizia de um saber que o distinguia dos outros, porque o saber dele era feito de experiência. É, existe um saber que esse conhecimento não dá, é aquele que é construído pela experiência. Eu acho que a gente precisa das duas coisas, precisa fazer esse apanhado, essa reflexão, precisa do avanço teórico, isso que você fez como uma tese. Obriga a pensar conceitos e tudo mais. Precisa disso, ver outras experiências que possam contribuir. Aí nós teríamos que rever as práticas de nossas entidades, a pouca valorização, a pouca leitura.

É... é uma impressão que não é minha, em princípio. A primeira pessoa que eu vi fazer uma reflexão nessa direção foi Doudou Diène. Chorei muito nesse dia. Penso que tem que ter uma explicação que não seja essa de tradição, uma explicação mais histórica, mais geral. O cruzamento de branco com negro, ideologicamente, dá branco. Não se trata de biologia, ou seja, cruzou com branco é branco porque se trata de apagar uma maioria negra. Então, cruzou com branco é branco. Uma maioria negra cruzou com branco, o resultado é branco. A ideia é acabar com os negros. E sempre foi assim, sempre foi entendido assim, tanto que eu sempre chamo a atenção que no *Anjo negro* é surpreendente que a mulher considere negros os filhos dela com um homem negro, que não podem nascer por isso, porque são negros e esse sempre foi o sentido imposto à sociedade brasileira, o do embranqueci-mento. Se você pegar Caio Prado Júnior, Gilberto Freyre, esses autores de grandes painéis econômicos, sociológicos e tal, é bem provável que, em todos, uma verdade inquestionável seja a do embranquecimento da sociedade brasileira. Parece um dogma colocado na base das ciências sociais no Brasil.

O embranquecimento da sociedade brasileira é considerado o óbvio do óbvio. Aí você chega no final do século passado e no início deste e pega os indicadores sociais do IBGE de 2003, que saíram em 2004. Lá dentro, uma coisa que eu já havia dito numa revista o ano passado é que os indicadores divulgados trazem um aumento do número de pretos, decorrente em grande parte do trabalho feito por associações e entidades com identidade negra. Então o IBGE detecta o movimento contrário, isso sem as ações afirmativas ainda. Ou seja, a sociedade brasileira fez uma rotação, olha que rotação. Isso é ideológico, a pessoa tem que entender. Porque não aconteceu nada do ponto de vista demográfico; pelo contrário, a perda de negros pelos assassinatos, esterilizações não é nesse plano, é numa situação de opressão da população negra extraordinária, de perda de nascimentos, de assassinatos. A socie-dade brasileira faz uma rotação que é no plano ideológico. Ela ia numa direção e de repente… como uma sociedade pode fazer isso, ela vem e vira e vai na direção do enegrecimento?

As ações afirmativas vêm e aceleram isso na medida em que as pessoas vão postulando os benefícios com base na identidade negra. Aí você vai indo numa direção, ah! olha o que eu venho dizendo para as pessoas: no curto prazo isto não é bom porque vai afetar que os negros atinjam os benefícios porque, digamos assim, neonegros terminam tomando o lugar dos negros que já estavam aí. Bom, no curto prazo, mas olha no médio e longo pra-zos, olha que sociedade está se delineando no futuro. Dez brancos encostados em uma parede. Nenhum é igual ao outro e a gente convive com isso perfeitamente e dizemos: a sociedade brasileira é majoritariamente branca. Pois bem, nós estamos indo para uma sociedade majoritariamente negra, em que vamos colocar dez negros na parede e nenhum é parecido com o outro e vamos dizer: "não, o Brasil é uma sociedade negra, é desse jeito". Olha, nossa geração é responsável por essa inversão, não que a gente tenha feito isso sozinho, mas principalmente nossa geração provocou esta rotação. Para todas as inteligências brasileiras, parecia assim: é óbvio que a sociedade brasileira está embranquecendo. E no entanto, ela se move.

Então eu penso que, se isso é possível, o que mais não é possível?

2. Sônia Maria Pereira Nascimento

EU A CONHECI EM 1971 quando, tendo passado no concurso público estadual para escriturária, assumimos nossas vagas na Secretaria da Fazenda, no recém-criado departamento de microfilmagem, então abrigado numa sala muito moderna para a época, toda de vidro como um aquário, de onde pilotávamos durante oito ou mais horas, interrompidas apenas para o almoço, modernas máquinas de microfilmagem. Disputávamos diariamente quem teria o melhor rendimento. Em média cada máquina processava em torno de 16 mil documentos por dia. Sônia sempre vencia, era a mais rápida. E também simpática, bem-humorada e carismática. Desde lá a chamo de "rainha da primavera" e de Poliana. Porque invariavelmente ela busca responder com positividade à vida e com tolerância e generosidade aos outros. É sinceramente cristã, devota e praticante. Tem um ranço, que chamo de "Madre Tereza de Calcutá", está sempre disponível para socorrer qualquer um e perdoar. Sempre nutri em relação a ela uma inveja, "positiva", como costumamos dizer com um pouco de deboche. Ela é alta, eu baixa. Ela tem traços negros salientes, boca carnuda, maçãs pronunciadas, sorriso largo e aberto. Eu, tudo ao contrário. Ela caminhava pelos corredores da Secretaria da Fazenda como uma rainha Nzinga. Vestido vermelho, lenços coloridos ao redor do pescoço, cabelos muito curtos com um corte audacioso para a época. Tinha um ar refinado. E a voz? Grave, quente. E o sorriso? Completo. Todos se voltavam para olhar quando ela passava. Tornou-se a líder, chefe da nova seção. Administrava os conflitos entre as funcionárias, negociava com os superiores. Escutava as queixas de todos. Era também confidente dos chefes.

Foram longos e felizes anos, apesar de situações de discriminação pelas quais passávamos. Em muitos momentos, aquela estrutura nova em que trabalhávamos, por ser a mais moderna e bem aparelhada, era motivo de ciúmes do conjunto da seção na qual estava instalada. Éramos oito funcionárias negras, com exceção de uma única loira. Na surdina, o nosso aquário era chamado de "planeta das macacas". Sofríamos. Sônia sabia "tirar de letra" aquelas situações. Eu, raivosa, atraía com facilidade a ira de chefes e colegas de trabalho. Era uma jornada infernal para ir da Vila Bonilha, onde eu morava, até a praça Clóvis Bevilácqua, onde descia do meu ônibus, o Penha-Lapa, apinhado de gente, quebrando pelo caminho, o calor sufocante azedando a marmita preparada de véspera (e que assim mesmo seria comida). E pior, o cartão de ponto que seria marcado com atraso e todos os descontos correspondentes, que viriam ao final do mês. Não, isso não acontecia porque Sônia sempre estava lá, antes de todas, batendo irregularmente os cartões de todas as que estavam por chegar e convencendo os chefes a guardar segredo do que viam — ou sabiam por denúncias de outros funcionários.

Demoramos muitos anos para voltar a trabalhar juntas, até que depois de muita insistência convenci-a a fazer parte do Geledés — Instituto da Mulher Negra. Como ela é uma rainha e nasceu para reinar, foi eleita duas vezes presidenta do Geledés.

Ao longo de todos esses anos, eu imaginava que sabia tudo sobre ela. Ledo engano. A entrevista mostrou-me sofrimentos insuspeitados vividos por minha amiga. O orgulho e a dignidade que a cercam, herdados de sua mãe extraordinária, nunca permitiram a ela ser diante de nós nada além da mulher bela, carismática, de sorriso largo e com um jeito especial para "tirar tudo de letra", e como boa "Poliana", encontrar sempre um aspecto positivo em tudo, mesmo que o céu estivesse desabando em nossas cabeças.

Nesse testemunho, ela me permitiu, por amor, amizade e confiança de que me orgulho merecer, penetrar nas dimensões de sua alma que guardam de forma indelével a marca da dor da cor da qual eu, pateticamente, havia suposto que nela doía menos.

O apelido de "Poliana" foi mais uma expressão de minha limitação para compreender sua forma de administrar dores e aflições da negritude com dignidade e sem autocomiseração. Obrigada, Sônia, pela forma como você nos honra e a si mesma.

Nasci[1] num dezembro, no dia 6, em São Paulo, capital, no bairro de Itaquera, na época Itaquera do Campo, filha de Zilda Gama Pereira Nascimento e Benedito Mineiro Nascimento. Ela, empregada doméstica; ele, um homem trabalhador, caminhoneiro, trabalhava no Mercado Municipal. Minha mãe, uma guerreira, uma mulher que queria ser professora, filha de Castorino Alves de Alencar Pereira, um homem oriundo de Florianópolis, não se sabe por que foi parar naquelas plagas, em Ijaci — um povoado da cidade de Lavras, Minas Gerais, homem letrado, espírita, trabalhava na lavoura, única pessoa na região que sabia ler, tornou-se o professor local, tinha muitos alunos e sempre dizia para minha mãe que ela o substituiria e que seria uma grande professora. Criou o primeiro centro espírita de Ijaci. Minha mãe, num retorno a Lavras, recebeu a ata de constituição do centro espírita, lavrada por meu avô. Ele era o ídolo de minha mãe, não se separava dele, para ciúme e desespero de minha avó, Maria Augusta Alves de Alencar Pereira, uma católica que não permitia que nenhum de seus oito filhos (João Batista, Marta Augusta, Zilda Gama, Jequi Solimões, Ynah Augusta, Emílio Luiz, Joana D'arc e Áurea Celeste, um a cada dois anos) conhecesse outra religião que não a sua.

O sonho de ser professora começou a desmoronar quando aos oito anos de idade, na terceira série, minha mãe perdeu seu pai após um acidente de caminhão. Os irmãos mais velhos foram trabalhar em outras cidades e a minha avó precisava de alguém para cuidar das crianças a fim de que pudesse também ela trabalhar, então a tirou da escola. Como desejava muito estudar, ser professora, sua madrinha, cujo marido tinha uma farmácia, sabedora da situação difícil que a família enfrentava, prometeu levar a menina [para morar consigo] para que pudesse concluir seus estudos. Tinha quase dez anos de idade.

Naquela casa, a madrinha colocou um banquinho no fogão e a ensinou a cozinhar e fazer todo o serviço doméstico; assim, nunca mais frequentou escola. Como era muito esperta, foi chamada a ajudar também na farmácia, o padrinho animou-se com seu interesse e lhe ensinou muito sobre a atividade, dizendo que mais tarde podia estudar e ser uma farmacêutica. Como estudar era tudo o que desejava e lá não teria oportunidade, aos quinze anos foi para o Rio de Janeiro, onde trabalhava sua irmã Marta, que lhe arrumou uma casa de família para trabalhar. Não ficou muito tempo porque o patrão a assediava muito, até que um dia a patroa saiu e ele tentou pegá-la. Ela correu para o banheiro até a chegada da patroa, contou-lhe o ocorrido e levou uma bofetada no rosto porque, conforme gritou, seu marido jamais sequer olharia para uma negra como ela.

Voltou para São Paulo, arrumou um emprego numa casa de família, "gente boa". A casa "era dela", [ou seja] fazia todo o serviço e cuidava dos três filhos, o mais velho tinha a sua idade, o segundo dois anos mais novo e a terceira, cinco anos mais jovem, [esta viria a se tornar a] minha madrinha. Trouxe dois de seus irmãos para São Paulo, arrumou-lhes emprego para ajudar a mãe em Minas. Ficou ali até se casar, aos vinte anos. Meu pai trabalhava muito, queria dar à família o que não tivera. Dois anos depois, aos 24 anos, morreu de TB, tuberculose — o estigma da doença não permitia nem que se falasse seu nome. Eu soube recentemente a verdade, porque fomos informadas que sua morte se deu em decorrência de um acidente de carro, [ela] inventou isto para que não sofrêssemos discriminação em razão da doença.

Viúva, com duas filhas, eu e minha irmã Suely, mais nova que eu exatos um ano e dez dias, voltou para a casa de minha madrinha onde ficou pouco tempo porque já havia outra empregada em seu lugar. Sem condições de sustentar-se e a nós, recorreu ao Serviço Social para obter uma sacola de alimentos. Para ela, uma grande humilhação. Com um emprego, retornou ao Serviço Social no mês seguinte, enfrentou fila, e, com muito orgulho, informou que não fora pedir e sim devolver o cartão porque conseguira emprego.

Foi trabalhar numa pensão cuja dona a aceitou com as duas crianças, tratava-nos muito bem. Como cozinheira ela fazia almoço e jantar para mais de vinte pessoas, cuidava de tudo, fazia feira e compras na venda. Na casa também tinha uma arrumadeira, que saía para dançar com a patroa e, como sabia de alguns dos seus segredos, tinha privilégios e era branca. Sem motivo, a patroa que era "gente boa" começou a implicar por qualquer coisa, até que um dia a humilhou tanto por não ter limpado a casa, que ela respondeu que não era arrumadeira e sim cozinheira, e que falasse com a responsável pela limpeza. Ouviu a seguinte resposta: "Quem tem duas filhas aqui é você, e não ela". Minha mãe, que terminava de fazer o almoço, desligou o fogão, foi para o seu quarto, colocou nossas roupas num saco e foi embora, não sabia para onde ir, ficou na calçada chorando. A patroa pediu desculpas e implorou para que ela esquecesse tudo aquilo e voltasse para terminar o almoço. Ela disse que perdoava, mas não voltava porque continuava com as duas filhas e ali estava pagando muito caro por isso. Foi pra casa do meu tio, que já casado morava na casa da sogra. Trabalhou em outras casas de família, porém não podia levar suas filhas e sua irmã Áurea, de quinze anos, que viera de Minas para trabalhar. Precisava encontrar um lugar para ficarmos juntas. Contou-nos que juntou um dinheirinho, foi para Aparecida do Norte e diante de Nossa Senhora Aparecida rezou e pediu: "Ó minha mãe, seu filho levou meu marido e eu não vou conseguir sozinha criar as minhas filhas, venho aqui aos vossos pés pedir sua ajuda e proteção para cuidar, educar e formar minhas meninas...", consagrando-nos assim a Nossa Senhora Aparecida. Disse que enquanto rezava, foi sentindo uma força e uma coragem, voltou para casa disposta a enfrentar o que desse e viesse.

Conseguiu emprego com um advogado, que a encaminhou para o Serviço Social para nos internar na creche Baronesa de Limeira. Ela nos levou e nos entregou para uma freira. Quando a freira abriu uma porta para entrar conosco, minha mãe nos arrancou das suas mãos e saiu correndo. Voltou ao Serviço Social para tentar conseguir um emprego para podermos ficar juntas, todos já sabiam de sua fuga. Surgiu uma vaga numa creche onde ela poderia trabalhar e morar conosco. Ficava na avenida Angélica, nº 842, bairro Santa Cecília, chamava-se Lar São José da Santa Casa de Misericórdia de São Paulo. Era um sobrado enorme, tinha dormitórios, sala de jantar, escritório, saleta, rouparia, copa, cozinha, despensa, lavanderia, salas de aula para o jardim da infância, salão, um enorme quintal. Ela foi trabalhar como cozinheira, havia outras profissionais, lavadeira, passadeira, pajem, gerente e a diretora. Foi sempre muito agradecida por esta oportunidade, estávamos com três e quatro anos. Nesta creche, fazia de tudo, queria ficar lá porque estávamos juntas e podíamos comer, estudar e nos formar. Houve tempos em que a diretora chegou a deixar entre crianças, adolescentes e jovens, cerca de oitenta pessoas sob a responsabilidade de minha mãe, se algo acontecia com elas cobrava da minha mãe, e não da gerente ou da pajem. Dizia que as meninas todas eram muito apegadas à minha mãe e que a gerente, a passadeira, a lavadeira eram pessoas doentes — e a frase mágica: "Elas não têm filhas aqui". Se alguém passava mal, ela tinha que correr para o pronto-socorro da Santa Casa, levar para médico, marcar consulta. Era também com ela que as meninas conversavam, se aconselhavam, se informavam, confidenciavam, chamavam-na de "mãe" e era a mãe de todos ali, para ciúmes da diretora. Também iam para lá algumas meninas que engravidavam e que as famílias não queriam que a "sociedade" soubesse, ficavam e minha mãe cuidava da menina, fazia-lhe as vontades porque estava grávida, requeria tratamento especial, acompanhava ao hospital e, nascida a criança, ela é quem levava para a família adotiva. Era tudo gente branca, minha mãe sofria muito.

Tinha também as meninas que foram adotadas e depois devolvidas, voltavam terríveis, algumas deprimidas, minha mãe cuidava delas, também lhes dispensava tratamento especial. Com as funcionárias doentes, também tratamento especial. Eu queria ser igual a ela, fazer o que ela fazia, ser muito boa e generosa. Todas nós, quando nos machucávamos, corríamos para ela. Ela beijava e pronto, o ferimento estava curado. Com as outras meninas ela carregava no colo, agradava e beijava, minha irmã reclamava e ela dizia que nós tínhamos mãe, e elas não. Minha irmã dizia que queria ter a nossa casa para não dividir a mãe com ninguém. Eu gostava muito do Lar, apesar de todo o ranço racista às nossas coisas: como do samba, das escolas de samba, dos traços físicos, do cabelo pixaim, da macumba, tudo era com muito preconceito, mas não me dava conta por que razão eu queria ser branca. Havia uma senhora negra que sempre pedia comida e roupa, era a "Maria Pidoncha", apelido dado pela diretora, nos matava de vergonha. As meninas negras, com exceção da Inês, que era muito inteligente, respondona, de duas gêmeas, Virgínia e Verônica, que lá permaneceram até os dez anos, a filha de uma empregada doméstica muito bonita e "inteligente" e de nós, nenhuma outra menina negra estudou. Foram para casa de família ou para colégio interno.

Eu era muito moleca e levada. Apanhei muito de minha mãe, mas a grande maioria das vezes foi por causa da diretora e de uma gerente; elas exageravam no relato das coisas que eu fazia e até criavam situações das quais eu não participara. Minha mãe me batia e chorava, às vezes, mais do que eu. Eu apanhava e chorava e parava logo para consolá-la. Um minuto depois, eu estava sorrindo e brincando com ela, para não achar que me machucou. Lembro que dizia para ela: "Não liga, boba, não doeu". E ela dizia: "Você viu o que elas falaram de você?", ou: "Você viu o que você fez?". Eu era bocuda, e às vezes respondia. Ela humilhou muito a gente, [neste ponto, chora]... minha mãe e nós duas, e dizia que era para eu aprender.

A Santa Casa tinha muitos benfeitores e muitos contribuíam com o Lar e nas férias nós íamos para a casa de algumas destas pessoas para trabalhar e fazer companhia para as crianças, para mim era divertido, eu aproveitava muito, não éramos tratadas como empregadas, comíamos na mesa, nós éramos as meninas do Lar São José. As mais velhas até viajavam com esses e assim conheciam outros estados. Nas férias de minha mãe, de duas semanas, nós viajávamos para a Aparecida do Norte ou para a casa do primo do meu pai, que tinha cinco filhos, ou do meu tio Jequi, que morava em sua própria casa e tinha uma filha, e algumas vezes para Santos, porque recebia "convite" de um desses benfeitores, era um casal "gente boa" com um casal de filhos que tinha um apartamento lá e nos levava, minha mãe pagava com o trabalho doméstico. Era uma felicidade, ficar também com nossa família e ter a mãe só para nós.

Estávamos adultas quando, nas nossas conversas, nos falou de muitas outras situações que havia passado no Lar. Não nos deixava saber para que não quiséssemos sair dali, do lugar que tão bem nos acolheu, onde podíamos estudar, comer e que muito contribuiu para a nossa formação. Veja, nós íamos ao Teatro Municipal, eu tinha cinco anos quando assisti pela primeira vez a um balé infantil, o irmão da diretora era vereador e mandava convites para o concerto matinal que havia aos domingos. Minha mãe entendia que devíamos conhecer para dizer se gostava ou não. Quando fui, adorei, até hoje conheço um pouco e gosto muito de música clássica.

Como tudo acaba, o Lar São José também acabou, fechou suas portas, a Santa Casa passava por dificuldades, e assim, de uma casa de 25 cômodos, nós fomos para um quarto de um pensionato, também pertencente à Santa Casa, onde cabiam duas camas e nós éramos três pessoas, dormíamos atravessadas, nós adolescentes morríamos de vergonha daquela casa, por causa das colegas. E minha mãe dizia: "Vocês vão falar com as colegas, as que vierem e voltarem são as amigas". Tivemos que recomeçar, e a partir dali seria por nossa conta, não tínhamos praticamente nada. Só minha mãe trabalhando diretamente na Santa Casa, ganhando quase nada. Nós saíamos da escola e almoçávamos na Santa Casa. Tínhamos catorze, quinze anos e terminávamos o ginásio. Mais tarde, a Ling [sua irmã] conseguiu um estágio de professora na igreja que frequentávamos, e eu fui para uma lojinha, fiquei pouco tempo porque precisava me dedicar mais aos estudos, era uma obsessão para minha mãe, estudo e casa própria. Dizia que poderia não nos deixar uma casa, mas estava nos preparando para que pudéssemos adquirir uma.

Depois, trabalhamos em outros lugares, com alguns daqueles benfeitores. Aos dezoito anos, fui trabalhar na Santa Casa como secretária e a Ling foi para a Sociedade Pestalozzi de São Paulo dar aulas para crianças excepcionais. A presidenta desta escola era amiga de uma das beneméritas do Lar São José, sra. Maria Aparecida Barbosa, psicóloga que respeitava muito a mamãe e gostava da gente. Agora, o sonho de nossa vida era ter uma casa, nós três estávamos trabalhando, daria para pagar um aluguel. Logo, uma ex-gerente do Lar "muito querida" comprou uma casa e ia desocupar a que morava de aluguel, perguntou se havia interesse, e mais, para a casa nova queria tudo novo, assim, deixou a "nossa" praticamente montada. Ficava numa vilinha, na rua Fradique Coutinho, 342, casa 6, em Pinheiros. Era um palacete para nós. Na vila tinha inúmeras casas, com entradas independentes com portão e tudo, a nossa era lá embaixo, aquelas coisas que os portugueses faziam, casa em cima, embaixo, mais abaixo, mais acima, em frente, atrás, nas laterais. Era o nosso palacete. Nós tínhamos um lugar para morar como uma família normal, levar os parentes, eles poderiam dormir em nossa casa. Um sonho. Uma das nossas "irmãs", a Pedrina foi conosco.

A casa própria foi assim: uma das meninas do Lar, a Olga, havia se casado com o José, o "irmão adotivo" da diretora, e ambos estavam sempre lá em casa e numa dessas visitas ele falou: "Mãe, nós compramos uma casa, é um conjunto residencial que está sendo construído na rodovia Raposo Tavares; de um lado serão casas mais simples e do outro, onde iremos morar, as casas serão maiores para funcionários mais graduados". A mamãe perguntou como havia conseguido, ele desconversou e não deu a informação. Nós ficamos com aquilo na cabeça, ter a casa própria. Minha mãe começou a dizer para rezarmos porque se fosse da vontade de Deus e de Nossa Senhora Aparecida, nós também teríamos nossa casa naquele lugar. Poucos dias depois, apareceu em casa o Bia, filho da passadeira do Lar São José. Ela comentou com ele sobre a visita do José e sobre o conjunto na Raposo Tavares. Ele sabia, e, inclusive, já havia feito sua inscrição. Informou que era uma reunião de cooperativas, o INOCOOP — Instituto de Orientação às Cooperativas e que o superintendente era o sr. Zezé, irmão da diretora, o que havia sido vereador. Forneceu todas as informações, o endereço e o telefone para conversar com ele. Era uma pessoa com um grande coração e tinha respeito e afeto por nós do Lar. Nós sempre trabalhamos em suas campanhas eleitorais fazendo boca de urna e, mesmo tendo acabado o Lar, nunca deixamos de visitar a diretora e sua família. Não é preciso dizer que no dia seguinte, minha mãe ligou para ele, e qual não foi a sua surpresa quando ele falou:

Mãe, você não tem casa? Mora de aluguel? A primeira pessoa que eu perguntei para Maria Olímpia foi por você e ela disse que você não precisava! Pelo amor de Deus, mãe, venha amanhã aqui, nós vamos conversar, tem uma desistência, traga seus documentos. Só que as pessoas estão pagando há quase quatro anos uma poupança, não é muita coisa, mas você vai ter que arrumar esse dinheiro, se não de uma vez, em duas ou três vezes no máximo, e deixa o resto comigo.

Minha mãe, uma vez por semana, cozinhava para a sra. Aparecida Barbosa, a psicóloga, e neste dia contou sobre a casa e a proposta do sr. Zezé. Informou que não tinha o dinheiro e nem onde conseguir. Ela já era nossa fiadora na casa em que morávamos. Ela ouviu e disse: "Mãe, eu te arrumo esse dinheiro, a senhora me paga como puder". Ela foi conversar com o sr. Zezé e fechou o negócio, a única coisa que ele pediu foi que jamais abandonássemos a Maria Olímpia.

A casa não pôde sair no nome dela porque o seu salário não alcançava o mínimo necessário para a inscrição. Tão logo possível, passei para o nome dela, a casa era dela. Olha, as casas foram sorteadas, mas eu até hoje desconfio, porque a localização da nossa casa é das melhores, fica exatamente no meio do conjunto, na quarta travessa, você subindo para a Raposo Tavares ou descendo para a avenida Corifeu de Azevedo Marques, é a mesma distância. É uma casa, no meio do primeiro quarteirão, com quatro cômodos, uma sala, um quarto, uma cozinha e um banheiro, uma escada de apenas três degraus para acesso à casa. As casas da esquina tinham três e quatro dormitórios e as que ficavam em frente à nossa tinham dois e daria para fazer garagem e em cima aumentar a sala. Falamos com ele, respondeu dizendo:

Mãe, é melhor ficar com essa casa pequena, tem espaço e vocês podem aumentá-la, a prestação é baixa e as meninas podem se casar e a senhora poderá continuar a pagar sozinha. E mais, a senhora vai envelhecer e não vai poder ficar subindo e descendo escada. Não está no início da rua, que chama ladrão, porque isso aqui vai melhorar muito e vai chamar a atenção.

Olha, não foi uma bênção? Não foi escolhida a dedo? Então, fomos pagando e dois anos depois eu fui receber as chaves sem que elas, minha mãe e minha irmã, soubessem. Quando cheguei e mostrei, nós nos abraçamos e choramos muito, porque a coisa que ela queria era ter uma casa e para isso ela rezava toda noite.

Acredite, no dia da mudança, eu fugi, não consegui, não ajudei em nada, justo eu que acompanhei todo o processo porque estava no meu nome, fazia parte da cooperativa, tinha que comparecer às reuniões, foi muito forte. No dia da mudança eu fui visitar um primo no hospital que teve o corpo inteiro queimado. Me arrependo muito. E aí nós fomos devolver as chaves para o proprietário. Uma vez, minha mãe foi reclamar dele na delegacia, porque tentou aumentar o aluguel num valor muito superior ao permitido, ele foi chamado, ficou com um pouco de raiva, ele gostava muito dela, mas se aproveitava dos inquilinos. Imagina com a gente, só mulheres! Mas depois desta, nunca mais vacilou conosco. Entregamos as chaves, e ele disse: "Dona Zilda, eu estou muito triste porque vou perder uma inquilina como a senhora, que nunca atrasou um aluguel". Minha mãe não atrasava nenhum pagamento, nem prestação, dizia que nós pretos só tínhamos o nome como garantia. E ele continuou: "Mas por outro lado estou feliz porque a senhora está saindo daqui para a sua casa". Ele veio conhecer a nossa casa. Foi uma loucura. Mudamos para "nossa mansão" em 4 de maio de 1974. Quando cheguei, nos abraçamos e choramos muito. Primeira providência: arrumar um lugar para Nossa Senhora Aparecida; depois o restante.

Minha tia Áurea ficou viúva, 35 anos de idade e oito filhos. Minha mãe esbravejava muito a cada gravidez, depois dizia: "Ah! Já está aí, agora bola pra frente". Era sua irmã e afilhada. Alguns dos meus primos e primas iam para o colégio, ficavam conosco o final de semana. Saíam do colégio e ficavam aqui em casa, ao término do ensino fundamental voltaram para casa. A caçula saiu de casa para se casar em 1997.

Quando se aposentou, minha mãe voltou a estudar, a escola mudou. Agora está estudando, e curte tanto a escola que faz os trabalhos de casa mais rápido e por volta das 15h30 prepara toda a lição, depois se deita para descansar, reza o terço e vai para a escola. Ela vai sozinha.

Ultimamente, nós a temos visto chorando, porque, acredite, acha que nos passou muita responsabilidade cuidando das outras pessoas, que não tivemos tempo de casar. Pode? E eu digo: "Você acha que se a gente quisesse casar, a gente iria ligar pra você?". Eu ergo as mãos para o céu por não ter me casado, por poder estar no meu porto seguro, minha mãe é meu porto seguro, minha irmã, minha casa, é uma felicidade.

Veja, se eu não dou notícias o dia inteiro ela liga e deixa recado no celular: "Sônia Maria, é sua mãe, quero saber onde você está, te avisar que você tem família". Graças a Deus que somos filhas dessa mulher. Eu tinha muita vergonha, porque achava que não tinha feito nada para compensar-lhe todo o sacrifício. Tem uma coisa que é muito legal, ela nunca nos apresentou sua vida como algo de muito sacrifício, sofrimento ou coisa parecida. Pelo contrário, fala o tempo todo que a Ling saía da marginal do Tietê, pegava o ônibus, ia pra Campinas para estudar e voltava. Realmente, depois ficou morando por lá, o curso passou a ser integral, foi na época em que você me indicou para trabalhar no metrô pra ajudar a aumentar a renda, para dar suporte a ela. Quando terminou seu curso, voltou a trabalhar e me ajudou a segurar a faculdade. Ela nos passou isso. O de ajudar os outros porque sempre tivemos quem nos ajudasse, ensinar, porque tivemos quem nos ensinasse, dar oportunidade para os outros, porque tivemos muitas. Tem que passar, tem que multiplicar.

Não cabia um homem nesta orquestra, iria quebrar a harmonia. Esta figura pai e mãe, homem e mulher, para mim era ela. Depois de meu pai, minha mãe nunca mais namorou, ela era muito brava, autoritária, doce e independente. Meus tios e nós todas, nos pelávamos de medo. Nunca ouvi meus parentes falarem de alguém interessado nela, e olha que era muito bonita e... doce. Mas imagina assumir seus irmãos, filhas, biológicas ou não, sobrinhos. Não dava para dar mole mesmo, e que homem suportaria isso?

Minha mãe queria muito estudar, tinha fixação com estudos, sempre exigiu da gente que entregássemos em suas mãos um diploma de curso superior. Sempre exigiu, examinava caderno, tomava lição todos os dias, exigia a tabuada na ponta da língua. Dizia que estava queimando umbigo no fogão de patroa para que nós não tivéssemos que fazê-lo, portanto a nós cabia estudar. Estudar muito para não depender de ninguém, a não ser de nosso próprio esforço. Nós tínhamos que ter o que era nosso. Talvez ela não pudesse nos dar muita coisa, uma casa, por exemplo, mas queria nos dar condição para que nós pudéssemos comprar. Como meninas do Lar São José, nós fomos bolsistas no curso primário do Externato Casa Pia São Vicente de Paulo, das Irmãs Vicentinas, está lá até hoje na Alameda Barros, bairro de Santa Cecília, uma escola muito boa. Depois, Seminário Nossa Senhora da Glória, na avenida Nazaré, hoje Faculdade de Música e Artes da Unesp, no bairro do Ipiranga, e cada sucesso, aprovação, promoção, minha mãe dizia: "Não estão fazendo mais do que a obrigação, nós somos sobreviventes, os nossos antepassados, com muito sofrimento, vieram em navios horríveis e sobreviveram para que nós vencêssemos aqui". E sempre exigiu muito que nós estudássemos, brigou nas escolas, agradava também as freiras, levava balinhas de coco, bombom e essas coisas, tudo isso porque ela achava que melhorava nossa aceitação. E para nós dizia que elas sempre tinham razão: "As freiras sempre têm razão". Nós nunca tínhamos razão se elas chamassem para reclamar. Até que um dia uma das freiras chamou a minha atenção e disse para minha mãe que eu era arrogante e tinha o nariz arrebitado e, para meu espanto, ela respondeu: "Mas a senhora quer que eu corte a ponta do nariz da minha filha?". Não acreditei, fiquei muito feliz porque pela primeira vez na vida ela me deu razão; primeira vez que ela não disse que as freiras tinham razão e que eu estava errada. Nós duas comemoramos muito, voltamos para casa rindo, batendo uma na bunda da outra, beijava o seu rosto, e a partir dessa data ela nunca mais disse que só os outros tinham razão e a gente não. Quando acontecia alguma reclamação, nos sentávamos, conversávamos, e ela dizia: "Quero confiar em você, me conte exatamente o que aconteceu, a verdade, que eu vou confiar em você". Então foi muito boa essa experiência da escola, da minha mãe contra as freiras.

O ginásio, enquanto a Ling e outras foram para o Colégio São José, que pertencia à Santa Casa, lá as meninas passaram por discriminações, a minha irmã queria fazer o curso Normal, mas as meninas do Lar São José que eram pobres tinham que fazer o curso de Secretariado. Mas ela queria ser professora, imagina o que significava para a minha mãe ter uma filha professora, era tudo o que ela queria ser; queria fazer o curso Normal, e as freiras insistiram no Secretariado. Minha mãe foi, conversou, pediu, implorou, e elas concordaram, mas disseram que ela não conseguiria lecionar porque não encontraria emprego sendo negra. Ela conseguiu estágio, e no fim do último ano, já lecionava. Estava com dezesseis anos. Ela ficava revoltada com tudo isso. Eu, em compensação, sempre consegui tirar meio que de letra, porque quando elas pensavam em falar alguma coisa com conotação racial, eu dizia: "Você não está me ofendendo. Sou negra mesmo, o que mais tem a dizer?". Repetia as palavras de minha mãe quando reclamávamos que alguém nos ofendera chamando-nos de "negrinha". Ela mostrava um espelho e dizia: "É o que você é, negra mesmo, e daí?".

Eu fui fazer o quinto ano no Godofredo Furtado, em Pinheiros, colégio estadual, mas não me adaptei, habituada que estava com escola de freiras, com organização, disciplina, salas de aula não muito cheias. Fui para o Seminário Nossa Senhora da Glória, colégio dirigido pelas freiras Josefinas, a mesma congregação das da Santa Casa e do Colégio São José, uma escola estadual muito concorrida porque tinha também curso profissionalizante, como corte e costura, bordado, culinária, economia doméstica e as demais matérias.

Com exceção de matemática, motivo da minha reprovação na terceira série, nas demais matérias eu era boa aluna. Gostava muito de história, inglês e português. Ingressou uma professora negra, a dra. Clélia, a única na escola, que era advogada. Sempre fui liderança e ela gostou dessa história e praticamente nos adotou, as duas alunas negras da classe, eu e a Zélia. Ela dizia: "Vão fazer de tudo pra vocês não chegarem lá, não desanimem, nós vamos juntas, nós vamos lutar e vamos chegar lá juntas". Ela nos estimulava muito, creio que por isso não sabia se havia racismo, porque eu não sentia. Havia muitas alunas negras, a maioria era do internato. Nós, alunas negras externas, éramos poucas. Ela me colocou como sua assistente, eu era representante da classe, passei a estudar muito mais, ela era professora de português. Fazia chamada oral frequentemente e eu sempre estava com a lição em dia, sabia tudo e ela se orgulhava. Ela deu muita força, mas também cobrava muito de nós duas. Dizia que nós tínhamos que saber o que era ser liderança, era ir à frente, falar, estudar, porque nós éramos negras e o mundo [ri] conspirava contra a gente. Nós tínhamos necessidade de retribuir isso para ela, então na aula de português nós sempre fomos as melhores alunas da classe.

Mas neste sentido a formação do Lar São José contribuiu muito, com exceção de matemática e geografia, eu ficava junto com as meninas mais velhas quando elas estudavam, assim, aprendi muito com elas, como falar corretamente o português, conhecimentos básicos de inglês e francês, a localização dos estados brasileiros, dos países latino-americanos e europeus e suas capitais, e, principalmente, história, de que eu gostava muito. No curso profissionalizante eu gostava muito de corte e costura, fiz muitos trabalhos e tenho o meu caderno de anotações até hoje.

Até o terceiro ano ginasial eu queria ser religiosa, mas chegou no colégio uma freira de nome Umbelina que trabalhara com indígenas no Amazonas, era consciente, criticava as mordomias das freiras do Seminário e disse que se fosse para levar aquela vida, melhor seria servir a Deus através do sacramento do matrimônio. Não precisou mais nada para eu jamais voltar a pensar no assunto.

Concluído o ginásio, fui tentar fazer contabilidade no Colégio Frederico Ozanan, uma escola particular. Após um ano, com muita dificuldade porque detestava matemática, entradas e saídas, ativos e passivos, fui fazer colegial, voltei para a escola pública clássica, à noite, no Macedo Soares, ali na Barra Funda. O diretor era interessante, mas os professores não se importavam tanto com os alunos como nas escolas religiosas, e a discriminação era mais explícita. Eu tinha apenas três colegas e eram brancas, não havia muitos negros, nós os evitávamos. Eu, porque eles eram o protótipo de tudo de mau que eu sempre ouvira falar no Lar sobre os negros. Ficavam no fundão, respondiam, não faziam as lições, e eles, creio, porque eu me comportava como "branca". No final do segundo ano, fui com as três colegas e mais alguns alunos prestar supletivo no Rio Grande do Sul, minha mãe quase morreu porque faltava apenas um ano e esse negócio de supletivo não era sério. Vi uma oportunidade para viajar com colegas e fui. Saímo-nos muito bem nas matérias que prestamos. Quando chegamos, soubemos que seria realizado o mesmo exame supletivo na própria escola. Fiz, fui aprovada. Fui fazer cursinho.

Para entrar na USP fiz cursinho, o Objetivo, na Paulista, ganhei uma bolsa de estudos, eu já trabalhava na Secretaria da Fazenda. Ali estudei muito, queria fazer faculdade. Apesar de gostar muito de filmes, livros de julgamento, e os professores falarem que eu deveria prestar o vestibular para direito porque estava preparada para entrar na USP, eu dizia que iria prestar ciências sociais, influenciada pelo momento político que vivíamos, pela Inês, uma das "irmãs" que eu admirava muito e já era socióloga, ela estudou na Maria Antônia, era amiga do Zé Dirceu, Aloysio Ferreira e de toda a turma, trabalhava na Secretaria da Fazenda com a mãe do Travassos (um ícone da luta contra a ditadura, procurado pela polícia política), e no Lar São José a diretora falava muito em política, seu irmão era vereador, algumas das meninas mais velhas, como a Inês, ousavam até discutir com ela, lia-se muito lá, diariamente o *Estadão*. Mas o verdadeiro motivo de eu não fazer o curso de direito é que eu achava que não era para mim. Cursar direito, na USP, a Faculdade de Direito do Largo São Francisco? Não era pra mim, eu achava, jamais seria uma advogada. Porque sou negra. Não tinha muita confiança, apesar de todos os esforços de minha mãe. Ela era uma mulher confiante, e sempre tentou nos contagiar, mas eu não confiava no meu taco, mas minha mãe, eu sentia, queria que eu fizesse faculdade de direito [chora]. Eu também achava que devia fazer direito, porque quando completei quinze anos ganhei um saltinho [chora] e fui pro Tribunal de Justiça assistir o júri, tinha um policial lá, fiz cara feia para dizer que tinha dezoito anos. No final o pessoal saiu, eram os jurados, e eu perguntei ao policial: "O que é que eles vão fazer agora?". O policial disse: "Não vem com essa cara que você não tem dezoito anos". E ele deu todas as dicas pra que pudesse assistir, mas num determinado momento achei que não dava para fazer, e era o que eu mais queria na vida [chora].

Assisti a mais de trezentos júris na minha vida. No início eu ia escondida, mas achava que aquilo não era para mim, quantas vezes eu, assistindo júri, ficava chorando, perguntando: "Por que não pode ser pra mim? Por que eu não posso fazer isso?". [Chora.] Então, entrei na USP, nas ciências sociais, e me dei por satisfeita.

Comprei roupa nova para o primeiro dia de aula. Primeiro e segundo dias fiquei sem entender nada, no terceiro, tomei coragem e, terminada a aula do José de Souza Martins, reuni as colegas do Objetivo que ingressaram no curso e fomos falar com ele para falar de maneira mais fácil, começar abaixando um pouco o nível para que pudéssemos entender, porque éramos alunos novos e não compreendíamos nada. Ele nos mediu de cima a baixo, o que nos arrasou, e disse que nós é que devíamos estudar para alcançá-lo, se nós não sabíamos onde estávamos, aquilo era uma universidade. Ficamos muito mal, éramos um grupo de três alunos, ninguém terminou, uma foi para a educação, um foi embora para Londres, e eu.

O primeiro ano foi terrível, terrível, por não entender nada, mal sabia expor a minha dúvida, mesmo assim ia tentar conversar com eles, eram poucos os professores que davam atenção, eu achava que tinha que me esforçar mais. Lá eu sentia discriminação. Havia um rapaz que fora preso e voltou, Mantovani, estava muito adiantado, morava no mesmo conjunto residencial que eu, e ficamos amigos, estudamos juntos, discutimos muito, comecei a entender. Quando tive aula de antropologia e se discutiu sobre o negro, eu não me via naquela fala, para mim a discussão não levava em conta o próprio negro, não me vi, não me identifiquei com aqueles estudos, eles discutiam o negro de uma forma tão folclórica, pra minha época era folclórica, que um dia eu tive coragem de levantar e dizer: "Não é nada disso, minha vida não é isso, nós temos uma vida". Acabaram comigo, me ridicularizaram e eu abandonei a faculdade. Mas os estudos se baseavam numa obra de uma autoridade branca sobre negro. A sensação era de que ele só não havia entrevistado um negro. Aí desisti de vez, eu podia não saber muito sobre minha identidade, minha raça, minha comunidade — mas eles também não.

Era muito cinismo também. Veja essa: imagine, nos idos de 1974-5, tinha uma colega branca que nos convidou para ir a sua casa, ela era do centro acadêmico, participava das assembleias, e quando lá chegamos havia uma empregada negra toda uniformizada de vestido preto, aventalzinho branco e touquinha branca, ela chamava a empregada através de uma campainha que ficava sob a mesa que ela acionava com os pés. A mulher vinha e ficava em pé ao lado dela aguardando ordens da revolucionária. Parecia uma cena de novela da época da escravidão. Revoltante!

Outra: comprei roupa nova para o primeiro dia de aula na USP, e quando cheguei, aquela gente toda com roupa rasgada daquele jeito, e eu com roupa nova, começou ali [ri], que horror [ri], foi ruim minha experiência. Eu tinha uma amiga, Nanci, que me falou que trabalhava numa multinacional, era secretária executiva, trabalhava com conjunto de saia e casaquinho e salto alto, mas saía do serviço, ia para casa se vestir de hippie e ia para a faculdade, não tinha coragem de ir de secretária jamais, morríamos de rir. Fomos nos encontrar anos depois no Fórum e posteriormente também na Justiça Federal, também fizera faculdade de direito.

Última: estávamos na sala de aula e passou um comando de greve comunicando que haveria paralisação, as aulas seriam suspensas em solidariedade a operários que haviam sido presos num país que já não me recordo (o que mais havia era suspensão das aulas pelos motivos mais incríveis). Nós teríamos provas no sábado seguinte e não conseguimos ter aula por causa de outras paralisações. Assim, eu falei para a professora: "eles já sabem tudo, quando entravam na sala de aula, faziam um debate alto nível, e nós ficamos um olhando para a cara do outro sem entender absolutamente nada", então, sugeri à professora continuarmos a aula fora e longe daquela sala para nós, os novos, que não sabíamos de nada. Ela concordou. Estávamos tendo a aula quando passou o comando de greve dizendo que estávamos furando a greve e assim prejudicando os que foram para a assembleia, e nos xingaram. Eu era a única negra, e aí imagina, só lembraram da minha cara. Fui estigmatizada, alguns alunos deixaram de falar comigo. Foi uma violência, uma agressão. Depois disso eu achei desaforo e tive a coragem de comparecer numa festa junina que eles organizaram, se apresentaram cantores e violeiros, no final eu fui cumprimentar os músicos e um dos alunos, que era do comando de greve, passou perto de nós e falou para não me cumprimentarem porque eu era uma "fura-greve, entreguista", e mais, disse o que podia e o que não devia, hoje tenho minhas dúvidas, creio que o motivo não foi o fato de eu não ter comparecido à assembleia ou ter furado a greve, porque eu não furei, mas era mesmo a questão racial, como podíamos estar ali e não os obedecer?

O Rafael (um militante do movimento negro) passou por isso, o Márcio Damásio (militante do movimento negro) também. Enfim, eu estava desesperada, fui conversar, pedir socorro para o Márcio, e ele me disse: "Pior que eu não posso fazer nada, porque eu também estou achando isso. A gente tem é que se unir". Não sei se o Márcio terminou a faculdade, porque ele também ficou muito bravo. Era tão pesado para mim que chegou uma hora que eu pensei: O que estou fazendo aqui?, chega, não era meu lugar. Hoje eu imagino o que os alunos das cotas devem sentir, com toda essa má vontade da maioria dos professores.

Depois de uns dez anos que eu abandonei a faculdade eu encontrei o filho da mãe do cara do comando de greve, que me reconheceu e veio pedir desculpas, dizendo que era muito jovem à época. Eu lhe disse que sabia que ele era jovem, mas por que ele havia feito aquilo comigo? E ele se calou. Foi bom, lavei minha alma.

Minha mãe! Ela ficou muito feliz. Fiz, como já falei, o Objetivo, e a Ling fez Pré-Médico, ela valorizava tanto os nossos estudos que chegou a assinar a revista *Veja*, porque um professor da Ling falou que seria interessante para o vestibular, deu mais uma vez, toda força. Tinha mais: quando terminamos o ginásio ela disse: "E agora quero o colegial". Concluído o colegial: "Agora a faculdade!". Eu trabalhando na Santa Casa, ela queria um concurso, que era garantido. Entrei para escriturária na Fazenda, ela: "Vai ficar com esse cargo para sempre?". E assim foi até a nossa aposentadoria. Quando chegávamos com o resultado ela só dizia que estava muito orgulhosa, e estava mesmo, via-se em seus olhos muita alegria, muita comemoração, abraços, e contava para todo mundo. Ela continuava a frequentar a casa de muitas ex-patroas, e uma delas tinha uma filha com a minha idade, só que eu entrei nas ciências sociais da USP, a Ling na fisioterapia na PUC-Campinas [ri], e a filha da patroa não entrou. Perguntou: "Como é que ela vai pagar?". Minha mãe respondeu: "Ela é professora, dá aula no período da manhã na Pestalozzi e à tarde vai para Campinas". Contou na vizinhança, a notícia se espalhou, ela ria à toa. Nós morávamos na Fradique Coutinho e todo mundo ficou sabendo que nós tínhamos entrado na faculdade, na Santa Casa também todos sabiam. Aí começou o seu inferno porque provocou uma péssima reação em sua chefe geral e em alguns colegas que passaram a ignorá-la, as pessoas eram muito cínicas, uma cozinheira ter duas filhas na universidade, uma na USP, outra na PUC? Ela fazia a dieta especial para os doentes, médicos e funcionários que tinham problema com ingestão de sal, fazia com muito cuidado e carinho, esses médicos e funcionários foram cumprimentar, e a notícia se espalhou. A chefe mudou sua função, colocou-a para fazer um trabalho pesado que tinha que subir e descer escada muitas vezes ao dia e a afastou dos médicos e funcionários. Era costume entre alguns colegas, os que acabavam mais cedo, ajudar os demais para que todos saíssem juntos, e alguns deixaram de ajudar, um espanto. Eram funcionários brancos, a maioria, tinha um ou outro negro também, e a chefe geral era japonesa.

Bem, como o curso de direito acabou entrando na minha vida? Eu abandonei a USP, a essa altura já trabalhava no Fórum como oficial de Justiça, lá havia um diretor, mais especificamente, na 3ª Vara Distrital de Pinheiros, ele era mau e racista. Um dia tivemos uma discussão muito feia, a primeira em minha vida. Pensei que precisava fazer alguma coisa para sair dali, era dia 29 de dezembro. Cheguei em casa, procurei por telefone uma faculdade que tivesse inscrições abertas, tinha uma única cujas inscrições terminariam no dia seguinte e era em Mogi das Cruzes, fui até lá e fiz a inscrição. Só comuniquei quando saiu o resultado e fui aprovada, ela saiu falando para o mundo inteiro, e eu dizia pra não fazer isso porque Mogi não era uma faculdade de nome e para quem estudara na USP, a discriminação era muito grande e eu achava que não era uma escola da qual devesse me orgulhar, "não conta pra ninguém". Olha eu, de novo. Você imagina, minha mãe ficara muito feliz de eu ter entrado na USP, mas quando eu entrei no direito, aí eu senti a realização mesmo dela, parece que dizia: "Agora eu já posso relaxar?". Eu fiquei três anos na USP, nunca cheguei no terceiro ano, porque eu ficava nisso, entra, sai, para, parei duas vezes, não terminei o terceiro ano e ainda assim porque eu insisti muito.

No direito, era ruim porque era uma escola sem nome, distante, e uma fama não das melhores. Como eu já trabalhava no Fórum, tinha alguns conhecimentos na área jurídica. Fui eleita representante de classe, e como eu vivia careca me chamavam de Piná, a passista da escola de samba Beija-Flor de Nilópolis, do Rio de Janeiro. Eu me sentia superbem, estava entre os meus. No final do ano tive muita vontade de tentar a USP, mas depois me dizia: "Não vou entrar, não é pra mim". E pensava naquela gente, parecia um pesadelo. Não vou dizer que não me arrependi, era óbvio que se eu tivesse entrado estaria com um diploma da USP, que faz toda diferença. Mas tenho muitos colegas que são muito bons e que fizeram Mogi também. Mas confesso que aquela coisa de "lá eu sou amigo do rei", lá eu era representante de sala, benquista, tive medo de ser discriminada mais uma vez, não vou negar, tive medo.

A diferença de um diploma da USP? O status de você ter feito USP, talvez eu tivesse aprendido mais, teria mais confiança, os relacionamentos, os professores, enfim, as Arcadas. É também algo simbólico, estudar onde estudou Castro Alves e tantas figuras da nossa história, fabuloso. Mas, de verdade, você aprende mesmo é na prática. Muito bem, não fiz, não fiz, mas nem por isso sou menos advogada. Mas com a autoestima lá embaixo, fui fazer Damásio, o curso preparatório pra concurso. Quando me perguntavam que concurso eu ia prestar, eu respondia que estava ali apenas para fazer uma revisão, não vou fazer concurso nenhum. Eles diziam: "Mas por que já não aproveita que está aqui e se prepara para um concurso?". Eu dizia que não porque não estava preparada. "Mas aqui é um curso de preparação!" Eu me boicotando, sempre achando que não era pra mim, não dava. Eu falava com os alunos brancos, nunca tive um colega negro no Damásio.

O Damásio era o curso preparatório para concurso em carreiras na área jurídica. Surgiu um concurso para oficial de Justiça Avaliador na Justiça Federal, e na mesma época para procurador do Estado. Eu e uma colega do Fórum decidimos prestar, eu queria oficial de Justiça, e estava muito bom; ela, a Procuradoria do Estado. Bem, estudamos um ano inteiro, nós duas, em sua casa. Sucede que ambas as provas foram marcadas para o mesmo dia, optamos pela de oficial de Justiça para depois nos prepararmos melhor para o próximo concurso de procurador, eram mais de 3 mil inscritos e noventa vagas, ela foi aprovada em 55º e eu em 65º lugares. Nunca mais pensamos em outro concurso. Me aposentei nesta função.

Graças a Deus, não posso reclamar de nada, tenho salário e bom convênio de saúde. Você tem razão em falar em lenga-lenga, eu vivia dizendo que com essa idade ainda não havia feito nada na vida, e conversando há um tempo com uma cliente que falava sobre seu marido e dizia: "Dra. Sônia, ele tem 43 anos e ainda não construiu nada na vida, aos quarenta anos a gente já está meio caminhando para o fim, você já tem que estar estável, já pensando em aposentadoria, já tem que ter um curso superior". Ela foi falando e eu me desliguei, meu pensamento viajou: é verdade, com quarenta anos, 45 você já tem ou deveria ter tudo isso, e eu tenho! Não ouvia mais o que ela dizia, comecei a enxergar muita coisa que já havia conquistado. Hoje vejo a vida dessa maneira, há coisas a serem conquistadas e são muitas, mas muitas já foram conquistadas, muitas.

Mas me aposentei com 27 anos de serviço por causa do Geledés. Lembra-se que o pessoal do jurídico estava saindo e precisava de uma advogada? Eu participava das atividades desde o início, mas, quando me internei na organização, trabalhávamos muito, todas, mas foi uma revolução em minha vida, ficar ali, período integral na organização pioneira de mulheres negras loucas de pedra. A força do Geledés, o padrão da organização, as intensas atividades que realizávamos eram assustadoras para a época. As conquistas, os eventos, o nível das palestras, o primeiro evento da saúde quando trouxemos a presidenta do Programa de Saúde da Mulher Negra de Atalanta, a vinda do Harlem Desir, do Bryan Stevenson, a participação na conferência Rio Eco-92, uma das nossas numa mesa da conferência no Planeta Fêmea, montado ao lado do oficial. A participação em todas as conferências — 1993 em Viena, através da Deise, 1994 no Cairo, com a Edna, 1995 a Nilza em Beijing, 1995 a organização inteira em Brasília para a Marcha Zumbi dos Palmares, e nós na organização do evento. Ali estava em casa, junto com os meus (as minhas), lá era o meu lugar.

Sou finalmente uma mulher negra que tem coragem de colocar no dedo um anel, entrar numa sala de audiência e esperar ser bem tratada, porque eu não tinha um pingo de confiança na minha prática jurídica, então permiti muita coisa. Vou te contar uma coisa: minha mãe, quando eu me formei falou: "Vou te dar o anel". E eu: "Não faça isso, que bobagem, anel de advogada". Apesar de estar com o diploma na mão, pensei: Se ela quer dar, devo aceitar. Então lhe disse: "Meu Deus, eu quero sim, você quer me dar, pode dar!". Ela abriu seu armário e pegou o anel que comprou no início do ano e pagou em dez vezes, o anel estava no armário dela, ela me deu o anel.

Nunca usei porque achava que não era uma boa advogada, e agora eu vou usar o anel, e agora eu falo, já tive a experiência de entrar numa audiência e o juiz não olhar pra minha cara, sair me sentindo um nada, hoje só falo se ele olhar pra minha cara. Fui fazer um divórcio, estava de trança, o juiz não olhava pra mim, só ficava olhando na trança e dizia assim para o casal: "Se vocês precisarem de alguma coisa venham falar comigo". Veja, era um divórcio consensual. Se vocês precisarem de alguma coisa falem comigo [ela enfatiza], eu disse: "Falar com o senhor, excelência?". Juiz: "Sim, falem comigo, qualquer dúvida que tiverem, falem comigo, vocês viram o que está escrito aqui?" [Sônia]: "Claro, cada um de nós tem uma via, juiz". Então, diz o juiz: "Ah, bom! Mas vocês sabem perfeitamente o que estão fazendo aqui, foram orientados nesse sentido? Senão falem comigo, e agora, mesmo depois, se tiverem alguma dúvida, venham falar comigo". Aquilo estava me deixando daquele jeito, e eu pensando: o que será que ele está querendo fazer? Então eu falei: "Mas falar como, excelência?". Aí a cliente disse: "Eu não estou entendendo, porque ela é minha advogada, nós somos amigas há mais de vinte anos!". Juiz: "Ah! Então você sabe o que está escrito aí?". Cliente: "Eu sei, ela é minha amiga, mais do que advogada, ela é minha amiga". Juiz: "Mas ainda assim, digo pra vocês, se restou alguma dúvida, falem comigo".

Neste momento entra na sala o dr. Catani, um procurador do Estado, aposentado, que é uma sumidade em direito de família, quando ele me viu, disse: "Eu não acredito, meu Deus, você que está aí?". "Olha", ele falou pro juiz, "cuidado, porque essa daí em direito de família, é demais, hein, tome cuidado com ela...". Foi Deus, imagine, nem sou tudo isso, mas ele falou. E o juiz: "Ah é? Bom, então tá".

Então começou a até olhar pra mim, mas eu já não conseguia fazer ou falar mais nada, mal pude assinar a ata da audiência, estava tremendo, saímos da sala, ele me chamou e parei de costas para ele, pensei: "não vou nem olhar", ele tornou a me chamar e desta vez mais alto, dizendo: "Oi, dra. Sônia". Aí me voltei, ele se levantou, na presença do Catani, e veio dar as mãos, eu estendi a mão, mas a vontade era dar na cara dele. Eu fui arrastada, segurando na cliente até o elevador, quando o elevador abriu a porta lá embaixo eu desabei a chorar. Ele acabou comigo, e fico pensando o seguinte: sou militante, mas ninguém espera uma coisa dessa, ninguém está preparado, eu só pensava em parar. Depois, à noite cheguei em casa, contei em casa, rezei e pronto, agora é tentar esquecer. Na noite do dia seguinte fui na reunião dos Bahia's, do Instituto da Cura do Racismo, e começamos a falar sobre as discriminações e alguém falou: "Não, não é tanto assim! Existe racismo, mas não é essas coisas também". Eu me descontrolei, comecei a gritar: "Olha aqui, não existe racismo pra vocês, eu já pensei até em me matar e vocês vêm me falar de bondade, de doença, vamos rezar pra curar, que é isso?". Outra vez que eu também saí do sério, porque as pessoas querem minimizar o racismo, foi no curso das Promotoras Legais Populares na OAB/SP, que você foi falar sobre racismo, preconceito e discriminação racial e a aluna falou que não existia o racismo, que ela tinha pintinha no nariz, que ela também era discriminada, e quando fui falar pra ela o que aconteceu na sala da audiência, me descontrolei.

Agora já está um pouco melhor, mas já passei por muitas assim, com juiz também, olhar pra minha cara e achar que sou eu a ré: "Senta lá!", antes de eu sentar do lado do advogado, aí ele pedia desculpas. Agora eu paro, paro e fico olhando pra ele. "Senta lá, não, que é isso?" Mas é duro, em sala de audiência, você ser humilhada. No Fórum, na agência do Banespa dentro do Fórum, havia uma placa enorme escrito: "Só para advogados". Eu na fila, na minha vez, a caixa pergunta: "Você é advogada?". Eu voltei até a placa e lhe disse: "Pelo menos, ler eu sei". Ela super sem jeito, pediu desculpas e disse: "Sabe o que acontece?". Eu respondi: "Há muitos anos que sei o que acontece". Eu fiz estágios no COJE — Centro de Orientação Jurídica e Encaminhamento da Mulher, da Procuradoria do Estado. Tinha a secretária na porta, que dizia: "Agora a senhora vai entrar e falar com a advogada". As pessoas entravam e diziam: "Cadê a advogada?". Eu, às vezes, até levantava para procurar na sala: "Não tem ninguém mais aqui, sou eu!". Uma vez, a moça falou: "Então eu volto amanhã". Saiu da sala, só que no dia seguinte seria eu também, falei pra ela: "A senhora pode esperar que vem uma outra advogada". Não vinha, deixei ela, no final, "quer voltar amanhã?". "Não, então eu converso, a senhora é advogada?". E isso você vai engolindo porque, se não, você passa o dia inteiro brigando e se estressando.

Lembrei de genocida, me fez lembrar o caso da Érica, que foi obrigada a ouvir de um professor que estudava o holocausto dos judeus que à medida que ele se aprofundava verificava que o que os negros passaram na escravidão foi Disneylândia perto do que os judeus sofreram no Holocausto. Sim, ocorreu na sala de aula no curso de direito na Universidade São Francisco, aquela no

Parque do Pari. Ela começou a tremer, teve uma crise de choro, se levantou e foi embora. Ele achou que não tinha dito nada demais, o problema estava na cabeça dela e não na mente dele.

Voltando à sala de audiência, veja o que a Margareth, uma advogada negra, fez. O juiz falou para uma menina, bonitinha, loirinha, vítima de um assalto cujo réu era negro: "Mas esses negros estão cada dia piores". E minha colega advogada negra disse: "Ah! Excelência ouviu o que o senhor falou?". Ele respondeu: "Ah, doutora, me desculpe, eu nem percebi de fato o que falei, me desculpe". Aí o escrevente branco, enterrou a cabeça no computador, a vítima também, ficou supervermelhinha, morrendo de medo do que poderia acontecer, o juiz percebeu, e encerrou a parte do depoimento da vítima. Em seguida mandou chamar o réu, mas ela não queria estar na mesma sala que o réu. Quando ali chegou, o réu perguntou: "E aí, doutora, vou continuar preso?". Ela falou: "acho que sim, porque você teve o azar de pegar um juiz que falou que nós, negros, estamos cada dia piores". E esse juiz pediu desculpas para ela. O que ele quis dizer acho é que talvez os negros estão assaltando mais ou mais ousados, quem sabe.

Ainda a Margareth: estavam na sala da delegada e a cliente prestando esclarecimento, a delegada queria forçar a mulher a dizer que tinha feito aborto, e o advogado negro falou: "Eu estou passando mal, você está forçando ela a falar alguma coisa que ela não fez". Sabe o que a delegada fez? Expulsou o advogado da sala. Ela, Margareth, não falou que o advogado era o seu marido. Ela [delegada] entrou numa outra salinha e conversando com alguém de lá, falou: "Só podia ser preto mesmo". A hora que ela saiu, a Margareth deu voz de prisão pra ela, pra delegada: "Pois a senhora acabou de cometer um delito, eu estou aqui cheia de testemunhas, estou dando voz de prisão pra senhora". Advogada não faz isso, mas depois do curso de promotoras legais que ela fez, ninguém mais passa por cima dela.

A delegada começou a chorar e pediu desculpas e falou: "Tudo bem, só que em relação ao meu colega eu não posso afirmar que ele não represente a senhora. Eu relaxo sua prisão, mas a representação na OAB a senhora vai ter que responder". É assim, as pessoas acham que podem fazer o que quiserem com os negros. Não demorou muito surgiram dois investigadores pra pegar o advogado, queriam prender o advogado, chegaram dizendo: "Cadê o advogadozinho?". A Margareth falou: "Aquele advogadozinho é meu marido, e foi expulso da sala por aquela delegada que falou que ele só podia ser preto". Detalhe: os dois investigadores eram negros, disseram na presença dela: "Ela falou isso?". "Pergunte aqui pra todo mundo". Eles disseram: "Ah! Deixa quieto", e foram embora. É poder contar com essa cumplicidade, porque antigamente isto não existia. Ela que falou: "Vocês estão querendo prender o advogado, não cumpriram a ordem da advogada". Entendeu? Acham que pode falar, todo branco acha que pode falar e continua achando em 2004, dezembro, acham que podem. Alguns tomam algum cuidado porque talvez já tenham respondido a algum processo; se não acha que pode, basta ser negro, porque não está escrito na sua cara, advogado, dentista, por isso é que mata um jovem negro dentista, entendeu? Não tá escrito, mas ele é preto, ponto.

O SOS Racismo foi um aprendizado. Um serviço importante que visava, inicialmente, discutir com o Judiciário o tratamento dispensado aos crimes de racismo e os com conotação racial, provar através das ações propostas em favor das vítimas de racismo e discriminação racial que o Judiciário não tinha respostas para este tipo de delito — o qual, graças à Constituição Federal de 1988, que manifestou o repúdio ao racismo, deixou de ser uma mera contravenção para integrar o rol dos crimes graves, tornado inafiançável. Porém, por desconhecimento ou falta de vontade, os juízes não queriam entrar nesse debate. Já era muito conhecida, a discussão já estava posta na sociedade, teve muita visibilidade, principalmente as primeiras ações. Graças ao pessoal que me antecedeu, os doutores Arruda, Sérgio, Leila, Mariza, Isabel e o estagiário à época, Diógenes, eles conseguiram tornar o serviço tão público que o número de casos era imenso. As pessoas procuravam o Geledés para casos de discriminação ou não. A impressão que se tinha era que nós éramos seus advogados particulares, sentiam-se em casa, traziam amigos, conhecidos e demandas — e que demandas — quase transformam o serviço em uma Black PAJ [Procuradoria de Assistência Judiciária]. Tivemos que controlar rigorosamente.

A mídia buscava no Geledés informações, casos, vítimas. Com a novela *Pátria minha*, em que levamos a Rede Globo para a Justiça, a repercussão foi tamanha. Todas do Geledés estiveram em algum órgão de imprensa para falar sobre a novela e o caso jurídico. Fomos entrevistadas para jornais e revistas de todos os tipos, algumas semanais, eu falei para jornal japonês, e você para um jornal norueguês. Em São Paulo, todos os jornais de grande circulação comentaram a respeito e quase todos os dias pautavam o assunto. Um cônsul norte-americano dizia que foi a guerra entre Davi e Golias, TV Globo e Geledés. Sofremos ameaças também, a dos skinheads. Entrou Polícia Federal, todas as organizações do movimento social, políticas e religiosas.

Quando assumi, não imaginava a dimensão do problema, do drama. No começo era muito dolorido, chorei com muitas vítimas. Uma delas estava arrasada, foi discriminada pela polícia, pelo vizinho, e teve o filho discriminado, e dizia: "Faça comigo mas não faça com meu filho. Nunca falei com meu filho sobre isso, sempre falei pra ele não meter a mão, mas quando ele meteu a mão, foi preso, foi responsabilizado porque a causa da violência nunca foi investigada, nunca foi requerida, porque sempre era com o branco, e os brancos sempre têm razão". Então era muita dor, essa mulher estava desempregada, desesperada, via uma placa oferecendo vaga, quando ela chegava diziam-lhe que já havia sido preenchida, mandava uma branca lá e pediam-lhe os documentos, a vaga existia, ela foi preterida por causa da cor de pele. No hospital, um paciente branco, a auxiliar de enfermagem se aproximou e ele disse: "Não quero ser atendida por uma enfermeira negra". Isso num hospital público, onde somos maioria ainda. Você acha que pode? Eram casos como esses que nós, Maria Sylvia, Diógenes e eu atendíamos no SOS Racismo. A vítima queria processar o réu, o algoz, e a grande maioria não queria saber de indenização, diziam que não foram buscar dinheiro, que "não quero mexer no bolso de ninguém, quero é que ela responda processo para não fazer mais isso e aprender a respeitar o negro, pelo menos para não ser processada outra vez". Então era muita dor, na escola, professores que discriminavam os alunos, que discriminavam os pais dos alunos, a maneira como tratavam esses alunos. Os alunos iam, reclamavam para os pais, os pais iam reclamar na escola e eram também discriminados, rechaçados. Nós tínhamos um caso em que a mãe dizia que a professora queria que o filho dela saísse da escola, a professora dizia que não queria aquele aluno na sala de aula e tudo que dizia respeito ao escravo ela aumentava, dizia que os negros eram mesmo escravos, que já eram escravos que vinham pra cá e tinham que ser escravos mesmo, porque eles eram dóceis. Aumentava a carga de docilidade, de preguiça, dizia que muitas vezes escravo tinha que apanhar, dizia "negro tem que apanhar pra trabalhar", isso ficava incomodando o menino e como a mãe conversava com ele, o menino levantou e disse que era mentira. Começou a discutir com a professora, foi expulso da sala de aula. Na diretoria, a professora inventou outra coisa para a diretora, quer dizer, o menino sofreu uma série de agressões. Ele não queria mais ir pra escola e a mãe, preocupada, perguntou pra ele e ele acabou falando. A mãe, crente que ele ia pra escola, mas ele ia até o portão e voltava, ficava na rua até dar o horário, aí a mãe foi chamada, porque ele estava faltando, mas a professora maldita não contou o que ela vinha fazendo com o garoto.

Outros casos como consumidores confundidos com ladrão em lojas em que a pessoa era barrada na saída. Não tocava campainha nenhuma, mas o segurança desconfiava que cometera furto na loja e encaminhava para a salinha de revista, virava sua bolsa no chão e, não encontrando nada, pedia desculpa e mandava ir embora. Aconteceu na loja Zêlo da rua Vinte e Cinco de Março. A moça entrou, tinha em mãos uma sacola lacrada, com uma toalha que tinha comprado na loja ao lado, procurou e, não encontrando o que buscava, saía da loja, quando o segurança a conduziu para a tal salinha, abriu a sacolinha lacrada, viu a toalha, deu para o vendedor para localizar de que local ela havia furtado, só que não tinha aquele tipo de toalha na loja Zêlo, sabe o que ele fez? Jogou a toalha nela e lhe disse: "Então vai embora, vagabunda". E lhe deu um murro no rosto e a jogou para fora da loja, você acredita? Ela caiu, uma pessoa socorreu e falou: "Vamos pra polícia". Tinha uns guardas passando numa pracinha próxima que, comunicados, foram até a loja onde, claro, eles desmentiram, os policiais perguntaram se ela queria fazer alguma coisa, mas já dizendo que eles eram da loja e ela sozinha, para pensar bem. Deixou por isso mesmo. Então ela tomou um táxi para ir embora e contou para o motorista e ele disse para ela ir para a delegacia, pois deveria processar a loja. Foram, o delegado mandou um investigador com ela e na loja eles contaram outra história. Os policiais estavam passando por lá, ela os apontou e eles foram chamados e confirmaram que foram chamados, mas que ela se negou a ir até a delegacia, e o taxista também falou ao investigador que era muita gente a passar por aquilo por isso ele a levou até a delegacia para ver se isso acaba. O investigador perguntou se tinha tido briga na loja, eles responderam que não. "Então por que ela está com este hematoma?", ele perguntou. Bem, a Zêlo foi processada e condenada a pagar uma indenização. Eles sempre acham que podem, é preta, pode.

Eles se defenderam dizendo que o segurança não era da loja, só que quando os policiais foram chamados, o gerente da loja e o segurança se encontravam conversando no interior da loja, e o gerente dando ordens para ele, disseram que alguém tinha avisado que ela estava furtando. E, se o segurança não era da loja, o que fazia dentro da loja, numa salinha de revistas? Não teve saída, pagou a indenização.

Outro caso foi o da mulher negra que tinha uma rotisseria num bairro de classe média alta. A mulher branca foi comprar um produto, não gostou e começou a xingar de preta suja, que aquele não era local para pretos. A mulher, na realidade, queria era tirar aquela mulher negra dali.

Assim também foi o caso de um condomínio: nós recebemos uma reclamação de uma senhora de sessenta anos que foi discriminada em seu apartamento no condomínio onde morava, entrou uma síndica nova e colocou na porta dela que macacos não podiam morar no prédio. Ela ficou injuriada e não entendeu nada, porque ela trabalhava na Câmara Federal, em Brasília, e vinha pra cá só no final de semana. Ela foi conversar com o Delfim Netto, com quem trabalhara e ele perguntou se ela era a única negra a morar no prédio. Ela levou um susto, pois até então não sabia que ela era negra, então perguntou pra ele: "Mas que negra?". Ele respondeu: "Ué, negros, negras, tem outros negros no prédio?". Ela não deu resposta, foi falar com Bernardo Cabral com quem ela tinha muita intimidade. E Bernardo Cabral fez a mesma pergunta. Ela quase enlouqueceu e quase nos enlouqueceu quando veio nos procurar, perguntava o que era aquilo, o que estavam fazendo com ela. Sem saber, nós também perguntamos. Assim, contou que não se sabia negra, nunca alguém tinha dito essa coisa para ela. E o quanto isto e a síndica estavam "azucrinando a vida dela". Era certo que ela tinha alguns parentes mais escurinhos e algumas poucas vezes recebia visita deles, mas ela não, e agora a síndica não a queria mais lá porque macacos iriam poder entrar no condomínio para visitas. Realmente essa mulher enlouqueceu. Depois nós devolvemos seus documentos, primeiro porque queria que fôssemos a sua casa conversar com ela e para mostrar para a síndica que existiam negros advogados, e segundo porque "branca" não estava segura de que, patrocinada por advogados negros, obteria êxito no processo. Ela pirou por ter sido chamada de negra, não se sabia negra e sofreu discriminação aos sessenta anos. E a mulher dizia que queria limpar mesmo o condomínio, ela não queria negro ali, isso é muito comum, pessoas negras de uma classe um pouco mais abastada morar em algum condomínio de luxo serem agredidas, para saírem de lá.

Teve o caso da dona Aldair, num condomínio em Jandira em que propusemos a reintegração de posse, porque ela saiu por pressão dos moradores, por ser negra. Enfim, ela acabou saindo. O processo foi tão violento que a filha não queria voltar pra lá de jeito nenhum, queria morar num lugar mais simples.

Casos assim foram muito comuns. Este caso não foi nosso, o dr. Nadir Campos, filho de um famoso advogado criminalista da região de Marília, professor universitário naquela cidade, achava que racismo não existia, a questão era social e não racial, porque, com certeza não havia sentido ou percebido a discriminação racial, até o dia em que ele, promotor negro, casado com uma mulher branca teve a filha clara discriminada pela síndica da mesma maneira dos demais casos. Queriam tirar a menina que brincava no playground, a síndica pensou tratar-se de parente de algum porteiro, tirou de lá de forma muito grosseira. Então, o caso não era mais social, ele sentiu na pele, porque status, poder e talvez até mais dinheiro do que a síndica ele tinha, porém a síndica tinha a cor diferente da dele, era branca. Moveu uma ação de racismo e, segundo consta, não foi caracterizado como tal. Meses depois, no dia 13 de maio, houve um evento no Fórum do Jabaquara para celebrar a data, na mesa estávamos a dra. Eunice Prudente, a professora de direito da USP, Maria da Penha Guimarães, presidenta da Conad — Comissão do Negro e Assuntos Anti-Discriminatórios da OAB/SP, Vicentinho, o deputado federal, a coronel Vitória, o dr. Nadir, a organizadora do evento e eu. O auditório lotado de funcionários, promotores e juízes e, para espanto de todos, começou a falar que o Brasil é racista, a sociedade paulista é racista, o Ministério Público é racista. A partir da agressão sofrida pela filha ele percebeu que o racismo existe, que é cruel e que não estava somente na cabeça de alguns negros, ficou abalado e virou "militante". A grande maioria das pessoas, depois de uma situação como essa manifesta o desejo de contribuir com a causa, quer fazer alguma coisa, porque jamais imaginou que isso existisse e não acredita que poderia acontecer com alguém, e justo com elas.

Costumo dizer: "Aguarde, seu dia chegará", porque mais cedo ou mais tarde, parece adoção, alguém lhe dá a notícia. São diversos os casos que conheço, a começar pela irmã de uma colega nossa, a família preta e ela, um pouquinho mais clara, era a branca da família, considerada branca, e um dia, ela com seus catorze, quinze anos, atravessava a rua da Consolação na frente de um carro que vinha em velocidade, o motorista gritou a frase fatal: "Só podia ser negra, mesmo". Ela e a rua da Consolação inteira ouviram que ela era negra, quase foi carregada pra casa. A família negra tem o hábito de dizer para o filho mais claro que ele é branco, o branco da família. Esse dia chega, ela com catorze e uma outra com sessenta anos. Uns ficam sabendo pelo amor e outras, pela dor. A maioria é com muita dor. Tenho certeza que muitos sabem que existe, mas, para não sofrer, é melhor tentar se livrar disso. Lembra das 138 cores do Censo de 1980? Se você não disser "eu tenho a pele clara, mexer com isto para quê? Comigo não vai acontecer". Só que a nossa sociedade faz questão que você saiba quem você é, é negro, e ser negro é ser inferior, portanto, faz questão de que você saiba que é inferior. Por isso, a meu ver, a questão das cotas nas universidades e no mercado de trabalho vai ser muito mais difícil aqui que em outros países. Somos colonizados e queremos ser primeiro mundo, e é algo que me espanta, se este negro for americano ou europeu, só os de primeiro mundo, deixa de ser negro, torna-se "o meu amigo americano, ou inglês, ou francês, ou alemão, ou belga", principalmente se tiver sotaque, melhor ainda...

Ou, um caso mais recente, ocorrido em julho de 2004, no Hospital São Matheus. Uma funcionária do hospital levou sua sogra ao médico. Ao ser atendida, viu que era um médico negro. Ela fechou a porta e se recusou a entrar, ele percebeu e as atendentes também, e foram falar com o médico, para que ele fosse à delegacia. Ele não quis, ficou quase uma hora ali estatelado, sem atender ninguém, foi sua primeira vez, uma situação inusitada pra ele. Foram perguntar a ela por que fizera aquilo e ela respondeu sem o menor constrangimento que levaria a um outro médico, porque lhe disseram que ali, naquele hospital ela só seria atendida por ele, e foi embora, ela não o conhecia porque não trabalhava no pronto-socorro, não conhecia o médico, não é dizer que o médico não importa se é bom ou não; era preto, e ponto-final. Ela é nossa aluna lá do curso Promotoras Legais Populares (PLPS). Ela não sabe que eu sei, todos os trabalhos que tratam da questão racial eu dou pra ela fazer, ela não sabe que eu sei, mas nós vamos conversar.

Adoro esse projeto das Promotoras Legais Populares. É o acesso à cidadania e a incorporação de novos conceitos de igualdade e respeito, onde as mulheres tenham tanta importância quanto os homens no seu valor humano, social, político e econômico.

Essas mulheres vão atuar na e pela comunidade, tornando-se polos de orientação, encaminhamento, aconselhamento e promoção da função instrumental do direito na vida, no dia a dia das mulheres. Atualmente estamos com esse curso no Hospital Geral de São Mateus, lá no bairro de São Mateus, para cinquenta funcionárias do hospital, lideranças selecionadas entre 150 interessadas. Temos aulas todos os sábados, das 9h à uma. As mudanças nas alunas são visíveis a cada aula.

No curso de PLPS da OAB, diversas alunas se inscreveram em partidos políticos e na periferia elas procuram organizações de que possam fazer parte, estão nos Consegs — Conselhos de Segurança da Comunidade ou nos Conselhos Gestores de Saúde e já fazem palestras sobre o que aprenderam no curso. Estarão prontas a atender e encaminhar os diversos casos de racismo que ocorrem com o povo negro da região.

Olha, aqui na capital, para quem está neste processo desde 1992, devo dizer que melhorou, o Judiciário já tem dado respostas mais eficazes e algumas vezes se antecipando. Um juiz, depois de ouvir o depoimento da vítima, falou que se tratava de um caso do artigo 3º do 140 e cabia indenização, até prejulgou e sem constrangimentos, rodeios, tratando o caso como outro delito qualquer e não mais como antes, que após a leitura da denúncia, fazia um ar de quem diz: "Dra., por favor, me poupe", ou "Eu tenho mais o que fazer e a senhora vai tomar meu tempo com essas coisinhas?". Um deles chegou a externar isso na minha presença, da vítima, do agressor e de advogado dele, sem o menor constrangimento, nos repreendeu alegando que poderíamos resolver isso sem levar para a Justiça. Naquela época, eu ouvi apenas uma vez, numa audiência em Guarulhos, numa ação de discriminação na escola, o coordenador pedagógico sofreu a agressão de uma aluna na presença de todos os alunos e o juiz começou a discutir sobre a questão racial, dizendo do perigo da discriminação, que se pode matar uma pessoa quando se discrimina. Pensei, atônita: "Deus existe! Quem é esse homem?". Era judeu e tinha sido discriminado na infância.

Hoje está se levando mais para a área cível, tem-se conseguido indenizações, é mais demorado, mas o direito a uma reparação em caso de dano moral é mais fácil. A Constituição Federal trata da questão da dignidade da pessoa humana. Um achado que nós estamos trabalhando com este tema, por dignidade humana engloba-se quase tudo. Há o entendimento de que o racismo viola este artigo da Constituição.

Ainda há muito a melhorar, falta muitíssimo ainda para baixar a guarda, se aposentar, ainda estão arquivando os casos de racismo, mas em número muito menor do que na década passada. São pequenos avanços. Eu acredito que a enorme visibilidade que o assunto tem tido na mídia, as ONGs, o politicamente correto, a discussão da diversidade etc... têm chamado a atenção para o assunto, e não dá mais para ignorar ou tratar de qualquer jeito. Eu tenho gostado da atuação dessa moçada, estão mais antenados para os problemas atuais. O meu único temor é o precedente do prende primeiro e investiga depois ou qualquer outro. O que acho perigoso, o que espero seja coisa da mídia e a enorme exposição também na mídia, porque nem todo ser humano resiste aos quinze minutos de fama, como dizia Andy Warhol. Eles podem investigar, a Constituição de 1988 deu-lhes independência e autorização para investigar, acabam por resolver mais casos que a própria polícia. E mais, eles não têm medo, vão para cima, denunciam maus-tratos na Febem, denunciam policiais, empresários, políticos. São, em algumas situações, as vozes dos que não têm voz, como no caso do Bar Bodega. Todos negros, acusados pelos policiais que tinham pressa de apresentar culpados para um crime cometido nos Jardins, o Ministério Público entrou no caso, os meninos foram soltos e os policiais estão respondendo processo pelas atrocidades que fizeram aos garotos. Fico imaginando que algum dia nós os teremos do nosso lado, vozes a clamar contra o racismo na sociedade brasileira. Será sonho? Não sei...

Sim, o Alexandre de Moraes, em seu livro sobre constitucional, traduz como sendo um valor espiritual e moral inerente à pessoa, que se manifesta na autodeterminação consciente e responsável da própria vida e que traz consigo a pretensão ao respeito por parte das demais pessoas, constituindo-se em um mínimo que todo estatuto jurídico deve assegurar, de modo que apenas excepcionalmente possam ser feitas limitações ao exercício dos direitos fundamentais, mas sempre sem menosprezar a necessária estima que merecem as pessoas enquanto seres humanos. Exige que um indivíduo respeite a dignidade de seu semelhante como a Constituição Federal exige que a respeitem enquanto tal. E, também, que essa concepção de dever fundamental se resume a três princípios do direito romano: viver honestamente, não prejudicar ninguém e dar a cada um o que lhe é devido. Bem legal, não é?

São novos tempos, há um certo amadurecimento da sociedade brasileira, são demandas externas que estão forçando a mudança, a globalização, a internet, que possibilitam a informação do que acontece no mundo inteiro no momento em que está ocorrendo, o acesso a tudo que é instantâneo. Não há censura, não há segredos, não há estados, acabou a privacidade, há sim o grande mercado e, em função dele, promove-se abertura, apertura, o que for preciso, amenizar a corrupção, acabar com mentalidade tacanha, com o coronelismo, com o trabalho escravo, enfim, há uma nova ordem mundial. Exemplos há de sobra em países que tiveram que adaptar sua política em função dessa nova ordem. Veja a nova Europa, o Iraque e toda a região ali: se não interessarem para o mercado, vão sofrer duras retaliações.

O povo brasileiro muito lentamente vai descobrindo que tem direitos e que estes não estão sendo respeitados e estão colocando a boca no trombone. Nesse sentido, todos, autoridades ou não, estão sendo mais vigiados e exigidos. O Ministério Público não foge à regra.

Há ares de cidadania, pequenas, mas fortes experiências, as pessoas estão conhecendo os seus direitos e exemplo disso é o Código de Defesa do Consumidor, o Estatuto da Criança e do Adolescente, os juizados especiais são institutos de cidadania, mas também há uma longa estrada pela frente.

É bem o que você diz: "Consumidor sim, cidadão não". Ainda o mercado, tudo é mercado, tudo é consumo, veja até a China — naquela ditadura, e teve que se abrir para o mercado, tem que se abrir para o mundo, porque é um grande mercado, e a questão de direitos humanos fica relegada a segundo plano por causa do mercado. E, nesse contexto, também nós, os negros, estamos sendo vistos com muito interesse, afinal somos 75 milhões de pessoas que não estavam sequer sendo consideradas, e agora são vistas pelo mercado como 75 milhões de possíveis consumidores. Daí a [ser] cidadão é outra coisa, eles devem pensar "vamos devagar com o andor" porque dar poder a uma gente que passa pelo que eles passaram, vindo para cá nas condições que vieram, sofrer o que sofreram, passar o que passaram e passam, se conseguirem mais espaço, vão querer dividir o poder, e isto está fora de cogitação.

Nos SABÍAMOS negras e tínhamos necessidade de frequentar nossos espaços, pronto. Começamos a frequentar o Aristocrata Clube, um clube de negros sem qualquer militância, somente atividades culturais, duas a três vezes por ano, a ler sobre os Panteras Negras, Angela Davis, Martin Luther King. Aqui no Brasil, conhecemos o Eduardo de Oliveira e Oliveira, a dra. Iracema [de Almeida], começamos a participar de reuniões dos membros do GTPLUN [Grupo de Trabalho de Profissionais Liberais e Universitários Negros], grupo da dra. Iracema. Mas militância foi depois de te conhecer na Secretaria da Fazenda. Você só falava naquilo, nós só queríamos, quando havia um intervalo, ler a revista *Cláudia* ou as revistas *Nova*, *Realidade*, ou conversar sobre família, namorado ou outras amenidades — e você era só negro, negro, negro, socorro!!! Bem, começou a convidar para reuniões e depois para participar do Núcleo de Mulheres Negras do Conselho Estadual da Condição Feminina, Coletivo das Mulheres Negras, e a partir de então começou minha militância no Movimento Negro.

Depois, as reuniões na casa da Edna, onde nascia o Geledés — Instituto da Mulher Negra, o convite me deixou muito honrada. Agora é minha família que diz que eu só falo em negro, negra. Herança sua.

Depois havia um outro espaço que eu tinha muita vontade de conhecer, que gostava mas sempre ouvira falar mal, que eram as escolas de samba, porque era coisa dos pretos, mas tão logo saímos do Lar, nós passamos a assistir aos desfiles na avenida porque minha mãe gostava muito. Tanto que torço para a Camisa Verde, foi a primeira escola que vi na minha vida e me encantou, tanto que virei fã. Mas sempre pensei como conseguiam tanta ordem e disciplina e a gente não sabia fazer nada. Eu amava, porque a história do Brasil constava no samba, eles representavam o que cantavam, eu enlouquecia. Já consegui boa nota em prova por causa de samba enredo, aquela do "mês de outubro em Belém do Pará" era a festa de Círio de Nazaré. Eu sabia o samba e havia assistido na avenida a uma "peça" sobre essa festa. Então, algum tempo depois, fui procurar uma ala de um pessoal do metrô, cuja chefe fazia parte da diretoria, assisti uma vez à reunião para a escolha das fantasias que nós, todo pessoal da ala e parentes e amigos, fazíamos todos os finais de semana a partir do mês de dezembro. Foram demais a seriedade e o empenho. Hoje, começou a dar dinheiro, foi parar nas mãos do branco e da TV, com a tal da globalização vai para o mundo inteiro, assim, não interessa mais a história do Brasil, os sambas são sempre os mesmos, as fantasias as mesmas, assistiu uma escola já viu todas, não aguento mais a maneira como acabam com nossas coisas.

Saí em 1982, 1983 e 1984. No momento da concentração ficavam reunidas todas as escolas e quando chamavam uma escola para entrar, todas se abraçavam, desejavam sorte, e quando chamavam a sua, o presidente pedia que pensássemos na bandeira da escola, no trabalho que cada um havia feito e que estava nas nossas mãos o sucesso da escola. Era um choro só, os que estavam bêbados eram tirados, tinha que entrar limpo. Aí era só alegria, não precisava ficar de olho nos jurados, o que importava era aproveitar o nosso trabalho de três meses.

Agora o Carnaval é para turista. Houve época em que os negros colocavam o bloco na rua, a polícia chegava e saía todo mundo correndo. Tinha baliza, meu tio foi baliza da Camisa Verde na época. Segundo ele, que ainda tinha que correr da polícia, agora já começou a dar dinheiro, foi reconhecida como algo importante para o Brasil, saem os negros da direção das escolas e muitas vezes até da própria escola. Daqui a pouco perderemos nossa Igreja dos Pretos do Paissandu.

Como toda criança negra eu usava tranças e para que me deixasse pentear — porque ela puxava e doía muito —, minha mãe dizia: "Se você quer que seu cabelo fique igual ao da Olguinha, tem que pentear, não pode chorar". Ela tinha o cabelo de indígena, muito liso. Deixava trançar mas achava que aquele sofrimento todo seria recompensado, na minha cabeça não seria só o cabelo, nós seríamos brancas, e o tempo passou e não aconteceu e eu perguntava "Por que, meu Deus, se eu fiz tudo direitinho?". [Ri] Tinha que ser recompensada com alguma coisa. O tempo foi passando e nada [ri], nada mudou, algum problema tinha acontecido [ri]. Sempre gostei de ser menina, gosto de ser mulher, e lembro que ganhei dois livros da minha mãe, cujo autor era o padre Michel Quoist: *O diário de Ana Maria* e *O diário de Dany*. O de Ana Maria era para adolescentes e uma introdução sobre a sexualidade das meninas, onde ensinava todo o processo da menstruação, ovulação etc... que a mamãe falava o que podia para a época, mas mandava ler e eu gostava muito de saber o que acontecia no nosso organismo, e quando sentia muita cólica eu sabia o que estava acontecendo, e pasme: me sentia orgulhosa. E o outro livro era sobre os meninos.

Agora sério, apesar de tudo fui sempre uma mulher negra muito vaidosa e gostava e queria ser querida. Agora, mulher negra como ser político foi a partir do Geledés, da necessidade de ocupar espaços, o protagonismo etc...

Era muito molecona e comecei a me interessar por namoro um pouco tarde, gostava de flertar com os meninos só nos bailinhos, não tinha vontade de me casar. Namorar mesmo foi um pouco tarde, com um rapaz negro, e a experiência com o primeiro beijo não foi nada agradável. Passei mal, ele enfiou a língua em minha boca, foi um horror, botei tudo para fora [ri]. Fiquei preocupada porque todos diziam que beijar era bom, pensei em virar mulher de vida fácil [ri], "aí vai ser com todo mundo". Comecei a paquerar em todo lugar, conhecia o cara e às vezes eu entrava no carro, não para ir pro motel, mas para beijar, gosto de beijo, carícia e toque, depois marcava para outro dia e nunca mais aparecia, eram todos homens brancos. Até que conheci o irmão da nossa amiga e num dos nossos separa e volta, fui fazer cursinho. Quando saí da USP e conheci um professor e comecei a sair com ele, era o Joel Rufino, depois voltei para o irmão da nossa amiga e o resto você já sabe.

Eu também nunca fui pedida em casamento nem [convidada] para morar junto por nenhum dos poucos homens negros com os quais namorei. Também não queria me casar, depender de ninguém. Era muito assediada, mas não por homens negros. Como disse, eu gostava mesmo, me jogava nesse jogo de sedução, na Secretaria da Fazenda. Eu me cuidava e me preparava para passar e ver os homens se virando para me ver, eu era desejada e gostava disso, com o ar de quem não está percebendo nada, olha que horrível... [ri]. Comecei a ler Marina Colasanti e tomei juízo. Continuo não querendo me casar, mas agora eu estou aberta ao diálogo. Alguém para sair, conversar... Sou uma pessoa difícil, muito independente e já com essa idade... Mas quem sabe mais pra frente, não é?

Não nego que já passou pela cabeça uma candidatura, no Lar São José. Conforme lhe disse, o irmão da diretora foi vereador, discutia-se muita política, lia-se muito, e inclusive diariamente o *Estadão*, o vereador foi algumas poucas vezes para falar sobre política, eu era pequena mas fiquei fascinada, ele era do partido do Jânio — no Lar eram todos janistas — e eu me lembro das discussões de minha mãe com o primo do meu pai que era adhemarista doente. Minha mãe dizia que o Adhemar era ladrão e ia acabar esvaziando o cofre da cidade; ele retrucava que o Jânio era louco e mentiroso porque não iria varrer nada e que a vassoura era só uma maneira de enganar o povo. Eu simplesmente adorava. Depois, quando o Adalberto e a Theodosina saíram candidatos, por eles serem negros fui buscar santinhos deles e sem que eles nunca soubessem distribuí na família, no serviço e fiz boca de urna. Ela falava que tinha que ter negros lá. Nos envolvemos muito na campanha do Helio Santos e na do Chico Whitaker, e ele não quis saber de reeleger-se porque, mesmo sendo do PT, o que ele viu e o que foi obrigado a fazer não o animaram a retornar àquela Casa. Os vereadores haviam assinado um aumento legal mas pela situação da economia à época, tornava-se imoral e ele contestou, inclusive nos jornais, e por isso sofreu boicote de todos os vereadores, da direita ao PT, que era o mais radical dos partidos, essa foi uma amostra. Assim, eu penso que não é para mim porque não terei estômago para suportar os acordos realizados para atender alguns interesses. Não sei, ainda temos muita vida pela frente e ninguém sabe o dia de amanhã. Mas não nego: gosto muito de política, mas...

3. Fátima Oliveira*

Ela me fascina. É médica, fumante e carnívora empedernida. Mãe de três filhos naturais mais um adotado — filho de um irmão que perdeu a mulher no parto — e uma menina que lhe foi dada aos onze anos, a qual lhe deu os netos que ela mima e estraga com orgulho. Trabalha como um animal porque diz que tem fama de preguiçosa dentro de sua família e como de fato acha que isso é verdade, faz tudo com muita prontidão para se livrar logo. Mentira. Criou cinco filhos entre uma viuvez e um outro casamento. Ela dá plantão semanalmente, viaja pelo país e o mundo inteiro representando a Rede Feminista de Saúde. É autora de quatro livros, sendo o último um romance sobre aborto em relações de mulheres com padres. É ainda uma das poucas mulheres negras que tem coluna semanal num veículo da grande imprensa. Escreve na coluna Opinião do jornal *O Tempo*, de Belo Horizonte.

---

* Fátima Oliveira faleceu em 5 nov. 2022. O Geledés fez um apanhado de artigos publicados por ela: <https://www.geledes.org.br/fatima-oliveira-uma-nova-estrela-no-orun/>. Acesso em: 4 nov. 2022.

Caixeira-viajante, viveu em Imperatriz e São Luiz do Maranhão, em São Paulo e se fixou, sabe-se lá por quanto tempo, em Belo Horizonte.

Entrou para o Partido Comunista do Brasil (PCdoB) aos dezesseis anos. Permanece nele sendo uma de suas mais profícuas intelectuais. Um partido notório pelo seu centralismo e disciplina exigida a seus membros, e ela imprevidente e irreverente é quem denuncia em seus artigos o que denomina de "neoliberais", do PT ao próprio PCdoB. Nem eu, que vivo proclamando independência e autonomia em relação a partidos políticos, consegui ir tão longe nas minhas manifestações públicas.

Tem também uma autoestima de fazer inveja a qualquer argentino. Coisa rara em negros, mulheres e nordestinos, sendo ela todos ao mesmo tempo, embora pudesse se considerar ou ser considerada "morena escura" para os padrões raciais do país. Tem absoluta confiança nos saberes de que é portadora e igual convicção para defender suas posições em arenas públicas. Dialoga com áreas da ciência da qual mulheres e negros se acham apartados. Introduziu os temas da bioética e da engenharia genética nas pautas feministas e antirracista. É interlocutora pioneira, crítica e convocadora desse debate com a comunidade científica de uma perspectiva ética.

A conheci no âmbito da militância feminista. Guardei, por anos, reservas em relação à sua filiação partidária. Fui sendo seduzida pela sua independência, coragem e capacidade de pensar e agir pelas causas que abraçamos. Tem também muitos desafetos e, por vezes, compra brigas de graça. Ela é uma monstrinha; é Fátima Oliveira! Vejam:

Nasci[1] em Graça Aranha, no médio sertão do Maranhão, uma cidade pequena, com apenas 2 mil eleitores. Na época era um povoado chamado Palestina. Sou a primeira médica nascida lá e também a primeira professora primária. Sou de uma família de pequenos proprietários rurais. O meu pai era comerciante e o meu avô, dono de açougue e pequeno fazendeiro.

Por ser a primeira neta e por uma tradição de minha família, quando fui nascer, mamãe foi pra casa da minha avó — minha mãe era filha única e morava em outro povoado — e lá ficou durante um ano. Depois papai resolveu fixar residência em Graça Aranha, porém, quando eles se mudaram para a casa deles, a história é que eu fiquei morando com vovó.

Meus avós eram meus avós e meus padrinhos. A casa dos meus pais não era uma casa pintada, era só de tijolos. Dizem que eu quando acordava chorava muito, pois estranhava as paredes, que eram apenas de tijolo. Então, fui ficando na casa de vovó. Cresci lá e chamava papai e mamãe pelos nomes deles. Vovó, eu chamava de mãe, e meu avô de "Paivelho". Depois de mim, mamãe teve mais seis filhos. Somos três mulheres e quatro homens. Papai morreu quando eu tinha dez anos. Mamãe ficou viúva com 25 anos e com sete filhos! No ano seguinte à morte de papai, 1964, fui estudar em outra cidade.

Lá não era uma região de latifúndio, ou seja, não havia "dono de terra". Meu avô possuía gado. Mas os proprietários de gado tinham as suas quintas, nas quais criavam o gado preso. A fazenda do meu avô era quase dentro da cidade. A gente andava uns dez minutos lá de casa e chegava na fazenda. Era uma quinta. Ele tinha o gado, um vaqueiro.

Nessa cidade as mulheres viviam de quebrar coco-babaçu; os homens faziam roça, onde quisessem, onde achassem melhor. O meu avô dizia que ele tinha se mudado para aquele lugar porque tinha nascido e se criado em "terra de dono" e ele queria viver liberto. Portanto, escolheu viver num lugar onde não tivesse "terra de dono". Graça Aranha era uma região de terras devolutas, isto é, terras sem dono, da União. A base da economia era o coco-babaçu; pequenos comércios. Lá as terras eram devolutas, e as pessoas que criavam gado cercavam a terra apenas o suficiente para ter suas próprias quintas. Não havia a grande propriedade rural. Era muito interessante isso. Hoje não é mais assim. Povoados inteiros, lugares históricos, com mais de mil moradores, hoje estão cercados. Viraram "terras de dono".

Fui morar em Imperatriz porque a minha família de origem morava lá. Meu avô saiu de Graça Aranha, mais ou menos em 1972. Quando passei no vestibular ele já estava morando em Imperatriz. O meu primeiro marido era filho de gente da roça também, de pequenos proprietários rurais, e ele queria mexer com fazenda. Tinha uma herança da família que dava para começar. Fomos para Imperatriz, e ele comprou uma terra e foi fazendeiro esses anos todos. É a herança que ele deixou para os filhos: uma fazenda que se chama Fazenda Santa Rita de Cássia, na Serra do Arapari, uma região a cinquenta quilômetros de Imperatriz. Engraçado que ele não gostava tanto de gado, mas de plantação. Era um grande plantador de arroz e criador de cavalo manga-larga. Ele morreu nessa fazenda em um acidente de cavalo.

Temos uma ligação muito grande com cavalos. Todos os meus filhos têm cavalo. Eu tive um em minha infância. Assim como meu avô sempre ferrava uma bezerra para cada neto que nascia. Então, cada um de nós possuía uma certa quantia de gado. Tudo o que descendesse daquela bezerra que ganhamos quando nascemos era ferrado com o nosso nome. É uma grata lembrança…

Tenho até hoje o meu "ferro de gado", feito pelo meu avô, com as letras MF, Maria de Fátima. Com ele foi ferrada a bezerra que ganhei no dia em que nasci. Ainda me lembro dela. Era de um pelo marrom avermelhado com uma mancha branca na testa. Esqueci o nome, mas sei que era muito brava quando tinha bezerro e era difícil tirar leite dela. Tínhamos o costume, quando crianças, eu e meus irmãos, de ir bem cedo para o curral beber leite mungido. E às vezes eu birrava que só queria beber do leite de minha vaca. Às vezes o vaqueiro, que se chamava Dé — foi vaqueiro de meu avô a vida inteira e sou madrinha de um filho dele —, não conseguia laçar a vaca para ordenhá-la e eu abria a boca a chorar. Um dia ele perdeu a paciência comigo, depois de tentar laçar a vaca várias vezes para atender-me, e disse: "Bebe de qualquer uma, menina, que essa vaca é valente e abusada como a dona". Isso pegou. Quando alguém queria fazer-me raiva dizia que eu era brava como a minha vaca.

Quando fiquei viúva, em 1986, estava com 32 anos e cinco filhos: Maria, Débora, Lívia, Gabriel e Arthur. Tive três filhos e adotei o Artur e a Maria. Então minha filha mais velha, Maria, e o filho novo, Arthur, são adotados. Artur é meu sobrinho, é filho de um irmão meu, que a mãe morreu de parto. Fiquei viúva com os cinco filhos. Foi difícil. Mas após oito meses de viuvez, casei--me de novo. Sempre digo que me casei rápido porque o primeiro doido que quis casar comigo, eu aceitei. Achava que jamais me casaria outra vez. O meu avô dizia que eu era uma coitada, que com aquele tanto de filho jamais acharia um homem que quisesse casar-se comigo, ele tinha pena de mim porque era muito nova para ficar sem marido. Bem, achei. E foi rápido.

Casei-me a primeira vez em 1975, no terceiro ano de medicina. A segunda vez foi em 1987. O meu marido morava em São Luís, en-tão voltei para São Luís, onde fiquei mais um ano antes de mudar--me para Belo Horizonte, em 1988.

Tenho a Maria, que foi adotada, ela foi morar comigo antes de Débora — primeira filha biológica — nascer. A Maria foi doada a mim pelo meu primeiro "doente", um homem de que cuidei quando estudante de medicina, que foi a primeira pessoa doente pela qual fui responsável. Ele ficou internado dois meses, então era um paciente que eu acompanhava todos os dias, até a alta. Até aos domingos eu ia ao hospital "passar a visita": examinar, ver resultados de exames e prescrever. Um dia ele perguntou:

Você não quer criar uma menina, dra. Fátima? É pra lhe fazer companhia porque o seu marido trabalha fora. Tenho muitas sobrinhas muito pobres, meninas que precisam estudar e que podem fazer companhia para a senhora. Tenho um primo que tem muitos filhos, e a ajuda que a gente pode dar é achar uma família boa pra criar uma das meninas, para botar para estudar.

Contei ao meu marido, que falou: "Diz pra ele trazer porque faz companhia pra você". Mas eu não disse ao sr. José nem sim nem não. Mas no dia da alta ele pediu meu endereço e perguntou: "Posso trazer a menina pra você?". Eu disse que sim.

Foi desse jeito. Eu nem sabia quem era essa menina. Quando ele chegou lá em casa, era Sexta-feira da Paixão de 1976, eu estava dormindo depois do almoço quando a campainha tocou. Fui abrir, era o sr. José com a menininha. Ela estava com onze anos, magrinha, com um vestidinho verde, de chinelinho de dedo e um jornal com uma roupinha embrulhada. Ele me entregou a menina com certidão de nascimento e tudo. Mas disse: "O pai e a mãe dela não vieram porque não tinham dinheiro para duas passagens de vinda e volta".

Meu marido pagou as passagens dele e da menina e deu mais algum dinheiro para quando o pai ou a mãe dela quisessem vir vê-la. Depois que ele saiu, o meu marido chorou, pois ele não acreditava que uma pessoa entregasse uma criança para outras pessoas daquele jeito. Mas foi assim.

A Maria não sabia comer arroz porque ela era de uma região da Baixada Maranhense, Anajatuba, onde a alimentação básica é peixe com farinha. Nunca havia escovado os dentes; não sabia ler; não sabia quase nada. Não podia matriculá-la na escola porque ninguém aceitava, pois não fora alfabetizada até os onze anos. Então contratamos uma professora particular para alfabetizá-la.

Tive de despedir umas três empregadas por causa da Maria. Até recentemente não comprava farinha em minha casa por causa dela. A única forma que encontrei para ela aprender a comer arroz foi não ter farinha em casa. Mas umas duas empregadas compravam farinha às escondidas para ela!

Quando ficava sem empregada, ia para a faculdade e levava a Maria comigo. Alguns professores brigavam. Mas eu levava porque não tinha com quem deixá-la. Um dia deixei-a em casa sozinha durante a tarde e ela enfiou um grampo de cabelo na tomada! Quando eu cheguei, ela na maior inocência, disse: "Titia, se colocar o dedo ali naquele buraquinho a gente treme". Eu queria morrer...

Ela tinha uma preguiça enorme de estudar. Era um problema. Ela não gostava, mas eu insistia que ela teria de estudar, pelo menos até o segundo grau, que concluiu a duras penas. Quando ela estava com dezesseis ou dezessete anos, foi trabalhar numa loja de roupas femininas, uma butique, com minha irmã. Estudava pela manhã e à tarde ia para a loja. No ano seguinte, passou a estudar à noite e, durante o dia inteiro, ficava na loja. Aprendeu essa coisa de comércio, que é do que ela vive hoje. Se deu muito bem. Hoje mora no Rio de Janeiro e possui dois filhos, o Lucas e a Luana, que são os meus netos que você viu hoje lá em casa, estão aqui passando férias.

O meu pai era filho de portugueses. Ele era branco. O meu avô, pai de papai, Odílio Pereira de Oliveira, era branco dos olhos verdes. Papai era filho da primeira mulher do meu avô, que são dois irmãos, Gildino, meu pai, e Juarez, meu tio. A mãe deles morreu quando eram crianças, e foram dados pelo meu avô para Mãe Jesus — uma irmã da mãe de papai.

Papai conheceu o pai dele no dia em que eu o conheci também! Papai conviveu com o pai dele só um ano antes de morrer, em 1963, porque depois de meu avô dar papai e o irmão dele para a cunhada, Mãe Jesus, casou-se com outra mulher e durante mais de trinta anos, jamais foi vê-los. E não moravam muito longe. Mãe Jesus criou esses dois meninos como filhos, juntamente com outros filhos dela. Não me lembro quantos, mas eram muitos. Papai a considerava sua mãe e enquanto foi vivo foi o responsável pela subsistência dela e de seu marido.

Já a família de mamãe é toda de negros e mora num lugar que se chama Belém dos Pretos — que é uma terra deles, mas não é propriamente um quilombo — foi comprada pela mãe de vovó, então é uma terra deles há muitos e muitos anos, acho que há mais de um século. Fica no município de Colinas, Maranhão, e estive lá muitas vezes antes de minha bisavó morrer, no começo da década de 1960. Só não moram lá a vovó e o tio Luiz, que é um irmão da vovó que há muitos e muitos anos é vaqueiro da fazenda dos meus filhos em Imperatriz.

O Paivelho achava que a educação era um bem importante, que a gente que era preto, que era pobre, era pela educação que a gente iria se tornar importante, porque dinheiro, segundo ele, acabava, e o saber ninguém tomaria da gente. Então, foi um esforço grande que meu avô fez por todos os netos.

A família de meu avô era toda de negros. Ele é filho de um vaqueiro de Gonçalo Moreira Lima — que foi deputado estadual no Maranhão por mais de trinta anos. Meu avô e seus irmãos e irmãs, que eram muitos, nasceram nas terras de Gonçalo Moreira Lima, na Fazenda Serra Negra, município de Colinas.

Meu avô foi o único dos filhos do vaqueiro Bodô que saiu dessa região, mas manteve uma amizade a vida toda com seu Sales — o deputado Moreira Lima. Eles eram amigos, e meu avô sempre foi um homem de confiança dele e seu cabo eleitoral em Graça Aranha. Moreira Lima, que se hospedava na nossa casa na época das campanhas eleitorais, foi o deputado que alavancou a candidatura de José Sarney a governador do Maranhão. E quando falo "alavancou", é literal, pois Moreira Lima além de um homem muito rico, que pôde aportar dinheiro na campanha de Sarney. O vice de Sarney era genro do deputado. Não me lembro de qual partido ele era, mas sei que ficou 28 anos na oposição, até a eleição de José Sarney a governador.

Dona Lili, a mulher do seu Sales, sempre que se referia ao meu avô dizia: "Dos filhos do velho Bodô, o Braulino sempre foi o que teve o nariz mais em pé. Saiu da Serra Negra de bem com a gente e foi cuidar da própria vida".

Havia um dos irmãos do meu avô de quem ela gostava muito, mas odiava que ele tivesse se juntado aos "revoltosos" e se tornado, segundo ela, um salteador. Chamava-se Cornélio. Jamais o conhecemos. Era um irmão do Paivelho que se juntou à Coluna Prestes e nunca deu notícia à família. Dona Lili conta que Cornélio não permitiu que a Fazenda Serra Negra fosse "invadida" pela Coluna e nem que o comércio da fazenda fosse saqueado — era com esse palavreado assim, "invasão" e "saque", que ela se referia à Coluna Prestes —, mas que Cornélio foi à sede da Serra Negra para dizer a ela e ao seu Salles que a Coluna não mexeria na Serra Negra. O meu avô falava pouco sobre o assunto, só que o seu irmão Cornélio tornou-se um seguidor do capitão Prestes e "caiu nesse mundão de meu Deus", e nunca mais deu notícias à família.

Mas foi devido à amizade do meu avô com o deputado Moreira Lima que me tornei amiga da família também. Quando entrei para a faculdade de medicina fui morar na casa deles, onde moravam também a sua filha Zuzu Brito — administradora de empresas e ex-diretora da Faculdade de Administração da UEMA (Universidade Estadual do Maranhão), com seus cinco filhos: as gêmeas Ana Thereza e Silvana Thereza, Leila Thereza, Djalma Filho e Luís

Eugênio. Durante muitos anos, a minha contrapartida na casa foi acompanhar os "deveres de casa" de Leila e de Luís Eugênio.

A casa deles chamava-se Mansão Serra Negra, com placa e tudo na entrada do imenso jardim na frente. Havia uma biblioteca maravilhosa com, acho que a única coleção do jornal *A Pacotilha*, do tempo do Império. Havia uma romaria de brasilianistas, todos atrás de *A Pacotilha*, que é um tesouro, ricamente encadernada e foi microfilmada integralmente. Em geral eles conversavam com seu Sales, que era um intelectual e lia muito, ou comigo, pois eu era a única pessoa que ele permitia mexer na biblioteca, pois dizia que eu sabia dar valor àquele tesouro. Mas era tão orgulhoso de sua biblioteca, que dizia ser a biblioteca pessoal mais importante do Maranhão, que um dia pediu-me se eu não poderia cuidar dela porque as empregadas estavam estragando os seus livros. Então passei a cuidar.

Uma vez por semana, dedicava-me à arrumação da biblioteca, e os meninos, principalmente Djalma Filho, hoje procurador do Estado do Maranhão, adorava manusear *A Pacotilha* e aproveitava para pegá-la quando eu estava na biblioteca. Havia em todos os exemplares da *Pacotilha* muitos anúncios de "negras fugidas". Em todos, os donos delas anunciavam a recompensa. Ele lia em voz alta e sempre comentava: "Tá vendo, comadre, se tu tivesse nascido nesse tempo não estava aí toda 'porloche' [faceira, orgulhosa] estudando medicina. Podia ser uma dessas negas fugidas, do jeito que tu és danada". Lembro-me que líamos muito esses anúncios. Há números d'*A Pacotilha* com páginas inteiras deles.

Mantenho uma relação de amizade profunda com essa família até hoje. Meus filhos a chamam de tia Zuzu. Quando chego em São Luís, os filhos dela ficam por conta de mim. Quando a Débora estava estudando na Austrália, enviou um cartão-postal para a tia Zuzu. Ao telefone, disse-me: "Você se parece mais comigo do que as minhas filhas. Só uma filha sua mesmo para enviar-me um cartão da Austrália, só uma filha sua. Isso é criação, minha filha!".

Tenho uma irmã que morreu. Nós somos sete irmãos. Mamãe ficou viúva aos 25 anos com sete filhos. Mas minha irmã mais nova morreu, acho que um ano depois de papai.

A todos os meus irmãos meu avô deu igual oportunidade de estudar. A diferença é que eu fui muito cedo pra uma escola interna. Meu avô mudou-se para Imperatriz porque em Graça Aranha não havia ginásio e ele queria que todos os netos estudassem.

Depois que eu nasci minha avó teve mais um filho, então eu tenho um tio que era mais novo do que eu, com idade do meu segundo irmão, então meu avô manteve o filho dele, eu e todos os netos estudando. Antes de mudar-se para Imperatriz, ele alugou uma casa em São Luís para nós todos, com mamãe lá tomando conta de todo mundo, em uma casa alugada no centro da cidade. Ou seja, para que todos nós estudássemos em boas escolas, mamãe teve que parar de trabalhar. Ela tocou o comércio de meu pai durante alguns anos, mas com essa definição de meu avô, de que todo mundo tinha que estudar, teve que fechar o pequeno comércio dela, que já estava muito decadente também, já não dava para ela sustentar a família.

Em Imperatriz ele pôde comprar uma terra para fazer as plantações dele, o gadinho dele, as coisas dele bem perto e morar todo mundo na cidade onde havia boas escolas. Mamãe também vendeu a casa dela e comprou outra em Imperatriz. Mas também ele montou um pequeno comércio em Imperatriz. Era de compra de feijão, milho etc. Ou seja, era um pequeno atacadista dessas coisas. Era disso que ele vivia: da roça e do pequeno comércio, que quem tomava conta era o meu tio, que já era rapaz e era um bom comerciante.

Dos meus irmãos, dois não concluíram o segundo grau, o Juarez e o Zezinho. Júlia fez faculdade de geografia, mas é também comerciante, como outros irmãos meus. Somos uma família de comerciantes. Todo mundo mexe com comércio, só eu que não. Mas também já fui dona de loja quando morei em Imperatriz. O primeiro comércio da Júlia, que era uma boutique, montei de sociedade com ela. Chama-se Xikita Bakana. Ela entrou de sociedade com o trabalho e eu montei a loja toda, fiz toda a primeira compra à vista. Doei para ela 50% da loja. Era uma loja belíssima. Foi lá que a Maria aprendeu a trabalhar. Quando casei-me a segunda vez, em 1987, mudei-me pra São Luís e vendi a minha parte para ela.

Fiquei com a loja seis anos. Fazia todos os dias um ritual: saía do hospital às dezoito horas, passava na loja para fechar o caixa; passava na casa dos meus avós; e só chegava em casa na hora do *Jornal Nacional*. Todos os dias eu ia à casa dos meus avós. Chegava, e os dois estavam sentados em cadeiras na calçada. Às vezes eu jantava com eles. O meu marido não entendia isso. Dizia que eu tinha uma fixação em meus avós.

Vim morar em Minas Gerais porque o meu segundo marido era um mineiro que foi parar no Maranhão na época da ditadura militar, era um perseguido da ditadura. Aqui era um estudante de economia, liderança do movimento estudantil, mas teve de cair na clandestinidade, pois foi condenado pela ditadura pelo menos três vezes. Depois da anistia, ele ainda ficou no Maranhão por algum tempo, mas resolveu voltar para Minas. Ou seja, vim para Minas como dama de companhia do marido! Chegamos aqui em fevereiro de 1988. Em janeiro de 1992, nos mudamos para a cidade de São Paulo, onde morei até dezembro de 1995, pois desde meados de junho de 1991 ele fora transferido para São Paulo.

LEMBRO-ME QUANDO FUI à escola a primeira vez. Eu adorava livros, mexer com papéis e brincar de escola. Papai era um homem que lia muito, desde criança. Antes de saber ler lembro-me como adorava folhear as revistas *O Cruzeiro*, *Seleções* e o *Almanaque do Pensamento*. Papai era um excelente contador de histórias. Naquela época, a idade de criança ir para a escola era aos sete anos de idade. Eu via minhas amigas mais velhas indo para a escola e chorava. Queria ir de qualquer jeito.

Havia na cidade uma escola rural que se chamava Escola Rural Humberto de Campos. Mas nem sempre havia professores na escola, porque dependia do chefe político do lugar pagar uma professora para a escola rural. Quando eu estava com seis anos chegou um professor que montou uma escola particular. Era o professor Izídio. Era uma escola num galpão e os alunos levavam suas cadeiras. As classes eram todas juntas.

Certo dia o professor Izídio estava indo para a escola e eu estava sentada na calçada de nossa casa com meu avô, então pedi para ele chamar o professor para saber se ele me aceitava na escola. Eu estava com seis anos. O meu avô chamou e disse: "Essa menina é doida pra estudar, ela só tem seis anos, você aceita ela em sua escola?". Ele disse: "Pode mandar". Lembro-me que meu avô perguntou quanto que era. Ao ouvir a resposta colocou a mão no bolso e disse: "Vou pagar três meses". E pagou, ali na calçada. No dia seguinte, fui para escola, levando a minha cadeira.

Aprendi a ler muito rápido. Antes de completar sete anos eu aprendera a ler a Carta de ABC, a cartilha e havia lido o livro do primeiro ano primário. Era um livro chamado *Vamos estudar*, da editora Agir. Recordo-me das histórias desse livro até hoje. Bem, na escola do professor Izídio em um ano eu aprendi a ler e a escrever. Desde então adorava ler e dizer poesia. Decorava rapidamente todas das quais gostava. Então não havia mais nada do primeiro ano para ler, portanto fui para o segundo ano. Tudo isso em um ano de escola.

Foi quando chegou a professora Maria do Carmo. Ela não era normalista [que fez magistério], era um tipo de professora rural. Essa professora morava na casa do chefe político do lugar, ao lado de nossa casa. Então, o Grupo, a Escola Rural Humberto de Campos, reabriu, depois de muitos anos sem professora. A nova professora fez uma reclassificação dos alunos que vieram da escola do professor Izídio. Nessa, eu voltei do segundo para o primeiro ano, por causa da minha idade. Estudei o primeiro, o segundo e o terceiro anos na Escola Rural Humberto de Campos.

Quando estava com nove anos ganhei do meu pai uma máquina de costura Singer. Já falei que ele vendia máquinas de costura no armazém dele? Mamãe é exímia costureira, mas papai detestava que ela costurasse. Todavia, ela era muito teimosa e seguia fazendo roupas. Quando ele reclamava que ela não saía da máquina, ela dizia que estava fazendo roupas para vovó e para nós, que era um absurdo que ela costurasse tão bem e não pudesse costurar para a família dela. Ela também bordava à máquina de forma divina. Era uma afamada professora de corte e costura, de modo que em casa havia sempre duas a três máquinas funcionando, pois ela ensinava a muita gente. Sempre tive roupas belíssimas. Fui criada usando vestido novo todos os domingos, durante toda a infância. Na adolescência, quando voltava para a escola, levava um vestido novo para cada domingo.

Quando criança eu amava mexer na máquina de mamãe para costurar roupa de boneca. Sempre que aparecia um agulha quebrada, era sinal certo de que eu estivera por ali. Um dia papai resolveu que eu deveria ter minha própria máquina, já que eu gostava tanto de mexer na de mamãe. Era uma máquina Singer, de móvel branco, uma madeira amarelada, o último modelo que acabava de sair. Porém, jamais aprendi a fazer roupas. Aprendi a bordar muito bem à máquina. Sei fazer todos os pontos. Tenho uma roupa de cama que bordei aos dez anos, de ponto richelieu. Gosto de máquina de costura, agora é que não tenho nenhuma, mas lembro-me que quando já estava casada comprei uma. Nem sei bem o que fiz com ela. Acho que dei para alguém quando me mudei de São Luís para Belo Horizonte. Gosto de bordar. Distrai-me muito.

No município de Colinas havia uma escola muito famosa, até hoje denominada Colégio Colinense — que era a escola do padre Macedo, onde estudavam todos os filhos de ricos de toda aquela região do Médio Sertão. Era a única cidade onde havia ginásio, científico e curso normal (magistério). Havia também um esquema de bolsas para pessoas que não podiam pagar, mas não sei como funcionava. Mas penso que era com o dinheiro arrecadado pela igreja na festa de Nossa Senhora da Conceição, padroeira da cidade. Parece que no 8 de dezembro. É uma festa famosíssima na região, dura quase uma semana.

A minha família sempre frequentava essa festa. Lembro-me que quando estava no ginásio ganhei um boi numa rifa da festa da igreja e o Paivelho imediatamente disse que ele estava doando o boi de volta para a igreja, para fazer uma nova rifa para ajudar a escola. Eu quase morri de raiva. Até chorei. Chegando em casa, ele ferrou um bezerro para mim, dizendo que boi de rifa da igreja a gente não precisava, podia dar de novo para a igreja para ajudar os mais os pobres. Era um homem muito, muito interessante e de princípios extraordinários.

O Colégio Colinense era uma escola religiosa, católica, que contava com um apoio grande da cooperação internacional, acho que alemã. Era uma escola belíssima, mista, que recebia muitos estudantes de outras cidades. Havia um internato para moças e outro para rapazes, que não se chamava internato, mas Casa do Estudante — onde moravam as moças e ficava o refeitório. Os rapazes dormiam em outra casa, mas faziam as refeições conosco, desde o café da manhã. Era um refeitório imponente, numa casa antiga maravilhosa.

Era caríssima essa escola, ela era toda particular, mas era uma escola de primeiro mundo. O sonho de toda família da região era poder mandar seus filhos para o Colégio Colinense. Dava um certo status. O padre Macedo, que foi o padre que me batizou, era amigo da minha família. Quando a gente chegava lá ele lembrava dos pais da gente, do dia em que nos batizou. Sempre que me encontrava, passava a mão em minha cabeça e dizia: "A Fátima é pequeninha e não vai crescer porque só bebe água de poço". Uma referência ao fato de que não havia rio em Graça Aranha. Era um homem muito progressista para aquela época.

Fui para Colinas na quarta série, com dez anos. Lá estudei no Grupo Escolar João Pessoa e passei o ano todo estudando para o exame de admissão ao ginásio, um tipo de vestibular, no Colégio Colinense. Podiam prestar o exame as crianças que concluíam a quarta e as que terminavam a quinta série. Se a gente estivesse cursando a quarta série e passasse no exame de admissão, ia direto para o ginásio, não precisava cursar a quinta série. Eu fiz e passei. Entrei no ginásio com onze anos.

Estudei no Colégio Colinense até a terceira série ginasial. No último ano do ginásio mudei-me para a capital do Maranhão, São Luís, onde fiz a última série do ginásio, no Colégio Municipal Luiz Viana e em seguida cursei o magistério, naquela época denominado Curso Normal, no Instituto de Educação. Ambas escolas públicas.

Contando essas histórias, avalio que o tipo de escola que era o Colégio Colinense [é um que eu] jamais poderia pagar algo similar para os meus filhos, mesmo sendo médica. Não sei dizer como meu avô pagava aquilo tudo.

Formei-me em medicina sem jamais necessitar trabalhar. Sempre fui estudante. Uma família de pequenos proprietários, pequenos comerciantes, sempre pagando os lugares em que eu morava para estudar. Não consigo imaginar hoje como era esse dinheiro, como isso dava, porque eu jamais poderia manter uma filha, uma sequer, nas condições que eu estudei. Sendo que meu avô era analfabeto, minha avó era analfabeta, a minha mãe só estudou até o terceiro ano primário e o meu pai também.

Creio que o dinheiro tinha outro valor naquele tempo, embora o meu avô fosse um homem de posses. Naquela cidadezinha pobre e miserável, ele era um homem de posses, pois era dono da sua própria casa, do seu gado, era dono do açougue da cidade, tocava um armazém de compra de legumes (arroz, feijão, milho e algodão), foi delegado da cidade. Ah! Os delegados eram nomeados pelos chefes políticos.

Meu pai possuía uma loja, que a gente chamava de armazém, na qual vendia cofres, bicicletas, máquinas de costura, camas, móveis Cimo (camas, mesas, cadeiras, escrivaninhas etc.). Foi vereador duas vezes. Era um homem com uma vida muito promissora, mas morreu aos 33 anos. Era dono de uma casa muito boa. Também possuía dois outros comércios: um de peles de animais — bode, carneiro, gatos maracajá —, era um atacadista de cachaça, ou seja, era "dono de dorna". Havia em nossa casa o "quartinho da dorna". Ele comprava cachaça dos fabricantes artesanais de cachaça, pois em nossa cidade havia um número expressivo de canaviais e pequenos engenhos.

Era muito impressionante o nível de cultura do meu pai. E escrevia muito bem. Há algum tempo encontrei em casa de minha mãe um livro contábil do armazém dele, escrito por ele. Páginas e páginas sem nenhum erro de português. Lembro-me demais dessas coisas assim, de uma pessoa que tinha sempre revistas e estava sempre lendo. Como ele viajava muito por conta do comércio, comprava essas revistas todas das quais falei e quando terminava de ler dizia: "Fátima, pode levar a revista, que eu já li". Sempre fui conhecida por gostar muito de ler, tanto que meu pai lia a revista e depois ele me passava. E eu era bem menina ainda.

Lembro-me da última vez que estive com ele. Éramos muito ligados, papai contava que quando menino ele chorava de alegria quando encontrava alguma coisa para ler, porque não tinha o que ler. Por isso acho que ele entendia o meu gosto por ler. A última vez que estive com ele foi no dia em que Kennedy morreu. Já escrevi uma crônica sobre isso. No rádio estava passando a *Voz do Brasil*. Entrei correndo na sala da casa dele: "Gildino, vou fazer a minha primeira comunhão, você vai comprar o meu terço de prata e meu missal de capa de madrepérola?". Faria a primeira comunhão no dia 30 de novembro de 1963. Ao que ele respondeu: "Escreve num papel e senta aqui comigo. Não fala, porque mataram o presidente Kennedy". E fiquei sentadinha ao lado dele ouvindo as notícias do assassinato de Kennedy. Meu pai morreu três dias depois em uma viagem que fez à cidade de Caxias, onde ele negociava peles, morreu em um acidente de carro quando voltava para casa. Ao chegar morto, estava vestido numa calça de linho bege e uma camisa de mangas compridas de linho branco (papai só usava roupas de linho). As pessoas que o conheceram dizem que ele sempre andava bem elegante: era um homem distinto. E a minha madrinha Margarida diz que nenhum de nós puxou a papai, que "era um homem que trabalhava muito, mas só andava nos trinques, no linho. Ali gostava de luxar". No bolso da camisa dele estavam o meu missal de capa de madrepérola e o meu terço de prata, e junto o papelzinho no qual escrevi o que estava pedindo. É uma lembrança muito forte, porque fui eu quem retirou o missal e o terço do bolso de papai.

Em 1964, meu avô disse que eu não iria mais estudar naquelas "escolinhas fracas" dali, pois já aprendera tudo o que podia ser ensinado ali, era muito estudiosa, portanto iria para Colinas, para a "escola do padre". No primeiro ano fui morar no pensionato de dona Necy. Era a única menina em um pensionato de moças. Estudava a quarta série do primário. Há uma conversa inesquecível do meu avô com a dona do pensionato. Ele perguntou a ela: "Aqui tem café, almoço e janta, não é merenda não, não é? Porque a minha filha janta. Se não tiver jantar, você pode cobrar mais caro e faz janta para ela, porque foi criada jantando".

Durante um ano, pela manhã eu ia para o grupo escolar e à tarde ia para o Colégio Colinense, para as aulas do exame de admissão. Entrando para o ginásio, teria o direito de morar no internato do Colégio Colinense.

Outra coisa do meu avô que é interessante é que ele achava que mulher precisava estudar e se formar. Dizia que eu seria professora, porque mulher que tinha uma profissão não aguentava abuso de homem. Toda vida ele queria que eu me formasse professora. Mas vovó, contraditoriamente, dizia que "botava as filhas para estudar que era para que não casassem com aqueles caboclos dali, que era pra casar com gente diferente. Só era essa a finalidade de todo o sacrifício". Desde pequena eu ouvia e sabia dessa opinião de minha avó. Para ela o que uma moça precisava era arrumar um bom casamento, e esse negócio de estudar era para ir "entretendo o tempo". Ou seja, esperar o bom marido.

Mas eu sabia que eu queria ser médica, desde bem pequena. Eu gostava muito de ciências. No Colinense havia tudo o que você pode imaginar que aguçava a curiosidade: sala de ciências, sala de línguas, sala de geografia. Aprendi a manusear microscópio no primeiro ano do ginásio. Na sala de ciências, havia desde fetos de vários tamanhos a microscópio que a gente aprendia a manusear. Eu adorava olhar as coisas no microscópio. São essas coisas, sobretudo o gosto pela ciência, que mais marcaram a minha vida na escola.

Recordo-me também como fiquei impactada com a teoria da evolução. Havia umas duas ou três páginas sobre a teoria da evolução em meu livro de ciências e eu achei aquilo maravilhoso. Quando a professora deu a aula eu já sabia tudo, porque li muito sobre o tema em outros livros da biblioteca da escola. Entender aquilo era fascinante. A teoria da evolução sempre mexeu muito comigo.

Desde então, compreendi que não era obra de Deus a existência do mundo. Tudo aquilo instigava-me. Desde então, estudo e leio tudo sobre o tema. Portanto, não é à toa que genética se tornou um hobby em minha vida e também não é à toa que a teoria da evolução constitui dois capítulos do meu primeiro livro, o *Engenharia genética: O sétimo dia da criação*. E foi muito prazeroso escrever aqueles capítulos, pois a teoria da evolução é a maior revolução intelectual de todos os tempos, é ali que se separam definitivamente ciência de religião.

Obrigatoriamente, uma vez por semana, todas as classes tinham aula na sala de ciências, cujo objetivo era fazer experiências; aprender a manusear tubo de ensaio, o microscópio etc. Essas coisas todas necessárias à investigação.

Havia também, naquela época, uma biblioteca de 10 mil livros. Era belíssima, com todos os luxos que você puder imaginar. Semanalmente, todas as turmas iam à biblioteca por duas horas. A isso chamava-se aula de leitura — era para a gente aprender a usar a biblioteca: localizar e manusear os livros; a fazer silêncio etc. Eu amava. Li muito, muito mesmo. Aprendi a ler fazendo fichas de leitura, prática que me acompanhou por anos a fio, até depois da universidade. Tudo o que lia, fichava, que é uma metodologia muito importante, depois fui perdendo o hábito.

Quando cheguei à universidade, a coisa que mais me impressionou foi que mais de 90% da sala nunca viram um microscópio. E isso, estudantes de medicina. Eu sabia usar microscópio, as lentes, tudo. Com a diferença de que na universidade havia microscópio manual e eletrônico. Como eu manejava muito bem o manual, o professor de histologia indagou: "Onde você aprendeu a mexer com microscópio?". Respondi: "Mexo com microscópio desde criança". Ele disse que eu estava mentindo. Afirmei-lhe que não, e contei onde estudei. Usar o microscópio é uma das mais gratas lembranças que eu tenho do meu tempo de estudante.

Quando estava no último ano do magistério fui estudar no cursinho pré-vestibular de medicina. Minha avó achava um absurdo eu querer ser médica. Argumentava que eu já tinha estudado demais e que ser professora estava de bom tamanho, que eu ficava inventando coisa de estudar tanto, ela ia morrer e não me veria médica; que isso tudo era ficar "moça velha" etc. E ter uma filha "moça velha" era uma desgraça, significava que não havia arrumado marido, ninguém que a quisesse.

Ela achava que quem estudava demais não arrumava marido. Mas meu avô toda vez que eu dizia que queria ser médica dizia que eu poderia, mas quando quis fazer o científico ele não deixou. Foi uma briga grande, mas ele se manteve firme: "Não, você precisa ter uma profissão". De fato, quem faz o científico, isso ele sabia, terminava e não tinha uma profissão. Sempre dizia que eu precisava ser professora e depois poderia estudar o que quisesse, que enquanto ele fosse vivo ele garantiria. Então, fiz o curso normal. Mas nem fui à minha festa de formatura, pois eu não queria ser professora. Na primeira vez que fiz o vestibular não passei. No curso normal naquele tempo não tinha matemática, física, química e biologia. Então, cursar o magistério e prestar vestibular para medicina era numa condição muito desigual.

Formei-me em medicina em 1978, com 24 anos. Numa cidade como São Luís do Maranhão, na década de 1970, você passar no vestibular de medicina, seja quem você for, vira um pouco "Deus" para a sua família e o seu meio social. O estudante de medicina, em todas as faculdades, é um estudante muito diferenciado, logo olhado de outra forma. O curso de medicina é muito cruel, porque é o único que você tem aulas pela manhã e à tarde durante os seis anos. Em minha época havia aulas até aos sábados, o dia inteiro; trabalhar não é possível sendo estudante de medicina. Só no quinto ano é que eu não tive aula aos sábados. O tempo para estudar é muito pouco, só sobra a noite. Mesmo numa faculdade pública, é um curso muito caro por conta dos livros. Não se estuda medicina sem livros, o que exige alguma condição financeira, uma condição privilegiada, desde boa alimentação, uma série de coisas pra aguentar o ritmo em que essas coisas se desenvolvem.

O sexto ano de medicina é um ano que você praticamente não tem aula teórica. É um ano de estágio, em que você fica no hospital o tempo inteiro, em várias áreas, desde pronto-socorro a CTI. Em São Luís havia o Hospital Dutra, que hoje é um hospital universitário, mas naquela época era um hospital do INPS [Instituto Nacional de Previdência Social], que era conveniado com a Universidade Federal do Maranhão e recebia, anualmente, dez alunos do sexto ano, em regime de concurso. Fiz o concurso e fui uma das dez alunas do Hospital Dutra, em 1978. A gente recebia dois salários mínimos por mês por esse estágio. Foi o primeiro dinheiro que eu ganhei na vida. E valorizei muito ter o meu dinheiro pela primeira vez. Lidar com dinheiro é uma coisa que aprendi desde bem menina.

Desde que aprendi a ler e a escrever, anotava tudo do armazém do meu avô, que, como já disse, tinha um açougue, uma pequena fazenda de gado, fazia as suas próprias roças de arroz, de milho e de feijão, mas era um comprador de "legumes na folha". Isso é o seguinte: nas cidades do interior, as pessoas com mais posses, que têm dinheiro, ganham muito dinheiro de uma forma que explora muito os outros. Veja: as pessoas precisam botar roça e precisam de dinheiro para tanto, então vão às que têm dinheiro e vendem o "legume na folha", ou seja, uma hipotética produção de arroz, feijão, milho etc. Isto é, vai ainda "botar a roça" mas o comprador do "legume na folha", como era o caso do meu avô, adianta o dinheiro. O vendedor fica devendo, com data certa para entregar o legume depois de colhida a safra. Se não entrega o legume na data marcada, aquela conta começa a correr juro em cima de juro.

Por exemplo, vendo uns sessenta sacos de "arroz na folha". Evidentemente que o dinheiro que o cara adianta é um valor mais baixo do que se eu chegasse com o arroz pra vender, tem lá um preço corrente na região para comprar "na folha". O comprador de "legume na folha" também corre riscos. Ele emprega o seu dinheiro vivo, como dizia meu avô: "dinheiro limpo e seco", mas corre o risco de jamais ver o seu dinheiro de volta. Então, havia um caderno onde se anotavam essas compras de "legume na folha" e outro dos fiados do açougue. Depois que aprendi a escrever, ainda com menos de sete anos, o meu avô dizia: "Fátima, pega o caderno das 'compras na folha'". Aí eu pegava o caderno, porque antes era um rapaz que ele pagava para fazer isso, pois ele não sabia escrever e nem ler… depois que aprendi a ler e a escrever, já com uns sete anos e pouco, tomava conta dos dois cadernos. Ele fazia essas compras de "legumes na folha" dia de domingo, dia de feira, aí ele abria o escritório. Havia uma sala na casa do meu avô, um comércio mesmo com mesa, cadeira, com tudo. As pessoas chegavam, ele negociava, eu anotava no caderno. Havia as notas promissórias, conheço nota promissória desde menininha, que eu preenchia e se a pessoa não sabia assinar o nome colocava o dedo numa almofadinha com tinta… tudo devidamente testemunhado. As testemunhas do negócio, essas sim precisavam saber assinar os nomes.

Recordo-me que a minha letra era bonita e que papai, que no começo corrigia tudo o que eu escrevia nos cadernos, dizia para o meu avô: "Seu Braulino, ela já sabe fazer, sabe colocar o valor do dinheiro direitinho. Ela agora pode lhe ajudar. Fique sem susto". Então, dia de domingo, eu ficava o dia inteiro trabalhando com meu avô nisso. Portanto, conheço muito de trabalho do comércio e do valor do dinheiro desde cedo.

Quando fui estudar em Colinas, nas férias, chegava, vovó dizia que eu tinha uma semana inteira para dormir à vontade. Isto é, acordar a qualquer hora. Depois de uma semana, entrava no ritmo da casa. O que significava assumir a condução da casa. São lembranças muito gratificantes, essas voltas da escola para casa. No dia em que eu chegava de Colinas, recebia uma romaria de visitas. Aparecia a cidade quase toda, adultos e crianças. Pelo menos os parentes e a vizinhança inteira. Vovó fazia muitos doces, que eram servidos a todas as visitas. Era um ritual. Uma semana antes de minha chegada, a casa virava um canteiro de arrumação para a minha chegada, faziam doces, de vários tipos para servir às minhas visitas, que levavam quase uma semana.

Depois de uma semana pra dormir, as férias eram de três meses no fim do ano, eu começava a tomar conta da casa. Isto é, precisava levantar, todos os dias, para fazer o café. Um mundaréu de coisas, desde cuscuz de milho e de arroz... Uma trabalheira monumental. Colocava o arroz e o milho de molho à noite. Pela manhã, cedinho, pilava o arroz e o milho, um de cada vez, para fazer a massa do cuscuz. Vovó levou muitos anos para aceitar que a massa de milho ou a de arroz "passada no moinho" também era boa, porém ela não gostava, precisava ser do pilão!

O café era também uma novela sem fim. O café de vovó precisava ser fresco. E café fresco para ela queria dizer moer o café torrado na hora de coar o café... Torrava-se o café em casa. Possuíamos uma torradeira de café. Minhas obrigações eram: fazer o café da manhã para todo mundo. Havia uma moça que trabalhava na casa de vovó, mas era eu que, obrigatoriamente, nas férias, tinha de fazer. Se era tempo de roça (as roças eram muito perto), eu fazia a comida para vinte, até trinta trabalhadores da roça (desde os onze anos). Não só fazia, como levava a comida dos trabalhadores na roça.

Era assim uma brutal contradição, porque eu estudava em uma escola de muito luxo e nas férias enfiava a cara no trabalho doméstico. Mas vovó dizia que "quem não sabia fazer, não sabia mandar" e que se eu não soubesse fazer de "um tudo" como é que eu iria cuidar de uma casa, só se fosse para ser uma daquelas bestas que as empregadas enrolam...

A lógica dela era que eu precisava saber fazer tudo aquilo que era pra aprender a mandar e ser uma senhora. Hoje vejo que era realmente um adestramento para mandar, porque em nossa casa havia sempre muitas mulheres adultas: a cozinheira, Albertina, que morou em nossa casa muitos anos; a tia Custódia ficou anos lá em casa, além do que sempre havia alguma parenta do meu avô estudando, ou sendo aluna de corte e costura da mamãe; ou de castigo, por conta de algum namoro que a família não aceitava (era costume mandar para a casa de algum parente para afastar as moças de "namoros sem futuro").

Ainda nas férias, à tarde, depois que eu fazia essas comidas, que levava para a roça, saía para as cobranças dos devedores do meu avô. Isso era interessante. Assim, com uma semana depois de minha chegada, ele sentava na calçada e falava: "Pega o caderno do açougue e do 'legume na folha' e uma folha de papel almaço".

Com os apetrechos em mãos, ele começava: "Fulano não pagou. Bota aí na folha". Fazíamos uma relação de devedores, do açougue e do "legume na folha". Eu tinha uma bicicleta que ganhei do meu avô. Era uma "bicicleta de mulher", daquelas sem varão. Ganhei essa bicicleta antes do meu pai morrer. Lembro de ele dizer que meu avô me mimava muito.

Portanto, as cobranças dos devedores do meu avô, enquanto nós morávamos em Graça Aranha, ou seja, até eu estar com quase dezoito anos, eu as fazia com esse ritual todo: chegava para as férias e com uma semana tomava conta de tudo. De posse da relação de devedores, de segunda a sábado, à tarde, eu saía de bicicleta para as cobranças. No começo da noite, eu e ele sentávamos na sala, numas cadeiras preguiçosas, que muitos chamam de espreguiçadeiras, e eu prestava contas das cobranças do dia. Acertava os dinheiros, ou as desculpas e esticamentos de prazos para o pagamento. Se eu não recebia bem em algum dia, ele brigava, dizia que eu não estava cobrando direito, não sei que mais... que daquele jeito, com tanta gente devendo, como é que ele pagaria a minha escola? Então eu tinha uma motivação forte o suficiente para ser uma cobradora implacável. O meu estudo dependia diretamente do dinheiro que era capaz de receber dos devedores do meu avô!

Eu era uma cobradeira respeitada e insistente. Hoje percebo que era uma abusada mesmo. Havia gente que já pagava meu avô quando as férias estavam perto, pois sabia que eu ia chegar. Diziam assim: "Vou pagar logo porque aquela menina enjoada do Braulino vai chegar". Quando eu chegava nas casas, muitas pessoas se escondiam, mas eu ficava esperando, e cobrava. Certa vez chegou uma carrada [um caminhão carregado de] arroz do meu avô na porta de casa, na porta no armazém. Descia do caminhão um monte de coisas, de rádio até panelas velhas. Perguntei a vovó o que era aquilo. Ela respondeu que um homem estava devendo ao meu avô há muito tempo e não pagava, então ele chegou na casa do moço e pegou tudo que havia, pois ele dissera que como não tinha dinheiro e nem legumes para pagar, o meu avô poderia pegar tudo o que ele possuía naquela casa.

Fiquei tão horrorizada que nem conseguia falar direito, pois estava numa escola que discutia política, essas coisas, todas as dificuldades e sofrimentos dos pobres, a exploração dos ricos, e naquela situação, meu avô era sim considerado um homem rico, perto de tanta miséria... Fui para o meu quarto e chorei até dormir.

Recordo-me também de uma grande briga que tive com meu avô. Acho que foi a primeira vez que brigamos pra valer, pois discutir a gente discutia muito, mas não eram brigas, mas ele dizia que eu era muito respondona, não ouvia nada calada. Mas ele gostava que eu fosse assim. Até contava para as outras pessoas que eu não era besta. Até por essa característica de ser respondona e de não ser besta, ele sempre achou que eu deveria ser advogada; que era uma bobagem eu querer ser médica — ele era a única pessoa que não achava bonito eu querer ser médica —, pois dizia que eu tinha que ser advogada porque eu gostava muito de questão. Era interessante e ainda é lembrar dele falando: "Você gosta muito de questão, se fosse advogada, seria uma grande advogada. Das boas".

Voltando à briga séria com meu avô. Havia um moço que devia ao meu avô e eu fui cobrá-lo. Quando cheguei na casa dele, ele resolveu conversar amigavelmente comigo, convidou-me para sentar, o que em geral os devedores não faziam. Disse que a mulher dele estava doente. Em volta, um monte de crianças remelentas, barrigudas, perebentas... uma casa pobre, pobre mesmo, quase sem nada. Acrescentou que perdera a roça na safra passada, pois o gado não sei de quem entrou na roça e comeu tudo. Portanto, ele perdera a safra e não teve como pagar. Ainda estava com a mulher dele doente e não pôde botar roça e estava "trabalhando de alugado" (nas roças dos outros) e todo dinheiro que arrumava era para tratar da mulher. Olhei assim num canto da casa e havia uma mulher deitada numa rede, que era só pele e osso... uma pobreza tremenda... o fogo do fogão de lenha estava apagado, um sinal certo de que naquela casa nem comida havia sido feita naquele dia.

Mesmo penalizada, não me dei por vencida: "E quando o senhor vai poder pagar, marque um prazo. Peça que lhe dou". Eu também detinha autoridade para fixar adiamento de prazos e para negociar com os devedores. Mas ele disse-me que não sabia. E fui dura: "Olha, estou aqui cobrando, o senhor está devendo há muito tempo. Tenho uma nota promissória assinada pelo senhor. Então tem de fixar um prazo para pagar porque o meu avô vai querer saber etc.".

Saí daquela casa sem conseguir nada. Nem um possível prazo para o recebimento da conta. Mas esse caso foi um que me doeu muito porque eu já possuía uma consciência política bem aguçada. Quando cheguei em casa, na hora do acerto dos recebimentos do dia, perguntei para meu avô por que ele não dispensava aquela conta, porque aquele homem não estava mais devendo muito; que era um bom pagador, pois ele estava amortecendo a conta já há algum tempo, e se não estava enganada era a primeira vez que ele não pagava um pouco da conta dele.

Meu avô virou para mim, falou um monte de coisas, sobretudo constatou que naquele ritmo de ter pena de quem devia a ele, eu teria de deixar de lavar meus cabelos com xampu e olhando nos meus olhos, disse: "Você sabe fazer sabão de soda, não sabe? Vai precisar usar o seu saber". Naquela época se fazia sabão em casa, de vários tipos: branco — de azeite de coco, de sebo de boi etc. Não se comprava quase nada. Eram coisas que mulheres faziam, portanto eu também aprendi a fazer sabão. Mas eu não gostava de fazer sabão, aliás odiava, pois era um dia inteiro fazendo sabão. Tinha alergia ao cheiro da soda cáustica. Espirrava o dia inteiro, inchava os olhos, ficava com coriza...

O meu avô sempre dizia orgulhoso que eu era uma "nego-ciante fina". Ou seja, que eu sabia fazer negócios e ele confiava em meu tino. Se algum dos fregueses dizia que já havia acertado algo comigo, ele dizia: "Entonce se ela deu a palavra, tá dada. Ela sabe negociar. E aqui tanto faz acertar com ela como comigo. É tudo a mesma coisa".

Eu sabia de todos os negócios dele. Tanto que quando vovó queria viajar — ela adorava viajar para Teresina, capital do Piauí, sempre dizia que era para ela ou a gente, eu ou o filho dela, para se consultar ou ir ao dentista. De fato, uma vez por ano eu ia ao "médico de vista", pois uso óculos desde os treze anos. Ia tanto que até hoje me lembro o nome dele, dr. Evaldo.

Mas na verdade ela gostava mesmo era de ir às compras na capital. Também adorava comprar joias, coisas de ouro e de pérolas, para ela e para mim. E quando meu avô dizia que ela estava gastando muito, ela dizia que toda moça tinha suas "coisinhas" de ouro e que ela não ia me criar diferente. Mas, antes de aprontar qualquer viagem, ela sempre me perguntava como meu avô estava de dinheiro. Isso acontecia antes de ela [passar a] ter uma padaria.

Vovó teve uma padaria durante uns quatros anos. Era uma danada, os padeiros sofriam nas mãos dela, pois rapidamente aprendeu tudo sobre como fazer pães e sempre encontrava um defeito para colocar na hora que um pão não saía perfeito. Depois da padaria ela ficou ainda mais poderosa, pois tinha o seu próprio dinheiro e fazia dele o que quisesse, sem consultar ou pedir ao meu avô. Nessa época, sempre que o meu avô me entregava o dinheiro de minhas despesas, na hora que eu voltava para a es-cola, ela me chamava no quarto e dizia: "Esse aqui é o meu, para qualquer precisão que você tiver". Não era muito, mas era um di-nheiro a mais, e não estava "carimbado", ou seja, com um destino definido, mas acho que jamais comprei qualquer outra coisa para mim com esse dinheiro, a não ser livros, livros...

Quando fiz dezoito anos meu avô foi a São Luís para que eu abrisse uma conta no banco. Foi no Banco Real. Lembro-me até hoje dele conversando com o gerente e dizendo que ele poderia "aviar" o que eu precisasse, se algum dia precisasse. Não sei como, mas ele fora apresentado àquele gerente por alguém, pois na hora o gerente disse: "Seu Braulino, o senhor pode abrir a conta para o senhor e para ela, é mais seguro". Ele disse:

> Quem precisa de conta em banco é ela, que sabe ler, tem pouco dinheiro, mora na cidade, na casa dos outros e não tem onde guardar o dinheirinho que dou a ela. Eu nunca precisei de banco nenhum até hoje, doutor. Não preciso negociar com dinheiro de banco, só com meu dinheiro mesmo.

Possuía um senso de autonomia ilimitado. Eu era a única pessoa que chegava no internato com o dinheiro do semestre inteiro para pagar a escola. Quem pagava era eu. Não havia banco e nem Correios em minha cidade, portanto, quando voltava para a escola meu avô entregava-me o dinheiro do semestre. Eu levava o dinheiro do semestre inteiro até para a mulher que lavava a minha roupa. Sim, eu pagava uma lavadeira, que buscava duas vezes por semana minha roupa do internato. Lavava e passava. Então tudo isso era dinheiro. É por isso que vovó e Paivelho sempre falaram para os meus maridos que "a nossa filha foi bem-criada. Sempre teve de um tudo e nunca pegou no pesado. Sempre só estudando. É uma moça fina".

Eu era a única, embora fosse a mais nova, na Casa do Estudante, que manuseava o próprio dinheiro. Os pais deixavam o dinheiro com a diretora do internato, a dona Stela, Stela Rosa e Silva, que era uma professora negra, dava aula no Colégio Colinense, mas dirigia a Casa do Estudante. Certa vez ela perguntou-me: "Os seus pais não lhe dão dinheiro?". Disse-lhe: "Dão, mas quem guarda sou eu!". Eu pagava as mensalidades da Casa do Estudante para ela. Achava sempre que ela ficava zangadíssima porque era muita autonomia que eu tinha.

Como eu sempre possuía dinheiro, emprestava para minhas colegas de vez em quando. E isso era um grande poder. A vida toda, meu avô dava um dinheiro para comprar merenda — era um dinheiro que eu levava separado, era para comprar merenda na escola todo dia. Ele fazia as contas. Mas eu não comia merenda, só muito raramente, porque eu comprava revistas, livros com esse dinheiro. Nunca aprendi a merendar, até hoje eu não merendo, só tomo café, almoço e janto. Até terminar o curso normal tive dinheiro pra comprar merenda, para todos os dias de aula. Era um dinheiro que dava para tomar um refresco e comer um pastel.

Comecei a militar em grêmio desde o Colégio Colinense, onde havia uma formação política muito importante, através não só do grêmio, mas de uma atividade que se chamava ciclo de estudos, que era uma semana de debates sobre um determinado tema, cujos palestrantes eram sempre nomes muito importantes da educação, da política e da intelectualidade.

Lembro-me de um ciclo de estudos sobre cooperativismo que foi maravilhoso. Tudo na escola parava para o ciclo de estudos, era algo histórico no Colinense, sem falar que, com pelo menos um mês de antecedência, a escola entrava em efervescência de pesquisas e preparação. Outra coisa memorável eram as feiras de ciências, que ocorriam anualmente. Evidentemente eu participei de todas, inclusive quando já estudava em São Luís, onde também ocorriam feiras de ciências, em cada escola e depois uma municipal.

O Colégio Colinense tinha um movimento estudantil forte e um Grêmio que não apenas fazia política, mas também estava muito envolvido em manifestações culturais. Todos os sábados, a tarde inteira, a escola parava e você era obrigada a ficar na escola para as atividades do grêmio, que eram atividades culturais, como dizer poesia, fazer teatro etc. Isso acontecia sala por sala, semanalmente, com programação e tudo. Eu fui representante de turma junto ao grêmio da escola nos três anos em que estudei no Colinense.

No primeiro ano em que estudei em São Luís não me envolvi com grêmio, mas no ano seguinte já era a pessoa que definia a chapa de oposição. Foi quando então fiquei muito amiga do padre Rogério Dubois, um padre francês que dava aula de religião na escola. Ele era o pároco do bairro de Fátima, um bairro proletário, que sempre teve uma luta operária muito forte e era um celeiro de quadros da joc — Juventude Operária Católica. Eu fui da joc. Aproximei-me muito do padre Rogério também porque naquela época eu falava um pouco e lia muito bem em francês.

Em meados do primeiro ano do magistério, decidi morar no bairro de Fátima, por conta desse trabalho junto à igreja e à joc. Só saí do bairro de Fátima no último ano do magistério, quando me preparava para a universidade, pois depois do dia todo no curso normal, ainda ia para o cursinho à noite, que era no centro. A minha saída do bairro de Fátima foi uma decisão mais do meu avô do que minha. Muito jeitoso, ele me disse que eu precisava ir morar no centro porque ficaria muito cansativo continuar morando no bairro. Comuniquei à joc as preocupações de meu avô e, numa reunião formal, avaliou-se que seria melhor mesmo mudar-me e dedicar-me mais aos estudos naquele ano. Anos depois soube que ele fora alertado por amigos que eu andava metida com uns "padres e umas freiras comunistas" da Igreja de Fátima e poderia ser presa.

Logo que me mudei para o bairro, aos dezesseis anos, as freiras da paróquia começavam a instalar a Pastoral da Mulher Marginalizada, que naquela época se chamava Ninho, uma criação de dom Fragoso, um bispo progressista nordestino que é tio de Jô Moraes, deputada estadual do PCdoB daqui de Minas Gerais. Essas freiras eram partidárias de dom Fragoso. Em que consistia o trabalho? Era de apoio às mulheres prostitutas: ver as necessidades delas e dos filhos; conseguir matrícula nas escolas para os filhos delas; consultas e remédios quando adoeciam e até alimentação quando elas não podiam trabalhar. Muitas tinham muitos filhos.

Durante uns dois anos, além das freiras, éramos só eu e Lurdinha, uma outra jovem do bairro que se interessou por esse trabalho. Foram essas freiras que me deram as primeiras coisas que li sobre a situação da mulher. Já na universidade, voltava sempre a esse bairro porque continuava a arrumar consultas médicas para essas mulheres. Então, eu entrar na faculdade de medicina foi muito bom para a Pastoral da Mulher Marginalizada, pois passei a conhecer mais os ambulatórios e, como estudante de medicina, tinha muito acesso a serviços de saúde e ao próprio Hospital Universitário. Quando foi o Ano Internacional da Mulher, 1975, eu já sabia muito bem o que era a situação das mulheres.

Quando ainda estava no segundo grau, tive os primeiros contatos com o PCdoB. Era ainda adolescente. Durante muito tempo, muitos anos, fui muito amiga de um rapaz chamado Sérgio Braga, que era estudante de economia, e só uma década depois descobri que ele era o presidente do partido no Maranhão na época em que o conheci. Então, nos anos em que fiz o segundo e terceiro anos do Normal, a gente se encontrava aos domingos à noite depois da missa. Nunca foi meu namorado. Éramos amigos. Eu tinha meus namorados e ele tinha as namoradas dele, mas era muito engraçado porque tanto as namoradas dele como os meus namorados tinham muito ciúmes. Mas foi através do Sérgio que eu soube da Guerrilha do Araguaia, por exemplo.

O que é que eu fazia junto com o Sérgio? A gente realizava um trabalho importante na Escola de Cegos do Maranhão. O Sérgio era amigo de um rapaz cego, o Pedro, que era casado com a Glória — diretora e fundadora da ESCEMA, que era cega e negra, do Rio de Janeiro. O Pedro, marido dela, era estudante de ciências sociais no Rio de Janeiro, mas depois de casar estava fazendo um outro curso no Maranhão, que não era propriamente sociais, que não havia na UFMA. Eu e o Sérgio aos sábados e aos domingos líamos para o Pedro. Nem sempre livros da faculdade dele. Muitas e muitas vezes livros de Che Guevara, Regis Debray, lembro-me muito bem. Ah! lemos também *Geografia da fome*, de Josué de Castro. Às vezes apareciam outras pessoas. Aquilo era "reunião do partido", só que eu não sabia. Era a época da ditadura, estavam matando gente.

Na verdade, as reuniões na ESCEMA constituíam algo como uma célula do PCdoB. Pessoas históricas do PCdoB do Maranhão daquela época passaram por lá. A Glória era uma pessoa acima de qualquer suspeita, porque ela e a Escola de Cegos eram protegidos de dr. Antônio Dino, que era o vice de José Sarney quando governador. O dr. Dino foi governador do Maranhão por dois anos, quando José Sarney se elegeu senador. Então o aparelho nosso era acima de qualquer suspeita.

Na escola, eu sempre circulei por muitas coisas ao mesmo tempo. Era a JOC, a Pastoral da Mulher Marginalizada, esse trabalho na ESCEMA, que levei muitos anos pra entender realmente o significado que tinha.

Em Imperatriz, nos anos [19]80, participei de um trabalho com mulheres muito interessante em dois aspectos. Um mais geral, com pessoas da área da saúde, mais voltado para populações pobres, cujo foco eram as mulheres; e o outro, mais voltado para a organização das mulheres.

O primeiro era o Barco da Saúde — um barco com alguns profissionais de saúde, médicos, farmacêuticos, bioquímicos. Tal projeto foi idealizado pela oftalmologista Lindalva Amorim, maranhense, nascida em Imperatriz, que foi candidata a deputada constituinte pelo PDT. Era um barco que percorria as regiões ribeirinhas do rio Tocantins com médicos de várias especialidades, realizando consultas, e bioquímicos e técnicos de laboratório para fazer exames de fezes, de urina. Esse projeto do barco durou dois anos.

Era um trabalho apoiado por muita gente. Nunca viajei com o barco, pois além do trabalho como médica de segunda a sexta, eu dava um plantão de 24 horas aos sábados ou aos domingos, em rodízio; tinha cinco filhos; trabalhava em média sessenta horas semanais; era diretora da Associação Médica de Imperatriz; e dirigia o maior hospital do interior do Maranhão, uma empresa de mulheres: seis sócias e um sócio. Mas era uma pessoa que arrumava dinheiro para trabalho do barco; participava de todas as reuniões preparatórias e que analisavam as missões do barco; arrumava remédios etc. O Barco da Saúde era um trabalho político expressivo, embora com aparência de assistencialismo puro, pois percorria as regiões ribeirinhas, prestando atendimento médico e odontológico, realizando exames laboratoriais mais simples e distribuindo remédios mediante consulta médica, a cada dois meses. Lembro-me que em todas as missões do barco foram realizados partos.

Algumas mulheres do grupo do Barco da Saúde começaram a se reunir separadamente para refletir mais sobre a questão da mulher, sobretudo no que dizia respeito à violência doméstica. Descobrimos o Conselho Nacional dos Direitos da Mulher; a Conferência Nacional Saúde e Direitos da Mulher [ocorrida em Brasília, de 10 a 13 de outubro de 1986]; e o processo pré-Constituinte de 1988.

Junto com Lindalva Amorim, realizamos todo o processo de debate das mulheres, em Imperatriz, sobre a Constituinte. Inclusive quando o Conselho Nacional da Mulher (CNDM) foi fundado, em 1985, levamos a Imperatriz a advogada Comba Marques Couto, que naquela época acho que integrava a Equipe Técnica do CNDM. Bem, ela esteve lá em nome do CNDM. Quando a Comba esteve em Imperatriz, fazia pouco tempo que meu marido morrera. Realizamos um daqueles encontros A Mulher e a Constituinte, na Associação Médica. Fui fundadora da Associação Médica de Imperatriz e, enquanto morei lá, sempre fui da diretoria. Foi a primeira vez que a Associação Médica cedeu os seus espaços para uma coisa que não era de médicos. Conseguimos colocar trezentas mulheres de Imperatriz e das cidades vizinhas no Encontro.

Depois, criamos a União de Mulheres de Imperatriz, que não vingou muito depois que fui morar em São Luís, mas antes teve um evento importante sobre A Mulher e a Constituinte, já no período pré-eleitoral, também na Associação Médica de Imperatriz.

Uma das ações políticas mais importantes que empreendemos naquele período foi impedir a ida do dr. Elsimar Coutinho para ministrar uma conferência nas Jornadas Médicas de Imperatriz, em 1986. Para tanto, contamos com o apoio de vereadores do PDT e de um deputado estadual do PCdoB, na divulgação de uma moção de repúdio a Elsimar Coutinho, que, ao saber de tal documento, pois o enviamos por telex a ele, declinou do convite.

Em São Luís, em 1987, participei da União de Mulheres de São Luís, época em que conheci as integrantes do Grupo de Mulheres Negras Mãe Andreza. Portanto, retomei contatos mais próximos com o Movimento Negro através do Mãe Andreza e, evidentemente, também com o Luizão.

Então toda a movimentação das mulheres negras a partir de 1987, período em que as mulheres negras começam a se organizar em âmbito nacional com maior visibilidade, eu já estava participando.

Quando cheguei em Belo Horizonte, em fevereiro de 1988, com uma semana, fui a uma reunião do Movimento Popular da Mulher, MPM. Estavam preparando o Dia Internacional da Mulher daquele ano. No Oito de Março de 1988 eu já conhecia quase todo mundo do movimento de Belo Horizonte. Cheguei numa época de reuniões muito intensas, eram as mobilizações da Constituinte. Então, todo esse processo que eu fiz no Maranhão, de participação em muitas coisas "da mulher" e "da Constituinte", serviram-me de base para, aqui em Minas, me integrar mais ao processo nacional. Depois, veio a Constituinte estadual, a Lei Orgânica da cidade de Belo Horizonte... fui eleita presidenta do Movimento Popular da Mulher, em 1989, com um ano aqui.

Assim tornei-me a primeira mulher negra a dirigir uma organização feminista neste país. Quando fui para São Paulo em janeiro 1992, ainda faltava um ano de mandato para cumprir no Movimento Popular da Mulher. Em São Paulo, integrei-me à União Popular de Mulheres do Estado de São Paulo (UPMESP), já conhecia você e algumas outras do Geledés, a Lucinha, por exemplo, desde o I Encontro Nacional de Mulheres Negras, realizado em Valença, RJ. Estando em Minas, participei de toda a mobilização para o I Encontro de Mulheres Negras, e também da primeira reunião que discutiu a criação da Rede Feminista de Saúde, debaixo de uma árvore, durante o XI Encontro Nacional Feminista, em Caldas Novas, Goiás, 1991.

Em 1992, já em São Paulo, entrei na Rede Feminista de Saúde. Empenhei-me em sua construção, tendo sido da Comissão de Ciência, Tecnologia e Ética e da organização do 8º Encontro Internacional Mulher e Saúde (1997). De volta a BH, em 1996, coordenei a Regional MG da Rede Feminista de Saúde até maio de 2002. Desde

1996 integro a direção nacional da Rede, sou do conselho diretor. No 7º Encontro da Rede, em Caeté, aqui em Minas, em 2002, fui eleita Secretária Executiva para um mandato de quatro anos.

Nós ÉRAMOS APENAS três negros numa turma de sessenta alunos na faculdade de medicina. Éramos eu, o Bentevi e a Quelita — era menina da Igreja Batista, de uma família de negros funcionários públicos, de classe média de São Luís, que estudou a vida inteira no Colégio Batista, um colégio que nunca deixava de ter menos de dez alunos numa turma de medicina. O Bentevi, também evangélico, estudara também em escola pública. E eu vinha de escola pública. Os três negros de minha turma de medicina possuíam essa origem.

O entendimento sobre a questão racial apareceu na minha vida com o Luizão, meu professor na faculdade de medicina. Mas sobre a percepção do racismo, penso que quando você não tem consciência do racismo você não o percebe. É um exercício que até hoje faço muito para lembrar-me de situações de racismo que vivenciei, sobretudo porque desde muito cedo estive em ambientes majoritariamente brancos, hegemonizados por brancos, a começar pelo Colégio Colinense, que, na época, era uma escola-modelo no Maranhão, considerada uma das melhores escolas do Maranhão em todos os tempos. E era uma escola particular.

Na verdade, enquanto negra, tive o privilégio de os meus avós terem uma situação econômica boa; e de ser aquela menina, reconhecidamente, que gostava de estudar, e eles poderem bancar essa excentricidade familiar. Sempre fui muito estudiosa, excelente aluna, daquelas que se destacavam. Ser excelente aluna confere muitos privilégios, qualquer cor que você tenha. Primeiro, porque os colegas acabam se aproximando de você porque te sugam. Sempre tive os melhores cadernos, pois era famosa por copiar até o suspiro do professor. Era daquelas alunas que as pessoas vão para a sua casa copiar coisas do seu caderno, que é sempre o mais completo. Dediquei-me muito a estudar.

Então, esse lugar de boa aluna, de aluna destacada, é um lugar que desperta muitas invejas, mas também as pessoas são obrigadas a te respeitar muito, desde os professores. Então talvez isso tenha me ajudado a não perceber, ou a não sofrer tanto. Talvez. Essa é a ideia que faço no momento, mas também não tenho certeza!

Na verdade, a minha percepção do racismo sofrido aparece depois de médica, sobretudo o fato de as pessoas se espantarem quando me veem; de perguntarem a que horas a médica vai chegar. Em geral, desde sempre, eu não pareço médica, até hoje. Há um estereótipo. Na imaginação popular, médica é branca! No Maranhão eu não era vista e nem tida como preta, ou negra, mas como morena. Mas, mesmo lá, médico é branco.

Acho que as conversas com o Luizão me tocaram muito porque nós sempre tivemos maior aproximação com a família da vovó, que é toda de negros. A família de papai era uma família que poderia ser considerada, grosso modo, branca, como dizia a minha avó, uma família de "gente mais descascada", para dizer que não era negra.

As situações de racismo que me lembro de ter vivenciado na infância, de que tenho consciência — não estou dizendo que nunca sofri racismo antes —, era vovó dizer que a minha madrinha Zuleide, uma vizinha, tinha ciúme de mim na escola porque eu aprendia a ler depressa, antes das filhas dela, mais ou menos de minha idade. Essas meninas eram todas brancas.

Sobre ser a primeira mulher negra a ser secretária executiva da Rede Feminista de Saúde, cada vez mais tenho uma visão crítica impiedosa sobre essa experiência, pois é uma experiência muito pesada. Essas marcas de ser a primeira nisso, naquilo outro, são cargas muito pesadas. Mas também tem de ser lembrada sempre, porque demonstra um caminho que uma mulher negra percorreu e uma porta que foi aberta, às custas de muito suor. Por exemplo, fui descobrir que eu era a primeira mulher negra a dirigir uma articulação do feminismo na América Latina quando dei uma entrevista à Coalition. Sou a primeira negra a chegar à Secretaria Executiva da Rede Feminista de Saúde. Sou a primeira negra que dirigiu uma instituição do feminismo no Brasil. Fui presidenta do Movimento Popular da Mulher em Belo Horizonte, MG. Também não me lembro de nenhuma mulher negra dirigindo uma instituição do feminismo no Brasil depois de mim. Refiro-me a organizações do feminismo que não são organizações criadas pelas mulheres negras. Sou a primeira negra a integrar o Conselho Diretor da RSMLAC (Rede de Saúde das Mulheres Latino-americanas e do Caribe), e olhe que a RSMLAC completou vinte anos em 2005.

A RSMLAC realiza um trabalho grande e importante na América Latina e no Caribe, mas nela há poucas negras. Havia poucas negras na Rede Feminista de Saúde. A Mazé, Maria José de Oliveira Araújo, sempre teve uma visão muito crítica sobre isso: a Rede Feminista de Saúde ter um perfil muito branco.

A preocupação com a interiorização e com a presença das mulheres negras na Rede Feminista de Saúde era tanta que na gestão da Mazé foi criada uma Assessoria para Assuntos da Mulher Negra, para subsidiar o trabalho do Conselho Diretor. Fui eleita para essa assessoria em um Encontro Nacional da RFS, em Pirinópolis, Goiás, 1996. Na gestão da Mazé também foi elaborado o *Jornal da Rede*, uma revista especial sobre saúde da mulher negra. Embora tenha sido veiculada na gestão seguinte, é um trabalho com a marca da Mazé, que possui uma profunda consciência da necessidade cotidiana da luta contra o racismo. A gestão dela na Área Técnica da Saúde da Mulher do Ministério da Saúde não deixa dúvida.

Trabalho com questões que são muito novas e que aparentemente são muito difíceis para quem não tem uma base científica sólida para abordar. Porque tanto a saúde da população negra quanto essa parte da genética, de bioética, um olhar bioético sobre a genética, as coisas novas da genética, exigem um conhecimento muito sólido de genética, básico e sólido, porque quem não possui tal conhecimento não tem como especular, como fazer análises filosóficas e políticas em cima dessas questões. O que eu aporto de novo é um olhar feminista e antirracista sobre todas essas "coisas novas" das biociências e na instalação desse campo novo de assistência, de pesquisa e de estudo, que é a saúde da população negra.

Eu acho que a originalidade do que faço e publico é minha capacidade de, partindo de uma base teórica sólida, lançar um olhar especulativo e reflexivo sobre essas questões. Assim, o campo de saúde da população negra sem uma base sólida de genética, com um olhar que demonstra um fatalismo, com um olhar que demonstra que genética é destino, não há como elaborar para garantir os direitos das mulheres, os direitos dos negros e nem assistência à saúde e um campo de pesquisa que respeite a população negra.

Sem tais pré-requisitos é muito difícil, porque o campo de saúde da população negra é o único campo de estudo e pesquisa que eu conheço que se estabeleceu no Brasil fora da universidade, em um trabalho de muitas mãos e muitas cabeças. A universidade está tendo que beber da nossa fonte, a fonte criada pelo movimento social, para trabalhar a saúde da população negra. Ou seja, não só os formuladores das políticas bebem nessa fonte como a universidade também. Ninguém sistematizou isso antes de mim no Brasil, infelizmente. Então a minha produção teórica é referência para quem quiser fazer qualquer trabalho nessa área. É uma fonte cuja origem é inegavelmente o ativismo, pois embora eu seja uma intelectual reconhecida, não sou professora universitária, porque eu nunca quis ser professora. Sempre optei por fazer outras coisas, mas paradoxalmente o que mais eu faço hoje em dia é dar aulas, palestras, conferências etc.

Desde 1996 trabalho no Hospital das Clínicas da UFMG, e sempre que abre vagas para professores de clínica médica, alguns colegas me perguntam por que não tento ser professora. E ficam surpresos quando digo que nunca quis ser professora. Para mim, fazer essa opção seria largar a militância tal como eu faço e gosto de fazer. Ser professora me prenderia num só lugar o tempo inteiro. Sempre achei que como professora universitária jamais poderia fazer as coisas que faço, do jeito que quero, preciso e gosto, quer no feminismo, no movimento negro e na bioética. Transito bem nessas três áreas e dou conta de ter uma presença política e teórica consistente e grande.

Digo sempre que toda a minha produção teórica na área da saúde da população negra eu a devo à Elza Berquó, porque antes de conhecê-la não escrevi nada sobre saúde da população negra. Assim como não compreendia que o que eu sabia, sobretudo em genética, aportava muito para o estabelecimento do campo. E por que digo que devo isso à Elza Berquó? Eu a conhecia de vários momentos do feminismo brasileiro. Um do qual lembro bem foi um grande debate sobre aborto no Congresso Nacional realizado pelo Conselho Nacional dos Direitos da Mulher. Outra vez foi na pré-Cairo, eu ainda morava em Belo Horizonte, e já lia muito Elza Berquó e gostava muito porque era ela quem abordava e debatia a esterilização forçada e tudo mais. Quando me mudei para São Paulo, fui a um seminário, creio que por volta de agosto ou setembro de 1992, em nome da Coordenadoria da Mulher da Prefeitura de São Paulo, no governo de Luiza Erundina. Acho que foi no Parlatino, era um seminário sobre políticas públicas nas diferentes áreas. Nesse dia conheci o Joel Rufino, que fez uma fala péssima, até brigamos no debate.

Fui representando a Coordenadoria da Mulher pra falar sobre políticas públicas na área de saúde. Lembro-me bem que me preparei durante uma semana. Em 1992 não havia nem a popularização da terminologia "políticas públicas". Assim é que na gestão de Luiza Erundina foi que apareceu com mais força o emprego dessa terminologia. Joel Rufino foi rebater minha fala em que eu trabalhara a necessidade do intercruzamento de raça/etnia e gênero, que não era fácil verbalizar naquela época.

No evento estava Vera Cristina de Souza, que já era bolsista do Cebrap, no Programa Saúde Reprodutiva da População Negra, que eu não conhecia. Ao fim do evento, ela veio falar comigo. Se apresentou dizendo que era bolsista do Cebrap e que o programa realizaria em março de 1993 um seminário sobre saúde da população negra, e que ela queria um contato meu para me convidar.

No ano seguinte, houve um evento no Conselho Estadual da Condição Feminina, uma preparação do Oito de Março daquele ano, e lá a encontrei outra vez, ocasião em que me disse "olha, o seminário será daqui a uma semana". Fui ao Social Versus Biológico. Era o primeiro seminário que o programa estava fazendo e havia grande problema teórico a se resolver sobre saúde: se os determinantes da saúde da população negra eram sociais ou biológicos. Naquela época o programa já realizara uma grande pesquisa sobre esterilização.

Das pessoas presentes, além das bolsistas, lembro-me bem de Luiza Bairros, Edna Roland, Damiana, Isabel Cruz, entre outras. Todas as falas que fiz nesse seminário foram contra um rumo que eu achava muito ruim que o seminário estava tomando, que era uma perspectiva mais biologicista e fatalista. Recordo-me que uma das pessoas, quase ao fim do seminário, disse algo desse tipo:

"Pois é, temos que nos curvar, não tem jeito, tem algumas coisas que são problemas nossos e temos que nos curvar a isso". Assim, como "a biologia é destino mesmo!".

Pedi pra falar outra vez e disse que aquele seminário estava tomando o caminho do fatalismo genético que eu me recusava a aceitar. Então todo mundo ficou querendo saber o que era o tal fatalismo genético, que é uma concepção filosófica, uma visão de mundo que acha que os genes definem tudo e que tudo será assim ou assado porque está escrito nos genes. Digo sempre que há fatalismo genético para a espécie: gatos parem gatos, ratos parem ratos, mulheres parem humanos. Então fatalismo genético para espécie existe, porque ninguém nunca viu mulher parindo um cachorro, mas para outras coisas, há outras interações. Porém aquele seminário chegava a essa concepção do fatalismo genético porque estava procurando uma saída tangencial — que era trabalhar as coisas mais como sociais, como determinantes prioritários do processo saúde/doença.

Eu compreendia que a gente não podia abraçar aquela saída, pois seres humanos eram também regidos por leis biológicas, mas isso não é fatalismo genético, há leis biológicas das quais não podemos fugir porque somos regidos também por elas. Mas não é necessário ter o fatalismo genético para respeitar e reconhecer as leis biológicas. Estavam procurando uma saída tangente, porque a única conclusão possível para aquele grupo que estava ali, que era um grupo progressista e antirracista, era resvalar para o lado social, mas eu via isso como um prejuízo também muito grande para nós. Um outro médico presente lá era o dr. Marco Antônio Zago, a grande estrela do seminário, a quem nós devemos contribuições enormes, um parceiro que faz tudo o que puder fazer pela saúde da população negra. Aprendemos muito com o Zago porque ele apresentou lá, pela primeira vez que eu vi, o mapa das principais doenças que acometem a população negra. Ou seja, esse mapa que nós temos hoje das doenças da população negra foi desenhado pelo Zago, embora muito centrado na anemia falciforme.

Quando terminou o seminário, a Elza Berquó me convidou para ir ao Cebrap depois para conversarmos, pois ela ficara muito impressionada com as coisas que eu falara com tanta convicção e queria dirimir essa dúvida, já que a minha insistência durante o seminário havia despertado a vontade dela de conversar mais sobre o assunto. Algum tempo depois fui ao Cebrap e retomamos a conversa. Ao fim, disse-me: "Você deixou-me na dúvida. Só há um jeito. Vamos estudar, vamos discutir isso. Você topa fazer um seminário sobre essas questões que você coloca?". Respondi que sim. Trabalhei três meses para montar esse seminário. Fiz discussões com geneticistas do Brasil inteiro. Convidei o Frota, Osvaldo Frota-Pessoa, que foi o único geneticista brasileiro que participou da elaboração da Declaração contra o Racismo da Unesco, e é um dos primeiros geneticistas do Brasil. Convidei todos os grandes geneticistas do Brasil, muitos se recusaram porque para eles a genética não tem nada a ver com raça, e conforme grande parte deles, o que eu pretendia aprofundar no seminário já estava, de há muito, resolvido, para que retomar um debate superado? Era um pouco essa a questão.

Realizamos o evento, cujo nome foi Alcance e Limites da Predisposição Biológica. Há uma publicação do Cebrap com esse nome. Esse seminário é um marco no estabelecimento do campo de saúde da população negra e seus anais estão no *Cadernos Cebrap 2. Alcances e limites da predisposição biológica*, julho de 1994.

E qual é o alcance e quais são os limites das predisposições biológicas? A vida é muito mais holística do que muita gente supõe. Há a predisposição biológica, a interação ambiental, os hábitos alimentares, a cultura, os costumes etc. E tudo isso forma um todo. Você pode ter predisposição para algumas doenças, mas hábitos saudáveis podem impedir que elas se desenvolvam, por exemplo. Ou seja, hábitos alimentares, outros contextos culturais podem impedir que você adoeça. Sei que é difícil para as pessoas entenderem isto: se as raças não existem, como podemos falar de predisposição biológica?

Predisposição biológica é uma coisa que você "nasce com". Os grandes grupos populacionais humanos são de regiões diferentes, de interações ambientais com seu biológico, com forma diferenciada de viver dependendo do clima etc. Então, a origem dos grandes grupos populacionais humanos, que são interações ambientais milenares, dão determinadas características, não é só o biológico puro, a interação é muito anterior. Por que populações africanas têm cabelos encarapinhados, narinas largas? São adaptações dos humanos ao meio, ao clima, a cor da pele, a melanina. Já nascemos com um conjunto de coisas que se apresentam como predisposições biológicas, mas resultam de outras interações com o biológico. Predisposição biológica é que você "nasce com a probabilidade de".

Essa "probabilidade de" só se concretiza em determinadas condições favoráveis para que elas se desenvolvam, mas pode ser que em condições desfavoráveis elas nunca apareçam e causem danos. O problema é que há geneticistas que não sabem disso. Sabem tudo de genética, mas não dão conta de ampliar o raciocínio para compreender uma perspectiva mais holística, pois em geral são muito fatalistas.

Se o eugenista é um fatalista? Sim, é um fatalista. O eugenista acredita tanto que quer eliminar tudo o que crê que não é normal, tudo o que não considera padrão. O conceito de normalidade leva a muitos desvios políticos e ideológicos, porque o normal é um conceito subjetivo e cultural. Então assim, o padrão que diverge do padrão consideram doente ou não normal. Por exemplo, há culturas em que todas as crianças que nascem com algum "defeito genético", por exemplo Síndrome de Down, são consideradas deuses. Mas há outras culturas que matam essas crianças na busca do ideal da perfeição, de não sei o quê...

As coisas da genética são muito complicadas, mas não deveriam ser pois a genética é absolutamente simples e nela não há nada que corrobore o racismo, a eugenia, mas são as interpretações que produzem os desvios, são as interpretações que os diferentes atores dão de acordo com seus interesses políticos. Já escrevi muito sobre isso, sobre os desvios políticos e ideológicos da genética.

Não é advogar pela neutralidade da ciência. Estou falando de fatos comprovados da genética, leis da genética que não autorizam nada disso, porém é o olhar que lançamos sobre elas que possibilita interpretações racistas. Até hoje não há nada, nada, todas as reflexões teóricas e todas as análises que possamos fazer sobre as leis básicas, sobre as novas descobertas não possibilitam, à luz da genética, conotações discriminatórias. O que não há é neutralidade na interpretação, no uso, mas enquanto leis básicas; enquanto descobertas, não. Desafio qualquer pessoa a pegar qualquer coisa da genética que corrobore teses racistas ou eugenistas.

É por isso que eu digo que a gente precisa ter domínio dessas questões básicas, porque se há uma coisa que se recicla muito é o racismo científico. Penso hoje que o meu maior interesse pela genética sempre teve muito a ver com a questão racial. Não era explícito no começo, mas sempre entendi que um campo novo estava se gestando na área da genética, que era a engenharia genética, e que ela podia ter decorrências políticas desastrosas do ponto de vista da discriminação.

O primeiro artigo que escrevi sobre o tema foi "Engenharia genética e socialismo". E inscrevi esse artigo numa tribuna de debates preparatórios do 8º Congresso Nacional do PCdoB, ocorrido em 1992.

No PCdoB há uma coisa muito interessante: antes de cada congresso instala-se uma tribuna de debates, que circula durante quatro a seis meses antes do congresso, onde qualquer pessoa filiada ao partido pode inscrever até três artigos sobre qualquer assunto, em até cinquenta linhas. Escrevi o artigo mencionado lembrando que estava se gestando um novo campo ao qual os comunistas precisavam prestar muita atenção, pois a *Dialética da natureza*, de Friedrich Engels, o movimento comunista internacional refletira mais sobre essas coisas, das ciências da natureza. A última contribuição teórica de vulto sobre essas descobertas das ciências da natureza no campo da reflexão teórica marxista é o livro do Engels, que é um livro que adoro e, naquela época, já tinha um domínio importante sobre seu conteúdo.

Devo ter escrito o artigo por volta de outubro, novembro de 1991. Na época já havia lido o *Brincando de Deus: A engenharia genética e a manipulação da vida*, de June Goodfield, que é um livro superinteressante, uma análise crítica de uma feminista sobre essas "coisas novas" das biociências. Como eu leio muito, portava uma bagagem muito grande. Nessa época eu já estava preocupada com essas coisas.

Na tribuna de debates eu escrevi "Engenharia genética e socialismo", relembrando que estava sendo gestado um novo campo, com o negócio do DNA e tal, com a engenharia genética, e que os comunistas tinham que se preocupar com isso, e fazia uma referência de que esse era um debate adormecido no movimento comunista internacional, desde a *Dialética da natureza*.

Quando terminou a tribuna de debates, houve o congresso do partido, e o Rogério Lustosa, que é um companheiro de quem eu gostava muitíssimo, que já morreu, era o editor da revista *Prin-*

cípios, que é a revista teórica do pcdoB, se deu ao trabalho de se debruçar sobre os artigos que considerou mais interessantes e instigantes da tribuna de debates e que foram motivo de muitas cartas que chegaram à tribuna — porque as pessoas também respondiam com cartas, que também eram publicadas — e propôs às pessoas que escrevessem artigos sobre aqueles assuntos. Então recebi o convite para escrever um artigo que desse continuidade àquele pequeno artigo de cinquenta linhas.

Escrevi. Era um artigo enorme, parece que escrevi umas trinta páginas para dar o artigo, que se chama "A vida é uma molécula de DNA manipulável". Gosto dele, e o acho belíssimo. Está na revista *Princípios*, n. 26, pp. 48-56, ago./out. 1992.

O artigo já é no estilo de popularização. Na época passava na novela que o Fábio Júnior trabalhava e que as mulheres bebiam o chá da planta na qual ela mijava... a planta era afrodisíaca e dava a sensação de que as mulheres estavam transando com ele. Era uma loucura na cidade. Praticamente todas as mulheres eram freguesas do chá daquela planta. Escrevi no artigo que aquilo só seria possível por obra de engenharia genética... No artigo há um levantamento dos investimentos dos governos nessa área.

Tereza Verardo, autora de um livro da editora Moderna, *Aborto: Direito ou crime?*, era da Coordenadoria da Mulher, ficou apaixonadíssima por esse artigo. Afinei-me muito com ela no trabalho na Coordenadoria. Tereza levou o meu artigo para o editor da Coleção Polêmica, da editora Moderna, o José Carlos Castro, que telefonou convidando pra ir lá na Moderna. Eu não sabia que Tereza conversara com ele. Depois de muitas dúvidas e vaivéns, acabei aceitando conversar. Ainda demorou para que eu aceitasse escrever um livro sobre o tema, apesar da insistência dele, dizendo algo do tipo:

Olha, fiquei muito impactado com esse artigo seu, com a forma que você escreve. Nós aqui na Polêmica temos um projeto de um livro de popularização de ciência sobre esse assunto e nunca encontramos quem escrevesse esse livro, porque as pessoas que entendem desse assunto, eles são todos professores doutores e eles não querem escrever pras pessoas comuns, eles só escrevem para os seus pares.

Era um desafio enorme, porque o livro tinha que passar pelo crivo do dono da editora que era um biólogo, Amabis, e o Zé Carlos estava arriscando dar um livro para uma desconhecida escrever. Ele foi insistente: "Nesses três anos que nós temos esse projeto, você é a única pessoa que eu, depois que eu li o seu artigo, disse: é essa mulher que escreverá o nosso livro...".

Agradeci, disse que não tinha tempo para escrever, que estava muito ocupada... Ele não se deu por vencido. Quer dizer, eu sou uma escritora hoje porque o Zé Carlos foi insistente demais comigo. O Rogério Lustosa também, pois foi duro ao dizer:

Você tem a dimensão do que São Paulo pode oferecer para você como pessoa com esse livro? A quantas milhões de pessoas chega um negócio desse em São Paulo? Acho que você como comunista não tem o direito de recusar! Você sabe quantos comunistas neste país já escreveram por uma grande editora? Você não sabe porque não há. E num assunto em que você tem uma reflexão teórica interessante. Fátima, isso é muito instigante. Quando você começar esse livro você vai escrever coisas e coisas e coisas e coisas e coisas...

Eu não gosto de dizer em quanto tempo eu escrevi esse livro porque nem eu acredito que o escrevi em tão pouco tempo. Esse livro foi todo escrito numa máquina de datilografia, porque eu não tinha computador, tinha uma máquina de escrever Olivetti. Todo, todo, todo. O Zé Carlos foi quem mandou digitar esse livro na Moderna, que é uma coisa que eles não fazem para ninguém. E aí o livro foi um sucesso. Tenho um carinho enorme pelo Zé Carlos, porque se não fosse ele talvez eu não tivesse me tornado uma escritora.

Sobre minha relação com meus pares? Acho que há uma recepção boa. Tenho o nome muito consolidado na bioética, como uma pensadora de coisas instigantes, como uma pessoa que estabeleceu uma nova corrente na bioética, uma perspectiva feminista e antirracista, pois todo o meu trabalho na bioética possui essa vertente. Portanto, a minha grande marca na bioética é ter estabelecido esse recorte de pensamento.

Meus livros são um sucesso muito grande, de venda e de repercussões políticas. Quando chego nos congressos de bioética, em geral muita gente procura conversar comigo e muitas dizem, com prazer: "O primeiro livro de bioética que eu li foi o seu". Tanto *Engenharia genética: O sétimo dia da criação*, no qual há um capítulo sobre bioética, como o *Bioética: Uma face da cidadania* foram publicados pela Moderna.

Bem, são livros que podem ser enquadrados como de divulgação científica. Mas abordam assuntos muito especializados, que só quem se interessa compra. Se você tem a projeção que cada livro é lido, no mínimo, por três a quatro pessoas, provavelmente cada livro desse já foi lido por muita gente. O *Engenharia genética*, que já vendeu 42 mil exemplares, se lido por quatro pessoas cada exemplar, já atingiu por volta de 168 mil leitores/as; e o *Bioética*, que vendeu 24 mil exemplares, deve ter sido lido por cerca de 96 mil pessoas. Bem, isso deve ter alguma importância e pode ressoar positivamente na luta de combate ao racismo.

Tudo isso é muito gratificante e interessante para mim, pessoalmente, pois os meus livros devem ter alguma contribuição às nossas lutas, feminista e antirracista. Portanto, tenho uma tranquilidade enorme para dizer que não preciso escrever mais nada sobre saúde da população negra, feminismo, bioética, pois do ponto de vista de quem é consciente, enquanto intelectual, de que deve dar contribuições políticas, acho que a minha está dada. Tenho muita tranquilidade para viver, porque consegui estabelecer teorizações; tive coragem de escrever o que penso; de opinar sobre diferenças e polêmicas com segurança. Contribuí para abrir, estabelecer e consolidar novos campos.

Há um campo aberto por muitas mãos e neurônios no meio acadêmico, nos meios da bioética, uma trilha real para muita gente seguir. Sou extremamente satisfeita com a minha vida. Muito satisfeita. Muito, muito. Acho que no que eu podia contribuir, o esforço teórico que eu podia, que eu possuía lastro intelectual para fazer, tenho consciência de que já fiz. É isso.

Acredito que as coisas que ajudei a desbravar e a construir, que ajudei a pensar; as coisas que tive a oportunidade de publicar nesses campos, são referências inegáveis e respeitadas. São coisas que quem está na academia não pode negar, escrever sem mencionar, sem citar. Recebo uma quantidade enorme de dissertações de mestrado, de teses de doutorado que as pessoas me enviam, nas quais são citadas coisas que falei, que produzi.

Recentemente, recebi uma tese de doutorado de um professor do Mackenzie, ele me enviou em disquete, e é superinteressante, é sobre a consciência bioética em alunos do ensino médio, com vistas à formação de professores/as. É uma tese superinteressante, em que todo o veio do trabalho dele parte de ideias que desenvolvi, ou apenas pontuei, em *Bioética: Uma face da cidadania*, por exemplo, que há uma obrigatoriedade moral de os governos ajudarem a superar o analfabetismo tecnocientífico. Falo isso desde o *Engenharia genética*.

O estabelecimento da bioética traz algo muito importante, que é retirar poder das corporações científicas. Quer dizer, até o estabelecimento da bioética como campo de reflexão e de ação política, os cientistas só prestavam contas do que faziam a seus pares. A bioética retira deles esse poder. De cientistas a médicos, hoje todos têm que prestar contas do que fazem à sociedade. As normas de ética em pesquisa visam garantir cidadania. Portanto, a bioética, não há dúvida, é uma face da cidadania. Trata-se de um campo dos direitos humanos que se torna cada vez mais necessário e indispensável.

Na medida em que a genética avança, que concepções racistas tentam se apoderar dos novos saberes, das novas reflexões, a bioética aparece como campo que diz: "Não é assim! Vocês não podem fazer isso!". É a bioética que pode dar concretude à máxima "nem tudo que se sabe fazer deve ser feito". Os limites da ciência. A bioética é interessante também por causa disso.

Dessas coisas novas não há nada tão importante para o movimento negro quanto a bioética, que a gente não consegue chegar aos seus espaços. A bioética ainda é um campo eminentemente masculino e branco. Embora haja muitíssimas mulheres na bioética, não somos detentoras de poder na bioética. São poucas as mulheres que produzem; as mulheres que ministram aulas em cursos e os coordenam; ou que escrevem e publicam e adquiriram visibilidade. Não, há muita gente nesse campo. Muitas feministas, a maioria filiada à RFS, algumas raras negras que estão nesse campo, quase todas foram levadas por mim. Quando morava em São Paulo, você lembra que eu hospedava essas pessoas todas em minha casa por ocasião dos eventos de bioética. Arrumava inscrições gratuitas para os Congressos e todas as facilidades possíveis.

O que espero de todo esse esforço é que mais mulheres negras, mais feministas se apoderem desses lugares, desses espaços. É que estejamos nesses lugares para garantirmos os direitos humanos das mulheres e dos negros. Tem o objetivo de impedir que prosperem teses que deem amparo às novas perspectivas eugenistas, racistas, sim, sim, sim. Não tenho a menor dúvida que é o objetivo. Há possibilidade de desastres nessa direção. Não sei muito bem, mas posso intuir com muita probabilidade de não errar. Você pega, por exemplo, a Declaração de Helsinque, que é a grande referência de norma de ética em pesquisa, que é a declaração das organizações médicas mundiais de pesquisa, ela é revisada basicamente a cada cinco ou dez anos. A última revisão foi em 2002, foi declaradamente uma briga entre médicos de países pobres e médicos de países ricos. Todos os países deveriam ter uma norma de ética em pesquisa, nem todos têm.

No Brasil temos, eu era a única negra e única feminista naquele grupo, foi o que garantiu o quesito cor nas pesquisas nacionais. Mas uma norma-referência, a Declaração de Helsinque, da Associação Médica Mundial, entrou em processo de revisão em 2002. Conseguimos fazer um debate bom. Como representante do Brasil, compareceu para a última reunião da Associação Médica Mundial o professor Dirceu Bartolomeu Greco, de Belo Horizonte, da UMFG.

O centro da polêmica no processo de revisão estava nos pontos 29 e 30 da Declaração de Helsinque, que dizem em linhas gerais que uma nova droga só pode ser usada em teste comparativo com placebo se não houver outro medicamento eficaz para a doença para a qual está sendo testada [29]; e que ao final de uma pesquisa, todo voluntário, independentemente do seu local de origem e de sua condição econômica, deve ter acesso aos melhores cuidados usados na pesquisa, àqueles nela descobertos ou que ela ajudou a descobrir ou a comprovar [30].

Os principais e mais ferrenhos opositores a essas duas proposições são os dois principais órgãos do campo da saúde do governo norte-americano, a Food and Drug Administration (FDA) e o National Institute of Health (NIH) e a indústria farmacêutica em bloco. Mas desde 1999, a Associação Médica Americana enviou à assembleia anual da WMA uma proposta de modificação. Até agora não conseguiram sucesso, ou seja, não conseguiram mudar o teor dos itens 29 e 30, mas têm conseguido algumas flexibilizações, que em muito alteram as responsabilidades de pesquisadores e patrocinadores de pesquisa. Além do que têm patrocinado uma campanha mundial pela obsoletização da Declaração de Helsinque, o que é uma postura falsa.

O Greco levou uma posição do Brasil: nós não aceitávamos a flexibilização das normas de ética em pesquisa na África. Por que na África, especificamente na África? Porque os médicos do Norte, dos países ricos basicamente, queriam que as normas de Helsinque fossem flexibilizadas no sentido de eles não serem obrigados a fazer pesquisas nos países africanos sobre HIV/aids e estarem obrigados a custear o tratamento. Porque a norma de Helsinque coloca que, se você priva uma população envolvida em uma pesquisa de novos fármacos, a pesquisa fica obrigada a custear aquele tratamento — se o remédio der resultado para aquela população. Era assim, é desde a primeira versão da Declaração de Helsinque, de 1962, e ninguém ousava questionar.

Então, estar na Declaração de Helsinque é lei para o mundo inteiro. Durante dois anos foi uma briga titânica porque eles queriam garantir a não obrigatoriedade disso para fazer pesquisa de aids na África e queriam que a Declaração de Helsinque dissesse que se daria àquela pessoa o mesmo tratamento dado no país... Ou seja, o que estivesse disponível no país. No país de origem do pesquisado. Então era uma sutileza... em não havendo tratamento no país... tratamento nenhum... e se aquela pesquisa apontasse um tratamento bom, eles não estariam obrigados a dar aquele tratamento ao país onde eles pesquisaram. O que diz a Declaração de Helsinque é mais ou menos o seguinte: "Se você pesquisa num lugar e aquela pessoa tem uma doença e aquele remédio foi bom para aquilo, você tem que completar o tratamento e deixar a pessoa no melhor tratamento que existir naquele momento". E eles queriam mudar para no país... E nós do Brasil resistimos, foi o Brasil quem bancou isso, foi a bioética brasileira que deu conta disso no âmbito internacional. E ganhamos, uma posição conjunta do Conselho Nacional de Saúde, do Conselho Federal de Medicina, da Associação Médica Brasileira e da Sociedade Brasileira de Bioética. Mantivemos o original... Qualquer descuido...

Essa alteração seria de prejuízos incalculáveis para a humanidade. E sob as bênçãos da ética. Aí se tornou uma briga de países pobres contra países ricos. E muitos médicos africanos defendendo isso. Porque são as elites africanas, os caras que recebem dinheiro para as pesquisas, que querem é o dinheiro para se locupletarem na África. Não podemos ter dúvida de que o deslocamento das pesquisas dos países ricos para os pobres desnuda que se buscam as regiões pobres porque nelas há menor rigor legal e ético, o que permite burlar as normas éticas de pesquisa. Isso também pode evidenciar acentuado preconceito de classe e racial. Como vimos, a chamada eugenia racial não tem sido apenas uma prerrogativa de nazistas alemães. Como afirmado com rigor e propriedade por [Joaquim Antônio César] Mota em *A criança como sujeito de experimentação científica: Uma análise histórica dos aspectos éticos*, meio século depois de Nuremberg, uma experiência com crianças foi realizada por cientistas britânicos em Serra Leoa, de forma tão cruel como as levadas a cabo nos campos de extermínio nazistas.

4. Arnaldo Xavier, o poeta (in memoriam)

ARNALDO XAVIER FALECEU em janeiro de 2005 poucos meses antes da conclusão da tese de doutorado que deu origem a este livro. Ele foi o meu principal interlocutor. Achei que não conseguiria terminar sem ele, mas decidi terminar por ele. Sempre no meu coração. No livro *Contramão*, ele se apresenta como segue:

> Nasci (Campina Grande, PB, 19-XI--1948) na contramão, com os pés pra frente quase matando minha mãe Esmeraldina, duas luas antes das previsões de curandeiras e parteiras, na sombra de uma floresta de ervas daninhas. Meu pai, Maneh Peh de Phumo, era um dos maiores traficantes "legais" das plagas. — No ar ainda havia o cheiro de pólvora da II Guerra Mundial; nas cabeças os halos causticantes do cangaço, do coronelismo, do voto de cabresto, do bacharelismo enfermo, das cobras arrastadas para os pés nas grotas fundas dos latifúndios seculares, das oligarquias agonizantes; do populismo, da discriminação racial e do misticismo. Escorpião. Cristão via pia batismal cheia de amebas de um vigário qualquer. Filho de Ossanha nos mistérios dos búzios afros de babalorixá Amoya. Materialista graças a deus.

A poesia nascendo com a fome e a sede. De um lado a preocupação paterna em me alfabetizar pra ler cordéis pra vizinhança sem beira e sem eira; do outro a necessidade de falar e fazer as coisas — pois rendida é a língua do poeta covarde/ que fala com alarde/ que não há nada a dizer/ nem nada a fazer. Cara a cara a falta de informação e a busca de uma forma de expressão diante à panaceia cultural brasileira: 22/45/concretus/bossa nova/violões de rua/praxus/arena/opinião/jovem guarda/poema processus/tropicalismus y outros us e ismos. Enquanto sentia na pele os problemas das enchentes, das estiagens, das epidemias sazonais, de camponeses covardemente assassinados, das invasões de feiras por populações sertanejas famintas, do "bojo" da UNE três boys paulistas se arvoravam indicadores dos caminhos da poesia brasileira. Vinicius de Moraes e Cia. falava de barquinhos e manhãs de sol de Copacabana e chopes gelados. Ferreira Goulart fazia poesia concreta porque não havia *dancing days* na época. Eu também. E continuo na CONTRAMÃO. Com poema-processo[1] como uma alternativa estético-política. Com Wlademir Dias Pino. Com Moacir Cirne. Com Hugo Mund Jr. Com Ezio Pires. Com José N. Pinto. Com Aderaldo Tavares. Com William J. D. Araujo. Com Carlos Aranha. Na contramão com Chicos Pinto y Buarque. Com Cae-gilcapinantowuatomzéduprat. Com Mário Chamie, Virgílio A.C. Mattos, Sílvio Spada, Raimundo Caruso, Paulo Nassar, Mário de Oliveira, Domingos Pellegrini Jr., Reinold Atem. Na contramão com Zécelsoglauberrocha-ruiguerra. Na contramão com Alcides Neves.

Mais efetivamente NA CONTRAMÃO com meus parceiros irreverentes e de brigas constantes Aristides Klafke in Pablo[2] VIDALIBERDADE,[3] ventonovo[4] CARA A CARA.[5] Assim continuo apesar do trânsito e das armadilhas. Fazendo da poesia um ato de amor e coragem."[6]

Foi assim que ele viveu. Recusando o aplauso fácil, o diálogo inócuo, a subjetivação proposta pelo racismo e suas múltiplas formas de discriminação. Irreverente, superou a esperança de vida de sua geração de nordestino, que era de menos de quarenta anos, como também o aceno de uma carreira assegurada de administrador de empresa. Trocou-a pela poesia,

Arnaldo Xavier, o poeta (in memoriam)

seu sentido de vida. Contrariar era uma missão, a resistência possível às seduções de cooptação literária ou política; o seu exercício de liberdade.

Detestava os filósofos desde que soube que Platão os expulsou da República, o que lhe valeu também desconfianças em relação à própria, a República. E com ele passei também a desconfiar de ambos quando o assunto éramos nós, negros. Tinha apreço especial por Luiz Gama, o negro abolicionista com quem se identificava na irreverência e mordacidade, cujo texto emblemático, "Bodarrada", ele amava. Também amava Cruz e Sousa e todos os "malditos" simbolistas dos quais era herdeiro. Dos concretistas recebeu reconhecimento que também desprezou. Tinha por projeto poético a recriação ontológica do negro como forma de libertar a poesia negra dos grilhões e lamentos da escravidão que considerava permanente na poesia negra brasileira. Insistia em que vivemos apenas novas formas de escravidão, ou seja, que ela jamais cessou para nós. Via com cautela, mais que isso, com refinado desdém, o que considerávamos as nossas pequenas conquistas de movimento social. Lembrava nesses momentos de outro a quem reverenciava: o velho Correia Leite, militante da Frente Negra Brasileira, que muitas vezes acusava a maioria dos militantes negros de seu tempo de "negros sem moela", em que via o mesmo fenômeno. Foi meu irmão, meu amigo de fé, meu camarada por mais de três décadas. Por isso se ofereceu como *sparing*, um interlocutor generoso na construção da tese que deu origem a este livro. Fomos traídos ambos por seu coração, que se cansou antes de nós. Desejava ver a tese concluída, o resultado do masoquismo voluntário ao qual se expôs ao se obrigar a penetrar através de mim no pensamento de um francês do qual, por vezes, se sentia íntimo pela obviedade que era, para ele, algumas de suas afirmações, com as quais, sem saber, a sua poesia dialogava. Insistia que todas as canções serão refeitas no dia em que não mais se combater o "inimigo a que se pertence". Nesse sentido sabia tudo de Foucault sem nunca tê-lo lido. Conhecia o inimigo e acusava o nosso pertencimento a ele. *A rosa da recusa*, título de seu primeiro livro,

1888

1888

1888

1888

1888

1888 1888 1888 1888 1888 1888 1888

1888 1888 1888 1888 1888 1888 1888

1888

1888

1888

1888

1888

1888

1888

1888

1888

1888

1888

"Sem título", poema de Arnaldo Xavier, extraído de *Schwarze Poesie —
Poesia Negra — Afrobrasilianische Dichtung der Gegenwart*, organização
de Moema Parente Augel, Editions Dia, 1988, p. 157. Republicado no
Manual Direitos Humanos no Cotidiano, SNDH/USP/Unesco, 1998.

designava a recusa a pertencer ao dispositivo que se combate. Rejeitou exercer a crítica consentida e o aplauso fácil, a bajulação. Amou as palavras mais do que a qualquer de suas mulheres e morreu abraçado a elas, desafiando-as, recriando-as, inventando-as e reinventando seus sentidos com toda a sua axébedoria. Dizia ser "o maior poeta que Deus *crioulo*" e que "o negro contraria o grego".

Amava o modernismo e Mário de Andrade pela modernidade. Odiava-os pela traição à raça. No lugar de *to tupi or not tupi* cunhou *ori or not ori*! Tinha confiança extremada no saber que perseguiu sempre e, como era de esperar, desconfiança nas regras da academia para alcançá-lo. E intolerância para com a ignorância sustentada pela preguiça de ler e estudar que acusava em nossa gente. Era um pentelho! Dizia, na melhor tradição nordestina, que "carinho de jumentos são os coices". Desnecessário dizer que eu era a jumenta dessa relação e o nosso carinho se expressava *nos coices*! No lugar da dialética cunhou a "diaxética". Dizia: "não sou feio nem bonito, eu contrario!". Contrariou, na poesia, no conto, na música, na vida. Sabia como Foucault que a linha de fuga para um modo de subjetivação, liberto da rede infernal do dispositivo, estava na estética e a criou e exerceu! Como tudo era matéria de criação, brincou com Foucault como fazia com todas as ideias e palavras.

PARTE III

Educação e o cuidado de si

Prólogo

O CONCEITO DE EPISTEMICÍDIO permite compreender que a identidade negativa atribuída ao Outro implica afirmar reiteradamente a sua incapacidade para elevar-se à condição de sujeito de conhecimento nos termos validados pelo Ocidente e, portanto, de ser portador de conhecimentos relevantes do ponto de vista dessa mesma tradição. Tal identidade negativa o impacta pela internalização da imagem negativa e o impele à profecia autorrealizadora que referenda a estigmatização, o conduz à autonegação ou ainda à adesão e à submissão aos valores da cultura dominante. Nesse sentido, o epistemicídio constitui-se numa parte do dispositivo de racialidade, que se desdobra no âmbito da subjetividade, nos termos concebidos por Sousa Santos, uma vez que o conflito epistemológico desdobra-se em conflito psicológico.[1] O resultado é a subjetividade fragmentada, construída no entroncamento de uma herança cultural esfacelada pela violência colonial com a imposição dos valores ocidentais, via aculturação, que dificulta engendrar coletivamente as condições que conduzam à superação dos estigmas e resgate da plena humanidade. Como afirma Fábio Wanderley Reis:

> Sem dúvida, a cultura é a cristalização, por assim dizer, de traços ou disposições de psicologia coletiva, os quais podem referir-se à raça tanto quanto a qualquer outro aspecto da coletividade. No sentido aqui relevante, porém, a cultura certamente não se *reduz* a disposições de psicologia coletiva referidas à raça. Além disso, parte crucial do problema em questão tem a ver com o fato de que, no caso presente, são as próprias disposições psicológicas relati-

vas à raça que redundam em uma identidade negativa e no comportamento da autoestima.[2]

Aplicado ao campo da educação, o epistemicídio permite analisar a construção do Outro como não ser do saber e do conhecimento, seus nexos com o contexto da modernidade ocidental, na sua intersecção com o experimento colonial que se desdobra até o presente no campo do conhecimento, em instrumento de afirmação cultural e racial do Ocidente. A negação do Outro como sujeito de conhecimento se exprime em políticas nas quais o acesso ao conhecimento é negado ou limitado e que via de regra impõem um destino social apartado das atividades intelectuais. São políticas que promovem a profecia autorrealizadora e legitimadora de uma inferioridade intelectual essencializada e que decretam a morte da identidade como condição de superação do estigma, condenando os sobreviventes a uma integração social minoritária e subordinada.

Nesta parte III, procuro trazer reflexões originadas nas falas das testemunhas, que desvelam de suas vidas o que a dialética cotidiana tem construído, com vigor guerreiro, nos marcos do dispositivo de racialidade. Enquanto a escola oferece múltiplas formas de subordinação, assujeitamento e negação, é da força da autoestima, do reconhecimento da própria capacidade de autonomia, dos exemplos no interior das famílias e dos raros profissionais negros com quem conviveram na infância, adolescência e juventude, bem como da conquista da memória coletiva — é desses elementos que se extrai a seiva da resistência. Contudo, a síntese será dada apenas pelo coletivo, onde o cuidado de si e o cuidado do outro confundem-se na busca da emancipação.

1. Educação: Negação e afirmação

Educação e negação

Uma das questões mais candentes que envolvem o negro e a educação diz respeito aos processos de exclusão dos negros da escola que se refletem nos indicadores de evasão escolar, em especial de meninos e jovens negros. Na perspectiva de Foucault, a escola não tem por função primordial excluir, mas fixar, pois é um aparelho de normalização. Já com relação aos negros ocorre uma especificidade: além de normalizados, são expulsos ou excluídos da escola. Os índices de evasão comprovam a exclusão e indicam a dificuldade de ajustamento de parte dos estudantes negros às normas que, em relação à sua racialidade, estão postas na escola. São estudantes que passam pelas suspeitas veladas ou explícitas sobre sua educabilidade; que estão sujeitos à subordinação racial imposta pelos instrumentos didáticos e que conformam a sua identidade no espaço escolar; que estão sempre sofrendo humilhações raciais, marcas frequentes da sociabilidade nos espaços escolares, às quais os professores reagem com impotência ou indiferença como mostra o estudo de Eliane Cavalleiro.[1] O abandono da escola ou o desempenho negativo no ambiente escolar poderiam estar a refletir a condição de "incorrigíveis" dos alunos negros, no sentido de não dispor de recursos, em particular emocionais, para conformarem-se aos processos de fixação e sujeição presentes na escola.

Eis um indício importante da relevância do desenvolvimento da compreensão do dispositivo de racialidade em suas articulações estratégicas com o epistemicídio. Articulado ao epistemicídio, o dispositivo parece encontrar na educação uma realização explícita, daí a relevância de extrairmos dos depoimentos uma compreensão de como nossas testemunhas atravessaram essas questões em sua trajetória escolar.

Edson Cardoso expõe com sua experiência pessoal os processos de socialização racial que, em muitos casos, fazem com que a família cumpra um papel perverso e desagregador na formação da identidade racial, educando no sentido contrário ao do pertencimento racial, introjetando as diferenciações cromáticas impostas no trato político da miscigenação, da não fixação racial como dimensão da dominação racial. A família aparece como um dos primeiros cenários em que se vivencia a dor da cor, em seu caso da cor mais clara do que a do coletivo familiar. Assim ele descreve a forma pela qual era visto racialmente no interior de sua família:[2] *"Era o brrrrrrrranco, com uma ênfase no R, como querendo salientar que não é bem branco no sentido dos outros, mas enfim, que era o branco da família"*. E, paradoxalmente, ou mesmo por força dessa negação de pertencimento racial familiar, será o único membro da família a fazer, conforme ele, *"militância com o tema racial, eu acho que essas coisas pesaram de algum modo naquilo que eu sou, naquilo que eu faço"*.

Dentre as experiências de negação que vão constituindo a subjetividade desde a idade mais tenra, Edson Cardoso relata como o plano da afetividade pode ser aquele que constituirá a marca psicológica em que a rejeição afetiva (fundada na diferença racial e de classe, que se entrecruzam) se dá no contato com o Outro, o Eu hegemônico. Coincidentemente é a escola que aparece como cenário das primeiras experiências sociais de negação racial.

Assim ele relata: *"Havia uma menina, eu já estava terminando o ginásio e entre sair do ginásio e ir pro científico eu ainda estava com quinze anos, que era o primeiro ano do segundo grau [...] ela era de uma família diferente"*. A consciência da menina de não pertencimento ao universo em que estava, branca num território majoritariamente negro, combinada à sua evidente consciência da incomunicabilidade daqueles dois universos, a faz decretar: *"eu não namoro com você, não, porque você é preto"*. É um momento do saber, do ser e do poder. O modo de saber que advém do vivido é o de sua anulação: "você é preto, então não pode", mas tem a pretensão de existir, de ser uma possibilidade para o ser racialmente hegemônico. As inquietações derivadas das ambiguidades raciais familiares se desvanecem completamente, ampliando-se a compreensão do significado social de sua negritude. Ele explicita o alcance daquela revelação da seguinte maneira:

> *se temos que saber algo, e eu sabia, há um modo de saber que eu soube ali naquela hora, que não era só ser preto, é que isso era extremamente problemático pra mim, que isso era um impeditivo para mim, [...] então foi um marco para mim, eu não esqueço aquele dia, muito forte.*

A articulação de conteúdos afetivos a conteúdos políticos apresenta-se também nas referências aos anos de chumbo, que, além das violações conhecidas, trarão para muitos negros formas particulares de violência pela articulação entre repressão política, patrulhamento ideológico e representação social dos negros. Edson Cardoso sinaliza uma dessas dimensões que será vivida de maneira também perversa por Sônia Nascimento em outra direção, como veremos a seguir.[3] Assim relata Edson Cardoso:

> *Veio a repressão do AI-5, meu terceiro ano é numa escola muito reprimida. Um desencanto com tudo é muito forte em mim naquele período, minha mãe pressionando, fiz um vestibular da escola técnica e fui aprovado [...] mas na hora de fazer o curso, a matrícula, apareceu um emprego pra mim e aí eu peguei o emprego que era de ser propagandista de laboratório.*

Às experiências familiares e escolares seguem-se os primeiros contatos com as instituições repressivas e corretivas dos suspeitos a priori, compondo elemento específico no interior do dispositivo de racialidade a transmitir certo tipo de ensinamento:

Existia um delegado em Salvador chamado Gutemberg que reprimia intensamente o que era chamado na época de "hippie". [...] E aí, eu lendo uma matéria no jornal em que se falava da brutalidade dele, ele estava falando como ele não gostava de cabeludo e principalmente negros.

Daí resulta também um outro entendimento, não apenas de que ser negro é um impedimento para muitas coisas na vida, mas também que há um jeito de ser negro que pode ser suportável para o branco. Desse aprendizado resulta um poema relembrado por Edson Cardoso em seu depoimento, por meio do qual indica os processos de autonegação que a racialidade dominante exige dos negros para o convívio social:

você tem que passar ferro quente no cabelo, você tem que usar pegador de roupa no nariz pra afilar, enfim, havia no poema um roteirinho do que você deveria fazer, mas você não poderia estar na rua com aquele cabelo daquele jeito, merecia uma repressão muito especial sobre você. [...] E o poema terminava assim: que eles tinham que usar água fervente na pele pra clarear, eles são subversivos.

Esta é a fórmula em que a ideia de epistemicídio se apresenta no pensamento de Edson Cardoso:

me chama a atenção que a relação de dominação se faça através dessa negação: eu me afirmo como superior e senhor através dessa negativa que é você. E não é assim mesmo? Se é assim, é aqui nesta relação que está o essencial, tanto é que negros e índios têm um status diferenciado dos outros, e como eles são os grupos dominados é evidente que há na natureza da dominação não só isso, mas um componente que pode ser reduzido numa fórmula banal, que é a negação da identidade do outro, dos seus valores de cultura e de sua humanidade, ou seja lá o que for. Qualquer

Educação: Negação e afirmação

que seja o outro mecanismo de dominação econômica, todos os outros elementos que entram na dominação. Há algo aqui que se percebeu na hora de justificar pra manter as coisas como as coisas são.

A negação da identidade negra — para a qual a miscigenação é um operador — implica, no plano político, destituir o negro da condição de participante de um grupo de interesse no qual seja reconhecido: é uma estratégia de controle e anulação do sujeito político. É em relação a esses danos que a educação escolar e familiar em geral se omite, silencia, nega, permitindo a sua perpetuação e comprometendo a autonomia das pessoas negras. Diz Cardoso:

Penso que não chegamos até os danos que são causados à subjetividade em sua plenitude. Ainda precisamos ir fundo nisso, sem nenhuma vitimização, mas esses danos têm muito a ver com nossas dificuldades para a construção do sujeito coletivo, não há nenhuma dúvida. Uma outra dimensão que eu acho importante destacar é que o outro que domina tem consciência de que a dominação se perpetua por essa fragmentação, essa negação. Considero que a maior interdição da sociedade brasileira é a de que os negros possam se reunir como tais, é um pânico que atravessa toda a sociedade há séculos.

Os relatos das testemunhas apontam a escola como espaço de negação do sujeito, de processos permanentes que constituem as formas de produção social da inferioridade intelectual dos negros, uma das dimensões do epistemicídio. A indigência material e cultural determinada pelo confinamento na pobreza, expressão de sua exclusão social, é testemunhada por Edson Cardoso:

Mas havia já no grupo que eu havia montado uma prioridade de pessoas negras, curioso é que hoje, olhando pra trás, no grupo eu ficava vendo as dificuldades que nós negros tínhamos em relação aos outros que faziam faculdade. Havia uma diferença, eu mesmo estava trabalhando à noite pra fazer a minha faculdade. Era diferença de tratamento. Eu tinha tido uma coisa que os outros não tinham tido. Eles não vieram de uma escola boa, não tinham a leitura que eu tinha, eles eram, digamos assim, pessoas no curso muito atrasadas em relação aos outros. Eles eram — estou me lembrando aqui especificamente de duas pessoas — eles eram pessoas que faziam um esforço muito grande para acompanhar a faculdade [...]

Às condições materiais que obstam a aquisição de repertório cultural somam-se os conteúdos pedagógicos. Dentre os conteúdos que não se aprende na escola e que, por omissão, cooperam com os processos de negação, estão, para Edson Cardoso, os exemplos de luta de emancipação negra, patrimônio libertário da humanidade. Ou seja, a historicidade dos processos políticos ditados pela racialidade, que poderiam ser utilizados em prol das lutas emancipatórias, constituem saberes sepultados, ao modo de Foucault, pelos racialmente hegemônicos, que se apresentam aos estudantes como detentores de experiências universais. Daí pergunta-se Edson:

Como é que eu posso ter um país com uma população que ignora as experiências que os negros tiveram no mundo? Veja bem, inclusive na luta contra a opressão. [...]

Referindo-se a Nelson Mandela e a sua histórica defesa em processo que lhe fora movido pelo sistema de apartheid, Edson Cardoso lembra que a experiência de Mandela não é considerada universal, por isso não entra na escola, como entra a Revolução Francesa.

Quando aponta outro momento heroico das lutas dos negros no mundo, Edson Cardoso relembra o boicote aos ônibus que segregavam assentos para negros e brancos liderado por Martin Luther King, o qual durou 368 dias, culminando com a revogação dos atos legais que permitiam essa forma de segregação. A decisão da Suprema Corte americana saiu em 20 de dezembro de 1956. A esse, seguiram-se os atos da resistência

Educação: Negação e afirmação

dos afro-americanos pela conquista dos direitos civis, tais como: manifestações e protestos contra a segregação nas lanchonetes, Jornada pela Liberdade, Marcha Sobre Washington, Campanha de Registro de Eleitores etc., que desarticularam o sistema de segregação racial norte-americano e deram à liderança de Martin Luther King reconhecimento mundial que culminou com o prêmio Nobel da Paz em 1964. São diferentes momentos de uma luta emancipatória em relação à qual, segundo Edson:

> *Como é que pode ter acontecido o que aconteceu nos Estados Unidos, que é aquilo que me toca, aquele boicote de 1955 para 1956, o boicote dos ônibus durante um ano, numa cidade do interior do sul dos Estados Unidos. Eu me recuso a tomar ônibus e encontrar a velhinha caminhando e dizer "estou andando pelo futuro de meus filhos, eu estou andando pelo nosso futuro". Isto é uma página que engrandece ser humano de qualquer cor, mas eu não posso estudar isso na escola porque isso é negro, se fosse branco seria currículo obrigatório e tinha branco já especializado nisso aí, achando que a Revolução Francesa era o tchan, tchan, do tchan [...] Agora, essa experiência de Mandela não é universal, ela não é para entrar na escola.*

Dessa crítica emerge a perspectiva político-pedagógica que deveria informar uma escola plural e democrática:

> *Então, quando a gente quer conteúdos, a gente quer falar disso também. A gente quer falar de trazer para a escola experiências negras do mesmo jeito que as brancas vêm que têm caráter universal, que possam servir de parâmetro para as ações humanas.*

O que se tem é a negação da oferta de saberes já existentes e já reconhecidos, sobre o combate ao racismo, privilegiando os saberes produzidos da óptica disciplinar e normalizadora. Como aponta Edson Cardoso:

> *Então enquanto você luta por Palmares, há todo um conjunto de novos autores na historiografia que busca sempre no passado uma forma de legitimar compromissos,*

de ver uma escravidão um tanto quanto adocicada [...] que só pode ter o objetivo de deslegitimar qualquer ação sua no presente que tenha como fundamento o ser histórico. O livro de Monteiro Lobato desaparece, ele não é livro de debate, não é livro de discussão, ele não é livro de citação, desaparece, e você, ao mesmo tempo, vai tentando fazer desaparecer todas as formas de opressão.

São bons exemplos as dificuldades para a implementação da lei 10.639, de 9 de janeiro de 2003, que alterou a lei 9394 de 20 de dezembro de 1996 (Lei de Diretrizes e Bases da Educação Nacional) instituindo a obrigatoriedade da temática História e Cultura Afro-brasileira no currículo oficial da rede de ensino. Edson Cardoso depreende dessa dificuldade a existência de táticas de perpetuação do domínio da leitura do passado, e os termos da dominação instituídos pelos saberes hegemônicos, a negar as potencialidades de ler o passado sob outra óptica. As resistências decorrem do fato de que, para ele:

alguns brasileiros não têm direito ao passado. Aí eu digo: os direitos culturais são parte dos direitos humanos. É uma agressão aos direitos humanos das pessoas não permitir que elas possam ter acesso ao passado. Ora, quem eu não quero que tenha acesso ao passado são exatamente as pessoas cujo acesso ao passado alteraria a relação de dominação que eu quero perpetuar.

Sônia Nascimento mostra como os esforços de conferir confiança às pessoas negras esbarram sempre no contato com o real, em que as barreiras se colocam concretamente debilitando as energias, a confiança, produzindo anemia da vontade. Muitas vezes, os esforços dos pais negros para não permitir que seus filhos tenham uma atitude vitimizada diante da vida, em função do racismo e das discriminações, fazem relativizar a extensão do problema e minimizar o que involuntariamente produz uma sensação esquizofrênica, sobretudo nas crianças que vivem no espaço escolar, onde vivenciam violências brutais por causa da cor e não

Educação: Negação e afirmação

encontram nos pais a reação de indignação compatível com o agravo que a criança sente ter recebido. Muitas vezes essa atitude dos pais negros reflete também a sua impotência para lidar com o problema, reflete todas as concessões que tiveram que fazer para assegurar o mínimo de dignidade que conseguem ofertar a suas famílias. Diz Sônia Nascimento:

> Mas o verdadeiro motivo de eu não fazer o curso de direito é que eu achava que não era para mim. Cursar direito, na USP, a Faculdade de Direito do Largo São Francisco? Não era pra mim, eu achava, jamais seria uma advogada. Porque sou negra. Não tinha muita confiança, apesar de todos os esforços de minha mãe. Ela era uma mulher confiante, e sempre tentou nos contagiar, mas eu não confiava no meu taco [...].

Importante notar como o dispositivo consegue demarcar claramente onde é e onde não é o lugar do negro. E fazê-lo introjetar essa certeza: "No final do ano tive muita vontade de tentar a USP, mas depois me dizia: 'Não vou entrar, não é pra mim'".

A administração das expectativas e aspirações a partir das interdições interpostas para a racialidade aparecerá no depoimento de Sônia Nascimento na mesma direção apontada antes por Edson Cardoso. Retorna a ideia de que ser negro é impeditivo para "certas coisas"; nesse caso, adentrar a Faculdade de Direito do Largo São Francisco. No fundo ela sabia que podia, mas abriu mão, em troca de ter o que considerou possível, ainda que em seu entendimento insuficiente. Assim ela relata:

> Assisti a mais de trezentos júris na minha vida. No início eu ia escondida, mas achava que aquilo não era para mim, quantas vezes eu, assistindo júri, ficava chorando, perguntando: "Por que não pode ser pra mim? Por que eu não posso fazer isso?". [Chora.] Então, entrei na USP, nas ciências sociais, e me dei por satisfeita.

Esses são os processos de *evitação*[4] por meio dos quais o negro aprende a identificar e circular nos espaços em que ele pode estar imune à discriminação. Ou seja, um mecanismo de ajuste de conduta à hostilidade racial para evitar a violência da discriminação e sofrimento correlato.

Mesmo baixando o nível de expectativa, contudo, temos que, parafraseando o dito popular, *alegria de preto e pobre dura pouco*. A experiência de entrar na universidade se apresenta como um rito de iniciação para a maioria dos estudantes negros. Há um percurso comum. O jovem é pobre, estuda em escolas nas quais consegue ter bom ou excelente desempenho, uns e outros dizem que é inteligente, gosta de estudar e acha que entrar na universidade é a continuação de um processo natural. Mas subitamente tudo é negado. Como lembra Sônia,

> *O primeiro ano foi terrível, terrível, por não entender nada, mal sabia expor a minha dúvida, mesmo assim ia tentar conversar com eles, eram poucos os professores que davam atenção, eu achava que tinha que me esforçar mais.*

Tudo o que vem depois é a reiteração de que se deu "um passo maior do que as pernas", que "aquilo não é para você", que "você nem sequer sabia que era assim". É o que Edson relata acerca de seus colegas negros na UFBA, cujas dificuldades eram a expressão da indigência material e cultural a que estavam submetidos. A resposta da universidade a esse grande engodo é dizer que "isso não é para você", que a sua presença pode comprometer a qualidade reservada aos que a merecem e que *você* os impede de ter. Essa é uma das raras situações, talvez a única, em que os negros se constituem em impeditivo aos brancos. Sua penetração nos sacrossantos espaços brancos representa, como disse Edson, um "Sujou!", ou o nível ou a qualidade vão cair. O conforto da realidade branca da universidade é como se fosse turvada com a presença negra. Em outra dimensão, esse desconforto acaba produzindo situações em que o negro real se confronta com o negro virtual das ciências sociais e descobre a sua insustentável leveza de ser, como relata Sônia Nascimento:

Quando tive aula de antropologia e se discutiu sobre o negro, eu não me via naquela fala, para mim a discussão não levava em conta o próprio negro, não me vi, não me identifiquei com aqueles estudos, eles discutiam o negro de uma forma tão folclórica, pra minha época era folclórica, que um dia eu tive coragem de levantar e dizer: "Não é nada disso, minha vida não é isso, nós temos uma vida". Acabaram comigo, me ridicularizaram e eu abandonei a faculdade. Mas os estudos se baseavam numa obra de uma autoridade branca sobre negro. A sensação era de que ele só não havia entrevistado um negro. Aí desisti de vez, eu podia não saber muito sobre minha identidade, minha raça, minha comunidade — mas eles também não.

Nesse sentido, o negro válido é o negro "validado" pelas ciências. Dela e para ela. Numa demonstração dramática sobre o alcance epistemicida dessas práticas, Sônia Nascimento relata um episódio em sala de aula eivado de crueldade contra os alunos negros ali presentes:

[...] me fez lembrar o caso da Érica, que foi obrigada a ouvir de um professor que estudava o holocausto dos judeus que à medida que ele se aprofundava verificava que o que os negros passaram na escravidão foi Disneylândia perto do que os judeus sofreram no Holocausto. Sim, ocorreu na sala de aula no curso de direito na Faculdade São Francisco, aquela no Parque do Pari. Ela começou a tremer, teve uma crise de choro, se levantou e foi embora. Ele achou que não tinha dito nada demais, o problema estava na cabeça dela e não na mente dele.

Esse é um contraponto interessante entre o que se aprende na escola formal em contraste com o que os negros podem aprender nos movimentos sociais, e a medida da necessária disputa pela verdade histórica a que se refere Edson Cardoso. Evidencia ainda a insensibilidade presente no cotidiano escolar em relação à dor do Outro. A disputa pela verdade histórica se apresenta como estratégia inegociável de ruptura com os processos de dominação para Edson Cardoso:

*Quando a gente fala de recuperar uma história, as pessoas pensam que estamos fa-
lando de recuperar uma história do ponto de vista de bonzinhos versus mauzinhos.
Mas não é nada disso que estamos falando. O que estamos falando é o seguinte:
nós conseguimos tirar das mãos dos historiadores um episódio que era menor nas
mãos deles, que era Palmares. Em trinta anos, um único episódio produziu esse
efeito que você vê aí.*

Em contrapartida, autores festejados como Monteiro Lobato permanecem referência para a educação infantil com sua Dona Benta, negra
gorda na cozinha, chacota de crianças brancas, dentro e fora dos livros.
Mas há algo maior, mais profundo, conforme nos aponta Edson Cardoso,
que se revela no livro de Lobato *O presidente negro*, como metáfora literária
da vontade de anulação física dos negros, ou seja, o biopoder. Segundo
Edson Cardoso:

*Monteiro Lobato traz a solução de laboratório: o crescimento demográfico da po-
pulação negra é tal que a solução de embranquecimento não soluciona, tem que ser
de laboratório. [...] O que eu quero dizer é que o livro de Monteiro Lobato é nazista
avant la lettre, antes do nazismo tomar corpo como ideologia. [...] É nos anos [19]20
que ele, Monteiro Lobato, vai dizer o seguinte: que a solução é a esterilização da
população negra, que não vai nascer mais nenhum. Aí sim, a gente tem uma solução. [...] O intelectual [...] está pensando no embranquecimento e diz que a prova
do sucesso do embranquecimento é que alguns já parecem brancos no final dos anos
[19]20, que um pouquinho mais e o problema desapareceria.*

Não é, pois, gratuito que o problema da esterilização tenha se tornado
um dos temas fundamentais dos movimentos de mulheres negras brasileiras, pelas implicações de genocídio de que se reveste e que, ao mesmo
tempo, é historicamente ocultado por meio de diferentes estratégias de
controle da natalidade das populações pobres e negras. Um livro como
O presidente negro deveria ser utilizado criticamente para demonstrar os

Educação: Negação e afirmação

processos de negação e rejeição a que estão submetidas, sobretudo, as crianças negras. No entanto, diz Cardoso, o livro é escondido, ou seja, o racismo de Lobato é "higienizado" pelo ocultamento de obras como essa, porém seguem à solta o consumo de seus livros nos quais, por meio de "donas Bentas", é reiterada a subordinação social dos negros, em especial das mulheres negras.

Avançando a compreensão de como a educação interage com o dispositivo de racialidade em formas estratégicas, é relevante lembrar que será nas relações de trabalho que serão vivenciados os limites interpostos pela racialidade aos investimentos educacionais.

Edson Cardoso relata como os processos de rejeição à identidade negra vão se amplificando na medida em que ele vai migrando para o sudoeste e sul do país. Do Rio de Janeiro sua memória registra, ao relatar a perda de uma oportunidade de trabalho: *"foi uma experiência muito dura para mim, de as portas se fecharem de forma incompreensível, porque eu me sentia com condições de pegar aquela vaga".*

À medida em que se radicalizam nele o processo de tomada de consciência e o aprendizado sobre o grau de negação que a racialidade lhe impõe, a subalternidade negra socialmente normalizada, no modo proposto por Foucault, irá se apresentar para Edson Cardoso como uma condição que invalida ou desqualifica a formação educacional. Alocado em um território em que as ambiguidades raciais perdem terreno diante de uma branquitude que não é virtual, mas assentada em parâmetros de um arianismo real — recebe explicitamente o "tratamento de preto" —, Edson Cardoso diz:

Em Porto Alegre procuro emprego de paletó e gravata, e não acho, fiz até poesia sobre isso. O contraste racial em Porto Alegre é muito diferente de Salvador. Em Porto Alegre vai ficando claro pra mim, digamos assim, que a barreira de fato era de natureza racial, talvez meu próprio pensamento tenha amadurecido, mas o fato é que Porto Alegre vai ser um lugar onde vou trabalhar de servente de pedreiro, olha que eu tinha quatro anos de faculdade, servente de pedreiro, carregador [...] vou trabalhar de auxiliar de polimento. Era bom aluno, escrevia bem, enfim eu já tinha publicado o meu folheto e eu vou ter que trabalhar, despi o paletó e a gravata, se eu queria ficar, e trabalhar em coisas que eu nunca havia nem pensado na minha vida em que eu ia trabalhar.

Embora faça a ressalva de que *"sobre a percepção do racismo, penso que quando você não tem consciência do racismo você não o percebe"*, para Fátima Oliveira as primeiras experiências de enfrentamento da negação com viés de racismo serão ligadas ao exercício da profissão:

Na verdade, a minha percepção do racismo sofrido aparece depois de médica, sobretudo o fato de as pessoas se espantarem quando me veem; de perguntarem a que horas a médica vai chegar. Em geral, desde sempre, eu não pareço médica, até hoje. Há um estereótipo. Na imaginação popular, médica é branca! No Maranhão eu não era vista e nem tida como preta, ou negra, mas como morena. Mas, mesmo lá, médico é branco.

No caso de Sônia Nascimento o exercício da advocacia irá demonstrar a pertinência de suas angústias em relação à carreira jurídica. As experiências demonstram o estranhamento, a negação, a desqualificação de que padecem os negros considerados "fora do lugar". Assim o juiz se sente autorizado para negar-lhe autoridade de saber recomendando aos seus clientes:

"Ah, bom! Mas vocês sabem perfeitamente o que estão fazendo aqui, foram orientados nesse sentido? Senão falem comigo, e agora, mesmo depois, se tiverem alguma dúvida, venham falar comigo". Aquilo estava me deixando daquele jeito, e eu pensando: o que será que ele está querendo fazer? Então eu falei: "Mas falar como, excelência?". Aí a cliente disse: "Eu não estou entendendo, porque ela é minha advogada, nós somos amigas há mais de vinte anos!". Juiz: "Ah! Então você sabe o

Educação: Negação e afirmação

que está escrito aí?". Cliente: "Eu sei, ela é minha amiga, mais do que advogada, ela é minha amiga". Juiz: "Mas ainda assim, digo pra vocês, se restou alguma dúvida, falem comigo".

Isso demonstra como as regras sancionadas pelo contrato racial só têm validade entre os brancos e que um negro para nele adentrar tem que ser avalizado por outro branco, a fonte legítima para ofertar-lhe credibilidade.

Neste momento entra na sala o dr. Catani, um procurador do Estado, aposentado, que é uma sumidade em direito de família, quando ele me viu, disse: "Eu não acredito, meu Deus, você que está aí?". "Olha", ele falou pro juiz, "cuidado, porque essa daí em direito de família, é demais, hein, tome cuidado com ela...". Foi Deus, imagine, nem sou tudo isso, mas ele falou. E o juiz: "Ah é? Bom, então tá".

O processo de produção da inferioridade intelectual tem sua contrapartida no mercado de trabalho nos processos de negação que irão conduzindo ao fracasso profissional. Sobrevive quem aguenta. Sônia Nascimento descreve a devastação interior que essas práticas provocam:

Eu fui arrastada, segurando na cliente até o elevador, quando o elevador abriu a porta lá embaixo eu desabei a chorar. Ele acabou comigo, eu fico pensando o seguinte: eu sou militante, mas ninguém espera uma coisa dessa, ninguém está preparado, eu só pensava em parar.

A ignorância dos mecanismos cotidianos produzidos no interior do dispositivo, dos quais o racismo se utiliza para discriminar, rebaixar, desvalorizar, conduzem à desvalorização da dor e do sofrimento a que as pessoas são também cotidianamente submetidas. Leva também à equalização do racismo e das discriminações que ele produz a outras formas de preconceito.

Outra vez que eu também saí do sério, porque as pessoas querem minimizar o racismo, foi no curso das Promotoras Legais Populares na OAB/SP, que você foi falar sobre racismo, preconceito e discriminação racial e a aluna falou que não existia o racismo, que ela tinha pintinha no nariz, que ela também era discriminada.

Qualquer lugar é uma oportunidade para dizer "quem você é" e quais os espaços sociais "que lhe estão reservados" bem como lhe mostrar que "você pode estar fora do lugar".

Eu fiz estágios no COJE — Centro de Orientação Jurídica e Encaminhamento da Mulher, da Procuradoria do Estado. Tinha a secretária na porta, que dizia: "Agora a senhora vai entrar e falar com a advogada". As pessoas entravam e diziam: "Cadê a advogada?". Eu, às vezes, até levantava para procurar na sala: "Não tem ninguém mais aqui, sou eu!". Uma vez, a moça falou: "Então eu volto amanhã".

Em síntese, a negação se manifesta em diferentes formas de controle como apontado por Edson Cardoso: *"Então eu tenho várias formas de controle, eu tenho esse controle da representação, eu tenho esse controle que chega ao extermínio, eu tenho o controle de revirar a história de cabeça pra baixo e distorcê-la; são várias formas de absorção".* Assim, Edson Cardoso descreve a relação do dispositivo de racialidade com o biopoder e a produção de formas de assujeitamento associadas a técnicas de extermínio mediado por saberes instituídos sobre a racialidade.

Frente a situações de negação, seja no mero convívio e na afetividade, seja quando o negro já está mergulhado na responsabilidade profissional, o que se vê é o despreparo histórico da escola, bem como o despreparo que é produzido cotidianamente nela, para lidar com o racismo. São conteúdos que faltam, abordagens que são negadas, um futuro de convivência e sucesso profissional que nem sequer é delineado como possível para a criança e o jovem. Apenas, em tudo, a pura negação.

Educação e afirmação

Nos testemunhos manifestam-se as formas criativas de reapropriação dos aspectos da educação que permitem os múltiplos escapes, de múltiplas formas e plurais singularidades em resistência. Persistem, no entanto, elementos comuns quanto ao papel da educação como instrumento de afirmação pessoal e social.

É dessa forma que a possibilidade de futuro aparece em todos os depoimentos, diretamente ligada à própria possibilidade de completar os ciclos educacionais. Na trajetória de Edson Cardoso ela aparece como estruturadora de um projeto familiar. Segundo ele: *"nós éramos pobres do ponto de vista material, mas com uma família em que os filhos iam se formar, os filhos até os dezoito anos ninguém ia trabalhar, havia todo um ritual prevendo o futuro".*

A conclusão do nível superior aparece como conquista desse processo: *"Olha o que o destino estava me reservando. Quando eu chego em Brasília, vou trabalhar em muitas coisas, mas eu retomo uma coisa que Brasília vai me trazer de positivo, que é o meu curso".*

A positividade de morar em Brasília, uma cidade que não tinha outro interesse para Edson Cardoso, consistiu na possibilidade de completar a sua educação. Lá ele se forma e faz o seu mestrado, completando assim, no que lhe diz respeito, o projeto familiar.

A educação aparece nas testemunhas como um bem maior que o dinheiro, uma vez que isso ninguém pode lhes tirar. Essa valoração é, de fato, um ensinamento familiar. No qual a educação e o saber são apresentados como propriedade. Diz Fátima Oliveira:

> *Paivelho achava que a educação era um bem importante, que a gente que era preto, que era pobre, era pela educação que a gente iria se tornar importante, porque dinheiro, segundo ele, acabava, e o saber ninguém tomaria da gente. Então, foi um esforço grande que meu avô fez por todos os netos.*

Ao apreço à educação soma-se o amor à leitura, aos livros e outros veículos de formação e informação. Os livros operam como código de entrada para um mundo desejado e um saber almejado. É por isso que o papel da leitura se desenha como determinante na possibilidade de resistência ao dispositivo de racialidade e ao papel estratégico do analfabetismo no epistemicídio inserido no âmbito da racialidade.

Todas as testemunhas acentuam a importância do hábito da leitura adquirido no interior da família como diferenciador da performance escolar que apresentaram em relação a outros alunos. Mais ainda, tratam a leitura como um hábito havido como necessidade e prazer ao longo da vida. De fato, o incentivo à leitura e à educação aparecem não apenas como ferramentas da educação formal, mas como forma de construção da autonomia de pensamento e ação que para eles deveu-se mais aos processos de aprendizagem extraescola do que aos da educação escolar formal. Vale considerar que os pais negros, contudo, são em sua maioria portadores de baixa escolaridade, o que põe na geração presente uma questão crítica: a da importância da creche sobretudo para crianças de baixa renda.

Estudos realizados pelo Ipea demonstram que uma criança de classe média pouco se beneficia da creche no período de zero a três anos porque elas se beneficiam do contexto cultural da família, ou seja, as famílias ofertam o repertório cultural suficiente às crianças nessa época da vida. No entanto, para as crianças de baixa renda, dizem esses estudos, a creche provê os recursos culturais e de socialização necessários ao seu desenvolvimento e de que suas famílias são desprovidas.[5]

O pai de Edson e a mãe provedora e chefe de família de Sônia foram, assim, figuras-chave para o progresso escolar dos dois. Surge em seus depoimentos o papel superior da família na educação, na permanência na escola, no incentivo para alcançar os níveis superiores de escolaridade. Diz Edson:

Educação: Negação e afirmação

Acho que o ponto da leitura, do estudo, é do meu pai. [...] Meu pai era uma pessoa, para você ter uma ideia, que lia dois jornais, meu pai comprava livros, havia uma estante com livros na minha casa. Então, se existe uma coisa que meu pai valorizava era a leitura e podemos dizer, lá em casa, que o hábito de leitura que temos vem do meu pai. Isso era uma coisa que as professoras vinham lá em casa e "bah!, quantos livros!", ficavam na sala, uma estante grande, cheia de livros. Então eu posso dizer a você que antes de catorze anos tudo o que Jorge Amado havia publicado eu já tinha lido, tinha tudo na minha casa.

O hábito sendo adquirido por mimetismo, em que as figuras maternas ou paternas influenciam o comportamento em relação à leitura. Mostra-se um antídoto às artimanhas do dispositivo de racialidade. Mais ainda, desdobra-se na geração seguinte, como descreve Edson Cardoso:

Hoje, quando eu vejo minhas duas meninas, uma que eu acho que ela já está assim, que estranha quando não tem jornal, com quinze anos, porque pra ela está virando um hábito ler jornal todos os dias.

Fátima também testemunha em favor do pai leitor e incentivador explícito da leitura:

Era muito impressionante o nível de cultura do meu pai. E escrevia muito bem. Há algum tempo encontrei em casa de minha mãe um livro contábil do armazém dele, escrito por ele. Páginas e páginas sem nenhum erro de português. Lembro-me demais dessas coisas assim, de uma pessoa que tinha sempre revistas e estava sempre lendo. Como ele viajava muito por conta do comércio, comprava essas revistas todas das quais falei e quando terminava de ler, dizia: "Fátima, pode levar a revista, que eu já li". Sempre fui conhecida por gostar muito de ler, tanto que meu pai lia a revista e depois ele me passava. E eu era bem menina ainda.

O livro e a leitura são percebidos como educadores e promotores de autonomia. Sônia Nascimento exemplifica o quanto sua mãe valorizava os estudos das filhas chegando, com seus parcos ganhos de empregada doméstica, a *"assinar a revista* Veja, *porque um professor da Ling* [irmã de Sônia] *falou que seria interessante para o vestibular"*.

Dentre as singularidades que a história de vida de Fátima apresenta está sua condição de reconhecimento, desde cedo, de ser portadora de saberes: *"durante muitos anos, a minha contrapartida na casa foi acompanhar os 'deveres de casa' de Leila e de Luís Eugênio"*. Cedo também aparece sua consciência dos poderes e distinções que os saberes lhe aportavam, relatando sobre a biblioteca suntuosa que existia na mansão de amigos de seu avô, em que se hospedava: *"[...] eu era a única pessoa que ele permitia mexer na biblioteca, pois dizia que eu sabia dar valor àquele tesouro"*.

Há um tipo de "mística" em relação aos livros e bibliotecas presentes, tanto em Edson Cardoso quanto em Fátima Oliveira. Parece que a mística da biblioteca é o mundo intelectual, a possibilidade de adquirir de forma autônoma o saber, algo que tem uma força em si, uma vida, que, para ser transmitida, basta apenas estender a mão. Diz Fátima Oliveira:

> *Havia uma biblioteca maravilhosa com, acho que a única coleção do jornal* A Pacotilha, *do tempo do Império. Havia uma romaria de brasilianistas, todos atrás de* A Pacotilha, *que é um tesouro, ricamente encadernada e foi microfilmada integralmente. Em geral eles conversavam com seu Sales, que era um intelectual e lia muito [...]. Mas era tão orgulhoso de sua biblioteca, que dizia ser a biblioteca pessoal mais importante do Maranhão, que um dia pediu-me se eu não poderia cuidar dela porque as empregadas estavam estragando os seus livros. Então passei a cuidar.*

Edson ainda relata um desejo de saber permanente em sua chegada ao Rio de Janeiro:

> *O primeiro lugar que vou é à Biblioteca Nacional, ainda tinha a carteirinha, fiz a minha carteirinha, procurava emprego até uma determinada hora, depois ficava na biblioteca até fechar. Lembro que na época li todo o Dostoiévski que tinha na*

Educação: Negação e afirmação

Biblioteca Nacional; fui ao teatro, ver peças, ver Fernanda Montenegro, ela estava com O interrogatório, *de Peter Weiss. Então, eu estava assim também conhecendo um lado mais cultural que foi importante para mim, e procurando meu emprego.*

Há como um excesso de homenagem que se presta aos negros, geralmente o primeiro que chegou lá, em alguma atividade de prestígio, que é a medida da excepcionalidade de sua situação, que alguns desavisadamente tomam como fruto de sua excepcionalidade individual. E parece que a homenagem excessiva reafirma a impropriedade da presença, como se questionasse, assim, a legitimidade do mérito.[6] Fátima afirma:

Essas marcas de ser a primeira nisso, naquilo outro, são cargas muito pesadas. Mas também tem de ser lembrada sempre, porque demonstra um caminho que uma mulher negra percorreu e uma porta que foi aberta, às custas de muito suor.

Compõe, por outro lado, o dispositivo de racialidade, em sua dinâmica epistemicida, a produção da inferioridade intelectual dos negros. Insinua-se aqui a relação entre saber e poder. O saber promovendo iniciativa, autonomia, ousadia, liderança, enquanto sua ausência produziria inferioridade intelectual. Em outro momento do depoimento, Edson Cardoso associa a falta de conclusão dos ciclos formais de um amigo, como uma situação que o reduzia a *nada*[7] no contexto social da universidade, testemunhando como ponderou então acerca do colega, na perspectiva que lhe era possível ter naquele momento. Aqui, Edson Cardoso demonstra como a impossibilidade de acessar os meios culturais necessários para uma formação que permita o desenvolvimento da consciência crítica, da capacidade de ousar, de liderar equivale ao não ter nada ou, pelo menos, ao não deter aquilo do que quase tudo depende:

Então você vê a maioria das famílias negras, as pessoas, o acesso à cultura se dá exclusivamente através da TV não paga. Não existe nenhuma outra forma, não tem um teatro, não tem um cinema, não tem um livro, não tem um jornal, não tem nada. Só TV não paga, que hostiliza o negro de todas as formas. Pronto, ele não tem nada, e a gente teve acesso a outras formas e isso foi muito importante para a consciência crítica, sem dúvida nenhuma.

Ao mesmo tempo, a capacidade de liderança, ousadia, são percebidas como diretamente ligadas às condições de formação educacional, resultantes dos estímulos familiares, em associação com a escola e outras dimensões culturais. Ou seja, o acesso à TV paga, ao teatro, ao cinema, ao livro, ao jornal, são identificados, por Edson Cardoso, como promotores de afirmação e de consciência:

Bom, então não era a hora, eu chego nesse grupo e, sim, eu tinha um diferencial e não era dinheiro, nós éramos famílias niveladas do ponto de vista econômico e financeiro. A relação era uma certa liderança que eu tinha no processo, a capacidade de ousar no processo, dizer assim: vamos pegar o diretório, acabar aquele lixo que é aquele diretório, limpar, pintar, botar mesa de pingue-pongue, fazer assinatura de jornal para o diretório, fazer uma coisa diferente, alargar um pouco o horizonte, enfim, era visto como uma liderança, uma pessoa com essas possibilidades.

A produção da inferioridade intelectual atua, ainda, como entrave para o desenvolvimento do sujeito político coletivo e a reversão desse quadro de insuficiência cultural se coloca como parte essencial da agenda política:

Essa ignorância intelectual se revela na nossa indigência intelectual como movimento, é verdade. Precisamos fazer algo nesse sentido, é urgente. A gente precisa desenvolver sempre formação e pessoas que possam resgatar essas possibilidades. Não há dúvida, essa é uma peça de adensamento, é obrigatória.

Em outras palavras, analisando como se dá a produção da inferioridade intelectual, é possível constituir, pelo reverso, a produção e o reco-

Educação: Negação e afirmação

nhecimento da capacidade intelectual, antes que seja estilhaçada. Quando não ocorre semelhante atitude, a escravidão retorna com sua unicidade radical, destruidora de valores, da integridade e da própria humanidade do ser. O monopólio da fala do branco sobre o negro se estabelece em textos, livros ou projetos, buscando retomar a produção da inferioridade. Mas a educação, ao se propor a pensar o universal, tem que encarar o pressuposto segundo o qual tudo o que anula o negro anula o branco, ao considerar a ética que deve presidir todo ato educativo. Sem essa perspectiva universal, não há educação possível, como lembra Edson Cardoso:

> *Eu me interesso muito pelas coisas da identidade. Acho que se você senta pra colocar as coisas assim você vê a violência do que foi a escravidão, que é uma coisa sempre vista pelos brancos. Nós temos poucos relatos do que tenha sido o processo... para nós, aqui no Brasil, não quero dizer que seja assim, mas na bibliografia mais ampla. Para nós ficaram poucos relatos sobre o que significa você mergulhar na escravização que vai negar valores de cultura, humanidade. O que isso significa mesmo? Até onde isso toca? Que estrago isso produz, que você possa negar tudo e tudo do indivíduo? Aí não são apenas valores de cultura, seus modos, suas práticas, negá-lo como dimensão de humanidade. O que isso significa? Tenho que extrair desse objeto, porque eu quero um objeto a que eu nego qualquer coisa, quero extrair dele produção. Quem fala sobre isso são os historiadores brancos, sempre falando de um modo que não me toca.*

A completude do dispositivo aparece aqui dando conta de todas as dimensões da vida. Uma dimensão fundamental é a que busca conter a resistência e impedir que ela alcance a dimensão política, a condição de transformação da realidade social de assimetria racial por ele construída, tudo o que o negro não encontra sobre si na escola. A reiteração pela escola do "somos todos iguais, sem distinção de toda ordem", sem a devida análise crítica atada à perspectiva histórica, dificulta a organização política dos negros.[8] Os negros estão diluídos no "povo brasileiro" e os seus processos de organização política adquirem conotação de sublevação social, por isso devem ser contidos de maneira mais contundente. Edson traz à reflexão:

Parece que alguma coisa de absolutamente ameaçador para a Ordem vai acontecer, e eu acho que eles têm razão. Mas essa é a principal interdição; essa dimensão do racismo a gente precisa destacar, que o racismo tem várias dimensões, ele tem essa dimensão da subalternização, dessa opressão, da exploração do trabalho, da exploração da mulher, da moradia, do saneamento da água que você bebe, do assassinato. Ele tem várias e várias dimensões. Mas ele tem a dimensão de negar que você possa se agrupar como os outros pra enfrentar isso.

Ao pânico dos brancos por agrupamentos exclusivos de negros, corresponde o pânico dos negros de serem acusados de "racismo ao contrário", de "divisionistas", de perder seus lugares nas estruturas sindicais e partidárias por "radicalismo étnico". Em alguns casos, revela insegurança dos negros, por professar uma ideia de aliança de classe e de raça em que a subalternidade política é a moeda de negociação; revela, ainda, a crença em mudanças lentas, graduais e seguras, isto é, sem conflito aberto, e uma adesão a um contrato racial que não obstante distribua migalhas de poder, consolida a subalternização. Assim, temos, a educação partidária e sindical operando, em muitos casos, na produção de corpos dóceis no campo político.[9] Assim testemunha Edson Cardoso:

Estive numa reunião em Porto Alegre há poucos dias e várias pessoas negras fizeram questão de reforçar nas suas falas, dizer que os brancos poderiam participar. Você imagina uma reunião de brancos em que os brancos perguntassem a toda hora "onde estão os negros?". Mas agora que os negros vão se reunir pra fazer protestos, os brancos têm que participar. É impressionante como as pessoas, cujo centro de atuação política está no sindicato, no partido, em outro lugar, fazem questão de, em sua fala, destacar que os brancos têm que participar e que podem participar. Nós estamos querendo mobilizar os negros, vocês me vêm com branco tem que participar? Isso aí é um problema dele, não é nosso problema, mas os caras vêm e trazem como se fosse um problema nosso.

A necessidade de inclusão dos brancos nas demandas dos negros coloca-se para Edson Cardoso como renúncia ao direito de autodeterminação política, submissão à tutelagem ou cautela imposta pelo medo de sua condição hegemônica. O posicionamento de Edson Cardoso demarca a diferença entre uma perspectiva política centrada na identidade racial de outras recortadas por outros compromissos políticos/partidários, ideológicos ou corporativos. Há, portanto, uma educação a se fazer que tenha a identidade racial como centro do processo de afirmação, em contraposição a identidades que estilhaçam o sentido, aprisionam e repõem a cada vez a negação.

A ausência de respeito ao direito de autonomia aparece na desqualificação das formas de luta. Em geral os brancos se posicionam sobre as questões dos negros com a atitude de quem sabe o que é melhor para eles, ditando os termos aceitáveis em que os negros devem reivindicar ou não. O pacto tácito proposto é um simulacro de ação política: "nós deixamos vocês brincarem de fazer política, desde que não extrapolem certos limites". Ou ainda, "desde que seja prática assistida por brancos de nossa confiança". E, mesmo, "desde que não ultrapasse o limite do simulacro".

Você vê: essa acusação de racialização do espaço público é hilária, porque os brancos nos acusam de racializar o espaço público quando a gente faz propostas com base na identidade racial, como se o espaço público onde eles estão não seja racializado. Está, suponho, naturalizado. Nós chegamos, aí: "sujou!". Chegou esse negócio de raça, sujou. Então, não sei... Dá vontade de fazer uma reivindicação assim: nós, essas pessoas que vocês sabem quem são, queríamos fazer uma reivindicação: saber como participar. A gente não sabe como dizer isso de uma maneira que não desagrade vocês, mas nós queremos participar. Como é que a gente fala isso? Você pode nos autorizar? É isso que eles querem. Como que é que a gente diz isso, que a gente não quer estar onde a gente está e quer estar aí onde você está? Você me diz uma maneira legítima de dizer isso? 'Ele'[10] fala: "Pô, vamos fazer um seminário e vamos tomar uma decisão, então vocês fiquem aí que a gente vai reunir Yvonne Maggie, vai reunir não sei quem...". Pra eles verem qual é a maneira [...]

Da perspectiva do ativismo negro, para Edson Cardoso, a educação é um lugar que aparece como possibilidade de adensamento teórico, de construção de densidade conceitual que permita a ampliação da consciência crítica e da organização política que se realiza na ação política emancipatória. Ele usa como exemplo a trajetória de Nelson Mandela.

É a educação como instrumento de luta de emancipação, a que se constrói como adensamento, consciência e resistência. Por fim Edson Cardoso demarca o sentido final de seu compromisso e o papel do educador no interior do ativismo com a questão racial:

Agora, a decisão a que me refiro é irreversível, ela implica num compromisso de cotidiano, no seu trabalho, onde você estuda, onde você leciona. Tudo passa a ser como você vive, sua casa, seus afetos, é uma totalidade e essa urgência. Aí eu vou fazendo o que tem que fazer. Na militância, me considero sem nenhuma vaidade, um ativista no sentido mesmo da palavra, acho que sou uma pessoa que ativa mesmo, que provoca situações e de lá pra cá o que vai acontecer é isso: não paro, me sinto até como uma pessoa que queria fazer mais, porque acho que tem até mais coisa pra fazer.

É precisamente esse adensamento teórico articulado com uma prática militante, que Fátima Oliveira realiza, o revezamento permanente entre teoria e prática em um processo contínuo de retroalimentação de que Foucault trata.[11]

A busca de outros modos de subjetivação que rompam os paradigmas instituídos pelo dispositivo de racialidade situa-se como demanda para a

Educação: Negação e afirmação

educação e para a produção de conhecimento. Aí se evidencia, ainda, a disputa da verdade histórica como um campo de batalha fundamental para alterar os pressupostos da dominação racial e viabilizar outra subjetivação. O resgate histórico de Zumbi dos Palmares recuperou para os negros brasileiros o mito do herói, contrapondo-se a uma historiografia oficial que deu por evidente a aclimatação dos negros à escravidão como um traço de natureza derivada de suas instituições sociais. Sua eficácia simbólica se expressa na extensão cada vez maior que as comemorações a ele tributadas ganham na agenda dos movimentos negros e da sociedade abrangente. Um resgate construído, sobretudo, por força da ação militante, que cria o modelo de identificação que é via de escape do dispositivo.

2. Educação e o cuidado de si

Para uma sociedade que se deseja branca e civilizada nos parâmetros da cultura ocidental, o corpo negro é, em si, uma transgressão. O tipo ideal é, então, o negro de alma branca, ou seja, um negro ajustado, governado por um alter ego branco. Inegavelmente, em toda situação de sujeição, o opressor é parte constitutiva da psicologia do oprimido, fato exaustivamente estudado por Frantz Fanon, cujo título de um de seus livros é autoexplicativo: *Pele negra, máscaras brancas*.

Os estereótipos associados aos negros são amplamente conhecidos: pai Tomás e a mãe preta (os negros "de alma branca", submissos e portadores de lealdade bovina a seus superiores); o malandro e a mulata (negros espertos, portadores de sexualidade exacerbada e moralmente flexíveis ou ambíguos); o menor e o marginal (expressões do negro como perigo, negros violentos e implacáveis); o negro *entertainment* (jogadores de futebol, artistas, os negros símbolos da democracia racial); os negros elitizados (aqueles que, à boca pequena, os brancos dizem que os "macaqueiam"); o intelectual subalterno; o excepcional; o ativista. Identidade folclorizada, fixação da identidade: esses são alguns dos modos de subjetivação disponibilizados pelo dispositivo de racialidade. Em relação a cada um deles constroem-se expectativas de comportamento moral.

Todavia, no domínio da resistência existe a possibilidade de uma ética renovada que se insurge aos modos de subjetivação e à moral social que lhes corresponderiam. No cerne desta ética renovada encontra-se o "cuidado de si", termo que empresto de Foucault, mas com outro sentido, pois diz respeito à possibilidade da construção de sujeitos coletivos libertos dos processos de subjugação e subalternização[1]. Na minha acepção — formulada a partir dos relatos de Edson Cardoso, Sônia Maria Pereira do Nascimento e Fátima Oliveira — o cuidado de si se realiza no cuidado do outro, na busca coletiva por emancipação.

Tal como afirmou Nelson Mandela ao recusar as ofertas de liberdade condicionada do regime do apartheid, "a minha liberdade é a liberdade de meu povo". "A luta é a minha vida", subtítulo de sua autobiografia, é, do meu ponto de vista, um paradigma da autonomia do sujeito que engendra um projeto de emancipação amparado por uma ética renovada. A construção dessa ética é o resultado final a que podem chegar os sujeitos políticos (e de conhecimento) a partir dos embates que travaram e travam permanentemente para ultrapassar os modos de sujeição produzidos pelo dispositivo de racialidade e pelo biopoder. Nos relatos das testemunhas, o cuidado de si está vinculado ao sentido de pertencimento a uma causa e ao papel dos pares na construção da consciência racial como instrumento de luta política voltada para a emancipação coletiva. Os pares emergem como condutores de um rito de passagem da consciência racial individual e/ou familiar para a consciência coletiva mobilizadora da ação política. No caso de Edson Cardoso, essa tomada de consciência vem, num primeiro momento, por interferência de um amigo que, naquele momento, afigurava-se como alguém que "não era nada", por não ter concluído seus ciclos formais de estudo. É dessa maneira que Edson expressa a consciência que tinha à época dos estudos como elemento que aporta identidade. Mas será exatamente esse "nada" que o introduzirá na questão racial, que lhe apresentará a literatura a respeito:

É lá com ele, com Roberto que eu recebo o primeiro toque de que além dessa preocupação da esquerda com a mudança, havia a temática racial. [...] foi a pessoa que me passou livros e aí então são os primeiros, o primeiro toque que eu vou ter da ideia de que havia inclusive uma literatura, autores. É a primeira pessoa que me fala da

Educação e o cuidado de si

existência de Abdias do Nascimento,[2] essas coisas. Isso já é 1969, quando eu recebo esses toques.

Note-se que é no interior do espaço escolar, já no nível universitário, que Edson Cardoso se confronta com a invisibilidade de uma literatura produzida por negros sobre o negro, expressão de dimensões do epistemicídio que em Foucault diz respeito aos saberes sepultados pelo saber/poder hegemônico. Parece ser correto afirmar que parte significativa da população escolar, e talvez mesmo do corpo docente no Brasil, encontra-se na mesma ignorância da qual Edson foi arrancado em 1969.

Edson Cardoso aponta ainda a emoção desse outro tipo de encontro, entre iguais, entre pares, que assumem demarcar no interior de um espaço do sistema de ensino, uma identidade própria com autonomia e coragem.[3] Um encontro que para ele tem a força educativa de demonstrar que a racialidade é uma possibilidade real de constituição, para além da esquerda ou em parceria com ela, uma perspectiva específica de luta comprometida com mudanças estruturais. Cardoso, porém, relata que apesar desse nascente sentimento de pertença ainda não está pronto para o engajamento que se anuncia, e não fica: *"Mas me lembro de minha emoção de estar sentado [...] num grupo de um núcleo que se afirmava como uma entidade negra. [...] É minha primeira experiência e eu não fico, me volto para a coisa da universidade".*

Vale lembrar que ninguém pensa, em criança, quando lhe perguntam: "O que você quer ser quando crescer" em responder algo como: "Quero ser militante de uma causa social", menos ainda: "Militante negro". É o dispositivo que nos conduz à resistência. Edson Cardoso sinaliza para como o processo de engajamento foi lento para ele como foi para a maior parte de nossa geração, como é complexo transformar a identidade racial individual em consciência política fundada na racialidade:

Eu ia para as reuniões ainda não achando que isso era uma coisa a que ia dedicar minha vida, olha só, eu já estou com trinta anos. [...] Havia, claro, uma inclinação para a literatura, ia ser professor, gostava de falar, crítico, mas não que eu fosse fazer Movimento Negro.

Em outro momento do relato, Edson Cardoso expressa o impacto definitivo sobre ele do momento de seu reconhecimento, de sua admissão plena de pertencimento a uma identidade questionada desde a infância. O reconhecimento de um valor, de uma importância, no interior daquilo mesmo em que se constituíram suas primeiras vivências de discriminação, de diferenciação. Edson diz explicitamente: *"minha vida passou a fazer sentido"*. Isso se dá quando é confrontado por uma liderança do Movimento Negro Unificado acerca de sua importância na promoção da consciência racial para outros negros. Conforme ele relata:

Quando nós começamos a conversar ela me disse assim: "Você tem ideia de sua importância pras outras pessoas?". Ela me perguntou direto. E a ficha caiu ali naquela hora. É uma coisa assim, talvez muita gente passe batida nesse processo, não se dá conta do quanto nós somos importantes para os outros.

O momento de inflexão vem, então, do reconhecimento da importância que temos uns para os outros e do reconhecimento de que, embora diversos, estamos sujeitos ao dispositivo de racialidade: isso impulsiona a nossa resistência e reorganiza os sentidos da existência. Esse processo é mediado pelas contradições do pertencimento racial, a identificação da luta como o único caminho possível de redenção individual e coletiva para o segmento oprimido e de que isso não é conjuntural mas parte integrante da vida, condição necessária para *ser* e *permanecer*, condição emancipatória da vida no plano individual e coletivo. Por isso tem que ser feito e refeito todos os dias, porque as contradições estão presentes no cotidiano de cada um e de todos. O racismo não descansa. Por isso mesmo, a luta tem que ser permanente, contínua.

Educação e o cuidado de si

Eu ia, mas não achava que tinha responsabilidade, tava ali e tal, tava ligado no assunto, no tema, mas não era... Aí a coisa entrou e entrou de uma maneira muito especial e, digamos assim, aquela sensação de copo cheio, de plenitude. A questão racial vai me dar, acho, o que nem o prazer sexual, que é uma coisa muito intensa, me deu, a sensação de encontro comigo mesmo.

A tomada de consciência pelo reconhecimento do outro lhe ensina a reconhecer também a outra, a parceira, a mulher negra como seu correspondente nesse universo. A paz e a tranquilidade manifestam-se também na possibilidade de reconhecimento e aceitação da mulher negra ressignificada na dimensão de parceira de uma condição existencial única, cúmplice dos segredos ditados pela racialidade. O deslocamento do olhar treinado para desejar o Outro hegemônico se dá com plasticidade, em Edson, a partir do apaziguamento de si mesmo, do reencontro com os seus, da integração entre vida, desejos e lutas de transformação. A descolonização[4] do olhar e do desejo aparece como tributária de um processo de subjetivação divorciado do jogo imediato do dispositivo, dá-se na sua exterioridade, nos subterrâneos da liberdade. No caso de Edson, na sede precária de uma organização negra quase clandestina (MNU) em que ele descobre em que reside a sua real importância e para quem, ou seja, para os seus. É ali que o sujeito enfrenta a fragmentação e passa a seguir na direção de adquirir um novo patamar de unidade, agora determinada pela racialidade, a nova óptica de apreensão do mundo (reverberando assim Levinas, para quem "a ética é uma óptica"). Assim Edson Cardoso expressa esse momento de chegada:

à medida que essa paz foi se fazendo dentro de mim. [...] Aí eu encontro a mulher negra, aí eu começo a ver as pessoas, começo a ver tudo de outra maneira e é inevitável, as coisas foram se fazendo muito tranquilas.

Se em Edson Cardoso o reconhecimento aparece como condição de construção do sujeito coletivo, é ele também que apontará as táticas do dispositivo que conspiram contra a conquista desse outro olhar e dessa óptica, como forma específica de fazer política. Em sua fala irão surgir os rebatimentos, no âmbito da resistência, dos processos de assujeitamento produzidos pela racialidade, que operam no sentido de postergar ou anular a emergência do negro como sujeito político ou desqualificar a sua prática. Dentre eles a questão do autorreconhecimento, no sentido coletivo, se apresenta como desafio. Para ele,

> Nós, negros, estamos distantes desse plano e eu não posso ver essa distância, não relacionada a essa dificuldade da representação, da dominação. [...] o que nos impede de nos sentarmos juntos é a dificuldade de nos reconhecermos enquanto tal; é a dificuldade de superar uma representação que temos de nós mesmos, extremamente negativa. [...] Agimos coletivamente porque nos reconhecemos como tal.

Aparece a internalização da tutela pelo branco como tática ou cautela, como comprometimento involuntário da autonomia, ou expressão da cooptação. Tal como descreve Foucault, as formas de resistência que o dispositivo engendra[5] como o reverso da vontade de poder e aqui, no caso, da racialidade negra.

> Vai ser difícil criar um sujeito coletivo se eu me vejo de uma forma negativa em relação aos outros, não tem como montar sujeito coletivo nenhum. É complicado, passa pelo reconhecimento do outro.

Sobre as condições de possibilidade para esse reconhecimento, Edson Cardoso afirma que passaria pela instituição para os negros de uma educação emancipatória que desconstituísse os saberes, as imagens de controle que reproduzem a estigmatização do corpo negro e a sua destinação para a subordinação. Ou seja, a constituição e a visibilização dos saberes que produzimos sobre nós mesmos, contrapondo-os aos saberes da dominação. Assim, para Cardoso impõe-se uma educação emancipatória que articu-

Educação e o cuidado de si   343

lasse tanto um necessário avanço teórico sobre os processos de subjugação, como os saberes produzidos por essa experiência de subjugação.

> *Há um poeta português que dizia de um saber que o distinguia dos outros, porque o saber dele era feito de experiência. É, existe um saber que esse conhecimento não dá, é aquele que é construído pela experiência. Eu acho que a gente precisa das duas coisas, precisa fazer esse apanhado, essa reflexão, precisa do avanço teórico [...] Obriga a pensar conceitos e tudo mais. Precisa disso, ver outras experiências que possam contribuir. Aí nós teríamos que rever as práticas de nossas entidades, a pouca valorização, a pouca leitura.*

Daí o controle dos negros para tornarem-se sujeitos de conhecimento aparecer como estratégico para a permanência da dominação. A imbricação entre saber/poder e educação, esta última em seu papel de controle e distribuição da verdade histórica, também se faz presente:

> *Ora, quando a gente fala história, fala de um conjunto de episódios, de processos, de possibilidades que isso gera, porque um único episódio gerou a maior data cívica do país, gerou essa revolução na cabeça das pessoas, forçou as instituições, os clubes de mães, as associações, os sindicatos, o STJ, as instituições de algum modo a se abrirem pra fazer uma reflexão verdadeira ou não sobre desigualdades raciais, um único episódio que a gente resgatou da historiografia oficial. Você imagine agora quantos outros eventos existem e que tipo de efeitos poderiam produzir.*

Num contexto social em que os negros são permanentemente postos em dúvida como sujeitos cognoscentes, Fátima Oliveira apresenta-se como produtora de conhecimento em áreas científicas das quais os negros se encontram tradicionalmente alijados e o faz com a convicção e a certeza de que está tanto ensinando os produtores do saber do campo da genética e da bioética, como oferecendo à opinião pública e aos movimentos sociais (notadamente os de mulheres e negros) as ferramentas para o monitoramento e a defesa em relação às possíveis articulações entre as produções científicas nesses campos e a tecnologia do biopoder, particularmente no que diz respeito ao seu potencial eugenista. É o sujeito político e de conhecimento aportando às ciências dimensões por ela desconhecidas ou relegadas. Portanto, ela se confronta com o biopoder num de seus nascedouros. Fátima descreve assim o seu campo de intervenção teórico-político:

Trabalho com questões que são muito novas e que aparentemente são muito difíceis para quem não tem uma base científica sólida para abordar. Porque tanto a saúde da população negra quanto essa parte da genética, de bioética, um olhar bioético sobre a genética, as coisas novas da genética, exigem um conhecimento muito sólido de genética, básico e sólido, porque quem não possui tal conhecimento não tem como especular, como fazer análises filosóficas e políticas em cima dessas questões. O que eu aporto de novo é um olhar feminista e antirracista sobre todas essas "coisas novas" das biociências e na instalação desse campo novo de assistência, de pesquisa e de estudo, que é a saúde da população negra.

Se Edson bem descreve a disputa pela verdade histórica, temos Fátima apontando a mesma disputa em relação às verdades científicas. Nesse caso ela vem vencendo, pois um campo de saber vem se instituindo em torno do tema saúde e população negra. Acerca do seminário por ela organizado para discutir as relações entre a genética e a racialidade negra, relata:

Convidei todos os grandes geneticistas do Brasil, muitos se recusaram porque para eles a genética não tem nada a ver com raça, e conforme grande parte deles, o que eu pretendia aprofundar no seminário já estava, de há muito, resolvido, para que retomar um debate superado? Era um pouco essa a questão.

Contrariando qualquer perspectiva fatalista, Fátima Oliveira afirma peremptoriamente que: *"Predisposição biológica é que você 'nasce com a probabilidade de'".* Pode se realizar ou não.

Educação e o cuidado de si

As disputas e poderes envolvidos na produção dos saberes têm, da perspectiva de Fátima Oliveira, dimensões específicas de resistências que passam pela apropriação e pelo monitoramento, pela sociedade, dessa produção de saberes. Tais disputas são informadas por uma ética a serviço do respeito à dignidade humana. Nela, o desalojamento dos cientistas de suas "redomas de vidro", para dialogar e negociar com a sociedade parâmetros éticos para as pesquisas com seres humanos, são elementos estratégicos.

O estabelecimento da bioética traz algo muito importante, que é retirar poder das corporações científicas. Quer dizer, até o estabelecimento da bioética como campo de reflexão e de ação política, os cientistas só prestavam contas do que faziam a seus pares. A bioética retira deles esse poder. De cientistas a médicos, hoje todos têm que prestar contas do que fazem à sociedade. As normas de ética em pesquisa visam garantir cidadania. Portanto, a bioética, não há dúvida, é uma face da cidadania. Trata-se de um campo dos direitos humanos que se torna cada vez mais necessário e indispensável.

Saber/poder e crítica social cooperam em Fátima Oliveira para sustentar uma posição segundo a qual torna-se um imperativo moral e uma questão de direito de cidadania que a pesquisa científica seja submetida a mecanismos de controle social.

Na medida em que a genética avança, que concepções racistas tentam se apoderar dos novos saberes, das novas reflexões, a bioética aparece como campo que diz: "Não é assim! Vocês não podem fazer isso!". É a bioética que pode dar concretude à máxima "nem tudo que se sabe fazer deve ser feito". Os limites da ciência. A bioética é interessante também por causa disso.

Da formação das novas tecnologias de poder e sua interface com o racismo e o sexismo, Fátima Oliveira, além de demarcar as hegemonias raciais e de gênero presentes no campo das pesquisas genéticas, alerta para a questão estratégica dos ativistas negros e das mulheres se apropriarem desses saberes e adentrarem esses espaços pelo viés racista com que essas novas tecnologias podem vir a ser interpretadas; ou seja, como novas possibilidades de reprogramação dessas tecnologias nas estratégias do biopoder. Daí a necessidade de introduzir outras ópticas nesse campo, forjadas na resistência ao racismo.

Dessas coisas novas não há nada tão importante para o movimento negro quanto a bioética, que a gente não consegue chegar aos seus espaços. A bioética ainda é um campo eminentemente masculino e branco. Embora haja muitíssimas mulheres na bioética, não somos detentoras de poder na bioética. São poucas as mulheres que produzem; as mulheres que ministram aulas em cursos e os coordenam; ou que escrevem e publicam e adquiriram visibilidade.

O biopoder se manifesta, na reflexão de Fátima Oliveira, em toda a sua abrangência como tecnologia da supremacia branca destinada prioritariamente à proteção de seu vitalismo. Aparecem também os cúmplices das estratégias de manipulação da vida dos povos dominados. O *"deixar viver e deixar morrer"* de Foucault ganha com Fátima Oliveira a seguinte expressão, tendo por referência os esforços de revisão da Declaração de Helsinque:

O centro da polêmica no processo de revisão estava nos pontos 29 e 30 da Declaração de Helsinque, que dizem em linhas gerais que uma nova droga só pode ser usada em teste comparativo com placebo se não houver outro medicamento eficaz para a doença para a qual está sendo testada [29]; e que ao final de uma pesquisa, todo voluntário, independentemente do seu local de origem e de sua condição econômica, deve ter acesso aos melhores cuidados usados na pesquisa, àqueles nela descobertos ou que ela ajudou a descobrir ou a comprovar [30].[...] Porque os médicos do Norte, dos países ricos basicamente, queriam que as normas de Helsinque fossem flexibilizadas no sentido de eles não serem obrigados a fazer pesquisas nos países africanos sobre HIV/aids e estarem obrigados a custear o tratamento. Porque a norma de Helsin-

Educação e o cuidado de si

que coloca que, se você priva uma população envolvida em uma pesquisa de novos fármacos, a pesquisa fica obrigada a custear aquele tratamento — se o remédio der resultado para aquela população. Era assim, é desde a primeira versão da Declaração de Helsinque, de 1962, e ninguém ousava questionar.

Colocam-se em evidência, nessas estratégias, as implicações entre poder, saber e resistência, envolvendo o domínio da pesquisa científica, frequentemente, embora não apenas, ligada à universidade e aos compromissos que esta aceita ou não assumir. Assim, prossegue Fátima Oliveira:

e se aquela pesquisa apontasse um tratamento bom, eles não estariam obrigados a dar aquele tratamento ao país onde eles pesquisaram. O que diz a Declaração de Helsinque é mais ou menos o seguinte: "Se você pesquisa num lugar e aquela pessoa tem uma doença e aquele remédio foi bom para aquilo, você tem que completar o tratamento e deixar a pessoa no melhor tratamento que existir naquele momento". E eles queriam mudar para no país... [6]

Ela aponta ainda para os deslocamentos que identifica em cientistas africanos que, integrados à lógica hegemônica de produção da ciência, destituem-se da racialidade em prol do pertencimento à comunidade científica. São cientistas, não mais africanos, só se remetem a seus pares. Tal como Charles Mills descreve os filósofos afro-americanos que seriam indistinguíveis de seus pares brancos. Relata Fátima:

Qualquer descuido... Essa alteração seria de prejuízos incalculáveis para a humanidade. E sob as bênçãos da ética. Aí se tornou uma briga de países pobres contra países ricos. E muitos médicos africanos defendendo isso.

Ao lado de Edson Cardoso, que põe em dúvida a exclusividade nazista alemã das práticas genocidas desencadeadas pelo biopoder por meio de evidências encontradas em expressões da literatura nacional, Fátima Oliveira reitera essa reserva identificando essas mesmas práticas no plano concreto das desigualdades entre países e grupos raciais, as quais condicionam as perspectivas científicas ligadas à reprodução da vida a posicionamentos como os por ela descritos:

Não podemos ter dúvida de que o deslocamento das pesquisas dos países ricos para os pobres desnuda que se buscam as regiões pobres porque nelas há menor rigor legal e ético, o que permite burlar as normas éticas de pesquisa. Isso também pode evidenciar acentuado preconceito de classe e racial. Como vimos, a chamada eugenia racial não tem sido apenas uma prerrogativa de nazistas alemães.

Citando estudos de Joaquim Antônio Mota[7] ela produz uma forte denúncia que é, ao mesmo tempo, uma convocação de resistência em escala nacional e internacional:

meio século depois de Nuremberg, uma experiência com crianças foi realizada por cientistas britânicos em Serra Leoa, de forma tão cruel como as levadas a cabo nos campos de extermínio nazistas.[8]

Portanto, o movimento social aparece da perspectiva de Fátima Oliveira como educador para o plano da ciência aportando agendas de pesquisas saídas das lutas empreendidas contra as tecnologias do biopoder. Segundo ela:

A universidade está tendo que beber da nossa fonte, a fonte criada pelo movimento social, para trabalhar a saúde da população negra. Ou seja, não só os formuladores das políticas bebem nessa fonte como a universidade também. [...] É uma fonte cuja origem é inegavelmente o ativismo, pois embora eu seja uma intelectual reconhecida, não sou professora universitária, porque eu nunca quis ser professora.

Do seu processo de ensino, aprendizado e militância com as questões da engenharia genética, bem como da convicção da necessidade de popula-

Educação e o cuidado de si

rizar esses temas, Fátima Oliveira extrai uma proposta ética e pedagógica, com claras recomendações às escolas tal como ela expressa em seu livro *Bioética: Uma face da cidadania*:

> *Uma proposta de educação em bioética precisa ser examinada e debatida junto à sociedade, cientistas e sobretudo com os(as) professores(as). É necessário estimular o debate entre professores(as) para que possamos conhecer o grau de preocupação e compreensão deles(as) sobre as implicações sociais, políticas e éticas dos novos conhecimentos e aplicações da biologia, e se o conhecimento transmitido/recebido é um instrumental capaz, adequado e suficiente para a iniciação de reflexões bioéticas.*[9]

O testemunho de Edson Cardoso esclarece vários sentidos postos ao longo do trabalho sobre a constituição da resistência frente ao dispositivo da racialidade e suas complexidades no "assentamento" do biopoder.

Nela, estão contidos aspectos que situam o lugar do indivíduo na formação de um sujeito coletivo, alvo e opositor do seu próprio desenvolvimento e atualização. Ele é tema da sua própria trajetória política e reivindica o reconhecimento deste sujeito coletivo no entendimento dos conhecimentos processados na vivência, na luta, dando sentido político ao próprio ato do saber.

Dessa forma, dores e sofrimentos se constituem numa sutura necessária à compreensão do que a escola deve refletir para a difícil tarefa de incorporar a "vivência negra" como elemento definidor das ações humanas, como estão postas em nossa sociedade, seja do ponto de vista político que envolve as representações como escopo de existência, seja pelo reconhecimento sobre o papel do fortalecimento da identidade racial como sendo a base de suas transformações.

Aponta desde as descobertas por que crianças e jovens podem passar ao longo da trajetória no ambiente escolar, até a importância de se apropriar dos espaços de formação do conhecimento (entre eles, a universidade) como estratégias necessárias à sofisticação das barreiras raciais permanentes.

Sofrimentos e descobertas pessoais são imediatamente deslocados para o entendimento de uma realidade em que o saber pela formação e o saber pelas experiências vividas se conjugam na formação de avanços teóricos fundamentais à constituição de uma identidade, mais que baseada em argumentos tradicionais, pautada na noção de sujeito histórico, reconhecendo e se apropriando da *"nossa experiência mais recente, mais remota [...]".* Acredita que no fortalecimento da memória e da experiência de luta encontram-se as experiências de organização que podem servir de parâmetro para as ações humanas capazes de colocar a experiência negra não apenas como uma experiência local, mas na base das tensões mundiais produzidas na opressão das populações negras.

Como otimista, credita também expectativa a este fortalecimento da identidade política (ser negro no mundo do branco) a possibilidade de formação de uma pauta mínima de ação da população negra, vencendo armadilhas interiores de vitimização que alicerçam *"os danos que são causados à subjetividade em sua plenitude"*, como também capacitados a enfrentar as propostas naturalizadas no espaço público, fazendo *"um acerto de contas com essa história".*

Para dar conta desse desafio, Edson Cardoso entende ser necessário primeiro reconhecer todos os esforços e experiências acumuladas como processo de educação/formação. Depois enfocar a autonomia histórica da experiência negra na conquista de autonomia política. Aqui, relação comunitária aparece como éthos desta sobrevivência e que deve construir parâmetros, referências e práticas para a *"educação que queremos assegurar".* Para ele esta é uma construção que se coloca para além das ações afirmativas, cujo centro nervoso são as políticas de cotas. Não, para ele é necessário formar bases que justifiquem a construção a partir dos ajuntamentos negros, como necessidade de reconstrução sobre o espaço de pânico que a sociedade brasileira manifesta sobre sua nominação, uma vez que outros

Educação e o cuidado de si

agrupamentos de cor se perdem nos indicadores socioeconômicos, perpetuando as relações de dominação.

Edson Cardoso lamenta, ainda, os limites do debate sobre diversidade e pluralismo diante de um racismo que os hierarquiza, ou mesmo da lei 10.639/03 na sua falta de capacidade de estruturar as mudanças nas relações de poder que a posse do conhecimento opera. Mais que isso, situando historicamente as conquistas desses sujeitos coletivos permite-se o ato revolucionário da crença na sua transformação. E, por definição política das suas próprias crenças, prossegue, mestre laborioso.

Resgatando a história de Fátima Oliveira, temos na origem da construção de sua trajetória, um homem negro provedor, seu avô, que já anuncia o sentido que o cuidado de si irá assumir posteriormente de uma perspectiva comunitária. Nas brechas dos processos de assujeitamento ele encontra os caminhos de dotar a si e aos seus da autonomia que o dispositivo tenta usurpar.

> A todos os meus irmãos meu avô deu igual oportunidade de estudar [...]. Antes de mudar-se para Imperatriz, ele alugou uma casa em São Luís para nós todos, com mamãe lá tomando conta de todo mundo, em uma casa alugada no centro da cidade. Ou seja, para que todos nós estudássemos em boas escolas, mamãe teve que parar de trabalhar. Ela tocou o comércio de meu pai durante alguns anos, mas com essa definição de meu avô, de que todo mundo tinha que estudar, teve que fechar o pequeno comércio dela, que já estava muito decadente também, já não dava para ela sustentar a família.

Oriunda de família de pequenas posses, porém com clara consciência da importância da formação intelectual como ativo para a mobilidade e reconhecimento social, Fátima Oliveira será exposta a condições ideais de educação escolar. Segundo ela, *"obrigatoriamente, uma vez por semana, todas as classes tinham aula na sala de ciências, cujo objetivo era fazer experiências; aprender a manusear tubo de ensaio, o microscópio etc. Essas coisas todas necessárias à investigação"*.

Há um "mundo mágico" de livros à disposição de uma mente inquieta e interessada, além de metodologias eficazes para a internalização dos conhecimentos:

Havia também, naquela época, uma biblioteca de 10 mil livros. Era belíssima, com todos os luxos que você puder imaginar. Semanalmente, todas as turmas iam à biblioteca por duas horas. A isso chamava-se aula de leitura — era para a gente aprender a usar a biblioteca: localizar e manusear os livros; a fazer silêncio etc.

Lembra também que técnicas de aprendizado asseguram o melhor rendimento do aluno: *"Aprendi a ler fazendo fichas de leitura, prática que me acompanhou por anos a fio, até depois da universidade".*

A essas condições diferenciadas em termos de qualidade de ensino se associa uma educação familiar informada pela perspectiva do que ela denomina de "adestramento para mandar" do ponto de vista de formação de classe dominante:

Era assim uma brutal contradição, porque eu estudava em uma escola de muito luxo e nas férias enfiava a cara no trabalho doméstico. Mas vovó dizia que "quem não sabia fazer, não sabia mandar" e que se eu não soubesse fazer de "um tudo" como era que eu iria cuidar de uma casa, só se fosse para ser uma daquelas bestas que as empregadas enrolam...

O adestramento consistia em técnicas muito precisas em que "saber fazer" condiciona o "saber mandar". Por elas ocorre ainda a transmissão de saberes familiares tradicionais que assinalam a dignidade do trabalho como cuidado de si e do outro:

Depois de uma semana pra dormir, as férias eram de três meses no fim do ano, eu começava a tomar conta da casa. Isto é, precisava levantar, todos os dias, para fazer o café. Um mundaréu de coisas, desde cuscuz de milho e de arroz... Uma trabalheira

Educação e o cuidado de si

monumental. Colocava o arroz e o milho de molho à noite. Pela manhã, cedinho, pilava o arroz e o milho, um de cada vez, para fazer a massa do cuscuz. Vovó levou muitos anos para aceitar que a massa de milho ou a de arroz "passada no moinho" também era boa, porém ela não gostava, precisava ser do pilão!

Assim, o *"adestramento para mandar"* aparece na fala de Fátima a exemplo do que ocorre com a de Sônia Nascimento a propósito da professora negra que insuflava o seu potencial de liderança, empurrando-a para assumir liderança e protagonismo na aula e na escola, porque acreditava que negro tinha que aprender a liderar na contramão do adestramento escolar descrito por Foucault em *Vigiar e punir*, que se destina à produção de corpos dóceis. Nesse caso está nas mãos de uma professora que serve de modelo — único, porém modelo.

Assim, os valores da escola e da sociedade abrangente confrontam-se com os valores comunitários ditados pelas tradições familiares. O pertencimento familiar dita normas e comportamentos relativizadores dos privilégios que a escola vai promovendo. Por outro lado, eles entram em contradição com as proposições críticas que a escola irá ofertando para a compreensão da realidade social. Então, o trabalho rotineiro de cobrar implacavelmente os devedores do avô descortina-se em todo o sentido social, explicitando o que era devido às oportunidades especiais de que desfrutava. Ao realismo do avô, sucede uma nova tomada de consciência: a sua possibilidade de manter aquelas condições estava diretamente condicionada à sua capacidade de receber os recursos devidos pelos devedores do *"legume na folha"*. Então diz Fátima: *"Então eu tinha uma motivação forte o suficiente para ser uma cobradora implacável. O meu estudo dependia diretamente do dinheiro que era capaz de receber dos devedores do meu avô!"*.

Aí se manifesta o conflito saudável que a escola coloca para a criança, o jovem, quando se contrapõe às práticas da família. E a reação de Fátima a expressa plenamente:

Fiquei tão horrorizada que nem conseguia falar direito, pois estava numa escola que discutia política, essas coisas, todas as dificuldades e sofrimentos dos pobres, a exploração dos ricos, e naquela situação, meu avô era sim considerado um homem rico, perto de tanta miséria... Fui para o meu quarto e chorei até dormir.

Dentre os aprendizados extraescolares, esse novo conflito é acompanhado da experimentação de uma ética paradoxal e uma nova forma de sujeição decorrente da condição de classe: a de se tornar agente da opressão como condição de manutenção dos privilégios familiares e individuais que, parece, irá ter impacto em suas escolhas políticas posteriores. A predição do avô é clara: *"Ou você recebe as contas ou não tem como comprar xampu. Só no dia em que trabalhar"*. E lembra: *"Eu estava com uns doze anos"*. Fátima Oliveira experimenta então o sentimento de rendição: *"e continuei fazendo cobrança de bicicleta até os quinze anos, época em que ele mudou de cidade e deixou de comprar 'legume na folha' e a profissão de açougueiro"*.

A ligação estreita de valores familiares que apontavam um sentido comunitário de existência e uma estratégia de ascensão social — *"era caríssima essa escola, ela era toda particular, era uma escola de primeiro mundo. O sonho de toda família da região era poder mandar seus filhos para o Colégio Colinense. Dava um certo status"* — parecia que a conduziria naturalmente a um estilo de vida significativamente oposto ao que ela tomou.

Dos conflitos e contradições decorrentes das diferentes experiências educacionais às quais esteve exposta, dentro e fora da escola, revela-se que apesar das tantas oportunidades que poderiam tê-la conduzido a se acomodar ao estilo de vida das classes dominantes, Fátima se destinou para a militância política, onde colocou o seu conhecimento e aquilo a que teve acesso a serviço das causas que escolheu.

O suporte familiar, a educação consistente, os modelos de autonomia veiculados na família, o inconformismo, a disposição para enfrentar e provocar questões como lhe dizia o avô, o encontro definitivo com as questões sociais, a orientação partidária, ressignificaram uma estratégia familiar vol-

Educação e o cuidado de si

tada para a ascensão social e de pertencimento aos extratos dominantes da sociedade. Contemplou as expectativas familiares, tornou-se importante como queria seu avô. Mas importante para as mulheres, para os negros, para os setores socialmente subjugados, transformando o cuidado de si em cuidado dos seus, como fizera seu avô. Assim, o traçado da mobilidade social, mediado pela aquisição dos níveis educacionais, projeta-nos para lugares conhecidos, enquanto as outras educações que concorrem com a educação formal podem levar à ressignificação dessa própria educação e conduzir a projetos de vida que escapam ao seu poder de homogeneização. O saber acadêmico, transmitido na escola, traz em si a limitação e a força. Se normaliza — e isso é buscado na instituição escolar —, também dá instrumentos de libertação para cumprir aquilo a que se propõe. Não é o objetivo, mas é incontrolável, faz-se alimento involuntário para as resistências.

Fátima Oliveira ilustra como o saber pode ser colocado à disposição de projetos sociais curiosamente tendo tido uma formação familiar em que a educação estava fundamentalmente a serviço de uma estratégia de mobilidade social individual e conquista de autonomia individual.

O cuidado com os outros, enquanto dimensão coletiva do cuidado de si, vai se delineando em Fátima na disponibilização dos saberes e recursos médicos para mulheres em situação de prostituição e seus filhos, em sessões de literatura para cegos, posteriormente em todas as lutas de defesa dos direitos reprodutivos das mulheres e da saúde da população negra, além das intervenções no campo da genética e da bioética. Em todas as proposições de políticas públicas para governos ou sociedade civil, aliam-se estratégias preventivas e curativas.

O sentimento de plenitude aparece na paz interior advinda do compromisso assumido por eles e que deu sentido à vida, na consciência do impacto do revezamento entre ação teórica e prática militante desses intelectuais insurgentes: sabem o que escolheram e como dão conta disso. Esse sentimento já foi visto em Edson Cardoso; em Fátima Oliveira assim aparece: *"Sou extremamente satisfeita com a minha vida. Muito satisfeita.*

Muito, muito. Acho que no que eu podia contribuir, o esforço teórico que eu podia, que eu possuía lastro intelectual para fazer, tenho consciência que já fiz. É isso". Esse estado de plenitude aparece como a combinação de vários fatores e várias conquistas: de uma subjetividade autônoma capaz de confrontar os mecanismos de assujeitamentos, de saberes que suportam esses processos emancipatórios, de espaços de confrontação dos poderes, saberes e modos de subjetivação de uma perspectiva de emancipação de coletividades subordinadas, notadamente negros e mulheres.

Sônia Nascimento, por sua vez, nos traz outros ensinamentos. No mais recente prêmio com que foi agraciada, na forma de uma placa de prata, ofertada pela Ordem dos Advogadas do Brasil, consta a seguinte inscrição:

A Seccional Paulista da Ordem dos Advogados do Brasil por sua Comissão de Resgate da Memória da OAB/SP tem a honra de oferecer à Exma. Sra. Dra. Sônia Maria Pereira Nascimento, Advogada em São Paulo, esta singela láurea, em testemunho e tributo de seu fraternal, caritativo e solidário trabalho voltado às comunidades menos favorecidas da periferia da capital.

São Paulo, 18 de maio de 2005

Presidente da OAB/SP
Presidente da Comissão de Resgate da Memória da OAB/SP

É um retrato fiel ao que tem sido para Sônia Nascimento a tradução do cuidado de si. Um sentido aprimorado de responsabilidade social que foi sendo aprendido, internalizado e reproduzido por meio de diferentes experiências e exemplos, sobretudo o exemplo materno. A educação como cuidado de si encontra sua tradução mais exata nas palavras de dona Zilda, sua mãe: *"de ajudar os outros porque sempre tivemos quem nos ajudasse, ensinar, porque tivemos quem nos ensinasse, dar oportunidade para os outros, porque tivemos muitas. Tem que passar, tem que multiplicar".* Aos sucessos escolares de suas filhas, ela respondia com uma lógica invertida, recusando a vitimização e acionando compromissos inarredáveis que

Educação e o cuidado de si

seriam devidos à nossa ancestralidade: *"não estão fazendo mais do que a obrigação, nós somos sobreviventes, os nossos antepassados, com muito sofrimento, vieram em navios horríveis e sobreviveram para que nós vencêssemos aqui"*. "Para que nós vencêssemos aqui" — é algo extraordinário essa inversão. Colocar a experiência terrível de desenraizamento como uma responsabilidade, um desafio, um teste de humanidade, de capacidade de resistência e sobrevivência.

Sônia encontrou em uma mulher negra, sua professora, a mesma forma de apoio:

> *Ingressou uma professora negra, a dra. Clélia, a única na escola, que era advogada. Sempre fui liderança e ela gostou dessa história e praticamente nos adotou, as duas alunas negras da classe, eu e a Zélia. Ela dizia: "Vão fazer de tudo pra vocês não chegarem lá, não desanimem, nós vamos juntas, nós vamos lutar e vamos chegar lá juntas".*

Acrescenta ainda:

> *Ela nos estimulava muito [...]. Ela me colocou como sua assistente, eu era representante da classe, passei a estudar muito mais, ela era professora de português. Fazia chamada oral frequentemente e eu sempre estava com a lição em dia, sabia tudo e ela se orgulhava. Ela deu muita força, mas também cobrava muito de nós duas. Dizia que nós tínhamos que saber o que era ser liderança, era ir à frente, falar, estudar, porque nós éramos negras e o mundo [ri] conspirava contra a gente.*

A professora negra, incentivadora de sua liderança juvenil, lhe traz as formas de reagir à *"conspiração do mundo"* contra o povo negro com uma receita simples: estudar, ter protagonismo, resistir ao epistemicídio. Proteger-nos uns aos outros. Da doação generosa emerge o princípio de reciprocidade:

> *Nós tínhamos necessidade de retribuir isso para ela, então na aula de português nós sempre fomos as melhores alunas da classe.*

É relevante observar as decorrências de Sônia mostrar aqui o contrário do que demonstra a pesquisa de Eliane Cavalleiro, na qual proliferam exemplos de rejeição aos alunos negros produzindo o rebaixamento da autoestima e da capacidade cognitiva. Em sua experiência, uma educadora acolhedora, incentivadora e consciente dos processos de exclusão racial presentes na escola e na sociedade em geral, produz nos alunos negros o desejo de realizar as melhores performances escolares.

Vítima e combatente dos processos de sujeição do dispositivo, Sônia faz do direito o instrumento de promoção da justiça e da cidadania historicamente negada à população negra, especialmente às mulheres negras. Esse é o sentido de um dos projetos que lhe é mais caro dos tantos que realiza. Trata-se do projeto PLPS — Promotoras Legais Populares. Um projeto do Geledés — Instituto da Mulher Negra que tem por objetivo fundamental o empoderamento das mulheres. O projeto parte do princípio de que informação é poder e que o conhecimento dos direitos de cidadania é uma das formas mais eficazes de empoderamento, precisamente porque, por longo tempo, as mulheres negras foram excluídas do direito de conhecer, de aprender, de se instruir. Esse projeto visa à capacitação de lideranças femininas comunitárias em direitos humanos e das mulheres, no sentido de torná-las multiplicadoras dessa capacitação junto a suas comunidades, instrumentalizando-as, fortalecendo-as para a luta por seus direitos de cidadania. Essa experiência tem demonstrado que esse investimento torna as mulheres capazes de desenvolver ações organizadas no sentido de cobrar do poder público a rede de serviços essenciais para as suas comunidades, tais como: postos de saúde, escolas, creches e ainda fortalecê-las em suas comunidades para agir contra a violência doméstica e sexual, buscando a proteção dos seus direitos. Direitos humanos e organização do Estado; direitos das mulheres; os direitos das mulheres são direitos humanos; leis, convenções, tratados; direitos econômicos, sociais e culturais, direitos trabalhistas; legislação trabalhista, com ênfase na condição de igualdade nas relações de trabalho; trabalho e geração de renda.

Educação e o cuidado de si

Esses são os conteúdos que são objetos dos cursos de PLPS que revelam novas ativistas em direitos humanos e direitos das mulheres que hoje atuam como educadoras, agentes de cidadania de inúmeras outras mulheres em questões que até então supunham depender da ação de um advogado, como pensão alimentícia; separação; regularização de salários (funcionários municipais); aposentadoria; investigação de paternidade; violência contra a mulher etc. Elas são um instrumento de escuta, orientação, libertação e empoderamento de outras mulheres. Com esses cursos reverenciamos a nossa tradição religiosa, segundo a qual as mulheres negras têm o papel de guardiãs de nossas comunidades. Essas guardiãs são chamadas, na tradição Yorùbá, de Ìyálòdès. Sobre elas, assim fala a feminista negra Jurema Werneck:

> para que a vida permaneça, para que o axé permaneça e se multiplique é preciso que eu me supere sempre, buscando o melhor de mim. E de todos. [...] Ialodê era, entre os iorubás, a representante das mulheres, uma líder comunitária que tinha como função zelar para que os interesses das mulheres e de toda comunidade fossem atendidos. Nos dias de hoje, outras mulheres possuem esta mesma tarefa. Somos quem zela pela comunidade, pela família, pelas crianças, que cuida dos doentes. Refazer trajetórias éticas significa também buscar a autoproteção, a proteção de nossas crianças e de toda a comunidade. Herdamos o axé de ser o que somos. E o legado que deixaremos para o futuro é fundamentalmente uma decisão nossa. A escolha é de cada uma de nós. [...] Axé![10]

É a essa tradição que Sônia Nascimento, embora católica praticante, presta tributo, como filha de Oxum que eu sei que ela é. E ela também.

As centenas de mulheres que vêm sendo empoderadas por meio dessa ação são um dos motivos da placa de prata referida acima, recebida por Sônia Nascimento, que realiza muitas vezes em parceria (por ela instituída) entre o Geledés e a OAB/SP. Por sorte nossa,[11] ela é uma das diretoras do

Geledés, depois de cumprir dois mandatos de presidente. Segundo ela relata, fomos capazes de aposentá-la:

me aposentei com 27 anos de serviço por causa do Geledés. Lembra-se que o pessoal do jurídico estava saindo e precisava de uma advogada? Eu participava das atividades desde o início, mas, quando me internei na organização, trabalhávamos muito, todas, mas foi uma revolução em minha vida, ficar ali, período integral na organização pioneira de mulheres negras loucas de pedra. A força do Geledés, o padrão da organização, as intensas atividades que realizávamos eram assustadoras para a época. As conquistas, os eventos, o nível das palestras, o primeiro evento da saúde quando trouxemos a presidenta do Programa de Saúde da Mulher Negra de Atalanta, a vinda do Harlem Desir, do Bryan Stevenson, a participação na conferência Rio Eco-92, uma das nossas numa mesa da conferência no Planeta Fêmea, montado ao lado do oficial. A participação em todas as conferências[12] — 1993 em Viena, através da Deise, 1994 no Cairo, com a Edna, 1995 a Nilza em Beijing, 1995 a organização inteira em Brasília para a Marcha Zumbi dos Palmares, e nós na organização do evento. Ali estava em casa, junto com os meus (as minhas), lá era o meu lugar.

Enfim a sensação de copo cheio, de plenitude, da conquista do sentido de vida que faz com que, tal como Edson Cardoso e Fátima Oliveira, Sônia Nascimento possa afirmar:

Sou finalmente uma mulher negra que tem coragem de colocar no dedo um anel, entrar numa sala de audiência e esperar ser bem tratada, porque eu não tinha um pingo de confiança na minha prática jurídica, então permiti muita coisa.

Sônia traz aqui o padrão das dores que as mulheres negras carregam e de que Fátima Oliveira é o contraponto por condições especiais que experimentou ao longo da vida. Sinto a mesma insegurança e incertezas em relação à filosofia que ela carrega no que diz respeito ao direito. Somos, ela, eu e muitas outras, prisioneiras e combatentes do epistemicídio que

Educação e o cuidado de si

põe em xeque nossa capacidade de bem pensar e agir. Ficamos em permanente estado de dúvida e alerta. Em meu próprio caso, aqui também como testemunha e autora, comecei a escrever por medo, insegurança de falar. Quanto mais escrevia para poder falar, mais me convidavam para falar. E quanto mais fui falando-escrevendo, mais me convidavam para escrever. Em cada um desses atos, um parto, a fórceps. Como em Sônia Nascimento, é uma confiança que se constrói na luta permanente contra a dinâmica de inferiorização do dispositivo:

> *Nunca usei* [o anel] *porque achava que não era uma boa advogada, e agora eu vou usar o anel, e agora eu falo, já tive a experiência de entrar numa audiência e o juiz não olhar pra minha cara.*

É o olhar do Eu hegemônico instituindo o Não ser. Um olhar educador, que carrega e explicita a verdade sobre o Outro, o nada que o constitui. E que a nossa resistência permanente desmente.

Fluxograma: Articulações funcionais entre saber, resistência e raça

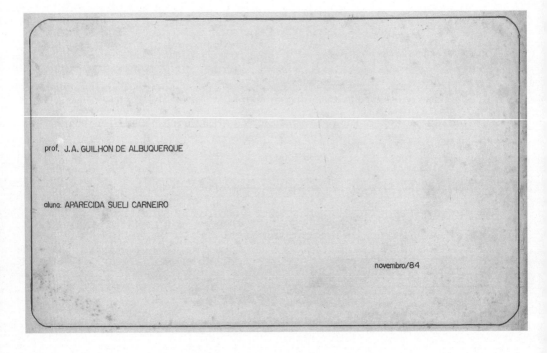

prof. J.A. GUILHON DE ALBUQUERQUE

aluna: APARECIDA SUELI CARNEIRO

novembro/84

SUMÁRIO

1. DO DISPOSITIVO

2. DO PREENCHIMENTO ESTRATÉGICO

3. DO SABER/PODER

4. DA RESISTÊNCIA

NOTAS

1. DO DISPOSITIVO ⇒

⬇

ATRAVÉS DESTE TERMO TENTO DEMARCAR, EM PRIMEIRO LUGAR,

DISCURSOS,

Ouvi frequentemente em Dakar... que o africano era um homem que não ti - nha língua, tinha dialeto, não tinha filosofia, mas crenças, não tinha ar te, e sim folclore" 2 .

"Missionário profundamente embuído de sua missão civilizatória, Templs acredita poder estabelecer a cultura européia sobre a base cultural bantu de forma a conduzir o negro ao cami- nho do conhecimento, da civilização e da verdadeira religião" 3

INSTITUIÇÕES,

"A expansão foi um empreendimento es- tatal, recomendado pelo Teoureiro Real exatamente porque os cofres do Estado estavam vazios. Custearam-se as expedições amoedando todo o ouro e a prata alcançáveis e empregando to- dos os recursos disponíveis do Esta- do e da Ordem de Cristo. Essa Ordem, herdeira das propriedades da dissolvi da Ordem dos Templários, tornou-se u- ma instituição financeira para os em- preendimentos estatais. Aos poucos , o açúcar da Madeira, o ouro e o negro africanos constituíram os principais elementos da formação do capital por- tuguês" . 4

ORGANIZAÇÕES

- Casa Grande

MEDIDAS ADMINISTRATIVAS,

"Sabe-se que aqui mesmo na capital mi - neira um diretor de empresa pública a- fastou sumariamente dos quadros funcio- nais de seu gabinete todos os elementos de cor, onde só admite funcionários bran cos e de boa aparência. Louve-se, até certo ponto, essa preocupação estética, que vem modernizando e limpando depen - dências e instalações da repartição, a fim de que tenham uma aparência condig- na e decente" 7

ENUNCIADOS CIENTÍFICO

"Foi naquele mesmo ano, aliás que Paul Broca, na França, e Galton, na Ingla - terra, estabeleceram a ciência da medi ção dos crânios humanos, chegando a conclusão de que os crânios mais inade quados para conter um cérebro saudável seriam nesta ordem, os negros, os ama- relos e, em último lugar, os ju - deus"

PROPOSIÇÕ

"Segundo a doutr vançados que dis cos e intelectua nestas regiões d de explorar os b humanidade após Por sua presença quada, o coloniz vos letárgicos e lização e a verd

EM SUMA, O DITO E O NÃO DITO SÃO OS ELEMENTOS DO DISPOSITI

ELEMENTOS" 11

primeiro momento é da predominância de um OBJETIVO ESTRATÉGICO..."

NTO DECIDIDAMENTE HETEROGÊNEO QUE ENGLOBA

ÔNICAS. **DECISÕES REGULAMENTARES.**

"A representação dos Comerciantes da Bahia, em 1757, defendia com ardor a exploração do comércio da Costa da Mina, embora preferissem os escravos desta os de Angola, porque os primeiros eram 'mais fortes e mais robustos'; estes eram 'mais domáveis e em melhor preço'. Daí o projeto de organização de uma Companhia de Comércio constituí da com capitais formados no Brasil, e valendo-se da provisão de 30 de março 1756 que permitiria 'o uso franco da nagevação para a Costa da Mina a todos os que lá quisessem ir e mandar comerciar em embarcações que não excedessem o número de três mil rolos, como principal fundamento de ficarem sendo sendo contínuas as utilidades e de abundarem de escravos em preços cômodos o reconcavo, sertões e minas daquela dilatado continente"   5

ÓFICAS. **MORAIS/FILANTRÓPICAS.**

"A exemplo dos administradores e colonos, o missionário que ele é afirma ao menos duas teses, que a natureza sai das mãos de Deus e que pertence à comunidade dos melhores. civilizar os irmãos inferiores, assim, o direito de colonização se desdobra de um dever natural e de uma missão espiritual"   10

LEIS.

"A corrente se tornando irresistível, minha mãe, que exercia a Regência na ausência do Imperador, não hesitou mais em seguir o impulso de seu coração. Sem desconhecer a gravidade do ato que realizava, mas colocando a caridade acima da política, ela assinou no dia 13 de maio de 1888, a lei submetida a sua sanção"   6

OSITIVO É A REDE QUE SE PODE ESTABELECER ENTRE ESTES

2. DO PREENCHIMENT
ESTRATÉGICO

"Trouxeram o imigrante europeu, segundo o decreto lei nº 7967 de 1945, para preservar e desenvolver, na composição étnica da população, as característi - cas mais convenientes da sua ascendên- cia européia. Por idênticas razões, um decreto de 28 de junho de 1890 conce - dia livre entrada no Brasil a todos os indivíduos aptos para o trabalho, exce tuados os indígenas da Ásia ou da Áfri ca"   13

"Nós temos que redimi
redimir o negro do co
social"(tancredo neve

"... ainda em pleno 1982 verificamos co mo tais teorias podem florescer até de maneira patológica, como a sugestão a - presentada pelo Sr. Benedito Pio,   ao Grupo de Assessoria do governo do Esta- do de São Paulo, anterior ao Sr. Franco Montouro. Propunha o ilustre assessor a esterilização de negros brasileiros, pa ra evitar que estes, devido a seu cres- cimento demográfico, possam ascender de mocraticamente ao poder num futuro pró- ximo"   16

"A visã
gera gar
pitalis
lhadores
micos e
longo d
cativa
ples co
inferio
fato, o
tas de s
rencial
classe
prestig

> "EM SEGUIDA UM DISPOSITIVO SE CONSTITUI COMO TAL E CONTINUA A SER DISPOSITIVO..." 12

complexo de cor,
nferioridade

"Sabe-se que aqui mesmo na capital mineira um diretor de empresa pública afastou sumariamente dos quadros funcionais de seu gabinete todos os elementos de cor, onde só admite funcionários brancos de boa aparência..." 15

racismo só
a a classe ca
dos os traba-
efícios econô
umulados ao
rcela signifi
a pelo sim -
o às posições
social. De
ticas racis -
acesso prefe
sições de
r remuneração,
17

"Desde a promulgação da lei, aqueles anúncios cessaram, sendo realmente excepcional o caso de publicidade, como aquela aparecida na primeira página de um grande jornal, ainda em 1971, em que se diz precisar 'de babá de cor clara e meia idade' ou de 1972, em que se pede candidata a 'babá para casa de fino trato que preencha o seguinte requisito: branca, jovem e muito prática...' e outro convidando 'moça branca, até 20 anos' para 'auxiliar'. Surgiu, a partir de então, a exigência de 'boa aparência' em todos os anúncios de emprego, não só de domésticas como de outras categorias; mas essa locução é, para muitos, apenas um eufemismo..." 18

3. DO SABER/PODER

- Centro de Estudos Africanos da Universidade de São Paulo.
- Instituto de Pesquisas e Estudos Afro-Brasileiro - PUC.SP.
- Centro de Estudos Afro-Asiáticos, Conjunto Universitário Cândido Mendes - RJ.
- Centro de Estudos Afro-Orientais, Universidade Federal da Bahia- SECNEB Bahia.
- Centro Afro Brasileiro de Cultura Religiosa Atim Lembá Furenã-SP.
- Centro de Estudos de Integração África-Brasil, Universidade Católica de Goiás.
- Centro de Estudos Afro-Brasileiro, Universidade Federal de Minas Gerais.
- Centro de Estudos Africanos, Universidade Eduardo Mondelane, Maputo.
- Caribbean, African and Afro-American Studies, Florida, USA.
- Centre de Recherches Africaines, Paris.
- Centro de Estudos Africanos - Lisboa, Portugal.
- CIDAF-Centro de Información y Documentacion Africanas, Madrid, Espanha.
- CELA- Centre d'Études des Littératures Africaines, Zaire.
- CARDAN- Centre d'Études Africaines, Paris, França.
- Centro de Estudos sobre a África, Lisboa, Portugal.
- Institute of African Studies, Ibadan, Nigéria.
- Instituto Cultural Brasil-Nigéria, Rio de Janeiro.
- Institute of African Studies, Legon, Gana.
- Institute für Afrika - kinde - Hamburg, República Federal Alemã.

20

"O PROBLEMA É QUE ATÉ AGORA NÃO CONSEGUIMOS ENCONTRAR DOUTOR EM HISTÓRIA. POR MAIS QUE PROCURÁSSEMOS..." 22

> "O FUNDAMENTAL DA ANÁLISE É QUE SABER E PODER SE IMPLICAM MUTUAMENTE: NÃO HÁ RELAÇÃO DE PODER SEM CONSTITUIÇÃO DE UM CAMPO DE SABER, COMO TAMBÉM, RECIPROCAMENTE, TODO SABER CONSTITUI NOVAS RELAÇÕES DE PODER TODO PONTO DE EXERCÍCIO DO PODER É, AO MESMO TEMPO, UM LUGAR DE FORMAÇÃO DE SABER" 19

cidência da tuberculose no preto da
gia da Bahia, Salvador, jul.-ago.

çagem no Brasil com o fator eugêni
Afro-Brasileiros, op. cit. p.325-333.

. In: — Figuras da terra. Maceió,
063. p. 79-83.

ão ao estudo do índice de Lapicque.
eiro. op. cit. p. 29-38.

ais e engenhos na política do Brasil.
o Açúcar e do Álcool, 1948.

ra brasileira. São Paulo, Cia. Ed.

úsica negra no nordeste. Cultura Po
3): 183-186, 1945.

o da mestiçagem na Bahia. Revista
ão Paulo, São Paulo, 11 (101): 45-62,

ão e mestiçagem. Salvador, Progresso,

mento verbal e efetivo para com os
e Antropologia Social. Bahia, Publi.
p. 143-158.

o entre os escravos e o cidadão. In:—
. cit. p. 27-30.

e situação racial no Brasil. Rio de Ja
eira, 1966.

CARDOSO, Fernando H. - Capitalismo e escravidão no Brasil me ridional. O negro na sociedade escravocrata do Rio Grande do Sul. São Paulo, Difusão Européia do Livro, 1962.

CARDOSO, Fernando H. - Colour prejudice in Brazil. Presence Africaine, Paris, nº 25, 53: 120-128, 1965.

CARDOSO, Fernando H. - O negro e a expansão portuguêsa no Brasil meridional. Anhembi, São Paulo, 32 (94): 16-21, 1958.

CARDOSO, Fernando H. - O negro no Brasil meridional. O Estado de São Paulo, São Paulo, 12 jul., 1950.

CARDOSO, Fernando H. e IANNI, Octavio - Côr e mobilidade so cial em Florianópolis. São Paulo, Ed. Nacional, 1960.

CARDOSO, Fernando H.; MOREIRA, Renato e IANNI, Octavio - O estudo sociológico nas relações entre negros e brancos no Bra sil meridional. In: — Revista Brasileira de Antropologia, 2, Bahia, Anais Bahia, Artes Gráficas, 1957. p.213-229.

CARDOSO, M.S. - Slavery in Brazil as describes by americana, 1822-1888. Américas, Union Panamericana, nº 17-3: 241-260, 1961.

CARNEIRO, A.J. de Souza - Os mitos africanos no Brasil. São Paulo, Cia. Ed. Nacional, 1937.

CARNEIRO, Edison e FERRAZ, C.A. do Couto - Prefácio. In: — O negro no Brasil, op. cit., p. 7-11.

CARNEIRO, Edison - Antologia do negro brasileiro. Porto Alegre, Ed. Globo, 1950.

CARNEIRO, Edison - Assimilação e ascenção do negro escravo. In: — Reunião Brasileira de Antropologia, 3, Recife, Anais. Recife, IBEC, 1958.

21

ELITISTA COMO O NOSSO, NENHUM NEGRO QUE SEJA

4. DA RESISTÊNCIA →

SELVAGENS, SOLITÁRIAS, PLANEJADAS, ARRASTADAS, VIOLENTAS, FADADAS AO SACRIFÍCIO.

conselho da comunidade negra

ilê xoroquê

bloco afro alafiá

coletivo de mulheres negras

jb' sambar

ipeafro

MNU

legião rastafari

rua do samba

1984

POR DEFINIÇÃO, NÃO PODEM EXISTIR A NÃO SER NO CAMPO ESTRA

TO, NÃO EXISTE, COM RESPEITO AO PODER, UM LUGAR DA GRANDE
- ALMA DA REVOLTA, FOCO DE TODAS AS REBELIÕES, LEI PURA
OLUCIONÁRIO... MAS SIM RESISTÊNCIAS, NO PLURAL, QUE SÃO
ÚNICOS: POSSÍVEIS, NECESSÁRIAS, IMPROVÁVEIS, ESPONTÂNEAS...

CILIÁVEIS, PRONTAS AO COMPROMISSO, INTERESSADAS OU

quilombhoje   feconezu

ilê opó afonjá   ilê aiyê

grupo negro da PUC

união das escolas de samba de são paulo

ARPAB

frente negra brasileira

união e consciência negra

AS RELAÇÕES DE PODER.

NOTAS

1. Michel Foucault. Microfísica do poder, p. 245.
2. V.Y. Mundimbe. Table ronde. In: Sommaire, nº 56, vol. IX, p. 16.
3. Louis Vicent Thomas. Table ronde. In: Sommaire, p. 4.
4. José Honório Rodrigues. Brasil e África - outro horizonte, p. 10.
5. idem, p. 25.
6. Paulo Sérgio Pinheiro. Abolição e Passadismo. Folha de São Paulo, 20.10.84, p. 40.
7. Thales de Azevedo. Democracia racial, p. 46.
8. Geraldo Mello Mourão. Marx, Freud e Darwin, o crepúsculo dos ídolos. Folha de São Paulo, 25.07.82.
9. V.Y. Mundimbe. op.cit.
10. idem.
11. Michel Foucault. op.cit., p. 244.
12. idem, p. 245.
13. Abdias do Nascimento. 13 de maio: outra mentira cívica. Folha de São Paulo, 13.05.83, p. 3.
14. Tancredo Neves. Folha de São Paulo, 23.09.84, p. 8.
15. Thales de Azevedo, op.cit.
16. Abdias do Nascimento. op.cit.
17. Lélia Gonzales e Carlos Hasembalg. Lugar de negro, p. 80.
18. Thales de Azevedo, op.cit., p. 10.
19. Michel Foucault. op.cit., p. XXIII.
20. Solange M. Couceiro. Bibliografia sobre o negro brasileiro. Universidade de São Paulo, 1974.
21. Solange M. Couceiro. op.cit.
22. Revista Veja. 05.09.84, nº 835.
23. Michel Foucault. História da Sexualidade I - a vontade de saber, p.91.

Posfácio

A filosofia prática de Sueli Carneiro

YARA FRATESCHI[*]

O LIVRO QUE FINALMENTE temos em mãos começou a ser gestado há quase quarenta anos, em 1984, quando Sueli Carneiro intuiu pela primeira vez que o conceito de dispositivo de Michel Foucault poderia ser um recurso valioso para a compreensão da dinâmica das relações raciais no Brasil. Aos 34 anos, ela havia concluído a graduação em filosofia na Faculdade de Filosofia, Letras e Ciências Humanas da Universidade de São Paulo e ingressado no mestrado. Duas décadas depois, em 2005, a intuição ganhou forma de tese de doutorado, orientada por Roseli Fischmann e pela luta política antirracista e feminista iniciada no período da ditadura civil militar. Defendida na Faculdade de Educação da Universidade de São Paulo com o título densamente filosófico *A construção do outro como não-ser como fundamento do ser*, a tese esperou ainda duas décadas para tornar-se livro, que chega atual em 2023, com a sua autora septuagenária e num Brasil ainda assombrado pelos demônios do autoritarismo.

Nesse meio-tempo, Carneiro, sempre na luta feminista e antirracista, fundou com outras companheiras o Geledés, Instituto da Mulher Negra, e publicou ainda diversos artigos, textos de conferências e de jornal, alguns deles reunidos em *Racismo, sexismo e desigualdade no Brasil*,[1] com prefácio de Edson Cardoso Lopes, e em *Escritos de uma vida*,[2] com apresentação de

---

[*] Professora livre-docente de ética e filosofia política do Departamento de Filosofia da Unicamp e autora de *A física da política: Hobbes contra Aristóteles* e *Liberdade, cidadania e ethos democrático: estudos anti-hobbesianos*.

Djamila Ribeiro e prefácio de Conceição Evaristo. São escritos que revelam a construção, ao longo de três décadas, de uma teoria social com filosofia, voltada para a compreensão das dinâmicas de opressão — e resistência — em uma sociedade multirracial de passado colonial, profundamente marcada pelo racismo, pelo sexismo e pela pobreza.

Temos em mãos um dos livros mais relevantes de filosofia política escritos no Brasil. Se a filosofia nasce do espanto, como aprendemos com Platão e Aristóteles, a de Carneiro nasce da perplexidade e da indignação diante da permanência de ideias, discursos e práticas racistas nos cinco séculos desde a colonização do Brasil (ver, p. ex., p. 14). Em *Dispositivo de racialidade: A construção do outro como não ser como fundamento do ser,* o enfrentamento teórico desse problema é inspirado na filosofia de Michel Foucault, que lhe dá recursos para abordar a racialidade como um domínio que produz poderes, saberes e subjetividades pela articulação de elementos diversos.

Não se trata, contudo, da mera subsunção da realidade brasileira às noções foucaultianas de dispositivo e biopoder. Carneiro se inspira em Foucault, não o repete, e assim cria a sua própria arquitetônica conceitual, que tem no centro um conceito novo, de autoria própria, o de *dispositivo de racialidade,* desenvolvido para apreender a heterogeneidade e a articulação de práticas e discursos engendrados pelo racismo brasileiro.

Ao mesmo tempo, a noção foucaultiana de biopoder, na sua específica articulação com o racismo, é mobilizada pela autora para a construção de um diagnóstico que sublinha a extrema violência do racismo de Estado no Brasil. Serve-nos como uma luva a tese de que "a função assassina do Estado só pode ser assegurada desde que o Estado funcione, no modo do biopoder, pelo racismo".[3] À primeira vista, parece um contrassenso que o biopoder, cuja função principal seja promover e administrar a vida, venha a matar os seus próprios cidadãos. Mas não são cidadãos genéricos que o biopoder insere sob o signo da morte e sim, principalmente, aqueles Outros, que são Outros porque considerados degenerados e da raça inferior. São Outros justamente porque conferem identidade ao Eu Hegemô-

Posfácio 375

nico, inserido no signo da vida. Em outros termos, o biopoder promove a morte quando articulado à hostilidade socialmente consolidada no Brasil contra os negros, afinal o racismo opera como elemento legitimador do suposto direito de matar, exercido pelo Estado por ação ou omissão, de forma direta ou indireta.[4]

A tese encontra sustentação empírica, como pretende mostrar Carneiro no capítulo 2, levando em consideração também o efeito do marcador social gênero que, combinado com o de raça, permite perceber que embora o biopoder inscreva as pessoas negras no signo da morte, incide de maneiras diferentes sobre homens negros e mulheres negras no Brasil pós-abolição. Aos homens negros é reservada a pura violência: sem acesso aos bens socialmente construídos, e com a maioria da mão de obra masculina de ex-escravizados fora do mercado de trabalho, "a violência se torna o solo constitutivo da produção do gênero masculino negro".[5] Quanto às mulheres negras, o Estado simplesmente as deixa morrer através de um sistema de saúde que, do século XIX em diante, opera por orientação eugenista. A maior taxa de mortalidade materna de mulheres negras ou por doenças evitáveis é, para Sueli Carneiro, sinal evidente de que há uma percepção difundida de que o valor da vida é diferente a depender da cor da pele.

E para os que sobrevivem? Sobre esses, o dispositivo de racialidade incide por meio de diversas estratégias de assujeitamento, dentre as quais o epistemicídio — elemento fundamental da arquitetônica conceitual de Carneiro —, termo emprestado de Boaventura de Sousa Santos e tema do capítulo 3. O epistemicídio é resultado do rebaixamento e do sequestro da razão das pessoas negras, algo que começa na escola e se estende até o ensino superior, com consequências que podem ser devastadoras para os poucos que têm acesso à universidade. Por meio do epistemicídio, o dispositivo de racialidade ganha eficácia na perpetuação do racismo ao inferiorizar a intelectualidade das pessoas negras e recusar a sua autoridade enquanto sujeitos do conhecimento. Além de violento, o epistemicídio gera má compreensão do Brasil, uma vez que o campo teórico, nas diversas áreas — das ciências sociais à filosofia passando pela psicanálise e pela literatura — foi ocupado quase exclusivamente por pessoas brancas convencidas da sua autoridade plena para tratar de todas as questões, inclusive das opressões de raça.

Quando aportada no Brasil, a teoria dos dispositivos serve para Carneiro compor um diagnóstico que leva em conta as diversas e heterogêneas estratégias do dispositivo de racialidade que, quando não mata diretamente, o faz de maneira indireta por múltiplas interdições: das pessoas negras enquanto sujeitas de conhecimento, sujeitos morais, sujeitos políticos e de direito, tema do capítulo 4. Para fazer conceitos filosóficos de matriz europeia ou estadunidense aportarem no Brasil — não apenas os de Foucault, mas também de Heidegger e Charles Mills —, Carneiro os coloca em diálogo com os estudos sobre o negro de Abdias Nascimento e Kabengele Munanga, a teoria psicanalítica de Isildinha Nogueira Batista e a análise das contradições do Iluminismo de Gislene Aparecida dos Santos. Embora não seja citada em *Dispositivo de racialidade*, ouso dizer que Lélia Gonzalez, referência em outros textos de Carneiro, está presente da primeira à última página. Uma exegese à altura dessa obra deve saber mostrar que a filosofia prática de Sueli Carneiro emerge de um diálogo tenso com a tradição ocidental mediada pela intervenção de autores negros brasileiros, de diferentes áreas do conhecimento.

Contrato racial

A heterogeneidade do dispositivo de racialidade é a própria expressão de um projeto de nação, resultado do modo pelo qual se deu o contrato social no Brasil. Se é Foucault quem dispara o insight para a formulação do conceito de dispositivo de racialidade, é Charles Mills quem dá recursos conceituais para Sueli Carneiro teorizar sobre a construção efetiva e a es-

Posfácio

truturação da racialidade como dispositivo de poder, algo que, entre nós, começa muito antes do século xix no qual Foucault situa o surgimento do dispositivo de sexualidade. Surpreende pela originalidade a articulação teórica inusitada entre Foucault e Mills que ampara uma das teses centrais do livro, a saber, que o contrato racial é o elemento estruturador do dispositivo de racialidade, cujo ponto de emergência deve ser buscado na colonização europeia, que deu o pontapé para a consolidação gradual do que Mills não tergiversa em nomear de "supremacia branca global".[6]

Vale recordar que, no final dos anos 1990, Charles Mills, por sua vez inspirado por Carole Pateman, fez uma reviravolta no interior da tradição teórica contratualista. Em *O contrato sexual*, de 1988, Pateman havia sustentado a tese segundo a qual os teóricos contratualistas dos séculos xvii e xviii — Hobbes, Locke, Rousseau e Kant, principalmente — omitiram que o contrato social pressupõe um contrato sexual, tanto quanto a liberdade a civil fundada pelo contrato, conhecidamente o privilégio masculino, pressupõe o direito patriarcal. Nessa esteira, Mills procurou mostrar, em *The Racial Contract*, que o contrato social pressupõe também um contrato racial. Assim como Pateman nos fez ver que os teóricos contratualistas, desde o século xvii, escondem esse outro contrato que funda a liberdade dos homens e a dominação das mulheres, Mills nos faz ver que algo semelhante ocorre no encobrimento do contrato racial, que funda a liberdade dos brancos e a dominação dos negros. Não surprende o encobrimento dos contratos reais que constituem a supremacia masculina e branca pelos teóricos contratualistas, em sua ampla maioria homens brancos. Tanto é que precisamos esperar Pateman e Mills entrarem na discussão para que finalmente fossem escancaradas as exclusões de gênero e raça recorrentes nessa tradição.

No início dos anos 2000, quando Carneiro elaborava e defendia sua tese de doutorado, quase não se ouvia falar em Charles Mills no ambiente universitário brasileiro. Apenas muito recentemente, o autor — pela atenção que lhe tem sido dada por estudiosos negros no campo das ciências sociais e da filosofia — começa a despertar maior atenção. Sueli Carneiro foi pioneira em elaborar uma análise do contrato social brasileiro nos termos de Mills, e, mais ainda, em combinar, de maneira original e inusitada, a teoria dos dispositivos de Foucault com a teoria do contrato racial.

Uma vez que o contrato racial — que se faz entre os brancos, aprisionando os negros no estado de natureza — é o elemento estruturador do dispositivo de racialidade, o caminho para a uma democracia real é o estabelecimento de novos pactos que permitam a inclusão dos negros, enquanto indivíduos e enquanto coletividades.[7] Importa notar que, ao longo de sua trajetória, a autora se dedica a analisar tanto os aspectos culturais e simbólicos quanto os aspectos materiais do contrato racial, sendo justamente esses os elementos que o dispositivo de racialidade articula para a perpetuação das interdições. Se a pobreza se "constitui como condição crônica da existência negra",[8] ao mesmo tempo a "sustentação do ideário racista depende da sua capacidade de sustentar a sua concepção sobre o outro".[9] Essa atenção simultânea ao campo do simbólico e do material a leva, no artigo "Mulheres em movimento", de 2003, republicado em *Escritos de uma vida*,[10] a uma aliança com Nancy Fraser e a sua teoria da justiça bidimensional, que abarca tanto a redistribuição quanto o reconhecimento. A radicalização da democracia no sentido da correção das injustiças raciais e de gênero exige políticas que combatam tanto a má distribuição dos recursos materiais — aprofundada no neoliberalismo — quanto a falta de reconhecimento, o desprezo simbólico e os estereótipos, tanto raciais quanto de gênero.

Em *Dispositivo de racialidade*, a autora aprofunda esse diagnóstico ao mostrar que, no Brasil, o sistema colonial de educação é um elemento estratégico fundamental do dispositivo de racialidade,[11] pois institui uma ordem social racialmente hierárquica, alimentando a um só tempo a pobreza negra, o epistemicídio e o ideal de embranquecimento. Esse sistema está na base, portanto, dos "multicídios" a que estão sujeitas as pessoas negras pela ação múltipla do dispositivo. Isso significa que qualquer avanço democrático deve passar pela desconstrução do sistema colonial de educação.

Posfácio

É interessante notar que, ao atribuir essa centralidade à educação, Carneiro se alia a uma longa tradição de filósofas mulheres — de Christine de Pizan a Mary Wollstonecraft, Angela Davis a bell hooks — para as quais a educação é condição necessária da realização concreta da liberdade de ação, da autonomia de pensamento e, de maneira mais abrangente, da emancipação humana.[12]

Vale recordar que estamos tratando de um texto escrito na primeira metade dos anos 2000, quando o Brasil discutia intensamente a proposta do movimento negro de cotas raciais nas universidades públicas. E Sueli Carneiro, figura-chave nesse movimento que culminou na Lei de Cotas Étnico-raciais de 2012, enxergava no mito da democracia racial, bem como na tese do apartheid social, dois importantes obstáculos para a sua aprovação. Para ela, ambos precisavam (e ainda precisam) ser contestados para que se construa um projeto de educação — e por extensão um projeto de democracia — efetivamente inclusivo e universal. O que passa por recontar a nossa história e valorizar as lutas negras por emancipação como "conteúdos do patrimônio libertário da humanidade",[13] espírito da lei 10.639/03 que institui a obrigatoriedade da temática história e cultura afro-brasileira no currículo oficial da rede de ensino.

Mito da democracia racial

O mito da democracia racial é uma dimensão específica do contrato racial brasileiro: ao sustentar a "grande narrativa" de harmonia, exerce uma função apaziguadora das tensões raciais e serve, assim, à hegemonia branca.[14] Interessa especialmente à nossa autora mostrar que ao assumir o mito, parte importante da intelectualidade progressista e de esquerda acaba se eximindo de investigar "[...] os complexos mecanismos que vêm historicamente determinando o silêncio, a negação e a invisibilização da problemática racial".[15] A crítica permanece atual.

Com isso, de maneira consciente ou não, perpetuamos aquela representação positiva da mestiçagem sustentada por Sílvio Romero ao preço de ocultar a violência racial, a começar pelo estupro colonial de mulheres negras e indígenas. Para Carneiro, o discurso de exaltação da miscigenação tende a se constituir como instrumento do embranquecimento: aparece sob o signo da diversidade, quando é o inverso. O Brasil não é efetivamente o país da diversidade, mas de uma hegemonia branca, que reserva aos negros morte, negação ou assimilação. É preciso que a intelectualidade branca aceite isso, ou continuará a reproduzir a posição e o discurso do "Eu hegemônico".

É preciso que abandone também a insistência na primazia da opressão de classe, que não considera ou torna secundária a opressão racial. Uma vez que raça é um elemento estrutural das sociedades multirraciais de passado colonial, afirma Carneiro:

> A noção de apartheid social e a supremacia do conceito de classe social defendidos pelos pensadores de esquerda, herdeiros do materialismo histórico dialético, não alcançam — ao contrário, invisibilizam ou mascaram — a contradição racial presente nas sociedades multirraciais, posto que nelas raça/cor/etnia (em especial no Brasil) são variáveis que impactam a própria estrutura de classes.[16]

Não se trata de disputa ideológica, mas de uma crítica empiricamente embasada: a atenção às estatísticas é uma tônica da obra de Carneiro ao longo de toda a sua trajetória, a começar pelo estudo pioneiro de 1985, "Mulher negra". Ao desagregar indicadores de gênero e raça, ela mostrou que mulheres negras estavam (e continuam) em desvantagem em relação às brancas em todos os extratos sociais, tanto na situação educacional quanto na posição no mercado de trabalho. Com base nos dados conquistados, ela pôde concluir duas coisas: que a generalização promovida por análises que priorizam e isolam o marcador gênero leva à padronização de experiências diversas de opressão sofridas pelas mulheres, em detrimento da racial; analogamente, a generalização promovida pela priorização do marcador social classe leva à padronização de experiências diversas de opressão sofridas pelas pessoas pobres, em detrimento da racial. Ambas contrariam as estatísticas que continuam a mostrar uma hierarquização racial para onde quer que se olhe: educação, saúde, mercado de trabalho, sistema carcerário, violência policial e de gênero.

Desse diagnóstico emerge uma teoria da opressão mais sofisticada e completa do que aquelas que tornam a opressão racial secundária em relação às de classe e gênero. Para Carneiro, assim como para Lélia Gonzalez e para as teóricas feministas negras da sua geração — ainda não devidamente reconhecidas no campo das ciências humanas brasileiras —, a compreensão das múltiplas opressões em sociedades multirraciais de passado colonial e presente neoliberal requer atenção à raça, à classe, ao gênero.

Epistemologia falsa

Há um nexo entre o epistemicídio — elemento constitutivo do dispositivo de racialidade no Brasil —, o modelo de sociedade projetado pelo contrato racial e o estatuto do Outro na tradição filosófica ocidental.[17] O que os vincula é um paradigma que a um só tempo exclui os negros e mata a diversidade. O rompimento desse paradigma exige um empreendimento tanto teórico quanto prático contra a colonização que se manifesta, como vimos, no sistema de educação brasileiro,[18] e também num modo igualmente colonizado de fazer filosofia por aqui.

Carneiro nos ensina que uma filosofia prática comprometida com a realidade brasileira exige a revisão crítica da tradição que, ao modo de Kant e Hegel (objeto do capítulo 3), se empenha em justificar a inferioridade racional e moral das pessoas negras contribuindo, assim, para a fabricação do negro como não ser e para a reiteração do racismo de um

Nina Rodrigues, que também detectou nos negros uma espécie de "insuficiência cultural crônica".[19] O que Carneiro está nos dizendo é que enquanto insistirmos, como estamos fazendo há décadas no âmbito da filosofia universitária, em exegeses que acobertam o racismo das grandes mentes da tradição filosófica ocidental, estaremos contribuindo, pensada ou impensadamente, para o epistemícidio, e para aquilo que Charles Mills chamou de "epistemologia invertida": um grande acordo em interpretar mal o mundo pela sustentação de mitos e representações falsas a respeito dos não brancos. Uma epistemologia falsa, ignorante, mas chancelada por tantos filósofos ocidentais. E desculpada por tantos intérpretes, formados em espaços acadêmicos majoritariamente brancos e, justamente por isso, pouco suscetíveis à revisão crítica do cânone, também branco e masculino de ponta a ponta.

É preciso reconhecer o pioneirismo de Sueli Carneiro também aqui. Se hoje, finalmente, a filosofia brasileira acadêmica começa a se abrir para a crítica tanto do racismo quanto do sexismo do cânone filosófico ocidental, não havia quem o fizesse naquele início dos anos 2000. Que não passe despercebido o fato de a nossa autora não ter encontrado amparo acadêmico para realizar essa pesquisa na área de filosofia que, majoritamente masculina e branca, estava ainda acomodada acriticamente ao desprezo contundente dos filósofos modernos à racionalidade das mulheres, dos povos africanos e dos "selvagens" da América. Não espanta que, no Brasil, o desvelamento da falsidade dessa epistemologia tenha vindo de uma mulher negra.

Não fosse a Lei de Cotas e a democratização das nossas agendas de ensino e pesquisa provocada pelo ingresso de estudantes negros nas universidades públicas brasileiras, estaríamos hoje lendo este *livro* — que permaneceu vinte anos escondido num banco de teses — como obra central do pensamento social e filosófico brasileiro?

Por uma ética renovada

A crítica da tradição filosófica não implica, no caso de Carneiro, dar um salto para fora da filosofia, nem mesmo da ocidental: com Foucault ela desenvolve o conceito de dispositivo de racialidade, com Mills ela repensa o contratualismo e, apropriando-se da distinção heideggeriana entre o ôntico e o ontológico, explica o racismo como redução à dimensão ôntica, em detrimento da dimensão ontológica do ser.

Do ponto de vista filosófico da construção da subjetividade, uma das teses fortes deste livro é a de que tal como na produção da loucura e da sexualidade, a produção e reprodução da racialidade afeta a subjetivação e tem dimensão ontológica, uma vez que a constituição do sujeito padrão depende de um Outro, interditado na sua humanidade e como sujeito de conhecimento, moral, político e de direito.[20] É o que Carneiro chama de divisão ontológica, com ecos não apenas de Foucault mas também de Isildinha Baptista Nogueira.

O enraizamento ontológico do dispositivo de racialidade se explica pelo fato de que as mais diversas manifestações práticas e discursivas do dispositivo dependem, no limite, da destituição do ser das pessoas negras. Ou, em outros termos, a construção do Outro (negro) como não ser é fundamento do Ser (branco), como diz o subtítulo do livro. Porque instaurada na subjetividade, essa é a dimensão mais profunda da produção da hegemonia branca em um país de passado colonial e escravocrata.

No entanto, essa não é toda a teoria carneriana da subjetivação, que tem ainda uma dimensão positiva e ética, apreendida nos depoimentos de lideranças com inserção no movimento negro — Edson Cardoso, Sonia Maria Pereira do Nascimento e Fátima Oliveira, além do poeta Arnaldo Xavier — reproduzidas na parte II do livro e analisadas na parte III. Essas narrativas são tomadas como *conteúdo* da reflexão filosófica de Sueli Carneiro,[21] como Angela Davis baseou-se na narrativa de Frederick Douglass em *Palestras sobre a libertação*[22] para acessar um aspecto da realidade não capturado pelas filosofias políticas da tradição ocidental: a resistência negra. É uma inovação metodológica que visa corrigir o apagamento das experiências concretas e reais de luta individual e coletiva contra modos subjugadores de subjetivação. Ao tomar experiências insurgentes como conteúdo da sua reflexão filosófica, Carneiro desenvolve uma certa fenomenologia da resistência negra que aponta para uma ética renovada uma vez que, na luta coletiva, criam-se as condições para que o cuidado de si se realize no cuidado dos outros.

Diferentemente de Foucault, a noção carneriana de cuidado de si não se baseia em experiências do mundo grego antigo.[23] É outra, portanto. Extrapola o indivíduo e fala da "possibilidade da construção de sujeitos coletivos libertos dos processos de subjugação e subalternização",[24] assim como da possibilidade de uma ética *política*, que se realiza na ação coletiva e aponta para a ressignificação tanto da autonomia quanto da emancipação. Aqui se constrói um campo para o reconhecimento, a identificação e o pertencimento. Com o outro e não contra o outro. Não é à toa, como lembra Edson Cardoso em seu depoimento, "que a maior interdição da sociedade brasileira é a de que os negros possam se reunir como tal, é um pânico que atravessa toda a sociedade há séculos".[25]

Com isso, essa filosofia prática mostra-se capaz de superar os limites do antagonismo clássico entre teorias da sujeição (por exemplo, as de matriz foucaultiana) e teorias da emancipação (por exemplo, as de matriz habermasiana). Carneiro teoriza sobre a sujeição sem sacrificar a agência e a possibilidade concreta da emancipação, e vice-versa. Ela tem um olho em cada aspecto da realidade: nas relações de poder que subalternizam e nas experiências de resistência que apontam para o seu desmantelamento. É certo que, como em Foucault, a resistência pode implicar nova reinserção no dispositivo, mas, para Carneiro, ela também pode levar a transformações profundas e radicais, a novos pactos, à desativação do dispositivo, a modos positivos de subjetivação e, finalmente, à construção de um outro mundo ético e político. Para tanto, precisa ser política.

Posfácio

Cumpre notar, entretanto, que essa ética renovada, que atribui um papel importante e positivo à identificação — e, portanto, aos contextos, às particularidades e às circunstâncias nas quais se encontram os sujeitos —, não leva Carneiro a uma posição filosófica rigorosamente particularista e antiuniversalista. O racismo sim é antiuniversalista quando reduz o ser das pessoas negras à sua dimensão ôntica (particular), recusando-lhes a dimensão ontológica, humana e universal. Curiosamente, é na distinção heideggeriana entre o ôntico (que se refere aos entes particulares) e o ontológico (que diz respeito ao ser enquanto tal) que ela se baseia para chegar a essa definição do racismo como redução ao ôntico. Sendo raça, cor, cultura, religião, etnia da ordem do ôntico, enclausurar o ser nessas particularidades torna a sua própria humanidade incompleta. Ou, dito de outro modo, a redução completa do ser às suas particularidades é aprisionadora. Daí uma das passagens mais lindas do livro. "Na minha interpretação", diz ela, "é a ideia de universalidade que emancipa o indivíduo e permite-lhe expressar a sua especificidade".[26] Entenderemos melhor a amplitude do significado dessa afirmação à luz do texto de 2002 "Gênero e raça na sociedade brasileira", no qual uma das mais antigas questões filosóficas — a da relação entre o particular e o universal — é posta a partir não de Heidegger, mas de Aimé Césaire, que disse certa vez que há duas maneiras de se perder: por segregação encurralado na particularidade ou por diluição do universal. Com a palavra, Sueli Carneiro:

> A utopia que perseguimos hoje consiste em buscar um *atalho* entre uma negritude redutora da dimensão humana e a universalidade ocidental hegemônica que anula a diversidade. Ser negro, sem ser somente negro, ser mulher sem ser somente mulher, ser mulher negra sem ser somente mulher negra. Realizar a igualdade de direitos e tornar-se um ser humano pleno e prenhe de possibilidades e oportunidades para além da condição de raça e gênero é o sentido final dessa luta.[27]

Há, portanto, um outro universalismo em Carneiro, que não é substitucionalista (para usar uma expressão feliz da filósofa turca Seyla Benhabib) porque não toma a experiência dos grupos hegemônicos como paradigmáticas dos seres humanos enquanto tais. Um universalismo que permita — ao invés de impedir — o florescimento da diversidade, celebrada em "Tempo feminino" como "o maior patrimônio da humanidade".[28]

Democracia, liberdade e igualdade

Para finalizar esse curto posfácio, vale lembrar que vinte anos antes de a extrema direita voltar ao poder com Bolsonaro e o autoritarismo voltar a nos assombrar com toda a sua força, Sueli Carneiro escreveu:

> As mulheres da minha geração compreenderam o sentido das palavras liberdade e igualdade em função da sede que a ausência de liberdade e de igualdade nos provocou. E essa sede era tão intensa que *transformou as noções de liberdade e igualdade nos princípios mais caros às pessoas de nossa geração*, porque além de entender que liberdade e igualdade são *valores intrínsecos e inegociáveis para a pessoa humana*, descobrimos também que para conquistá-las e mantê-las é preciso muita disposição de luta e uma vigilância permanente para defendê-las, porque *liberdade e igualdade são bens que estão sempre sendo colocados em perigo* por ideologias autoritárias, fascismos, neofascismos, por diferentes variações do machismo, pelo racismo e as discriminações étnicas e raciais, pelos fundamentalismos religiosos, pelos neoliberalismos, pelas globalizações.[29]

Essa passagem revela que o diagnóstico de que o contrato racial exclui os negros da liberdade e da igualdade, ao invés de levar Carneiro a desacreditar nesses ideais, a leva a afirmá-los como valores intrínsecos e inegociáveis para a pessoa humana. Do mesmo modo, o diagnóstico de que o nosso

Posfácio

Estado de direito exclui os negros, ao invés de levá-la à constatação de que o direito é congenitamente violento, a faz identificar a democracia como único antídoto de que dispomos contra as diferentes formas de autoritarismo presentes no mundo. Nada suscetível ao borramento das fronteiras entre ditadura e democracia promovido pelas teorias do estado de exceção (se elas se equivalem, por que lutar?), essa filosofia prática ainda supera os limites dos modelos liberais e formalistas que reafirmam princípios universais, mas não se preocupam em como torná-los reais. Na filosofia de Carneiro, os valores da liberdade e da igualdade emergem *enquanto princípios* a partir da experiência da ausência de liberdade e igualdade, ou seja, não são apenas normas, mas algo pelo que se luta permanentemente para conquistar, preservar e ampliar.

Agradecimentos

Às companheiras e aos companheiros do Geledés — Instituto da Mulher Negra que me permitiram a ausência necessária para me dedicar a este trabalho. A Carlos Eugênio Marcondes de Moura pela revisão de meus escritos; Conceição Aparecida de Jesus pela escuta generosa; Liv Sovik pelas provocações teóricas; Carlos Alberto Correia pelos cafés filosóficos que afinaram minha reflexão; Priscila Carneiro Barbosa pelo afeto e dedicação na organização de meus documentos; Dinah de Abreu Azevedo pelas traduções, cumplicidade e apoio permanentes; Suelaine Carneiro pela leitura paciente; Roseli Fischmann, incentivadora incansável desta ousadia.

E a Solimar Carneiro, memória de minha vida, presença constante e leal de todos os meus momentos. Obrigada pelo amor incondicional.

Notas

Apresentação [pp. 13-23]

1. Michel Foucault, *Em defesa da sociedade*, p. 215.
2. Id., *Microfísica do poder*, pp. 69-70.
3. Thomas Kuhn, *A estrutura das revoluções científicas*.
4. "Preliminarmente esclareço que conceituo 'paradigmas do Outro' apoiando-me em Thomas Kuhn e Emmanuel Levinas. O termo 'paradigma', tal como utilizado por Kuhn, tem uma riqueza heurística insubstituível para nosso trabalho. Analisando a organização do mundo científico, Kuhn ressalta que 'os cientistas nunca aprendem conceitos, leis e teorias de uma forma abstrata e isoladamente. Em lugar disso, esses instrumentos intelectuais são, desde o início, encontrados numa unidade histórica e pedagogicamente anterior, onde são apresentados juntamente com suas aplicações e através delas'. Estabelecendo um paralelismo entre a organização do pensamento científico e a organização do pensamento da vida cotidiana, proponho uma hipótese segundo a qual as manifestações de preconceito, discriminação e estigma têm uma 'unidade histórica e pedagogicamente anterior', da qual seriam uma aplicação. Seria, portanto, uma modalidade de 'paradigma de senso comum', que por encontrar-se articulado traduz-se em expectativas com relação ao comportamento do Outro, configurando o que chamarei de 'síndrome DPE', propiciando, frequentemente, condições objetivas suficientes para sua confirmação, como nos processos de 'profecia autorrealizadora'." (Roseli Fischmann, "Estratégias de superação da discriminação étnica e religiosa no Brasil", p. 11). A síndrome DPE, assim nomeada por Roseli Fischmann, é a síndrome da discriminação, do preconceito e do estigma.
5. Brion Davis, *O problema da escravidão na cultura ocidental*, p. 109.
6. Ibid.
7. Ibid.
8. Martin Heidegger, *Ser e tempo*.
9. Antônio S. Guimarães, *Racismo e antirracismo no Brasil*, pp. 9-10.
10. Ibid.
11. Carlos Hasenbalg, *Discriminação e desigualdades raciais no Brasil*, p. 221.

Notas

12. "O que está em jogo nas investigações que virão a seguir é dirigirmo-nos menos para uma 'teoria' do que para uma 'analítica' do poder: para uma definição do domínio específico formado pelas relações de poder e a determinação dos instrumentos que permitem analisá-lo." (Michel Foucault, *História da sexualidade I*, 2014, p. 90.)

13. Michel Foucault, *História da sexualidade: A vontade do saber*, p. 93.

14. Uma advertência se impõe a respeito da legitimidade das fontes secundárias da pesquisa. No debate sobre as relações raciais encontram-se múltiplas manifestações públicas, na forma de entrevistas ou de artigos em jornais e revistas escritos por autores que nem sempre são especialistas na questão, mas cuja autoridade pública, do ponto de vista acadêmico ou intelectual, os tornam formadores de opinião de grande impacto na esfera pública. Ao fazê-lo, tornam-se também sujeitos políticos no campo de disputa no qual o tema está imerso e tornam-se atores no jogo das forças que competem no interior do dispositivo da racialidade. O debate racial que está posto na sociedade, sobretudo com a emergência das políticas de ação afirmativa, dentre elas notadamente as cotas raciais para a democratização racial do acesso à universidade, convoca diferentes intelectuais, especialistas ou não no tema das relações raciais, a se manifestarem publicamente, mesmo quando estes não têm produção acadêmica específica sobre a questão, ou mesmo que não tenham produzido estudos e pesquisas específicas sobre as ações afirmativas e sua dimensão atualmente mais polêmica, as cotas. Embora distintas, essas manifestações, especializadas (cientificamente ou não), serão aqui tratadas em pé de igualdade.

15. Michel Foucault, *Microfísica do poder*, 1979, p. 72.

PARTE I **Poder, saber e subjetivação**

1. Do dispositivo [pp. 27-59]

1. Michel Foucault, *Microfísica do poder*, p. 244.
2. Ibid.
3. Ibid.
4. Ibid.
5. Ibid.
6. Ibid., p. 246.
7. Id., *História da sexualidade I*, p. 76.
8. Ibid., pp. 114-5.

9. Ibid., p. 116.

10. Ibid.

11. Ibid., p. 116.

12. Isildinha Baptista Nogueira, *Significações do corpo negro*, pp. 101-2.

13. Ibid., p. 42.

14. Como pontuado por Isildinha em *Significações do corpo negro*, p. 42: "No espectro das tipificações sociais, aquilo que se instaura na dimensão do *distante*, ou seja, aquilo que expressa o que está além do conjunto dos valores nos quais os indivíduos se reconhecem. Nessa rede, *negro* e *branco* se constituem como extremos, unidades de representação que correspondem ao *distante* — objeto de um gesto de afastamento — e ao *próximo*, objeto de um gesto de adesão".

15. Ibid., p. 41.

16. De acordo com Foucault em *História da sexualidade I*, pp. 116-7, essa nova classe "que se tornava hegemônica no século xviii se atribuiu um corpo para ser cuidado, protegido, cultivado, preservado de todos os perigos e de todos os contatos, isolado dos outros para que mantivesse seu valor diferencial; e isso outorgando-se, entre outros meios, uma tecnologia do sexo".

17. "Não imaginemos a burguesia se castrando, simbolicamente, para melhor recusar aos outros o direito de ter um sexo e usá-lo a seu bel-prazer. Deve-se, ao contrário, vê-la, a partir da metade do século xviii, empenhada em se atribuir uma sexualidade e constituir para si, a partir dela, um corpo específico, um corpo 'de classe' com saúde, uma higiene, uma descendência, uma raça: autossexualização do seu próprio corpo, encarnação do sexo em seu corpo próprio, endogamia do sexo e do corpo. Havia, sem dúvida, diversas razões para isso." (Ibid., p. 117.)

18. Isso posto, Alessandro Fontana e Mauro Bertani, em ensaio como organizadores do livro *Em defesa da sociedade* (pp. 243-4.), identificarão a articulação do racismo com a sexualidade ao tema da *degenerescência*, em especial pela forma com que a psiquiatria dele se apropriou. "Quanto ao racismo, foi um tema que apareceu e que foi abordado nos seminários e nos cursos sobre a psiquiatria, sobre as punições, sobre os anormais, sobre todos esses saberes e práticas em que, em torno da teoria médica da 'degenerescência', da teoria médico-legal do eugenismo, do darwinismo social e da teoria penal da 'defesa social', elaboraram-se, no século xix, as técnicas de discriminação, de isolamento e de normalização dos indivíduos 'perigosos': a aurora precoce das purificações étnicas e dos campos de trabalho (que um criminalista francês do final do século xix, J. Léveillé, por ocasião de um Congresso Internacional Penitenciário em São Petersburgo, aconselhava a seus colegas russos

Notas

construírem na Sibéria, como lembra o próprio Foucault) [...]. Nasceu um novo racismo quando o 'saber da hereditariedade' — ao qual Foucault planejava consagrar suas futuras pesquisas, em seu texto de candidatura ao Collège de France [...] — se acoplou com a teoria psiquiátrica da degenerescência. Dirigindo-se a seu auditório, ele dizia no fim de sua última aula [...] do curso de 1974-1975 sobre *Os anormais*: 'Vocês veem como a psiquiatria pôde efetivamente, a partir da noção de degenerescência, a partir das análises da hereditariedade, ligar-se, ou melhor, dar azo a um racismo. E o nazismo — acrescentava ele — nada mais faria que 'ligar', por sua vez, esse novo racismo, como meio de defesa interna da sociedade contra os anormais, ao racismo étnico que era endêmico no século xix."

19. Aprendemos com Foucault que "em cada momento da história a dominação se fixa em um ritual; ela impõe obrigações e direitos; ela constitui cuidadosos procedimentos. Ela estabelece marcas, grava lembranças nas coisas e até nos corpos; ela se torna responsável pelas dívidas. Universo de regras que não é destinado a adoçar, mas o contrário a satisfazer a violência". (Michel Foucault, *Microfísica do poder*, p. 25).

20. Charles Mills, *The Racial Contract*, p. 20. Para manter a fidelidade com a obra de Sueli Carneiro, optamos por manter as citações de Charles Mills tal como a autora as traduziu e citou na tese original. Tanto a edição em inglês como a versão brasileira, publicada posteriormente, encontram-se na seção de Referências deste volume.

21. Ibid., p. 1.

22. Ibid.

23. Ibid., p. 3.

24. Ibid.

25. Ibid.

26. Ibid., pp. 13-4.

27. Ibid., pp. 4-5.

28. Ibid., p. 5.

29. Ibid., p. 4.

30. Ibid., p. 15.

31. Mills utiliza-se de periodização empreendida por Anthony Pagden, segundo a qual o império europeu é dividido em duas fases, uma que corresponde à colonização das Américas, de 1492 a 1830, e outra relativa à ocupação da Ásia, da África e do Pacífico, que iria segundo esse autor de 1790 até o período que se segue à

Segunda Guerra Mundial, relativo aos processos de descolonização. No entanto, ambos os períodos representam dois momentos distintos dessa dominação, que são, porém, interdependentes e guardam em comum a raça como denominador e que aos poucos passou a significar as respectivas posições globais de superioridade e inferioridade, de privilégio e subordinação.

32. Op. cit., pp. 20-1.

33. Hannah Arendt, *Origens do totalitarismo*, pp. 251-2.

34. Ibid., p. 191.

35. Michel Foucault, *Em defesa da sociedade*.

36. Valemo-nos aqui dessa autora por sua abordagem foucaultiana das relações de gênero. Haveria um longo rol de trabalhos teóricos importantes nesse mesmo domínio (a própria autora desta tese, como feminista negra, tem colaborado com a área), mas privilegiamos nesse momento a análise foucaultiana dessa autora em particular porque depreende a proposta de "dispositivo de racialidade" do "dispositivo de sexualidade".

37. Daniella G. Coulouris, "Ideologia, dominação e discurso de gênero", p. 115.

38. Ibid., p. 102: "Enquanto instrumento metodológico [gênero] possui a pretensão de possibilitar a compreensão de relações sociais desiguais entre homens e mulheres. Enquanto práticas discursivas muitas pesquisas que se orientam por essa temática atuam no sentido de modificar relações sociais que produzem efeitos tão indesejáveis como o estupro, o abuso sexual infantil, a discriminação das mulheres na família, nas escolas, no trabalho e no sistema de justiça".

39. Ibid., p. 2.

40. Vide entrevista de Fátima Oliveira que aponta que o campo saúde da população negra foi construído pela militância negra, no capítulo 3 da parte II desta tese.

41. Essa ideia será retomada nos capítulos 1 da parte II e 2 da parte III desta tese.

42. Daniella G. Coulouris, op. cit., p. 103.

43. Ari Lima, "A legitimação do intelectual negro no meio acadêmico brasileiro", p. 284.

44. Daniella G. Coulouris, op. cit., p. 5.

45. Kabengele Munanga, *Cem anos de bibliografia sobre o negro no Brasil*, pp. 9-10.

46. Charles Mills, op. cit., p. 2.

47. Ibid.

48. Osmundo de Araújo Pinho e Ângela Figueiredo, "Ideias fora de lugar e o lugar do negro nas ciências sociais brasileiras", pp. 198-206.

49. Em *A invenção do ser negro: Um percurso das ideias que naturalizaram a inferioridade dos negros*, Gislene Aparecida dos Santos empreende uma arqueologia do saber

Notas

produzido pela ilustração sobre a racialidade, estabelecendo os cortes e continuidades que dos séculos XVIII ao XIX vão se processando sobre a noção de raça e a repercussão desses discursos sobre a intelligentsia brasileira. Voltarei a esse livro no capítulo 4.

50. Muniz Sodré, *Claros e escuros*, p. 10.

51. Michel Foucault, *Microfísica do poder*, p. XXIII.

52. Porém, se de Nina Rodrigues a Oliveira Vianna, passando por Paulo Prado, Euclides da Cunha, entre outros, evidencia-se a negação do negro como capaz de sustentar a construção de um processo civilizatório, resta-lhe uma última contribuição a ser dada, antes de sua desejável e inevitável extinção, que é a de objeto de conhecimento.

53. Grifo meu.

54. Sílvio Romero citado por Nina Rodrigues em *Os africanos no Brasil*.

55. Dante M. Leite, *O caráter nacional brasileiro*.

56. *Veja*, n. 835, 5 set. 1984.

57. Michel Foucault, *História da sexualidade I*, p. 93.

58. Id., *A ordem do discurso*, p. 10.

59. Ibid., p. 21.

60. Jessé Souza, *Multiculturalismo, racismo e democracia*, p. 31.

61. Ibid., p. 32.

62. Ibid., p. 34.

63. Parece que se trata de uma dimensão específica de nosso contrato racial, cuja base epistemológica estaria, na perspectiva de Charles Mills, no acordo em relação a regras de cognição que conduzem ao falseamento de uma situação de intolerância racial em relação aos negros, da qual há rastros, que se manifestam nas vítimas que vai deixando pelo caminho. Este é tema que trataremos de maneira mais detida no capítulo 3.

64. Fernando Henrique Cardoso, "Entrevista", p. 13.

65. Ibid., p. 14.

66. Ibid.

67. Sueli Carneiro, "Raça, classe e identidade nacional", p. 222.

68. Jessé Souza, "Multiculturalismo, racismo e democracia", p. 31.

69. Citado em Jessé Souza, "Multiculturalismo, racismo e democracia", p. 174.

70. As pesquisas genéticas nos informam que 61% daqueles que se supõem brancos na sociedade brasileira têm a marca de uma ascendente mulher, negra ou índia, inscrita em seus DNAS, na proporção de 28% e 33% respectivamente. Sobre isso, ver: <https://www1.folha.uol.com.br/fsp/ciencia/fe2603200001.htm>. Acesso em: 6 dez. 2022.

71. Ver acerca do tema, Carlos Hasenbalg, *Discriminação e desigualdades raciais no Brasil.*

72. Kabengele Munanga, *Rediscutindo a mestiçagem do Brasil*, p. 8.

73. Eliza Larkin do Nascimento denomina, em *O sortilégio da cor*, de "branco virtual" essa branquitude inconclusa da maioria dos brancos brasileiros. Vive-se no Brasil a nostalgia de um branco que nunca alcança plenitude, que nunca se realiza a não ser virtualmente. Uma branquitude deprimida e uma negritude negada ou rejeitada.

74. Otávio Frias Filho, "Sociologia das loiras", p. 2. Disponível em: <https://www1.folha.uol.com.br/fsp/opiniao/fz0912199907.htm>. Acesso em: 10 set. 2022.

75. Ibid.

76. Sueli Carneiro, "Golpes de caneta".

77. Tentando uma interpretação do mito da democracia racial à luz da tradição religiosa, de inegável importância também em nossa formação cultural, poder-se-ia inferir que ela, entre outros elementos, oferece uma possibilidade explicativa para o modelo de hierarquia racial que transparece no mito. Um modelo que, ao eliminar o conflito pela conversão à tolerância, não altera a racialização da hierarquia social. Segundo Jessé Souza, uma interessante aproximação entre a "'afinidade eletiva democrática' do valor básico do liberalismo político da tolerância é com o princípio hierárquico da Igreja, que a todos acolhe e garante um lugar". (Jessé Souza, *Multiculturalismo, racismo e democracia*, p. 33.) Acrescenta: "... a Igreja aceita e recebe todos os indivíduos tal como eles são, estabelecendo uma hierarquia entre eles a partir do grau de espiritualidade e virtuosismo que é possível a cada qual em termos de vida cristã. O conceito de Igreja envolve as noções complementares de hierarquia e elitismo" (ibid.). Essa arquitetura reconhece a supremacia cultural e racial dos brancos ou ocidentais e reitera a humanidade inferior que lhe acarreta um lugar subordinado, quer pela necessidade de permanente vigilância e adestramento, já que "os grupos sociais são frágeis e precisam de constante energia para se manter funcionando" (ibid., p. 33). Como vimos no capítulo 1, tanto em filósofos ocidentais como entre intelectuais nacionais, a incapacidade de autocontrole distinguiria o caráter dos negros em relação aos de outros grupos raciais. Contardo Calligaris, analisando o mito, irá dizer que: "... o mito da democracia racial é fundado em uma sensação unilateral e branca de conforto nas relações interraciais. Esse conforto não é uma invenção. Ele existe de fato: é o efeito de uma posição dominante incontestada. Quando digo incontestada, no que concerne à sociedade brasileira, quero dizer que não é só uma posição dominante de fato — mais riqueza, mais poder. É mais do que isso. É posição dominante de fato, mas que vale como uma posição de direito, ou seja, como efeito não da riqueza, mas

Notas 397

de uma espécie de hierarquia de castas". (Contardo Calligaris, "Notas sobre os desafios do Brasil", pp. 243-4).

78. Jessé Souza, *Multiculturalismo, racismo e democracia*, p. 34.

79. Ibid.

80. Ibid.

81. Ibid., pp. 30-1.

82. Ibid., p. 31.

83. Ibid., p. 32.

84. Luís Mir, *Guerra civil*, p. 71.

2. O biopoder: Negritude sob o signo da morte [pp. 61-86]

1. Michel Foucault, *Em defesa da sociedade*, aula de 17 mar. 1976, p. 201.

2. Ibid., p. 202.

3. Ibid., p. 207.

4. Ibid., p. 204.

5. Ibid., p. 210.

6. Ibid., p. 204. Grifo meu.

7. Ibid., p. 206.

8. De acordo com Foucault, a sexualidade se tornou um campo estratégico importante no século XIX por uma série de razões, mas "em especial houve essas: de um lado, a sexualidade, enquanto comportamento exatamente corporal depende de um controle disciplinar, individualizante, em forma de vigília permanente (e os famosos controles, por exemplo, da masturbação que foram exercidos sobre as crianças desde o fim do século XVIII até o século XX, e isso no meio familiar, no meio escolar etc., representam exatamente esse lado de controle disciplinar da sexualidade); e depois, por outro lado, a sexualidade se insere e adquire efeito, por seus efeitos procriadores, em processos biológicos amplos que concernem não mais ao corpo do indivíduo, mas a esse elemento, a essa unidade múltipla constituída pela população. A sexualidade está exatamente na encruzilhada do corpo e da população. Portanto, ela depende da disciplina, mas depende também da regulamentação". (Michel Foucault, *Em defesa da sociedade*, pp. 211-2).

9. Ibid., p. 211.

10. Ibid., p. 213.

11. Ibid., p. 214.

12. Ibid., p. 215.

13. Ibid., grifo meu.

14. Ibid.

15. Ibid., p. 216.

16. Ibid., p. 215.

17. Ibid.

18. Id., *História da sexualidade I*, p. 132.

19. A seleção preferencial de pessoas brancas para as melhores posições do mercado de trabalho, feita em geral por empregadores brancos, foi denominada por Maria Aparecida Silva Bento de "pactos narcísicos", em sua tese de doutorado sobre as relações entre branquitude e poder nas empresas públicas e privadas no Brasil (Maria Aparecida Silva Bento, *Pactos narcísicos no racismo: Branquitude e poder nas organizações empresariais e no poder público*, IPUSP-USP, 2002. (Doutorado em Psicologia.)

20. Id., *Em defesa da sociedade*, p. 286.

21. Para o aprofundamento desse tema vide a exaustiva pesquisa realizada por Luís Mir em *Guerra civil*.

22. Estela M. G. de P. Cunha, "Diferenciais na mortalidade de menores de um ano segundo raça", p. 1776.

23. Audre Lorde, "Vivendo com o câncer", p. 76.

24. Alaerte L. Martins, *Mulheres negras e mortalidade materna no estado do Paraná, de 1993 a 1998*. Disponível em: <https://www.revistas.usp.br/jhgd/article/view/39583>. Acesso em: 1 nov. 2022.

25. Os dados encontrados pela pesquisa são: a) Uso de analgesia de parto: apenas 5,1% das brancas não receberam anestesia, contra 11,1% das negras; b) A ausculta de batimentos cardíacos do feto: 97,6% das brancas tiveram o batimento cardíaco fetal auscultado em todas as consultas, contra 95,9% das negras; c) Medida do tamanho do útero durante o pré-natal: 85,4% das brancas responderam sim, contra 81,9% das negras; d) Respostas às dúvidas durante o pré-natal: 73,1% das brancas receberam informações sobre sinais do parto e 83,2% sobre alimentação adequada durante a gravidez, contra apenas, respectivamente, 62,5% e 73,4% das negras; e) Permissão de acompanhante antes e durante o parto: 46,2% das brancas puderam ter acompanhante, contra apenas 27% das negras.

26. *Folha de S.Paulo*, "Até na hora do parto a negra é discriminada", Cotidiano, 26 maio 2002.

27. Ibid.

28. Ibid.

29. Fátima Oliveira, "O racismo mata, às escâncaras, todo dia", *O Tempo*, 10 abr. 2002.

30. Ibid.

Notas 399

31. *Hoje em Dia*, "Grávida é vítima de racismo em hospital", *Hoje em dia*, 16 abr. 2005.

32. Ibid.

33. Fátima Oliveira, "Saúde da população negra", p. 119.

34. Vera C. de Souza, *Mulher negra e miomas*; Id., *Sob o peso dos temores*.

35. Fátima Oliveira, *Oficinas mulher negra e saúde*.

36. Vera C. de Souza, *Sob o peso dos temores*, 2002.

37. José Correia Leite e Cuti, ... *E disse o velho militante José Correia Leite*, 1992.

38. Lúcio Ronaldo Pereira Ribeiro, "Vadiagem", grifo meu.

39. Ibid.

40. Ibid.

41. Ibid.

42. Ibid.

43. Ibid.

44. Ibid.

45. Fernando Henrique Cardoso, "Entrevista", p. 15.

46. Gláucio A. D. Soares e Doriam Borges, "A cor da morte", out. 2004.

47. Michel Foucault, *Em defesa da sociedade*, p. 286.

48. Essa condição de suspeitas que pesa sobre as populações marginalizadas, notadamente as populações negras, vem ensejando estudos como o realizado por Sílvia Ramos sob o título "Elemento suspeito: Abordagem policial e Discriminação na cidade do Rio de Janeiro", no Centro de Estudos de Segurança e Cidadania da Universidade Candido Mendes, tendo por foco as abordagens ou *blitz*, uma atividade rotineira da polícia sobre a população. O estudo buscou identificar de um lado a "qualidade e quantidade dessas experiências em diferentes segmentos sociais" e de outro, "compreender como essas afetavam percepções e opiniões sobre o trabalho policial". Dentre as conclusões persistem mecanismos e relações entre a polícia e a população negra que remontam aos tempos de antanho, ou seja, desde que o escravo deixa de sê-lo para compor o campo majoritário da delinquência.

49. Sueli Carneiro, "O negro errado", *Folha de S.Paulo*, 14 fev. 2004.

50. Ibid.

51. Aplica-se aqui o que diz Sérgio Adorno (2004) de "fabricação da vida e dos viventes como também a fabricação de algo monstruoso, a possibilidade de sua eliminação sem controle por meio da disseminação de vírus, das armas químicas, da guerra sem interditos morais contra 'as outras raças'". Etimologicamente, "cídio" é definido como "ação de quem mata ou o seu resultado, [...] deitar abaixo, imolar". *Dicionário Houaiss*, Rio de Janeiro: Objetiva, 2001, p. 714.

52. Michel Foucault, op. cit., p. 309.

53. Conforme afirma Luís Mir, a restrição aos negros de compor a cooperação interétnica provoca "a institucionalização de um clube privativo de grupos étnicos

com preceitos de entrada pouco claros, mas com algumas condições inegociáveis: cultura, renda, formação profissional e educacional, grupos social e político definidos. A cooperação (universal) e a integração (interétnica) são anuladas por uma tribalização europeia, com conotações eugênicas. Na área da justiça e segurança internas, nunca houve qualquer possibilidade de organismos de cooperação interétnicos, uma vez que esses instrumentos foram arquitetados, e montados, para ser os engenhos do processo de seleção étnica e social". (Luis Mir, *Guerra civil*, p. 71.)

3. Epistemicídio [pp. 87-120]

1. Boaventura de Sousa Santos, *Pela mão de Alice*, p. 328.

2. Ibid.

3. Immanuel Kant, *Observações sobre o sentimento do belo e do sublime*, pp. 75-6.

4. Thomas McCarthy, *On the Way to a World Republic? Kant on Race and Development*, p. 5.

5. Georg Hegel, *A razão na história*, p. 218.

6. Ibid., pp. 226-7.

7. Ibid., p. 226.

8. Charles Mills, *The Racial Contract*, p. 18.

9. Ibid., p. 17.

10. Ibid., p. 18.

11. Ibid.

12. Ibid.

13. Boaventura de Sousa Santos, op. cit., p. 331.

14. Ibid., p. 329.

15. Id., 1989; 1990.

16. Citado em Martins Terra, *O negro e a igreja*, p. 67.

17. Ibid., p. 67.

18. "As consequências propriamente humanísticas do ensino jesuítico no Brasil, além de serem talvez menos efetivas do que em geral se supõe, foram, pois, indiretas e, em larga medida, indesejadas; mas é da natureza original da cultura brasileira um caráter, se não religioso, pelo menos teológico e, com toda certeza, tridentino (o que terá repercussões profundas pelos tempos afora, até aos séculos XIX e XX). Começou-se a ensinar latim na Colônia no momento mesmo em que o latim deixava de ser a língua literária e de cultura [...] os jesuítas introduziram os primeiros

Notas 401

livros na Colônia, mas livros de natureza especial e alcance restrito." (Wilson Martins, *História da inteligência brasileira*, pp. 14-5.)

19. Roseli Fischmann, "Educação, democracia e a questão dos valores culturais", 1996, pp. 184-5.

20. Nina Rodrigues, *Os africanos no Brasil*, p. 262.

21. Ibid.

22. Ibid., p. 269.

23. Ibid.

24. Ibid., grifo meu.

25. Ibid.

26. Ari Lima, "A legitimação do intelectual negro no meio acadêmico brasileiro", p. 281.

27. Júlio Mesquita Filho, "Editorial".

28. Ibid.

29. Ibid.

30. Roseli Fischmann, "Educação, democracia e a questão dos valores culturais", p. 184.

31. José Correia Leite e Cuti, *E disse o velho militante José Correia Leite*, p. 26.

32. Fúlvia Rosemberg, "Entre a tutela e a emancipação", pp. 44-7.

33. Ricardo Enriques, *Raça e gênero no sistema de ensino*, p. 5.

34. Instituto de Estudos do Trabalho e Sociedade (IETS), "Desenvolvimento com justiça social", pp. 14-5.

35. Muniz Sodré, *Claros e escuros*, p. 10.

36. Pesquisa Nacional por Amostra de Domicílios de 1996.

37. Michel Foucault, *Em defesa da sociedade*, pp. 51-2.

38. Rebecca Reichmann, "Mulher negra brasileira", p. 503.

39. Irene M. F. Barbosa, *Socialização e relações raciais*, p. 34.

40. Rebecca Reichmann, op. cit., p. 503.

41. Ibid., p. 504.

42. bell hooks, "Intelectuais negras", p. 465.

43. Ibid., p. 468.

44. Ibid.

45. Ibid.

46. Ibid.

47. Embora bell hooks admita a importância das reflexões de Cornel West a respeito da vida intelectual negra, ela não deixa de observar a ausência de menção às intelectuais negras e suas obras. Para ela, era de se esperar que West olhasse especificamente para a vida intelectual da mulher negra, afinal *O dilema do intelec-*

tual negro "foi escrito em um momento histórico em que a existência de um enfoque feminista sobre o gênero deveria ter levado qualquer estudioso a considerar o impacto dos papéis sexuais e do sexismo" (bell hooks, "Intelectuais negras", p. 466). O artigo "Intelectuais negras", de hooks, tem também a intenção de corrigir essa falta refletindo sobre como os conflitos notados por West "parecem particularmente agudos para as negras que também têm que lutar contra aqueles estereótipos racistas/sexistas que o tempo todo levam os outros (até mesmo nós mesmas) a questionar se somos ou não competentes, se somos ou não capazes de excelência intelectual". (Ibid., p. 472.)

48. Ibid.

49. Ibid.

50. Ibid., pp. 472-3.

51. Aprofundaremos essa questão para o caso do Brasil no capítulo 2 da parte III.

52. Citado em bell hooks, op. cit., p. 473.

53. Ibid.

54. Ibid., p. 475.

55. Ibid., p. 476.

56. Ibid.

57. Ibid., p. 477.

58. Michel Foucault, *Em defesa da sociedade*, p. 15.

59. bell hooks, op. cit., p. 477.

60. Ibid., p. 475.

61. "quando ciente de sua subalternidade, o intelectual negro saberá dos limites de sua fala uma vez que antes de ser agente reflexivo é 'objeto científico'. Saberá que se sua consciência subalterna lhe autoriza a falar sobre a diferença negra no Brasil, por outro lado, espreita seu grau de incorporação de uma 'objetividade' científica universal, de ajuste a tropos e apelos disciplinares. Ela é seu senhor, é a autoridade que o protege, como intelectual, do descontrole do sentimento de diferença e da insurgência que isto pode representar visto que se é possível registrar a diferença, há que se silenciar sobre as mais profundas compreensões, os mais profundos desejos de reversão da desigualdade racial e injustiça social." (Ari Lima, "A legitimação do intelectual negro no meio acadêmico brasileiro", pp. 282-3.)

62. Michel Foucault, *Em defesa da sociedade*, p. 14.

63. Ruperake Petaia (Samoa Ocidental). In: Albert Wendt, *Os rebeldes do Pacífico*, RCU, n. 4, ano 4, 1976.

Notas

4. Interdições [pp. 121-34]

1. Embora inspirada em Foucault, utilizo o termo "interdição" de maneira mais abrangente do que ele. Em *A ordem do discurso* o termo "interdição" aparece para explicar um dos três procedimentos discursivos de exclusão, sendo os outros dois a separação (do normal e do louco) e a vontade de verdade. De acordo com Foucault, a produção do discurso na sociedade é "ao mesmo tempo controlada, selecionada, organizada e redistribuída por certo número de procedimentos que têm por função conjurar seus poderes e perigos, dominar seu acontecimento aleatório, esquivar sua pesada e temível materialidade" (op. cit., p. 9). A interdição é um desses procedimentos de exclusão, "o mais familiar e o mais evidente". Em uma dimensão discursiva, a interdição funciona como exclusão na medida em que "não se pode falar sobre tudo, em qualquer circunstância", em que "qualquer um, enfim, não pode falar de qualquer coisa" (ibid., p. 9). Ainda de acordo com ele, as regiões onde "a grade é mais cerrada" são as da sexualidade e as da política: no domínio da sexualidade elas revelam a sua ligação com o desejo, no domínio da política as interdições revelam a sua ligação com o poder (ibid., p. 10). Neste capítulo, falo das múltiplas interdições que incidem sobre o negro e que não têm outra função senão a sua exclusão, a começar pela sua exclusão da própria humanidade.

2. Gislene A. Santos, *A invenção do ser negro*, p. 55.

3. Ibid., p. 60.

4. Michel Foucault, *Os anormais*. São Paulo: Martins Fontes, 2002, pp. 70-1.

5. Joel Rufino, "Vera, Clara dos Anjos, Iládio", p. 161.

6. Ibid., p. 169.

7. Ibid.

8. Ibid.

9. Ibid.

10. Marco Frenette, *Preto e branco*, p. 38.

11. Michel Foucault, *Em defesa da sociedade*, p. 72.

12. Ibid.

13. Ibid., p. 10.

14. Ibid.

15. Ibid., p. 18.

16. Ibid.

17. Ibid., p. 10.

18. Embora em Foucault a noção de "panóptico" refira-se à descrição de instituições em termos arquitetônicos, derivadas de "um novo olhar", que emerge com o projeto carcerário de Jeremy Bentham, a usamos aqui no sentido de ilustrar a

percepção de vigilância permanente sobre a negritude. É também um princípio de visibilidade que, para a negritude, representa no Brasil a alocação territorial específica em que o princípio de privacidade se encontra excluído, como ocorre, por exemplo, nas favelas.

19. Id., *Microfísica do poder*, p. 104.

20. Marco Frenette, op. cit., p. 38.

21. Eliane Cavalleiro, *Do silêncio do lar ao silêncio escolar*, p. 91.

22. Michel Foucault, *Em defesa da sociedade*, p. 19.

23. Sérgio Adorno, "Racismo e discriminação", pp. 86-7.

24. Michel Foucault, *Em defesa da sociedade*, p. 11.

25. Marco Frenette, op. cit., p. 22.

26. Ibid., pp. 22-3.

27. Ibid., p. 50.

28. Ibid., p. 54.

29. Liv Sovik, *Alô, alô, mestiçagem*, p. 1.

30. Moema P. Teixeira, *Negros na universidade*, pp. 139-40.

31. Milton Santos, "No Brasil, hipocrisia marca questão racial".

32. Nelson Motta em matéria de Pedro Alexandre Sanches na *Folha de S.Paulo*, "O julgamento de Simonal", 16 out. 2003.

33. Sueli Carneiro, "Meu irmão, meu limoeiro".

34. Pedro Alexandre Sanches, op. cit.

35. Ibid.

36. Ibid.

PARTE II **Resistências**

Prólogo [pp. 137-47]

1. Michel Foucault, *Microfísica do poder*, p. 91.

2. Outros autores — pesquisadores, poetas, artistas — vêm tratando de diferentes aspectos dessa resistência, com os quais dialogamos aqui, vide, entre outros, Marcos Antônio Cardoso, *O movimento negro em Belo Horizonte: 1978-1998*. Belo Horizonte: Mazza Edições, 2002.

3. Trata-se também aqui da estrita observância de um princípio foucaultiano tal como é atribuído a Foucault por Deleuze no livro *Microfísica do poder*. Deleuze considera que Foucault foi: "o primeiro a nos ensinar — tanto em seus livros quanto no domínio da prática — algo de fundamental: a indignidade de falar pelos outros" (p. 72).

Notas   405

4. Estando a racialidade inscrita na dinâmica de um dispositivo de poder, os discursos enquanto lócus de realização de saberes, poderes e subjetividades têm, na perspectiva de Foucault, a mesma legitimidade procedam de onde procederem, pois atrás deles não há verdades a serem reveladas. Eles carregam em si as verdades produzidas em cada correlação de forças que o constitui, seja da posição do exercício do poder, seja do lugar da resistência que ele engendra, na medida em que, em suas estratégias de exercício de poder e de resistência, "vítimas" e "algozes" encontram-se simultaneamente implicadas por vezes do mesmo lado de uma posição estratégica, outras em disputa.

5. Márcio Seligmann-Silva, *O local da diferença: Ensaios sobre memória, arte, literatura e tradução*. São Paulo: Editora 34, p. 183.

6. Ibid., p. 185.

7. Ibid., p. 192.

8. Ibid., p. 186.

9. Ibid., p. 193.

10. Conceição A. Jesus, *Atos de resistência cultural e educação*, p. 12.

11. Nem todas as testemunhas aceitaram declarar suas idades. Porém, são todas contemporâneas a mim — que neste momento tenho 55 anos.

12. Arnaldo Xavier e Maurício Pestana, *Manual de sobrevivência do negro brasileiro*. São Paulo: Nova Sampa Diretriz, 1993.

13. Poemas, 1978.

14. Peça de teatro, parceria com Cuti e Mirian Alves, 1988.

15. 1992.

16. 1993.

17. França, 1977.

18. Alemanha, 1992.

1. Edson Cardoso [pp. 149-91]

1. Testemunho concedido em 25 de novembro de 2004.

2. Sônia Maria Pereira Nascimento [pp. 193-239]

1. Testemunho concedido em 8 de dezembro de 2004, Dia da Justiça, que a entrevistada fez questão de frisar.

3. Fátima Oliveira [pp. 241-97]

1. Testemunho recolhido em 21 de dezembro de 2004 em Belo Horizonte (MG).

4. Arnaldo Xavier, o poeta (in memoriam) [pp. 299-303]

1. 1967.
2. Poemas, 1974.
3. (POEMAS ENVELOPE, 1975)
4. (ANTOLOGIA da ECE, 1976)
5. Coletânea das Edições Pindaíba, 1977.
6. Arnaldo Xavier, *Contramão*. São Paulo: Edições Pindaíba, 1978, pp. 19-20.

PARTE III **Educação e o cuidado de si**

Prólogo [pp. 307-8]

1. Boaventura de Sousa Santos, *Pela mão de Alice*, p. 328.
2. Fábio W. Reis, "Mito e valor da democracia racial", p. 227.

1. Educação: Negação e afirmação [pp. 309-35]

1. Eliane Cavalleiro, *Do silêncio do lar ao silêncio escolar*.
2. Decidimos grafar em itálico todas as citações referentes a nossas testemunhas, como forma de facilitar a visualização dessas inserções, determinantes de nossa reflexão neste e no próximo capítulo. Todas as citações referentes às testemunhas Edson Cardoso, Fátima Oliveira e Sônia Nascimento referem-se a textos cuja íntegra compõe, respectivamente, os capítulos 1, 2 e 3 da parte II.
3. Ocorre na esfera do público e na do privado. Vide caso de Wilson Simonal relatado no capítulo "Interdições".
4. Trata-se de noção que se encontra em Erving Goffman, *Estigma*.
5. Ricardo Paes de Barros, "Erradicar a pobreza: Compartilhar o desafio".
6. Vide a respeito a referência aos aplausos calorosos aos poucos ou únicos negros em cerimônias de formatura, como a consagrar a surpresa e mesmo a impropriedade de ali estarem. Roseli Fischmann, "Identidade, identidades — Indivíduo, escola: Passividade, ruptura, construção".

Notas   407

7. A testemunha nesse trecho diz: *"Ele era negro e não estava fazendo o segundo grau, o segundo grau dele fora interrompido. Eu não entendia aquilo, então ele era o quê, então? Ele não era nada"*.

8. Em uma das disciplinas que tive que cursar para a obtenção dos créditos exigidos na pós-graduação, uma professora manifestou-se de forma irônica e agressiva, referindo-se às comemorações relativas ao Dia Nacional da Consciência Negra, 20 de novembro, em homenagem a Zumbi dos Palmares. O foco de sua crítica era precisamente a celebração da consciência negra, num país, para ela, definitivamente mestiço. Senti a gesticulação dela, os olhares em minha direção e o seu estímulo à cumplicidade da classe como uma provocação. Certamente ela sabia que estava diante de uma militante negra, aliás a única negra da sala, e usou a autoridade de sua fala, derivada da condição de professora de pós-graduação, para afirmar argumentos que desqualificavam a mobilização dos negros em torno da racialidade. Usava a própria imagem, para mim a de uma afro-brasileira, para ela expressão da verdadeira identidade nacional, para reforçar seus argumentos. Isso faz supor que os discursos de elogio à mestiçagem, como fundamento da identidade nacional que circulam acriticamente na escola conspiram para negar legitimidade à mobilização negra para a luta política por igualdade; por meio desses discursos nega-se a existência das desigualdades de base racial, motor das reivindicações que conduzem os negros à organização política enquanto negros. O princípio da igualdade que a escola também reitera, seja de um ponto de vista religioso ou derivado da concepção política liberal, presta-se igualmente à negação da legitimidade da identidade negra se constituir em base de protesto e de reivindicações. Em ambos os casos se manifesta uma estratégia desmobilizadora da identidade negra.

9. No capítulo 2 da parte III procuramos mostrar como se fazem outros caminhos no movimento social negro.

10. Note-se que, nesta fala, a testemunha dialoga simultaneamente com a entrevistadora e com o Eu hegemônico, magistralmente expresso nesse *Ele*. Nesse sentido acrescentamos aspas simples para demarcar analiticamente as referências que a testemunha endereça ao Eu hegemônico.

11. Reiteramos aqui a lição de Foucault lembrada por Deleuze: *"A prática é um conjunto de revezamentos de uma teoria a outra e a teoria um revezamento de uma prática a outra. Nenhuma teoria pode se desenvolver sem encontrar uma espécie de muro e é preciso a prática para atravessar o muro"*. Gilles Deleuze, *Microfísica do poder*, pp. 69-70. Esse tema será tratado no próximo capítulo.

2. Educação e o cuidado de si [pp. 337-61]

1. Em entrevista concedida em 1984, Foucault explica que a noção de "cuidado de si" — de fundamental importância para a compreensão da última fase de sua trajetória intelectual — emerge da constatação de um fenômeno pouco estudado, mas bastante relevante na era greco-romana: a prática de si. As práticas de si não tinham, como passaram a ter posteriormente, o sentido de uma moral da renúncia, mas sim de "um exercício de si sobre si mesmo, através do qual se procura se elaborar, se transformar e atingir um certo modo de ser". Interessa a Foucault que, sobretudo para os gregos, "para conduzir-se bem, para praticar adequadamente a liberdade, era necessário ocupar-se de si mesmo, cuidar de si". A minha noção de "cuidado de si" — de acordo com a qual o cuidado de si se realiza no cuidado do outro — tem uma dimensão política e coletiva e emerge não da constatação de um fenômeno do mundo greco-romano, mas dos depoimentos de Edson Cardoso, Sônia Maria Pereira do Nascimento e Fátima Oliveira.

2. Refere-se a Abdias Nascimento, patrono do Movimento Negro contemporâneo.

3. Esse processo, de ser "levado pela mão" por um par, repete-se em Fátima Oliveira e Sônia Nascimento.

4. Este tema parece ser cheio de significados para a educação, porém explorá-lo extrapolaria os limites deste trabalho. Vale citar Frantz Fanon como um dos principais autores que desenvolveram pioneiramente a temática da descolonização.

5. Vide prólogo da parte II desta tese.

6. Grifo meu para acentuar que a proposta significava uma alteração sutil de extensas e graves consequências.

7. Joaquim Antônio Mota, *A criança como sujeito de experimentação científica: Uma análise histórica dos aspectos éticos*.

8. Ibid.

9. Fátima Oliveira, *Bioética: Uma face da cidadania*, p. 82.

10. Jurema Werneck, "O desafio das ialodês", p. 102.

11. Permito-me essa licença de referir-me a *nós*, nesse contexto, por ser também diretora dessa organização da qual tanto me orgulho.

12. Ela se refere ao ciclo de Conferências sociais convocadas pelas Nações Unidas durante a década de 1990 do qual o Geledés — Instituto da Mulher Negra participou enquanto expressão da sociedade civil brasileira.

Posfácio: A filosofia prática de Sueli Carneiro [pp. 373-87]

1. Sueli Carneiro, *Racismo, sexismo e desigualdade no Brasil*. São Paulo: Selo Negro Edições, 2011.

Notas

2. Id., *Escritos de uma vida*. São Paulo: Editora Jandaíra, 2019.

3. Michel Foucault, *Em defesa da sociedade*. São Paulo: WMF Martins Fontes, 2010, p. 215.

4. Ver pp. 62-3.

5. Ver p. 83.

6. *The Racial Contract*, p. 20; *Dispositivo de racialidade*, p. 25.

7. P. 37.

8. Id.

9. P. 21.

10. Sueli Carneiro, *Escritos de uma vida*, op. cit.

11. P. 103.

12. P. 330.

13. P. 318.

14. P. 54.

15. P. 50.

16. Pp. 20-1.

17. P. 75.

18. P. 97.

19. P. 100

20. P. 19.

21. P. 125.

22. Frederick Douglass, *A vida e a época de Frederick Douglass: Escritas por ele mesmo*. São Paulo: Carambaia, 2022.

23. Ver nota 19, p. 338.

24. Ver nota 19, p. 338.

25. P. 313.

26. P. 19.

27. Sueli Carneiro, *Escritos de uma vida*, op. cit., p. 184.

28. Ibid., p. 115.

29. Ibid., pp. 108-9, grifos meus.

Referências bibliográficas

ADORNO, Sérgio. "Racismo e discriminação", *Novas faces da cidadania: Identidades políticas e estratégias culturais*. Cadernos de Pesquisa n. 4. Centro Brasileiro de Análise e Planejamento (Cebrap). São Paulo: Entrelinhas, 1996, pp. 86-7.

ARENDT, Hannah. *Origens do totalitarismo*. São Paulo: Companhia das Letras, 1989.

BARBOSA, Irene M. F. "Socialização e relações raciais: Um estudo de família negra em Campinas", *Revista de Antropologia*. São Paulo, FFLCH/USP, 1983.

BARBOSA, Wilson do Nascimento, *Atrás do muro da noite*. Brasília, Ministério da Cultura, Fundação Cultural Palmares, 1994.

BARROS, Ricardo Paes de. Palestra proferida no seminário Erradicar a Pobreza: Compartilhar o Desafio, promovido pela CARE Brasil entre 14 e 15 dez. 2001.

BASTIDE; FERNANDES. *Relações raciais entre negros e brancos em São Paulo*. São Paulo: Unesco/Anhembi, 1955.

BENTO, Maria Aparecida Silva. *Pactos narcísicos no racismo: branquitude e poder nas organizações empresariais e no poder público*, 2002. São Paulo: Instituto de Psicologia da Universidade de São Paulo. (Doutorado em Psicologia da Aprendizagem.)

BERQUÓ, Elza. "A importância dos estudos sobre população negra". Jornal da Rede n. 23, Rede Saúde, mar. 2001.

_____. "Demografia da desigualdade: Algumas considerações sobre os negros no Brasil". São Paulo, *Novos Estudos Cebrap*, 1980, pp. 21-84.

_____. "Nupcialidade da População Negra no Brasil", São Paulo. *Textos NEPO*, pp. 8-43, 1987.

_____; BERCOVICH. "Estudo da dinâmica da população negra no Brasil". São Paulo. *Textos NEPO*, 1987, pp. 8-43.

BORDIEU; WACQUANT. "Sobre as artimanhas da razão imperialista". Rio de Janeiro, *Estudos Afro-Asiáticos*, Centro de Estudos Afro-Asiáticos, ano 24, n. 1, 2002.

BRASIL, Instituto de Estudos do Trabalho e Sociedade — IETS, "Desenvolvimento com justiça social: Esboço de uma agenda integrada para o Brasil (Policy Paper n. 1)", dez. 2001.

CALLIGARIS, Contardo. "Notas sobre os desafios do Brasil". In: Anais do Seminário Internacional Multiculturalismo e Racismo: o Papel da Ação Afirmativa nos Estados Democráticos Contemporâneos. Souza, Jessé (Org.) et al. Brasília: Ministério da Justiça/Secretaria Nacional de Direitos Humanos, 1997.

Referências bibliográficas

CARDOSO, Edson L. *Bruxas, espíritos e outros bichos*. Belo Horizonte: Mazza, 1992.

_____. *Ubá*. Brasília: Edição do autor, 1999.

CARDOSO, Fernando Henrique. "Entrevista". In: POMPEU, Roberto Toledo de. *O presidente segundo o sociólogo, a nódoa da escravidão*. São Paulo: Companhia das Letras, 1998.

_____. "Pronunciamento do Presidente da República na Abertura do Seminário Multiculturalismo e Racismo". In: Anais do Seminário Internacional Multiculturalismo e Racismo: o Papel da Ação Afirmativa nos Estados Democráticos Contemporâneos. SOUZA, Jessé (Org.) et al. Brasília: Ministério da Justiça, Secretaria Nacional de Direitos Humanos, 1997.

CARNEIRO, Sueli. *A batalha de Durban*. In: *Revista Estudos Feministas*, v. 10, n. 1. CFH/CCE/UFSC, Universidade Federal de Santa Catarina, Centro de Filosofia e Ciências Humanas, Centro de Comunicação e Expressão, 2002.

_____. "Pode ainda ser pior". In: *Revista Maria Maria*. Ano 1, n. 0, Brasília: Fundo de Desenvolvimento das Nações Unidas para a Mulher (UNIFEM), 1999.

_____. "Raça, Classe e Identidade Nacional". In: *Revista Thoth* — Brasília, Informe de distribuição restrita do Senador Abdias Nascimento, n. 2, Secretaria Especial de Editoração e Publicação do Senado Federal, 1997.

_____; SANTOS, Tereza. *Mulher negra*. São Paulo: Conselho Estadual da Condição Feminina/Nobel, 1985.

CARVALHO, José Jorge de. "Ações afirmativas para negros na pós-graduação, nas bolsas de pesquisa e nos concursos para professores universitários como resposta ao racismo acadêmico". Brasília, INEP/MEC, 2003, pp. 165-67.

CASTRO, Nadya Araújo. "Trabalho e desigualdades raciais: Hipóteses e realidades por interpretar". In: CASTRO, Nadya de Araújo; BARRETO, Vanda Sá de (Orgs.). *Trabalhos e desigualdades raciais*. São Paulo: Annablume, 1998.

CAVALLEIRO, Eliane. *Do silêncio do lar ao silêncio escolar: Racismo, preconceito e discriminação na educação infantil*. São Paulo: Contexto, 2000.

CHAUÍ, Marilena. "Prefácio". In: MATOS, Olgária (Org.). *Filosofia a polifonia da razão*. São Paulo: Scipione, 1997.

COULORIS, G. *Daniela*. "Ideologia, dominação e discurso de gênero: Reflexões possíveis sobre a discriminação da vítima em processos de judiciais de estupro". *Mneme* — *Revista de Humanidades*, n. 11, v. v, jul.-set. 2004. Disponível em: <https://periodicos.ufrn.br/mneme/article/view/226>. Acesso em: 7 nov. 2022.

DAVIS, Brion D. *O problema da escravidão na cultura ocidental*. Rio de Janeiro: Civilização Brasileira, 2001.

DECLARAÇÃO E PLANO DE AÇÃO. Conferência Mundial Contra o Racismo, Discriminação Racial, Xenofobia e Intolerâncias Correlatas. Durban, África do Sul, set. 2001.

ENRIQUES, Ricardo. *Raça e gênero no sistema de ensino: Limites das políticas universalistas.* Brasília: Unesco, UNDP, 2003.

FANON, Frantz. *Pele negra, máscaras brancas.* São Paulo: Ubu, 2020. (Primeira edição em francês, Paris: Seuil, 1952.)

_____. *Os condenados da terra.* Rio de Janeiro: Zahar, 2022. (Primeira edição em francês, Paris: Librarie François Maspero, 1961.)

FERNANDES, Florestan. *A integração do negro na sociedade de classes.* São Paulo: Dominus/Edusp, 1965.

FISCHMANN, Roseli. "Estratégias de superação da discriminação étnica e religiosa no Brasil". Direitos humanos no século XXI. Parte II. Brasília: MRE/IPRI/Funag, pp. 959-85.

_____. "Identidade, Identidades — Indivíduo, Escola: Passividade, Ruptura, Construção". In: TRINDADE, Azoilda L.; SANTOS, Rafael dos (Orgs.). *Multiculturalismo: Mil e uma faces da escola.* Rio de Janeiro: DP&A, 1999.

_____. "Ensino religioso em escolas públicas: Subsídios para o estudo da identidade nacional e o direito do Outro". In: BICUDO, M. A. V.; SILVA JÚNIOR, C. A. (Orgs.) *Formação do educador: Dever do Estado, tarefa da universidade.* São Paulo: Editora da Unesp, 1996.

_____. "Educação, democracia e a questão dos valores culturais". In: MUNANGA, Kabengele (Org.). *Estratégias e políticas de combate à discriminação racial.* São Paulo: Edusp, Estação Ciência, 1996.

FOUCAULT, Michel. *Em defesa da sociedade: Curso no Collège de France.* São Paulo: Martins Fontes, 2002.

_____. *Os anormais.* São Paulo: Martins Fontes, 2002.

_____. *A arqueologia do saber.* Rio de Janeiro: Forense Universitária, 2002.

_____. *A ordem do discurso.* São Paulo: Loyola, 1996.

_____. *História da sexualidade: A vontade do saber 1.* Rio de Janeiro: Graal, 1988.

_____. *História da sexualidade: O uso dos prazeres 2.* Rio de Janeiro: Graal, 1984.

_____. *Vigiar e punir.* Petrópolis: Vozes, 1987.

_____. *Microfísica do poder.* Rio de Janeiro: Graal, 1979.

FREIRE COSTA, Jurandir. "Prefácio". In: Souza, Neusa Santos. *Tornar-se negro.* Rio de Janeiro: Zahar, 2021.

FRENETTE, Marco. *Preto e branco: A importância da cor da pele.* São Paulo: Publisher Brasil, 2000.

FREYRE, Gilberto. *Casa-grande e senzala.* 35. ed. Rio de Janeiro: Record, 1999.

GILROY, Paul. *O Atlântico negro.* Rio de Janeiro: 34, UCAM (Centro de Estudos Afro-Asiáticos), 2002.

GOFFMAN, Erving. *Estigma: Notas sobre a manipulação da identidade deteriorada.* Rio de Janeiro: Guanabara, 1988.

Referências bibliográficas

GONÇALVES, Luiz Alberto Oliveira. "Negros e educação no Brasil". In: LOPES, Eliane Marta Teixeira; FARIA FILHO, Luciano Mendes; VEIGA, Cynthia Greive (Orgs.). *500 anos de educação no Brasil*. Belo Horizonte: Autêntica, 2003.

GOMES, Nilma Lino; SILVA, Petronilha B. G. da (Orgs.). *Experiências étnico-culturais para a formação de professores*. Belo Horizonte: Autêntica Editora, 2002, pp. 79-80.

GUIMARÃES, Antônio Sérgio. *Racismo e anti-racismo no Brasil*. 34. ed. São Paulo: Fundação de Apoio à Universidade de São Paulo, 1999.

HASENBALG, Carlos. *Discriminação e desigualdades raciais no Brasil*. Rio de Janeiro: Graal, 1979.

_____; VALLE, Nelson Silva. *Estrutura social, mobilidade e raça*. São Paulo: Vértice/Iupers, 1988.

HEGEL, G. W. E. *A razão na História*. Trad. Artur Mourão. Lisboa: Edições 70, 2013.

HOLANDA, Buarque de Sérgio. *Raízes do Brasil*. 26. ed. São Paulo: Companhia das Letras, 1995.

HOOKS, bell. "Intelectuais negras". In: *Estudos feministas*. IFCS/UFRJ — PPCIS/UFRJ — v. 3, n. 2, 1995, p. 465.

IANNI, Otávio. "XVII Estilos de pensamento". In: BASTOS, Élide Rugai; MORAIS, João Quartim de (Orgs.). *O pensamento de Oliveira Vianna*. Campinas: Edunicamp, 1993.

JESUS, Conceição Aparecida de. *Atos de resistência cultural e educação: Discurso e expectativas para além de Zumbi dos Palmares*. São Paulo, FE-USP, 2001. (Doutorado em Cultura, Organização e Educação.)

KANT, Immanuel. *Observações sobre o sentimento do belo e do sublime*. Trad. Vinícius de Figueiredo. Campinas: Papirus, 1993, pp. 75-6.

KOCK, V. Ingedore. *A inter-ação pela linguagem*. 3. ed. São Paulo: Contexto, 1997.

KUHN, Thomas. *A estrutura das revoluções científicas*. 6. ed. São Paulo: Perspectiva, 2001.

LEITE, C. José; CUTI. *E disse o velho militante José Correia Leite*. São Paulo: Secretaria Municipal de Cultura, 1992.

LEITE, Dante Moreira. *O caráter nacional brasileiro*. São Paulo: Pioneira, 1983.

LIMA, Ari. "A legitimação do intelectual negro no meio acadêmico brasileiro: negação de inferioridade, confronto ou assimilação intelectual?". In: *Revista Afro-Ásia, 2001*.

LORDE, Audre. "Vivendo com o câncer". In: WERNECK, Jurema; MENDONÇA, Maisa; WHITE, Evelyn. *O livro da saúde das mulheres negras*. Rio de Janeiro: Pallas, Criola, 2000.

MARTINS, L. Alaerte. *Mulheres negras e mortalidade materna no estado do Paraná, de 1993 a 1998*, DENSP-UEPG, 2000. (Mestrado em Saúde Pública.)

MARTINS, Wilson. *História da inteligência brasileira*. São Paulo: Cultrix, v. I, 1977-8.

MCCARTHY, Thomas. "On the Way to a World Republic? Kant on Race and Development". In: WASS, L. (Org.). *Politik, Moral und Religion*. Berlim: Duncker und Humblot, 2004, pp. 223-43.

MEYER; ESTERMANN. *Das (im)possibilidades de se ver como Anjo...* In: GOMES, Nilma Lino; SILVA, Petronilha Beatriz Gonçalves. *Experiências étnico-culturais para a formação de professores*. Belo Horizonte: Autêntica, 2002.

MILLS, Charles. *The Racial Contract*. Cornell University, 1997. [Ed. bras.: *O contrato racial*. Rio de Janeiro: Zahar, 2023.]

MIR, Luís. *Guerra Civil: Estado e Trauma*. São Paulo: Geração Editorial, 2004.

MOORE-JR., Barrington. *Injustiça: As bases sociais da obediência e da revolta*. São Paulo: Brasiliense, 1987.

MOURA, Clóvis. *Sociologia do negro brasileiro*. São Paulo: Ática, 1988.

MOTA, Joaquim Antônio. *A criança como sujeito de experimentação científica: Uma análise histórica dos aspectos éticos*. Faculdade de Medicina, Universidade Federal de Minas Gerais, Belo Horizonte, 1998. (Tese de doutorado.)

MOTTA, Nelson. In: SANCHES, Pedro Alexandre. "O julgamento de Simonal: OAB quer reparar memória de músico que passou de ídolo popular a acusado de 'dedo duro' no regime militar", *Folha de S.Paulo*, Ilustrada, 16 out. 2003.

MUNANGA, Kabengele. *Rediscutindo a mestiçagem do Brasil*. Tese apresentada para obtenção do título de livre-docente em Antropologia. Faculdade de Filosofia, Letras e Ciências Humanas da Universidade de São Paulo. São Paulo, 1997.

_____. "Cem anos de bibliografia sobre o negro no Brasil". Prefácio. Brasília, Fundação Cultural Palmares, v. II, 2000.

_____. "Teorias sobre o racismo". In: *Estudos & Pesquisas. Racismo: Perspectivas para estudo contextualizado da sociedade brasileira*. Niterói: Editora da Universidade Federal Fluminense, 1998.

_____. (Org.). *Estratégias e políticas de combate à discriminação racial*. São Paulo: Edusp, Estação Ciência, 1996.

_____. *As facetas do racismo*. In: SCHWARZ, Lilia Moritz; QUEIRÓS, Renato da Silva (Orgs.). *Raça e diversidade*. São Paulo: Edusp, 1996.

NASCIMENTO, Elisa L. *O sortilégio da cor: Identidade, raça e gênero no Brasil*. São Paulo: Summus, 2003.

NASCIMENTO, Abdias. *O Brasil na mira do pan-africanismo*. Salvador: Centro de Estudos Afro-Orientais (CEAO), Edufba, 2002.

_____. *O genocídio do negro brasileiro*. Rio de Janeiro: Paz e Terra, 1978.

NOGUEIRA, Oracy. *Tanto preto quanto branco: Estudo de relações raciais*. São Paulo: T. A. Queiroz, 1985.

Referências bibliográficas

NOGUEIRA, B. Isildinha. *Significações do corpo negro*, IPUSP-USP, 1998, São Paulo. (Doutorado em Psicologia Escolar e Desenvolvimento Humano.)

OLIVEIRA, Fátima. *Bioética: Uma face da cidadania*. 8. ed. São Paulo: Moderna, 2004.

_____."O racismo mata, às escâncaras, todo dia". *O tempo*, Belo Horizonte, 10 abr. 2002.

_____. *Oficinas mulher negra e saúde*. Belo Horizonte: Mazza Edições, 1998.

_____. "Saúde da população negra: Brasil, ano 2001". Brasília: Organização Pan--Americana da Saúde, 2002.

ORTIZ, Renato. *Cultura brasileira e identidade nacional*. São Paulo: Brasiliense, 1984.

PINHO; FIGUEIREDO. "Ideias fora de lugar e o lugar do negro". In: *Revista do Centro de Estudos Feministas Afro-Asiáticos*. Rio de Janeiro: CEAA, ano 24, n. 1. Rio de Janeiro: Pallas, 2002.

RAMOS, Guerreiro. "Patologia social do branco brasileiro". In: *Introdução crítica à sociologia brasileira*. Rio de Janeiro: Editora da UFRJ, 1995.

RAMOS, Silvia; MUSUMECI, Leonarda. *"Elemento suspeito": Abordagem policial e estereótipos na cidade do Rio de Janeiro*. Rio de Janeiro: Civilização Brasileira, 2005.

REIS, Fábio W. "Mito e valor da democracia racial". In: SOUZA, Jessé (Org.). et al. *Multiculturalismo e racismo: O papel da ação afirmativa nos estados democráticos contemporâneos*. Brasília, Ministério da Justiça e Secretaria Nacional de Direitos Humanos, 1997.

REICHMANN, Rebecca. "Mulher negra brasileira: Um retrato". In: *Revista Estudos Feministas*, v. 3, n. 2, 1995.

RIBEIRO, Lúcio Ronaldo Pereira. "Vadiagem". Disponível em: <https://ambitojuridico.com.br/cadernos/direito-penal/vadiagem/>. Acesso em: 6 dez. 2012.

RODRIGUES, Nina. *As raças humanas e a responsabilidade penal no Brasil*. Salvador: Livraria Progresso Editora, 1957.

_____. *Os africanos no Brasil*. 5. ed. São Paulo: Companhia Editora Nacional, 1978.

ROMERO, Sílvio. *Comentário de Sílvio Romero*. In: RODRIGUES, Nina. *Os africanos no Brasil*. São Paulo: Companhia Editora Nacional, 1978.

ROSEMBERG, Fúlvia. "Entre a tutela e a emancipação: Implicações políticas da condição jurídica de índios, crianças e adolescentes". In: Centro Brasileiro de Análise e Planejamento (Cebrap). São Paulo: Editora Entrelinhas, n. 4, jun. 1996, pp. 44-7.

RUFINO, Joel. "Vera, Clara dos Anjos, Iládio". In: BARBOSA, Wilson do Nascimento; RUFINO, Joel. *Atrás do muro da noite: Dinâmica das culturas afro-brasileiras*. Brasília: Ministério da Cultura, Fundação Cultural Palmares, 1994.

SANTOS, Jailson Alves dos. "A trajetória da educação profissional". In: LOPES, Eliane Marta Teixeira; FARIA FILHO, Luciano Mendes; VEIGA, Cynthia Greive (Orgs). *500 anos de educação no Brasil*. Belo Horizonte: Autêntica Editora, 2003, p. 206.

SANTOS, Milton. *Por uma outra globalização.* 5. ed. Rio de Janeiro: Record, 2001.

_____. "No Brasil, hipocrisia marca questão racial". *Folha de S.Paulo*, São Paulo, Caderno Mais, 7 maio 2000.

SANTOS, Boaventura de Sousa. *Pela mão de Alice.* São Paulo: Cortez, 1995.

SANTOS, A. Gislene. *A invenção do ser negro: Um percurso das ideias que naturalizaram a inferioridade dos negros.* São Paulo: Fapesp/Educ, 2002.

_____. "Selvagens, exóticos, demoníacos: Ideias e imagens sobre uma gente de cor preta". In: *Estudos Afro-Asiáticos*, v. 24, n. 2, Rio de Janeiro: Universidade Candido Mendes, 2002.

SCHWARCZ, M. Lilia. *O espetáculo das raças.* São Paulo: Companhia das Letras, 1993.

_____. "As teorias raciais, uma construção histórica de finais do século XIX". In: SCHWARCZ, Lilia Moritz; QUEIROZ, Renato da Silva (Orgs.). *Raça e diversidade.* São Paulo: Edusp, 1996.

SELIGMANN-SILVA, Márcio. *O local da diferença: Ensaios sobre memória, arte, literatura e tradução.* São Paulo: 34, 2005.

SEVERINO, Antonio J. "Uma proposta de ação afirmativa anti-racista no campo da educação". *Espaço Acadêmico*, Maringá, ano 2, n. 23, abr. 2003.

_____. *Metodologia do trabalho científico.* São Paulo: Cortez, 2001.

SILVA, Ana Célia da. *Desconstruindo a discriminação no livro didático.* Salvador: Edufba, 2001, p. 18.

SILVA, A. Maria. "Multiculturalismo e educação". *Educa-Ação Afro*, Núcleo de Estudos Negros (NEN), Florianópolis, v. 2, n. 7, p. 7, maio/jul. 1998.

_____. (Org.). *Ações afirmativas em educação: Experiências brasileiras.* São Paulo: Selo Negro, 2003.

SOARES, Gláucio; BORGES, Doriam. "A cor da morte". *Ciência Hoje*, v. 35, n. 209, pp. 26-31, out. 2004.

SOARES, Luiz Eduardo; BILL, MV; ATHAYDE, Celso. *Cabeça de porco.* Rio de Janeiro: Objetiva, 2005.

SODRÉ, Muniz. *Claros e escuros: Identidade, povo e mídia no Brasil.* Petrópolis: Vozes, 1999.

SOUZA, Jessé. "Multiculturalismo, Racismo e Democracia. Por que Comparar Brasil e Estados Unidos?". In: SOUZA, Jessé (Org.) et al. Anais do Seminário Internacional Multiculturalismo e Racismo: O Papel da Ação Afirmativa nos Estados Democráticos Contemporâneos. Brasília: Ministério da Justiça, Secretaria Nacional de Direitos Humanos, 1997.

SOUZA, Neuza Santos. *Tornar-se negro.* Rio de Janeiro: Zahar, 2021.

SOUZA, Vera Cristina. *Sob o peso dos temores: Mulheres negras, miomas uterinos e histerectomia.* PUC-SP, 2002. (Doutorado em Ciências Sociais — Antropologia.)

Referências bibliográficas

SOUZA, Vera Cristina . "Miomatose em negras e brancas brasileiras: Semelhanças e diferenças". *Jornal da Rede*, n. 23, Belo Horizonte, Rede Saúde, mar. 2001.

_____. *Mulher negra e miomas: Uma incursão na área de saúde, raça/etnia*. PUC-SP, 1995. (Mestrado em Ciências Sociais — Antropologia.)

SOVIK, Liv. *Alô, alô, mestiçagem: É hora de repensar os mitos*. Disponível em: <http://www.afirma.inf.br/textos/janeiro_2004_cultura.rtf>.

TEIXEIRA, M. Polli. *Negros na universidade: Identidades e trajetórias de ascensão social no Rio de Janeiro*. Rio de Janeiro: Pallas, 2003.

TERRA, Martins. *O negro e a igreja*. São Paulo: Loyola, 1984.

TRINDADE, Azoilda Loretto da. *O racismo no cotidiano escolar*. Rio de Janeiro: Fundação Getúlio Vargas. (Mestrado em Psicologia da Educação.)

WERNECK, Jurema. "O desafio das ialodês: Mulheres negras e a epidemia de HIV/aids". In: WERNECK, Jurema; MENDONÇA, Maisa; WHITE, Evelyn C. (Orgs.). *O livro da saúde das mulheres negras: Nossos passos vêm de longe*. Rio de Janeiro: Pallas/Criola, 2000.

WEST, Cornel. *Questão de raça*. São Paulo: Companhia das Letras, 1994.

XAVIER, Arnaldo. *Contramão*. São Paulo: Edições Pindaíba, 1978.

Jornais, revistas, internet e outros

ARAÚJO, Carlos Henrique; ARAÚJO, Ubiratan Castro de. *Desigualdade racial e desempenho escolar*. Disponível em: <https://undime.org.br/noticia/desigualdade-racial-e-desempenho-escolar>.

CARNEIRO. Sueli. *As viúvas de Gilberto Freyre. Correio Braziliense*, coluna Opinião, 14 mar. 2005.

_____. "O negro errado". *Correio Braziliense*, Opinião. Brasília, 14 fev. 2004.

_____. "Meu irmão, meu limoeiro". *Correio Braziliense*, Opinião, 24 out. 2003.

_____. "Afros Sim!". *Correio Braziliense*, Opinião. Brasília, 20 jul. 2001.

_____. "A sombra do teu sorriso". *Correio Braziliense*, Opinião. Brasília, 6 jul. 2001.

_____. "Realidade Estatísticas". *Correio Braziliense*, Opinião. Brasília, 23 mar. 2001.

_____. "Raça e educação". *Correio Braziliense*, Opinião. Brasília, 8 set. 2000.

_____. "Miscigenação". *Correio Braziliense*, Opinião. Brasília, 18 ago. 2000.

_____. "Brasil, ELA e África do Sul". *Correio Braziliense*, Opinião. Brasília, 21 jul. 2000.

_____. "Golpes de caneta". *Correio Braziliense*, Opinião. Brasília, 6 abr. 2000.

CARVALHO, Olavo. *Mentira e racismo*. Disponível em: <http://www.olavodecarvalho.org/textos/mentracismo.htm>.

FISCHMANN, Roseli. "O estrangeiro", *Correio Braziliense*, Opinião. Brasília, 5 nov. 2001.

FREYRE, Gilberto. "Racismo no Brasil". *Folha de S.Paulo*, Tendências e Debates, 8 out. 1979, p. 3.

FRIAS, Otávio. "Sociologia das loiras", p. 2, *Folha de S. Paulo*, 9 dez. 1999. Disponível em: <https://www1.folha.uol.com.br/fsp/opiniao/fz0912199907.htm>. Acesso em: 10 set. 2022.

FOLHA DE S.PAULO. "Hoje em dia: grávida é vítima de racismo em hospital". 16 abr. 2005.

_____."O julgamento de Simonal". Ilustrada, 16 out. 2003, 26 maio 2002.

GÓES, R. José. "O governo ficou fora lei". Disponível em: <http://www.jornaloglobo.com>. Jornal *O Globo*, Rio de Janeiro. 22 dez. 2003.

MCCARTHY, Thomas A. "On the Way to a World Republic? Kant on Race and Development". Disponível em: <http://www.wcas.northwestern.edu/philosophy/people/Ballestrem.pdf>, p. 5.

NASSIF, Luís. *O racismo negro. Folha de S.Paulo*, 4 mar. 2005.

RIBEIRO, Renato Janine. "Foucault, político", *Cult*. Dossiê O Efeito Foucault, n. 81, 2004.

ROCHA, Rosa Margarida de Carvalho. Entrevista, *Emparrei On Line*. Edição Especial, dez. 2003.

SOUZA, Joelzito (dir.). *Sob o peso dos temores: Mulheres negras, miomas uterinos e histerectomia*. Vídeo, acompanha tese de doutorado de mesmo título, de Vera C. Souza. Produzido pela Casa de Cultura da Mulher Negra de Santos e realizado pelo Cebrap, com apoio da Fundação MacArthur, 2002.

Créditos das imagens

p. 149: acervo pessoal de Edson Cardoso.

p. 193: acervo pessoal de Sônia Maria Pereira Nascimento.

p. 241: acervo da família Oliveira.

p. 299: acervo pessoal de Roseli da Cruz Nascimento.

pp. 362-72: acervo pessoal da autora.

Índice remissivo

Números de páginas em *itálico* referem-se a imagens

1 Encontro Nacional de Mulheres Negras (Valença, RJ, 1988), 277
1 Encontro Nacional dos Negros do PT (1987), 145
100 anos de bibliografia sobre o negro (Munanga), 41

abandono e instrumentalização da vida negra, 61, 63, 65-7, 70-1, 73, 82-3, 85, 139, 141, 326, 340, 346, 348, 375
abolição da escravatura (1888), 42, 44, 47-8, 57-8, 78-82, 85, 95, 100, 103-6, 124, 138, 143, 375
abolicionismo/abolicionistas, 19, 40, 301
Aborto: Direito ou crime? (Verardo), 289
Ação Popular, 154-5
ações afirmativas (*affirmative actions*), 42, 54, 190, 350
Adalberto (candidato negro), 238
Adami, Regina, 145
Adorno, Sérgio, 126-7, 399n
advogados negros, discriminação racial contra, 219-21, 322-4
afirmação, educação e, 325-35
África, 38, 45, 74, 90, 92, 97, 101-3, 121-2, 168, 176, 184, 295-6, 393n
África do Sul, 42, 145
afro-americanos, 42, 102-3, 315, 347
afro-brasileiros/afrodescendentes, 12, 21, 98, 108, 137, 143, 407n
Agostinho, Santo, 18
AI-5 (Ato Institucional nº 5), 156, 311
Albuquerque, José Augusto Guilhon, 17
Alcance e Limites da Predisposição Biológica (seminário do CEBRAP, 1994), 285
Aldair, dona (vítima de racismo em condomínio), 228
Alemanha, 141, 175
"alma branca", estereótipo racista do negro de, 337
Almeida, Iracema de, 235

Aluísio (aposentado), 182
Alves, Castro, 217
Amabis (biólogo), 290
Amado, Jorge, 159, 327
América espanhola, 96
América Latina, 141-3, 147, 209, 280
Amorim, Lindalva, 275-6
Amoya (babalorixá), 299
analfabetismo, 54, 293, 326
Andrade, Mário de, 104, 303
animalização dos negros, 102-3, 129, 169, 194, 227-8
Animisme fétichiste des nègres de Bahia, L' (Nina Rodrigues), 42
Anjo negro (Nelson Rodrigues), 176, 189
Anormais, Os (Foucault), 393n
Antiguidade, 18, 408n
anti-intelectualismo como postura defensiva, 113-6
antissemitismo *ver* Holocausto; judeus
antropologia, 47, 49, 90, 212, 319
aparência e realidade, distinção entre, 94
apartheid (África do Sul), 36, 42, 187-8, 314, 338
apartheid social, 11, 20, 379-80
Araguaia, Guerrilha do, 274
Arendt, Hannah, 38, 138
Aristocrata Clube (clube de negros), 235
Aristóteles, 18, 374
arquitetônicas, metáforas e organizações (no mito da "democracia racial"), 57
Arruda (atendente do SOS Racismo), 224
Arthur (filho de Fátima Oliveira), 245
articulações funcionais entre saber, resistência e raça (fluxograma), 17, 362-72
ascensão social, 108, 354-5
asiáticas, mulheres, 69
asiáticos e orientais, 86
assassinato moral de negros, 131-4
assassinatos de negros *ver* genocídio da população negra

Índice remissivo

Assis, Machado de, 104
assistência médica *ver* saúde pública
Associação Médica Americana, 295
Associação Médica de Imperatriz (MA), 275-6
Associação Médica Mundial, 294
assujeitamentos da população negra, 13, 15, 19, 44, 86, 143, 308, 324, 342, 351, 356, 375
Atendimento Jurídico às Mulheres em Situação de Violência Doméstica e Sexual, 146
ativistas e militantes negros, 14, 23, 47-8, 55-6, 235, 334, 345, 407n
Áurea (tia de Sônia Nascimento), 205
"ausência de alma" em negros (afirmada em bula papal), 98
autoestima de pessoas negras, 14, 32, 89, 112, 217, 242, 308, 358
autoritarismo, 373, 386-7
axé, 359; *ver também* religiões africanas e afro-brasileiras
Azevedo, Fernando, 96

Bahia, 42, 154, 163, 179, 220
Bairros, Luiza, 283
Banco Real, 270
Bar Bodega, caso do (São Paulo, 1996), 233
Barbosa, Irene Maia F., 111
Barbosa, Maria Aparecida, 202-3
Barco da Saúde (projeto maranhense), 275
Baronesa de Limeira (creche), 198
Barreto, Lima, 104, 180
Barros, Adhemar de, 238
Bastide, Roger, 51
Belo Horizonte (MG), 73, 147, 241, 245, 255, 277, 280, 282, 294
beneditinos, monges, 160
Benhabib, Seyla, 386
Bentevi (colega de Fátima Oliveira), 278
Bentham, Jeremy, 403n
Bento, Maria Aparecida Silva, 398n
Berquó, Elza, 282, 285
Bertani, Mauro, 392n
Bia (filho da passadeira do Lar São José), 203
bioética, 146, 242, 281-2, 291-3, 296, 343-6, 349, 355
Bioética: uma face da cidadania (Fátima Oliveira), 146, 291-2, 349
biopoder, 13, 16-7, 58-9, 61-7, 72, 77, 80, 82, 84-6, 138-41, 143, 320, 324, 338, 344, 346-9, 374-5
Bodô (vaqueiro), 248-9
Bolsonaro, Jair, 386
Bôscoli, Ronaldo, 133

Braga, Sérgio, 273
"branco" da família (filhos mais claros de famílias negras), 152, 229-30, 310
"branco da terra" na hierarquia cromática, 52, 54
"branco virtual", 396n
brancura, 31, 128, 130
branqueamento, 45, 52-4, 65, 108, 113, 126, 139-40, 174-5, 190, 320, 378, 380
branquitude, 33, 54, 66-7, 119, 129-31, 178, 321, 396n, 398n; *ver também* hegemonia branca; supremacia branca
Brasília, 159, 162-4, 182, 188, 218, 227, 275, 325, 360
Brincando de Deus: A engenharia genética e a manipulação da vida (Goodfield), 288
Brito, Edivaldo, 162
Brito, Zuzu, 249-50
Bruxas, espíritos e outros bichos (Cardoso), 145
bula papal, negação da alma de negros em, 98
burguesia, 29-30, 32, 392n

C&A (lojas de vestuário), 170
cabelo de pessoas negras, preconceito contra o, 155, 200, 237, 286, 312
Cabral, Bernardo, 227
Calligaris, Contardo, 396-7n
Câmara dos Deputados, 145
Camisa Verde (escola de samba), 235-6
Campanha de Registro de Eleitores (EUA), 315
Campos, Nadir, 228
cananeus, 18
candomblé, 179
Canto, John, 72
capitalismo, 65, 88
capoeira, 79
Cardoso, Edson, 16, 145, 149, 149-91, 310-7, 319-21, 324-34, 338-42, 344, 347, 349-51, 355, 360, 373, 383-4, 408n
Cardoso, Fernando Henrique, 50-1, 82
Cardoso, Marcos Antônio, 139
Carmo, Maria do, 254
Carnaval, 236
Carneiro, Edison, 162
Carneiro, Nelson, 162
Caros Amigos (revista), 128
Casa Grande & Senzala (Freyre), 57
Casas Jesuíticas, 96; *ver também* jesuítas
Castro, José Carlos, 289-91
Castro, Josué de, 274
Catani, dr. (procurador do Estado), 220, 323

Cavallaro, James, 83
Cavalleiro, Eliane, 110, 126, 309, 358
CEBRAP (Centro Brasileiro de Análise e Planejamento), 283, 285
Centenário da Abolição da Escravidão (1988), 47
China, 234
Círio de Nazaré (Belém do Pará), 236
Clarim da Alvorada (jornal), 105
classe social, 20, 71-2, 78-9, 380
Clélia, dra. (professora negra), 209, 357
Clinton, Bill, 73
Código Criminal do Império (1830), 78-9
Código Penal Brasileiro, 74, 79, 231
Coelho, Bartolomeu Penteado, 71
COJE (Centro de Orientação Jurídica e Encaminhamento da Mulher, da Procuradoria do Estado), 221, 324
Colasanti, Marina, 238
Colégio Colinense (MA), 255-6, 259, 271-2, 278, 354
Colégio São José (SP), 208-9
Coletivo das Mulheres Negras, 235
Colinas (MA), 248, 255-6, 259, 264
Colômbia, 83
colonialismo, 36-8, 95
Coluna Prestes, 249
combate ao racismo, 17, 145, 169, 280, 291, 315, 340, 407n
Companhia de Jesus, 96-8; *ver também* jesuítas
competição social, 21
CONAD (Comissão do Negro e Assuntos Anti-Discriminatórios da OAB), 229
condomínios, discriminação racial em, 227-8
Conferência Mundial contra o Racismo (Durban, África do Sul, 2001), 145
Conferência Nacional Saúde e Direitos da Mulher (Brasília, 1986), 275
Congresso Internacional Penitenciário em São Petersburgo (Rússia), 392n
Congresso Nacional, 145, 282, 288
Consegs (Conselhos de Segurança da Comunidade ou Conselhos Gestores de Saúde), 231
Conselho Estadual da Condição Feminina (São Paulo), 146, 235, 283
Conselho Nacional da Mulher (CNDM), 146, 276
Conselho Nacional dos Direitos da Mulher, 275, 282

Conselho Regional de Medicina do Rio de Janeiro (Cremerj), 71
Constituição Federal (1988), 223, 232-3
constrangimentos raciais, 131
Construção do outro como não ser como fundamento do ser, A (tese de doutorado de Sueli Carneiro), 17, 373
Contramão (Xavier), 299
contrato racial, 33-6, 43, 58, 65, 87-8, 93-5, 104, 109, 323, 332, 376-9, 381, 386, 395n
Contrato sexual, O (Pateman), 377
contrato social, 34-6, 376-8
controle social, mecanismos de, 82, 85, 177, 345
"convicção íntima de culpa", 125
Coordenadoria da Mulher da Prefeitura de São Paulo, 282
"Cor da morte, A" (Borges e Soares), 82
Cornélio (tio-avô de Fátima Oliveira), 249
corpo negro versus corpo branco, 9, 85, 121-2, 337, 342; *ver também* Não Ser versus Ser, o
Correia Leite, José, 105, 301
Correio Braziliense (jornal), 52
cotas raciais nas universidades públicas, 214, 230, 350, 379, 382, 391n; *ver também* universidades, negros em
Coulouris, Daniella Georges, 39-41, 394n
Coutinho, Elsimar, 276
Couto, Comba Marques, 276
"Criança como sujeito de experimentação científica: Uma análise histórica dos aspectos éticos, A" (Mota), 297
crianças negras, 73, 98, 109, 111-2, 321, 326-7
crime de injúria mediante racismo, 74
cristianismo, 29
"crônica insuficiência civilizatória" do negro, falácia da, 104
Cruz, Isabel, 283
Cruz e Sousa, 104, 166, 301
Cuba, 68-9
cuidado de si, 14, 16, 140, 308, 337-8, 351-2, 355-6, 384
"cuidado de si", noção de (Foucault), 337, 408n
cultura e história afro-brasileira (no currículo oficial da rede de ensino), 316, 351, 379
Cunha, Estela Maria Garcia de Pinho da, 66-7
Cunha, Euclides da, 395n
Cuti, 78

Damásio, Márcio, 214
Damiana, 283

Índice remissivo

Dão-lalalão (o devente) (Guimarães Rosa), 123
darwinismo social, 392n
Dasein (ser-aí, conceito heideggeriano), 11, 19
Davi, Frei, 182
Davis, Angela, 235, 379, 383
Davis, David B., 18
Dé (vaqueiro), 245
Débora (filha de Fátima Oliveira), 245, 250
Debray, Regis, 274
Declaração contra o Racismo da Unesco, 285
Declaração de Helsinque (sobre bioética),
    294-6, 346-7
"degenerescência", tema da, 392n
"deixar viver" e "deixar morrer" (expressão
    do biopoder segundo Foucault), 61, 65-7,
    82-3, 141, 346
Deleuze, Gilles, 14, 404n, 407n
Delfim Netto, 227
democracia, 34, 378, 387
"democracia racial", mito da, 16, 50, 52, 54-7,
    337, 379, 396n; *ver também* miscigenação
Descartes, René, 28
descolonização, 341, 408n
"Desenvolvimento com justiça social:
    Esboço de uma agenda integrada para o
    Brasil" (Instituto de Estudos do Trabalho
    e Sociedade), 107-8
desigualdades raciais, 19-20, 47, 66-7, 89, 106,
    145, 168, 343
Desir, Harlem, 218, 360
desnacionalização do negro, 105, 184
Dia Nacional da Consciência Negra (20 de
    novembro), 407n
Dialética da natureza (Engels), 288
diáspora negra, experiência histórica da, 56-7
Diène, Doudou, 189
dignidade humana, questão da (na Consti-
    tuição Federal), 232, 345
Dilema do intelectual negro, O (West), 115, 401n
Dino, Antônio, 274
Diógenes (atendente do sos Racismo), 224-5
Dirceu, Zé, 211
direitos civis, 178, 315
direitos humanos, 85-6, 146, 183, 234, 293-4,
    316, 345, 358-9
discriminação racial, 15, 17-8, 28, 53, 71-3, 82,
    89, 101, 106, 108, 110, 125, 139, 173, 194, 197,
    210, 212, 216, 220, 223-4, 228, 232, 287, 299-
    300, 317-8, 324, 340, 386
discurso e poder, relação entre (Foucault),
    38-9, 49-50, 403n

*Discurso sobre a origem e os fundamentos da
    desigualdade entre os homens* (Rousseau), 35
dispositivo de racialidade, 13-4, 16, 22, 30-1,
    33, 37-8, 44, 46, 49, 58-9, 61, 64-5, 80, 85-7,
    89, 98, 101, 106-7, 109, 114, 117, 121, 127, 129,
    137-40, 307-9, 312, 321, 323-4, 326-7, 329, 334,
    337-8, 340, 374-8, 381, 383
dispositivo, noção de (Foucault), 27-9, 44,
    57, 377
ditadura militar (1964-85), 132, 154, 156, 252,
    274, 311
Djalma Filho, 249-50
*Do silêncio do lar ao silêncio escolar: Racismo,
    preconceito e discriminação na educação
    infantil* (Cavalleiro), 110
doenças raciais/étnicas, 76
dominação racial, mecanismos de, 110, 139,
    167-8, 170, 174, 179, 183, 307, 310, 312-3, 316,
    319, 335, 342-3, 346, 351-2, 355, 377
Dostoiévski, Fiódor, 157, 328
Douglass, Frederick, 383
DPE, síndrome (Discriminação, Preconceito,
    Estigma), 9, 390n
Drogaria Santa Marta, 169
Dubois, Rogério, padre, 272

Eco-92 (conferência no Rio de Janeiro), 218, 360
educação, desigualdades raciais no acesso à,
    88, 98, 105-9, 181-2, 380
educação e afirmação, 325-35
educação e negação, 309-24
educação jesuítica no Brasil, 96-8, 400n
Egito Antigo, 101
El Salvador, 83
Elas por Elas na Política (ONG), 146
"Elemento suspeito: Abordagem policial e
    Discriminação na cidade do Rio de Janei-
    ro" (Ramos), 399n
Elmodad (amiga de Edson Cardoso), 163
Em defesa da sociedade (Fontana e Bertani),
    392n
embranquecimento *ver* branqueamento
Engels, Friedrich, 288
"Engenharia genética e socialismo" (Fátima
    Oliveira), 287-8
Engenharia genética: O sétimo dia da criação
    (Fátima Oliveira), 146, 260, 291
Enriques, Ricardo, 106, 109
entertainment, estereótipo racista do, 337
epistemicídio, 13-4, 16, 44, 47-9, 87-9, 93-5,
    98, 104-6, 109, 113, 139-40, 167, 307-8, 310,

312-3, 326, 339, 357, 360-1, 375-6, 378, 381; *ver também* objetivação do negro (nas ciências brasileiras)

"epistemologia invertida" (conceito de Mills), 93, 382

Erguer a voz (bell hooks), 115

Erundina, Luiza, 282-3

Escola de Cegos do Maranhão (ESCEMA), 274

Escola Rural Humberto de Campos (MA), 253-4

escolas, discriminação racial em, 111-2, 115, 126, 210, 212, 214, 225-6, 232, 309, 318

escolas de samba, 199, 235

escravidão, 9, 18, 36, 42, 44, 47, 57, 66, 79-80, 91-2, 95, 97-100, 106, 122, 161, 166, 171, 177, 179, 183, 213, 221, 301, 316, 319, 331, 335

escritores negros, 104, 166, 180, 301; *ver também* intelectuais negros

Escritos de uma vida (Sueli Carneiro), 373, 378

espaços privativos, acesso de negros a, 130-1, 171-2

Espanha, 97

esquerda política, 20-1, 133, 154-6, 169, 338-9, 379-80

"*estado da arte*" *da Reprodução Humana Assistida e Clonagem e manipulação genética humana: Mitos, realidade, perspectivas e delírios, O* (Oliveira), 146

Estado, racismo de, 35, 64, 229, 374, 387

Estados Unidos, 36, 42, 54-6, 72-3, 76, 88, 103, 174, 181, 187, 295, 314-5

estereótipos racistas na literatura, 112, 123, 174-6, 178, 320-1, 337

esterilização de mulheres negras, 77, 175, 190, 282-3, 320; *ver também* histerectomia (cirurgia de retirada do útero)

estética racista sobre o negro e a África, 31, 122

Estudo Tuskegee (EUA), homens negros como cobaias no, 73

"ética é uma óptica" (conceito de Levinas), 341

Eu hegemônico, 9, 13, 19, 31-2, 310, 361, 374-5, 380; *ver também* branquitude; hegemonia branca; supremacia branca

eugenia, 49, 66, 286-7, 294, 296, 344, 348, 375, 392n, 400n

Europa, 38, 46, 88, 91, 96, 209, 234, 393n

"eus", negação dos, 127-30

Evaristo, Conceição, 374

evasão escolar de crianças e jovens negros, 309

ex-escravos *ver* libertos

Externato Casa Pia São Vicente de Paulo (SP), 207

extrema direita, 386

Fábio Júnior, 289

Faculdade de Direito do Largo São Francisco, 211, 317

Faculdade de Engenharia do Rio de Janeiro, 180

Faculdade de Medicina da Bahia, 179

Fanon, Frantz, 337, 408n

fascismos e neofascismos, 386; *ver também* nazismo

fatalismo genético, 284; *ver também* genética

Fazenda Santa Rita de Cássia (Serra do Arapari, MA), 244

Feira de Santana (BA), 152

Feira do Livro de Porto Alegre (1977), 162

Feitiços na Ilha do Pavão (Ribeiro), 176

feminismo/feministas, 40-1, 68-9, 143, 146-7, 242, 277, 280-2, 288, 291-4, 344, 359, 373, 381, 402n

fenótipos e hierarquia cromática, 52

Fernandes, Florestan, 51

Ferreira, Aloysio, 211

Ferreira, Benvindo Antônio, 74

Figueiredo, Angela, 43, 45

filósofas mulheres, tradição de, 379

filosofia grega, 18

filósofos europeus, racismo de, 90-2, 102-3

Fischmann, Roseli, 9, 17, 96, 99, 150, 373, 390n, 406n

fluxograma (articulações funcionais entre saber, resistência e raça), 17, 362-72

Folha de S.Paulo (jornal), 84

Fontana, Alessandro, 392n

Food and Drug Administration (FDA — EUA), 295

Foucault, Michel, 12-7, 21-3, 27-34, 37-9, 44-5, 49-50, 57-8, 61-4, 66, 78, 80, 83, 85-7, 106, 110, 119, 121-2, 124-7, 137-9, 143-4, 301, 303, 309, 314, 321, 334, 337, 339, 342, 346, 353, 373-4, 376-8, 383-4, 391-4n, 397n, 403-5n, 407-8n

Fragoso, d. (bispo progressista), 273

França, 97, 179

Fraser, Nancy, 378

Frenette, Marco, 123, 125, 127-30

Frente Negra Brasileira, 105, 188, 301

Freyre, Gilberto, 57, 190

Frias Filho, Otávio, 54

Frota-Pessoa, Osvaldo, 285

Índice remissivo

Fundação BankBoston, 149
Fundação Oswaldo Cruz (Fiocruz), 71-2

Gabriel (filho de Fátima Oliveira), 245
Gabriel, padre, 182-3
Gama, Luiz, 40, 104, 301
Geledés (Instituto da Mulher Negra), 146,
  149, 194, 218, 224, 235, 237, 277, 358-60, 373,
  408n
"gênero", perspectiva teórica e política do
  termo, 39, 394n
"Gênero e raça na sociedade brasileira"
  (Sueli Carneiro), 385
genética, 52, 76, 122, 146, 176, 242, 260, 281-2,
  285-9, 291, 293, 343-5, 348, 355, 395n; ver
  também fatalismo genético
genocídio da população negra, 32, 83, 87-8,
  175-7, 186, 320; ver também polícia e violên-
  cia policial
Geografia da fome (Castro), 274
Globo (TV), 224
Glória (cega e negra), 274
Gonzalez, Lélia, 376, 381
Goodfield, June, 288
Graça Aranha (MA), 242-4, 248, 251, 256, 266
Granado, Silvana, 72
Greco, Dirceu Bartolomeu, 294-5
Grupo de Mulheres Negras Mãe Andreza, 276
Grupo Escolar João Pessoa (Colinas, MA), 256
Grupo Korpo Insano, 162
GTPLUN (Grupo de Trabalho de Profissionais
  Liberais e Universitários Negros), 235
Guarulhos (SP), 232
guerra de independência na Bahia (1823), 179
Guevara, Che, 274
Guimarães, Antonio Sérgio, 20
Guimarães, Maria da Penha, 229
Gutemberg (delegado baiano), 155, 312

Haiti, 171, 189
Hasenbalg, Carlos, 21
hebreus, 18
Hegel, Georg Wilhelm Friedrich, 92, 103, 381
hegemonia branca, 37, 379-80, 383; ver também
  branquitude; Eu hegemônico; supremacia
  branca
Heidegger, Martin, 19, 129, 376, 385
hierarquia cromática, fenótipos e, 52
hierarquia social, 18, 38, 396n
hierarquização racial, mecanismos de, 105-9,
  184, 381

hippies, repressão aos, 155, 312
histerectomia (cirurgia de retirada do útero),
  75-8; ver também esterilização de mulheres
  negras
história coletiva, cidadania e, 184
História da inteligência brasileira (Martins),
  401n
História da literatura brasileira (Romero), 52
História da sexualidade (Foucault), 21-2, 30,
  39, 391-2n
história e cultura afro-brasileira (no currículo oficial da rede de ensino), 316, 351, 379
Hitler, Adolf, 120, 175
HIV/aids, 295, 346
Hobbes, Thomas, 35, 377
Hoecht (laboratório alemão), 168
Holanda, 97
Holocausto, 58, 221, 319
homens negros, 73, 83, 151, 238, 375
homossexuais, 173
hooks, bell, 113-6, 118, 379, 401n
hospitais e maternidades, discriminação
  racial em, 71
Hospital das Clínicas da UFMG, 282
Hospital Dutra (São Luís, MA), 262
Hospital São Matheus (SP), 230
Human Rights Watch, 83
humanidade do negro, 37, 91, 115, 331
"humanismo", 99
Hume, David, 90

Ideias fora de lugar e o lugar do negro (Pinho e
  Figueiredo), 43
identidade étnica e racial, 53
identidade negra, 53, 176, 184, 190, 227, 313,
  321, 407n
"Identidade, identidades — Indivíduo,
  escola: Passividade, ruptura, construção"
  (Fischmann), 406n
ideologia racista, 38, 122, 138
Igreja Católica, 95-8, 146, 396n
Igreja Nossa Senhora do Rosário dos Homens Pretos (Largo do Paissandu, SP), 236
Ijaci (Minas Gerais), 195
Ilhas Virgens, 83
Iluminismo, 96, 376
imaginário racista dos europeus sobre o
  africano e a África, 121
imaginário social brasileiro, 14, 45, 52-4, 57,
  84, 121, 123
imigrantes, 65, 80-1, 86, 104

Imperatriz (MA), 241, 244, 248, 251-2, 274-6, 351
imperialismo europeu, 32-3, 36-8
Império do Brasil, 78-9
inclusão social, 59, 86
Inconfidência Mineira (1789), 97
Independência do Brasil (1822), 57, 179
Independência dos Estados Unidos (1776), 97
Índia, 38, 46
indígenas, 19, 21, 33, 36, 52, 57, 88, 91, 97, 167, 185, 210, 237, 312, 380
Inês (colega de Sônia Nascimento), 200
inferiorização intelectual do negro, 16, 42, 88-9, 308, 313, 323, 329-30; *ver também* epistemicídio
Inglaterra, 38, 97
injúria racial, crime de, 74, 231
inocência, presunção de, 85
Instituto da Mulher Negra *ver* Geledés
"insuficiência cultural crônica", 100, 330, 382
"insurreição dos saberes" (conceito de Foucault), 119
Intelectuais e o poder, Os (Foucault e Deleuze), 14
"Intelectuais negras" (bell hooks), 114, 402n
intelectuais negros, 41-3, 48-9, 103-4, 113, 115, 117-8, 141, 180, 401n
"interdição" (para Foucault), 403n
interdições ao sujeito negro, 14, 16, 121, 125, 129, 140, 171, 317, 376, 378
internalização negra de paradigmas racistas, 99, 111, 114, 307, 342, 402n
Interrogatório, O (Weiss), 157, 329
Invenção do ser negro: Um percurso das ideias que naturalizaram a inferioridade dos negros, A (Santos), 121, 394n
Ìrohìn (jornal), 145, 183
Isabel (atendente do SOS Racismo), 224
ítalo-brasileiros, 184
Itaquera (São Paulo), 195
Ìyálòdès (guardiãs da comunidade, na cultura Yorùbá), 359
Izídio (professor maranhense), 253-4

Jacira (amiga de Edson Cardoso), 164
Jaguar (cartunista), 133
Jequi (tio de Sônia Nascimento), 200
Jerônimo, d., 160
jesuítas, 96-8, 400n
Jesus Cristo, 18
Jesus, Conceição Aparecida de, 143
Jornadas Médicas de Imperatriz (MA, 1986), 276

Jornal do MNU, 145
José, sr. (irmão da diretora do Lar São José), 201-3, 238
Juarez (irmão de Fátima Oliveira), 251
judaísmo, 18
judeus, 173, 183, 221, 232, 319
Judiciário, Poder, 223, 231
"Julgamento de Simonal, O" (Sanches), 132
Júlia (irmã de Fátima Oliveira), 251

Kant, Immanuel, 35, 90-1, 103, 377, 381
Kennedy, John F., 258
King, Martin Luther, 235, 314-5
Kuhn, Thomas, 16, 390n

lanchonetes, protestos contra a segregação nas (EUA, 1960), 315
Lar São José da Santa Casa de Misericórdia de São Paulo, 198-203, 207-9, 211, 235, 238
"Legitimação do intelectual negro no meio acadêmico brasileiro, A" (Lima), 402n
Lei da Vadiagem (Código Criminal do Império), 78-80; *ver também* vadiagem
Lei de Cotas Étnico-raciais (2012), 379, 382; *ver também* cotas raciais nas universidades públicas; universidades, negros em
Lei nº 10.639 (2003, obrigatoriedade do ensino de história e cultura afro-brasileira), 183, 316, 351, 379
Leila (atendente do SOS Racismo), 224
Leite, Dante Moreira, 46
Leite, Serafim, 97
Letourneau, Charles, 102
Léveillé, J., 392n
Levinas, Emmanuel, 17, 341, 390n
liberalismo, 34, 138, 396n
libertos (ex-escravos), 57-8, 79-82, 96, 99, 338, 384
ligadura de trompas (esterilização feminina), 77
Lili, dona (mulher de seu Sales), 249
Lima, Ari, 41-2, 103, 394n, 401-2n
Lima, Gonçalo Moreira (seu Sales), 248-50, 328
Lima, Moreira, 249
Ling (irmã de Sônia Nascimento), 201-2, 206, 208, 214-5, 328
língua portuguesa, 105, 182
literatura, estereótipos racistas na, 112, 174-6, 178, 320-1, 337
Lívia (filha de Fátima Oliveira), 245

Índice remissivo

livro e leitura como promotores de autonomia, 327-8

Lobato, Monteiro, 174-6, 178, 316, 320-1

Locke, John, 35, 377

"loirização" na mídia e no showbiz, 54

lojas, discriminação racial em, 226-7

Londres, 187, 212

Lorde, Audre, 68

loucura, estatuto da, 28-32

Luana (neta de Fátima Oliveira), 247

Lucas (neto de Fátima Oliveira), 247

Luiz Orlando (amigo de Edson Cardoso), 156-7

Luizão (professor de medicina de Fátima Oliveira), 276, 278-9

Lula da Silva, Luiz Inácio, 74

Lustosa, Rogério, 288, 290

luta contra o racismo ver combate ao racismo

luta de classes, 11, 30

Macedo, padre, 255-6

macumba, 200

Maggie, Yvonne, 172, 334

malandro, estereótipo racista do, 337

Manchete (revista), 168

Mandela, Nelson, 187, 314-5, 334, 338

Maneh Peh de Phumo (pai de Arnaldo Xavier), 299

Mantovani (colega de Sônia Nascimento), 212

Manual de sobrevivência do negro brasileiro (Xavier), 147

Manuel (amigo de Edson Cardoso), 157

Mapa da Violência (Unesco), 83

"máquina econômica", negros escravizados como, 46-7

Maranhão, 112, 241-2, 248-50, 252, 256, 262, 273-5, 277-9, 322, 328

Marcha Sobre Washington (1963), 315

Marcha Zumbi dos Palmares (Brasília, 1995), 145, 185, 218, 360

Marcha Zumbi dos Palmares + 10 (Brasília, 2005), 145

Margareth (advogada negra), 222-3

Margarida (madrinha de Fátima Oliveira), 258

marginal, estereótipo racista do negro, 337

Maria (filha de Fátima Oliveira), 245-7, 252

Maria Sylvia (atendente do sos Racismo), 225

Mariza (atendente do sos Racismo), 224

Martins, Alaerte, 69-70

Martins, José de Souza, 212

Martins, Wilson, 400-1n

materialismo histórico dialético, 21, 380

Mazé (Maria José de Oliveira Araújo), 280

McCarthy, Thomas A., 91

médicos negros, racismo contra, 230, 279, 322

mercado de trabalho, desigualdades raciais no, 80, 230, 323, 375, 380-1, 398n

Mesquita Filho, Júlio, 103-4

"mestiçagem", 32, 53, 56, 380, 407n; *ver também* "democracia racial", mito da

"Meu irmão, meu limoeiro" (artigo de Sueli Carneiro), 131

"Meu limão, meu limoeiro" (canção), 132

Microfísica do poder (Foucault), 393n

Mills, Charles, 33-8, 42-3, 88, 92-4, 104, 109, 347, 376-8, 382-3, 393n, 395n

Minas Gerais, 195, 252, 273

Ministério da Saúde, 69, 75, 280

Ministério Público, 229, 233-4

miomas, 75-7

Mir, Luís, 57, 399n

miscigenação, 52-4, 174, 176, 310, 313, 380; *ver também* "democracia racial", mito da

mobilidade social, controle da, 58, 111, 131, 355

Moderna (editora), 289

Modernidade, 29, 171

modernismo, 303

monarquia, 32, 180

monstro e do anormal, categorias do (Foucault), 122-4

Montenegro, Fernanda, 157, 329

Moraes, Alexandre de, 233

Moreira, Juliano, 104

mortalidade, índices de, 62, 66-70, 78, 83, 375

mortalidade infantil negra, 67

morte materna, conceito de, 68-70

mortes evitáveis de mulheres, 68

Mota, Joaquim Antônio César, 297

Motta, Manoel da, 180

Motta, Nelson, 131

Moura, Clóvis, 48

Movimento Nacional de Direitos Humanos, 146

Movimento Negro, 54, 145, 164, 180, 182, 235, 276, 340

Movimento Negro Unificado (MNU), 145, 163-4, 188, 340-1

Movimento Popular da Mulher (MPM), 277, 280

movimento(s) negro(s), 55, 150, 214, 282, 293, 335, 346, 379, 383

"mulata", estereótipo racista da, 337
"Mulher negra" (Sueli Carneiro), 380
mulheres amarelas/asiáticas, 69-70
"Mulheres em movimento" (Sueli Carneiro), 378
mulheres negras, 52, 68-70, 74, 76-7, 114, 123, 129, 146, 151, 163, 165, 168-9, 176, 186, 218-9, 227, 237, 241, 276-7, 279-80, 294, 320-1, 329, 341, 357-60, 375, 380, 382, 385, 398n
"Multiculturalismo e Racismo: O papel da Ação Afirmativa nos Estados Democráticos Contemporâneos" (Seminário Internacional de 1996), 50-1
Multiculturalismo, racismo e democracia (Souza), 396n
Munanga, Kabengele, 41, 53

Nabuco, Joaquim, 177
nacionalização do imigrante, 105, 184
Não Ser versus Ser, o, 10, 14, 33, 91-3, 121, 308, 361, 381, 383
Nascimento, Abdias, 40-1, 156, 339, 376, 408n
Nascimento, Benedito Mineiro, 195, 197, 206, 238
Nascimento, Eliza Larkin do, 396n
Nascimento, Sônia Maria Pereira, 16, 146, 193, 193-239, 311, 316-9, 322-3, 326-7, 338, 353, 356, 358-61, 383, 408n
Nascimento, Zilda Gama Pereira, 195-201, 203-8, 210-1, 216, 219, 235-8, 356
National Institute of Health (NIH — EUA), 295
nativismo, 46
nazismo, 73, 174-5, 183, 296-7, 320, 347-8, 393n; *ver também* fascismos e neofascismos
negação, educação e, 309-24
negação da racionalidade e legitimidade do conhecimento produzido por negros *ver* epistemicídio
negação do racismo, 15, 50, 220-1; *ver também* silêncio ou silenciamento sobre o racismo no Brasil
negação dos "eus", 127-30
"negão", estereótipo racista do, 123
negritude, 14, 36, 53-4, 57, 59, 61, 64, 66-7, 82-3, 86, 121, 126, 129, 139, 163, 195, 311, 385, 396n, 404n
Negro e a Igreja, O (Martins Terra), 97
"Negro errado, O" (Sueli Carneiro), 84-5
Nobel, prêmio, 169, 315
Nogueira, Isildinha Baptista, 31, 376, 383, 392n

"Noites do Norte" (canção), 177
nomenclatura racial do IBGE, 53
normalização da inferioridade e da superioridade, mecanismos de, 110-12
Nossa Senhora Aparecida, devoção a, 146, 198, 203, 205
Nossa Senhora da Conceição, festa de, 255
"Notas sobre os desafios do Brasil" (Calligaris), 396-7n

OAB (Ordem dos Advogados do Brasil), 132-3, 146, 220, 223, 229, 231, 356, 359
objetivação do negro (nas ciências brasileiras), 45-7, 49; *ver também* epistemicídio; inferiorização intelectual do negro
Observações sobre o sentimento do belo e do sublime (Kant), 90
Ocidente, 18, 29, 121, 307-8
Oficinas mulher negra e saúde (Oliveira), 76, 146
Oliveira, Fátima, 16, 33, 69-70, 72-3, 75-6, 78, 146, 241, 241-97, 322, 325, 327-8, 334, 338, 343-9, 351, 353-5, 360, 383, 408n
Oliveira, Gildino de, 247, 258
Oliveira, Juarez de, 247
Oliveira, Odílio Pereira de, 247
Oliveira e Oliveira, Eduardo de, 235
OMS (Organização Mundial de Saúde), 68-9, 146
ôntico e ontológico, distinção heideggeriana entre, 11, 19, 129, 383, 385
Opositor, O (Verissimo), 175
Ordem do discurso, A (Foucault), 403n
Ordenações Filipinas, 78
Origens do totalitarismo (Arendt), 138
Ossanha (orixá), 299
Outro, o, 9, 13, 17-9, 21, 28-9, 31-3, 40, 64-5, 87-93, 102, 122, 308, 310, 319, 341, 361, 374, 381, 383, 390n
Oxum (orixá), 359

Pactos narcísicos no racismo: Branquitude e poder nas organizações empresariais e no poder público (Bento), 398n
Padroado, Direito do, 96
Pagden, Anthony, 393n
"Paivelho" (avô de Fátima Oliveira), 243, 248-9, 255, 270, 325
Palestras sobre a libertação (Douglass), 383
pan-africanismo, 41
"panóptico", noção de (Foucault), 125, 403n

Índice remissivo

Panteras Negras, 235

Papado, racismo e escravidão endossados pelo, 98

"paradigmas do Outro", 390n

pardos, 11-2, 20, 53, 77, 127, 130, 143, 179

Pasquim, O (jornal), 132-3

Pastoral da Mulher, 273-4

Pateman, Carole, 377

Pátria Minha (telenovela), 224

patriarcalismo, 377

PCdoB (Partido Comunista do Brasil), 147, 242, 273-4, 276, 288-9

"pé na senzala" ou "na cozinha" (no mito da "democracia racial"), 57

Pedro (rapaz cego), 274

Pela mão de Alice: O social e o político na pós-modernidade (Santos), 87

Pele negra, máscaras brancas (Fanon), 337

Pelotas (RS), 180

pensadores negros *ver* escritores negros; intelectuais negros

Pereira, Castorino Alves de Alencar, 195

Pereira, Maria Augusta Alves de Alencar, 195-6

pesquisadores negros, 48; *ver também* universidades, negros em

Petaia, Ruperake, 120

Pinho, Osmundo de Araújo, 43, 45

Pizan, Christine de, 379

Platão, 18, 301, 374

PLPs (Promotoras Legais Populares), 146, 220, 230-1, 324, 358-9

pobreza, 21, 54, 58, 86, 107-8, 268, 313, 318, 374, 378

poder e discurso, relação entre (Foucault), 38-9, 49-50, 403n

polícia e violência policial, 74, 78, 81, 83-4, 185, 211, 224, 226, 232, 236, 381, 399n

Polícia Militar de São Paulo, 146

políticos negros, 180, 238

Pombal, Marquês de, 96-7

"população", noção biopolítica de, 63

população negra brasileira, proporção da, 107-8

Porto Alegre (RS), 161-2, 171, 321, 332

Portugal, 96-7

Pound, Ezra, 129

Prado, Paulo, 174-5, 395n

Prado Júnior, Caio, 190

Presidente negro, O (Lobato), 174-5, 320

Preto e branco: A importância da cor da pele (Frenette), 123, 127

Princípios (revista do PCdoB), 288-9

privilégios, 21, 23, 35, 98, 106, 197, 278, 353-4

Proclamação da República (1889), 80, 96, 109, 138, 180

produção e reprodução cotidiana do racismo, 127-9

professores, estigmatização de alunos negros por, 111-2, 115, 210, 212, 214, 225-6, 309, 318

Programa Saúde Reprodutiva da População Negra, 283

propaganda, imagens racistas em, 168-70

Prudente, Eunice, 229

psiquiatria, 392n

PT (Partido dos Trabalhadores), 145, 239, 242

Quadros, Jânio, 238

Quelita (colega de Fátima Oliveira), 278

questão racial, 14, 48, 129, 149-51, 155, 163-5, 214, 230, 232, 278, 287, 334, 338, 341

quilombos, 57, 176, 248

Quoist, Michel, padre, 237

Raça & Classe (jornal), 145

Raça (revista), 178

raça e racismo, conceitos de, 19-21

Racial Contract, The (Mills), 34, 36, 377

racialidade, noção de, 22; *ver também* dispositivo de racialidade

racialismo, 12, 32, 38, 46, 87, 103, 123

racismo antissemita *ver* Holocausto; judeus

"racismo ao contrário", acusações de, 332

racismo científico, 19, 96, 122, 287

"Racismo policial" (editorial da *Folha de S.Paulo*), 84

Racismo, sexismo e desigualdade no Brasil (Sueli Carneiro), 373

"radicalismo étnico", 332

Rafael (militante do movimento negro), 214

Ramos, Artur, 42

Ramos, Guerreiro, 40

Ramos, Sílvia, 83, 399n

Rawls, John, 35

realidade e aparência, distinção entre, 94

Rebouças, André, 104, 179

Rebouças, Antônio, 104, 179-80

reciprocidade, princípio de, 357

Rede Feminista de Saúde, 241, 277, 279-80

Rede Nacional Feminista de Saúde, Direitos Sexuais e Direitos Reprodutivos, 147

Reforma Protestante, 96

Reichmann, Rebecca, 111
Reis, Fábio Wanderley, 307
releitura do passado, processo de, 177
religiões africanas e afro-brasileiras, 10, 45, 179, 299, 359
representatividade negra, importância da, 169
resistência negra, 16, 45, 86, 137-9, 144, 384
retintos, negros (na hierarquia cromática), 52
Retrato do Brasil (Paulo Prado), 174
Revolução Francesa (1789), 97, 187, 314-5
Ribeiro, Daniel Pontes, 128-9
Ribeiro, Djamila, 374
Ribeiro, João Ubaldo, 176
Ribeiro, José Soares, 73-4
Ribeiro, Lúcio Ronaldo Pereira, 78-80
Rio de Janeiro, 51, 71-2, 83, 111, 156, 180, 196, 216, 247, 274, 321, 328
Rio Grande do Sul, 210
Roberto (amigo de Edson Cardoso), 155-7, 338
Rodrigues, Nelson, 176
Rodrigues, Raimundo Nina, 42, 100-3, 382, 395n
Rodrigues, Sueli Rocha, 73-4
Roland, Edna, 283
Romero, Sílvio, 42, 44-9, 52, 380
Ronsaville, Donna, 73
Rosa, Guimarães, 123
Rosa e Silva, Stela, 270-1
Rosenberg, Fúlvia, 106
Rousseau, Jean-Jacques, 35, 377
Roza da recvsa, A (Xavier), 147, 301
RSMLAC (Rede de Saúde das Mulheres Latino-americanas e do Caribe), 280
Rufino, Joel, 48, 123, 238, 283
Rússia, 392-3n

salários, desigualdades raciais em, 186
Salvador (BA), 152, 154-5, 157, 161-3, 174, 177, 312, 321
samba, 199, 216, 235
Sampaio, Teodoro, 104
Sanches, Alexandre, 132-3
Santana, Flávio Ferreira, 85
Santos, Boaventura de Sousa, 13, 87-9, 94, 307, 375
Santos, Gislene Aparecida dos, 121, 376, 394n
Santos, Helio, 239
Santos, Milton, 48, 131
São Luís (MA), 245, 250-2, 255-6, 262, 270-2, 276, 278, 351

São Paulo, 17, 104, 126, 146, 149, 182, 195-6, 198-203, 207-9, 211, 224, 229, 231, 238, 241, 252, 277, 282, 290, 293, 356, 373
Sarney, José, 249, 274
Saúde da população negra no Brasil (Oliveira), 146
saúde pública, 65-6, 71-4, 78
Schwarze Poesie — Poesia Negra — Afrobrasilianische Dichtung der Gegenwart (org. Augel), 302
Secretaria da Fazenda, 193, 210, 235, 238
Secretaria Municipal de Saúde do Rio de Janeiro, 72
segregação racial norte-americana, 54-5, 72, 103, 314-5
Segunda Guerra Mundial, 141, 299, 394n
Seligmann-Silva, Márcio, 141-3
"Sem título" (poema de Xavier), 302
Seminário Nossa Senhora da Glória (São Paulo), 207-9
Senado, 145
SEPPIR (Secretaria Especial da Promoção da Igualdade Racial), 173, 178
Ser, definição ontológica do, 19; *ver também* ôntico e ontológico, distinção heideggeriana entre
Ser versus Não Ser, 0, 10, 14, 33, 91-3, 121, 308, 361, 381, 383
ser-aí (*Dasein*, conceito heideggeriano), 11, 19
Sérgio (atendente do SOS Racismo), 224
Serra Leoa, 73, 297, 348
sexismo, 66, 68, 78, 114, 117, 345, 373, 382, 402n
sexualidade, dispositivo de, 15, 29-32, 49, 377, 397n
sexualidade negra, estereótipos racistas sobre a, 66, 123-4, 127-8, 337
Sibéria (Rússia), 393n
sífilis, 73
Significações do corpo negro (Nogueira), 392n
silêncio ou silenciamento sobre o racismo no Brasil, 37, 50, 52, 110, 379; *ver também* negação do racismo
Simonal, Wilson, 131-3
skinheads, 224
Socialização e relações sociais: Um estudo de família negra em Campinas (Barbosa), 111
sociedade civil, 36, 91, 99, 355
sociedades multirraciais, 20, 38, 58, 64, 380-1
Sodré, Muniz, 44
"solução final", nazismo e, 175
Sortilégio da cor, O (Nascimento), 396n

Índice remissivo

sos Racismo (serviço), 223, 225
Souza, Jessé de, 50, 55, 396n
Souza, Vera Cristina de, 75-7, 283
Sovik, Liv, 130
Stevenson, Bryan, 218, 360
subalternização dos negros, 14, 109, 112, 141, 171, 321, 332, 338, 384, 402n
subjetividade fragmentada, 307
"sujeito negro", essência do, 129-30; ver também interdições ao sujeito negro
Suprema Corte dos Estados Unidos, 314
supremacia branca, 21, 34-5, 37, 346, 377
sus (Sistema Único de Saúde), 77

Teatro Municipal de São Paulo, 201
Teixeira, Moema De Poli, 130
"Tempo feminino" (Sueli Carneiro), 386
Tempo, O (jornal), 147, 241
Terra, J. E. Martins, 97
Terramara (Xavier), 147
Theodosina (candidata negra), 238
"tolerância racial" brasileira, 52, 56; ver também "democracia racial", mito da
tráfico de drogas, 83
tráfico negreiro, 42, 46-7, 83, 143
Transgênicos: O direito de saber e a liberdade de escolher (Oliveira), 146
Tribuna da Bahia, A (jornal), 158
"Tributo a Martin Luther" (canção), 133-4

Ubá (Cardoso), 145
Umbelina (freira), 210
Unesco (Organização das Nações Unidas para a Educação, a Ciência e a Cultura), 83, 285
União Popular de Mulheres do Estado de São Paulo (UPMESP), 277
universalismo e diversidade, 386
Universidade de São Paulo (USP), 17, 210-1, 213, 215-7, 229, 238, 317, 373
Universidade Estadual do Maranhão (UEMA), 249
Universidade Federal da Bahia (UFBA), 157
Universidade Federal de Minas Gerais (UFMG), 282
universidades, negros em, 109, 116, 119, 157, 163, 179, 182, 212, 215, 221, 230, 249, 260-2,

272-3, 281, 318, 329, 339, 347-50, 352, 373, 375, 379, 382, 391n; ver também cotas raciais nas universidades públicas
útero, cirurgia de retirada do ver histerectomia

vadiagem, 79-81; ver também Lei da Vadiagem (Código Criminal do Império)
Veja (revista), 159, 215, 328
Veloso, Caetano, 133, 177
Venezuela, 83
"Vera, Clara dos Anjos, Iládio" (Rufino), 123
Verardo, Tereza, 289
verdade, produção da, 39-40
Verissimo, Luis Fernando, 175
Vianna, Oliveira, 395n
"Vida é uma molécula de DNA manipulável, A" (Fátima Oliveira), 289
Vigiar e punir (Foucault), 78, 353
violência colonial, 307
violência policial ver polícia e violência policial
violência urbana, 66, 83
Virgínia e Verônica, gêmeas (colegas de Sônia Nascimento), 200

Weiss, Peter, 157, 329
Werneck, Jurema, 359
West, Cornel, 115-8, 401n
Whitaker, Chico, 239
Wollstonecraft, Mary, 379

Xangô (orixá), 179
Xavier, Arnaldo, 16, 141, 147, 299, 299-303, 383
Xikita Bakana (boutique de Fátima e Júlia), 252

Yorùbá, tradição, 359

Zago, Marco Antônio, 284-5
Zélia (colega de Sônia Nascimento), 209, 357
Zêlo (loja de roupas), 226-7
Zezinho (irmão de Fátima Oliveira), 251
Ziraldo, 132
Zuleide (madrinha de Fátima Oliveira), 279
Zumbi dos Palmares, 143, 177, 183, 335, 407n

1ª EDIÇÃO [2023] 2 reimpressões

ESTA OBRA FOI COMPOSTA POR MARI TABOADA EM DANTE PRO E IMPRESSA EM OFSETE PELA LIS GRÁFICA SOBRE PAPEL PÓLEN DA SUZANO S.A. PARA A EDITORA SCHWARCZ EM NOVEMBRO DE 2024

A marca FSC® é a garantia de que a madeira utilizada na fabricação do papel deste livro provém de florestas que foram gerenciadas de maneira ambientalmente correta, socialmente justa e economicamente viável, além de outras fontes de origem controlada.